俄罗斯反垄断法研究

Study on Russian Antimonopoly Law

刘继峰 著

图书在版编目(CIP)数据

俄罗斯反垄断法研究/刘继峰著. —北京:北京大学出版社,2022.11
国家社科基金后期资助项目
ISBN 978-7-301-33481-2

Ⅰ.①俄⋯　Ⅱ.①刘⋯　Ⅲ.①反垄断法—研究—俄罗斯　Ⅳ.①D951.222.94

中国版本图书馆 CIP 数据核字(2022)第 193097 号

书　　　名	俄罗斯反垄断法研究 ELUOSI FANLONGDUANFA YANJIU
著作责任者	刘继峰　著
责 任 编 辑	邓丽华
标 准 书 号	ISBN 978-7-301-33481-2
出 版 发 行	北京大学出版社
地　　　址	北京市海淀区成府路 205 号　100871
网　　　址	http://www.pup.cn
电 子 信 箱	law@pup.pku.edu.cn
新 浪 微 博	@北京大学出版社　　@北大出版社法律图书
电　　　话	邮购部 010-62752015　发行部 010-62750672 编辑部 010-62752027
印 刷 者	北京溢漾印刷有限公司
经 销 者	新华书店
	730 毫米×1020 毫米　16 开本　23.25 印张　417 千字 2022 年 11 月第 1 版　2022 年 11 月第 1 次印刷
定　　　价	75.00 元

未经许可,不得以任何方式复制或抄袭本书之部分或全部内容。
版权所有,侵权必究
举报电话: 010-62752024　电子信箱: fd@pup.pku.edu.cn
图书如有印装质量问题,请与出版部联系,电话: 010-62756370

国家社科基金后期资助项目
出版说明

后期资助项目是国家社科基金设立的一类重要项目,旨在鼓励广大社科研究者潜心治学,支持基础研究多出优秀成果。它是经过严格评审,从接近完成的科研成果中遴选立项的。为扩大后期资助项目的影响,更好地推动学术发展,促进成果转化,全国哲学社会科学工作办公室按照"统一设计、统一标识、统一版式、形成系列"的总体要求,组织出版国家社科基金后期资助项目成果。

全国哲学社会科学工作办公室

前　言

对于中国(不论是专门机构还是普通民众)而言,反垄断法属于一项新生事物。法律作为一种普遍性的规范其本身具有高度的抽象性,反垄断法由于调整对象——垄断——的特殊性,其抽象程度与其他部门法相比,有过之而无不及,无疑,这将增加理解和运用该法的难度。先立法国家(姑且将19世纪末期和20世纪前期完成立法的国家作此称谓)至少用了半个世纪的时间理顺反垄断法从抽象的规范到具体的运作的过程。这好像为我们提供了反垄断法有效运行的基本路径。但事实远非"经验—借鉴"表述起来这样简单。同样属于现代立法的俄罗斯反垄断法,大约用了5年的时间为该法作有效运行的准备(2005年之前,俄罗斯反垄断执法机构和法院的判决非常之少,相关部门尽可能地在短时间内深化理解该法的本质和谨慎地运用该法提供的工具),在反垄断法运行进入"正轨"时,也不止一次地出现错案或争议案。这一点和先立法国家走的路大致相同。可见,在反垄断法的实施上,似乎没有什么捷径可走。

如果细致观察各国立法,会发现,不论是先立法国家,还是转型国家,探寻提升反垄断法的制度实施效率之路时,都有一些共同的做法,概括起来,有如下方面:

首先,及时修订法律,以适应经济环境的需要。在大陆法系国家,截止到2019年,德国的《反限制竞争法》已经修改了9次。日本《禁止垄断法》已经修改14次。俄罗斯《反垄断法》平均每年修改一次以上,2006年的修订最为重大,不仅仅涉及名称,而且在诸多内容上作了实质性的改动并在后续的变动中得以延续。自2006年修订的法颁布到2018年年底,俄罗斯《反垄断法》(包括更名后的《竞争保护法》)共修改了42次,其频率之高令人惊讶。人们甚至有理由怀疑,这到底是法律还是政策。其实反垄断法本身既是法律,也是政策。反垄断法的频繁修改有市场环境不断变化的客观理由,也是创制反垄断法本土特色的主观愿望的体现。

其次,塑造竞争文化。竞争文化是促进市场秩序的软实力。倡导竞争文化有利于促进竞争法的实施。竞争文化来自对市场竞争的集体认同。很大程度上,文化性认识的形成需要时间的沉淀。在阶段上,法治文化起始于法制及其作用,也可以说是来自法制的强制力和威慑力。当这种法治观念成为一种为人们所自觉遵守的认识时,法治便成为一种指导人们行为的内在要素。由外在的感受到内在的融入是主体自发形成的,也离不开国家有意识的推动。在俄罗斯,竞争倡导是一项重要的工作。俄罗斯反垄断机构除了俄联邦《反垄断法》规定的定分止争的职能外,还要完成促进竞争、改善竞争环境的工作和任务,并综合运用形式多样,严肃的、鲜活的方式来治理。尤其是发布年度竞争状态报告的形式令人印象深刻,该报告系统地梳理了相关时间段的案件类型、特点,行业竞争状况、立法的趋势等,它对于民主立法、社会监督、经济主体自觉守法、理论研究等都具有重要的价值和功能。

最后,强化制度的本土特色。不同社会制度的社会生产体制和同一社会不同时期的社会生产体制是不同的。一般而言,在社会政治制度既定的前提下,企业的生产体制由经济环境决定。决定生产体制的经济环境的内容主要包括生产要素、需求条件、竞争环境等。由于生产体制是企业在对外部经济环境——需求,竞争环境等被动接受基础上对内部环境——生产要素、企业战略等进行整合所作出的适应性的反应,反应的积极性、适应性不同便决定了企业市场竞争力的强弱,不同生产体制需要不同的竞争政策和产业政策。但总体上,产业政策需纳入竞争政策之中,并不断强化竞争政策的指导作用。

应当承认,目前,中国反垄断法的制定和研究主要的关注点是欧美,对日本反垄断法也有较为充分的展现,但俄罗斯的反垄断制度研究成果凤毛麟角[①],甚至系统性介绍的资料也难以见到。这不能不说是学术研究的一大缺憾,因为俄罗斯的经济转型和制度特色决定了相关内容对于我国的可借鉴性(尤其权力滥用部分)比欧盟更加直接。俄罗斯反垄断法有自己鲜明的本土特色,如法律属性、法律框架、行为类型的归属以及执法机构的职责、行政处罚额度的计算方法等。本书的出版,在反垄断法域外分析之欧美"正统"之外,又增加了一隅俄罗斯的风景。它可以为反垄断立法进一步完善提供建设性参考,也可以为学术研究开拓比较法的视野。

限于语言的障碍、资料的可得性等,书中的问题在所难免,希望同仁不吝指正。

刘继峰
2020 年 2 月 15 日

---

① 仅有李福川教授的《俄罗斯反垄断政策》(社会科学文献出版社 2010 年版)一本。

目　　录

第一章　经济转型中的俄罗斯国有企业及反垄断立法 ………… 1
  一、经济转型与公营企业身份的转化 ………………………… 1
  二、俄罗斯民法典中的国有或市属单一制企业 ……………… 9
  三、俄罗斯反垄断法的制定、修改与目标转向 ……………… 19
  四、总结与借鉴 ………………………………………………… 35

第二章　俄罗斯反垄断法的制度渊源与体系 …………………… 40
  一、反垄断法的性质和制度渊源 ……………………………… 40
  二、反垄断法的制度体系 ……………………………………… 46
  三、《竞争保护法》的基本结构和内容 ……………………… 53
  四、俄罗斯反垄断法的特点与启示 …………………………… 64

第三章　限制竞争协议和协同行为 ……………………………… 77
  一、概述 ………………………………………………………… 77
  二、限制竞争协议的类型 ……………………………………… 81
  三、协同行为 …………………………………………………… 92
  四、启示与借鉴 ………………………………………………… 99

第四章　滥用市场支配地位 ……………………………………… 107
  一、滥用市场支配地位与滥用民事权利 ……………………… 107
  二、市场支配地位的认定 ……………………………………… 110
  三、市场支配地位主体登记 …………………………………… 123
  四、滥用市场支配地位的类型 ………………………………… 126
  五、启示与借鉴 ………………………………………………… 141

第五章　国家对经济集中的监管 ………………………………… 145
  一、目标和类型 ………………………………………………… 145
  二、经济集中的事前监管与事后监管 ………………………… 152

三、经济集中监管的特则 …………………………………………… 165
　　四、启示与借鉴 ……………………………………………………… 168

第六章　滥用权力限制竞争的规制 ……………………………………… 175
　　一、调整的范围 ……………………………………………………… 175
　　二、行为类型 ………………………………………………………… 179
　　三、认定标准和规制方法 …………………………………………… 187
　　四、借鉴 ……………………………………………………………… 198

第七章　反垄断法的实施 ………………………………………………… 206
　　一、俄罗斯反垄断机构 ……………………………………………… 206
　　二、反垄断机构的职责：促进竞争发展和改善竞争环境 ………… 217
　　三、反垄断机构对违反反垄断法事件的立案及案件的审查 ……… 228
　　四、启示与借鉴 ……………………………………………………… 247

第八章　违反反垄断法的法律责任 ……………………………………… 255
　　一、民事责任 ………………………………………………………… 255
　　二、行政责任 ………………………………………………………… 258
　　三、刑事责任 ………………………………………………………… 274
　　四、宽免政策 ………………………………………………………… 277
　　五、反垄断法行政罚款制度的借鉴与我国制度的优化 …………… 280

参考文献 …………………………………………………………………… 288

附录　俄联邦《竞争保护法》 …………………………………………… 293

后　记 ……………………………………………………………………… 363

第一章 经济转型中的俄罗斯国有企业及反垄断立法

社会发展、进步达到一定程度,就会出现社会转型。社会转型被思想家描绘成各种形态,如梅因的"身份社会"和"契约社会";斯宾塞的"军事社会"和"工业社会";迪尔凯姆的"机械团结社会"和"有机团结社会";马克斯·韦伯的"前现代社会"和"现代社会";乌尔里希·贝克的"宗教社会"和"世俗社会"等。抛开各自的研究领域认识视角的差异,其共同点是把社会归结为"传统"与"(近)现代"两种基本类型,两者之间被截然二分。"传统"到"(近)现代"不是"跳跃"进入的,而是"滑行"渐进的,这个滑行的过程就是社会转型期。这个时期经济、政治、文化、伦理价值等社会结构要素呈互动并协同状态,合力推进转型。诸要素中经济要素无疑是最重要的,因为正如恩格斯所指出的:"在历史上出现的一切社会关系和国家关系,一切宗教制度和法律制度,一切理论观点,只有理解了每一个与之相应的时代的物质生活条件,并且从这些物质条件中被引申出来的时候,才能理解。"①

俄罗斯反垄断法②恰是俄罗斯社会转型中的代表性成果。同时,其所处的时期,诸多在历史上有相同政治理想和经济类型的国家也开始转型,学理上将这个时期称为转型期。俄罗斯反垄断法在转型国家同类制度中具有很强的代表性。

一、经济转型与公营企业身份的转化

经济转型从属于社会转型。对社会转型的研究多学科并行,经济学和社会学的研究呈现领先一步的态势,法学领域相对滞后。伯尔曼的《法律与革命》对中古以来西方的法律变革历史作了权威、全面的阐释,但遗憾的是其描

---

① 《马克思恩格斯选集》第2卷,人民出版社1972年版,第117页。
② 俄罗斯反垄断法的名称自2006年起改为《竞争保护法》,但因只有一条规定不正当竞争的内容,在俄罗斯理论界仍习惯性地用"反垄断法"来指代。本书也遵循这一习惯。如无特别说明,使用"反垄断法"来阐述相关问题,如涉及法条时,2006年以前的,使用《反垄断法》来简称,以后的以《竞争保护法》来表述。

述没能延续到法律具有革命性转折的19世纪末期。晚近以来,竞争法理论和制度的诞生以其关注的经济转型的独特视角从一个侧面接续了法律变革的历史,而内构其中的竞争法则是经济转型的主要推动力和法律变革的表征。竞争法以其特有的职能反作用于转型经济并影响经济转型的方向,因此,认识经济转型不能抛开对竞争法的变革及其职能的研究。

(一) 俄罗斯反垄断立法的社会经济条件

经济转型有狭义和广义两种概念。狭义上特指20世纪后期以来东欧、俄罗斯、中国的改革过程形成的经济转型;广义上指,"经济在一个历史阶段向另一个历史阶段过渡运行的一种经济状态"①。狭义概念有约定俗成的意味,广义概念则过于宽泛。德国学者沃尔夫冈·查普夫的《现代化与社会转型》则用"现代化"来限定源远流长的社会转型,集中论述第二次世界大战以后的德国转型经济。② 依此方法,用竞争法律制度来限定经济转型,自然不会包括原始社会、奴隶社会等"历史阶段"的"经济状态"。竞争是伴随市场经济而存在的体制要求和体制现象。经济转型的本质即经济制度、经济体制或机制的改变。这样,竞争法律制度约束的转型经济所对应的历史发展阶段无外乎三种:非市场经济向市场经济、市场经济向混合经济(又称后市场经济)、非市场经济向混合经济。

西方主要国家大约在18世纪完成了从非市场经济向市场经济的"第一次跳跃",20世纪初期完成了市场经济向混合经济的"第二次跳跃",在此将其称为先转型国家;俄罗斯、部分东欧国家、中国等由于一些历史原因而形成"第二梯队"③,称为后转型国家。与先转型国家相比,后转型国家正力图实现"先驱者们"曾完成的第一次跳跃或试图越过市场经济直接进行第二次跳跃,以大踏步地进入混合经济行列。

市场竞争制度使先转型经济和后转型经济有了共同的话语环境,先转型国家在竞争法对市场经济的维护和促进作用方面积累了许多可资借鉴的经验,后转型国家可以在对先转型国家竞争法律制度进行比较和选择的过程中不断探索。竞争法产生的历史表明,竞争法的变化与发展和经济转型如影相

---

① 〔俄〕A. 布兹加林、B. 拉达耶夫:《俄罗斯过渡时期经济学》,佟刚译,中国经济出版社1999年版,第27页。按照此概念,马克思的社会发展阶段论中的任何两个阶段的过渡,都属于转型。
② 参见〔德〕沃尔夫冈·查普夫:《现代化与社会转型》,陈黎、陆宏成译,社会科学文献出版社2000年版。
③ 参见〔俄〕A. 布兹加林、B. 拉达耶夫:《俄罗斯过渡时期经济学》,佟刚译,中国经济出版社1999年版,第42页。

随,其中"两波"是先转型国家留下的印记,最后"一波"是后转型国家实践的。① 因此,不管后转型国家竞争法强调本土性还是注重法律移植性,不可否认的是,经济转型时期需要竞争法,竞争法需要随经济转型而转型。

俄罗斯制定反垄断法的当时,市场经济结构的状况与西方国家有本质性的区别,与同为转型国家的中国也有很大差别,中国至少经历了十几年的经济体制改革,而在俄罗斯经济体制和政治体制改革的开始,反垄断法就是其中一个重要的内构因素。少有国家在反垄断法实施时所面对的市场环境像俄罗斯那样处于高度垄断的程度。② 1990 年至 1991 年,俄罗斯的国家所有权在生产性资产中的比重超过 86%,另外,外贸完全是国家垄断经营的。在大多数行业中,生产的 80% 是由一个或两个公司完成的。个别产品比例更大,例如,一家专门生产儿童食品(肉罐头)的公司所占的市场份额达 99.8%;80% 的冰箱产量集中在 3 家企业。③ 当时,经济高度垄断的合理性,除了传统的计划经济思想在短时间内不能彻底消除外,更重要的是经济安全保障的观念在发挥作用。具体而言,不仅军工等领域只能由国家专属性控制,国民经济的重要行业也需要由国家经营,以保障国民经济关系的稳定和持续;涉及广大民众利益的行业,由国家垄断经营,可以保证产品的品质。当然,在保障经济安全的同时,垄断经营不可避免会导致效率的减损,包括产品的种类、产品的价格、资源利用的效率等。

伴随着 20 世纪 90 年代开始不断出现的通货膨胀压力,垄断问题被进一步推到前台。于是,在俄罗斯,一场政治体制改革和经济体制改革的大幕便徐徐拉开。国家着手的打破垄断的改革,在手段上,既包括行为性手段,如调整电力、石油和天然气、铁路运输和公用事业的价格,取缔以往所有的用于支持人为控制价格水平的各级财政预算,也包括结构性手段,如拆解大型国有企业、禁止商品和服务流动的区域限制等。

当时,俄罗斯通过"休克疗法"——全面私有化的政策——意图改变以苏联时期公有制为基础的社会主义经济制度,通过伸张私人所有权的对世性以排斥公有制体制下的国家干预,从而建立起适于私法体系运作的私人产权结构。对于迫切需要重建私权基础的俄罗斯政府来说,反垄断法可以为产权

---

① 第一波竞争法产生于 19 世纪最后 10 年;第二波竞争法产生于 20 世纪中期;第三波竞争法产生于 20 世纪 90 年代。参见苏永钦:《走向新世纪的私法自治》,中国政法大学出版社 2002 年版,第 226—227 页。
② 中国 1993 年《反不正当竞争法》实施时的市场结构状况与俄罗斯大致类似,但中国没有颁布反垄断法,而是进行国有企业改革,此后经过 14 年中国的《反垄断法》才颁布。
③ 参见〔俄〕A. 布兹加林、B. 拉达耶夫:《俄罗斯过渡时期经济学》,佟刚译,中国经济出版社 1999 年版,第 362 页。

基础的改变、个体价值和市场秩序的强化提供有效的控制工具。

为配合五年内完成国家制定的私有化改革方案,俄罗斯第一个版本的反垄断法带有浓厚的政治色彩。正是由于法律文本中政治因素高于技术因素,反垄断斗争中仅规制传统的行为——垄断协议、滥用市场支配地位和经营者集中——是不太可能取得明显的市场效果的。于是,在俄罗斯,反垄断法特别强调了对权力滥用的规制。

俄罗斯反垄断法实施十年的主要经验之一在于,进入和退出市场中的官商勾结是法律难以撼动的障碍。于是,俄罗斯在反垄断法的实施上,加强了对权力滥用的规制力度。同时,着手增加民间力量以打破既有市场主体的垄断,如降低市场准入的门槛和扩大市场准入的范围、增加市场要素的竞争(企业或资源的拍卖)等。以此,法制化初期,俄罗斯通过反垄断法主要解决重商主义问题。资本和权力剥离程度反映市场经济的成熟度。

(二) 公营企业身份的转化

俄罗斯反垄断法的制定和颁布与另外两部法律紧密相关,一部是民法典,一部是国有企业法。特别是1994年《俄罗斯联邦民法典》(以下简称俄联邦《民法典》)的颁布,补充了法律体系中的私法成分。原有的企业法律制度也发生了重大的转折:由公法上的主体转向私法意义上的企业。俄罗斯企业的身份转化及企业立法的变化过程,呈现如下三种形态:

1. 从公营企业转向法人

对西方国家而言,设立公营企业的目的是为直面抗击市场风险。其功能发挥主要通过控制国民经济命脉行业和战略部门,实现国民经济发展的稳定、有序。因而,公营企业是市场经济的稳定器。为保证公营企业经常性调节作用的发挥,需要保持公营企业自身的稳定,这也是公营企业以国家作后盾的主要原因。虽然自20世纪70年代以来,西方国家公营企业经历了私有化的浪潮,但这次私有化的方式是在不消灭主体的前提下,通过改变内部结构进行的,如允许私人入股、实行授权经营等。公营企业基于行业特性和政策职能,是市场经济中的一种常规且重要的法律主体形式。

在俄罗斯(包括苏联)历史上,企业的概念指向的就是公营企业,即作为国民经济主体的企业。被法律所确定下来的企业的概念在二十年的时间里发生了重大的变化。最初的企业立法单独调整不同行业企业的法律关系,这样,在20世纪20年代形成了以《工业托拉斯(条例)法》《建筑托拉斯法》《商业托拉斯法》等为主体的企业法律制度体系。1965年公布了《国营企业法

（国营生产企业条例）》，它包含五个生产领域：工业、建筑、农业、交通和通讯。在此基础上，1987年制定了《公营企业法》，覆盖了所有经济领域，形成了统一的公营企业法律制度。区别于此，非公营的企业主要是合伙企业，由1988年制定的《合伙企业法》调整。

1990年6月4日苏联颁布了《企业法及经营活动法》，统一了企业立法，它调整包括所有经济领域和所有财产形态的企业。作为该法的补充，同年，又公布了《苏维埃企业及经营活动法》（以下简称《企业及经营活动法》）。该法第1条第4款规定了企业的概念：企业是按照现行法律程序设立的以生产、加工、提供服务的方式满足社会需求、获取利润的独立的经营主体。与之前相比，"独立"是企业身份的本质性变化。

随着1994年俄联邦《民法典》第一部分的通过，便废除了《企业及经营活动法》。俄联邦《民法典》确立了新的与以往完全相反的企业概念及企业制度。其特点是企业的概念被一般法人的概念吸收。从此，企业的外延缩小。民法典中冠以企业名称的只有国有或自治地方所有单一制企业，即国有单一制企业或市属单一制企业。其他类型的企业按照公司、合伙等命名。

按照俄联邦《民法典》确认的主体是私主体。俄联邦《民法典》第1条规定："民事立法的基本原则是确认民事立法所调整的关系的参加者一律平等，财产不受侵犯，不允许任何人随意干涉私人事务。"[①]第48条规定："凡对独立财产享有所有权、经营权或业务管理权并以此财产对自己的债务承担责任，能够以自己的名义取得和实现财产权利和人身非财产权利并承担义务，能够在法院起诉和应诉的组织，都是法人。"法人关系是横向关系，即私法关系。私有化后，在俄联邦《民法典》中没有将公法人的概念遗留下来，也没有像德国《民法典》或意大利《民法典》那样，将法人分为公法人和私法人并明确规定在法典中。另外，按照1994年俄罗斯联邦总统令第6条的规定，"民法典颁布后，对于法典正式颁布之前设立的以经营权为基础的公营企业和自治地方所有企业，以及联邦公营企业，分别适用法典关于以经营权为基础的单一制企业的规范，这些企业的设立文件应进行修订，使之与法典第一部分的规范相一致。"

随着企业概念指向的特定化和法人概念的普及，经济主体的观念也在发生改变。俄联邦《民法典》第一部分的宗旨是确立私法关系，"民事立法调整从事经营活动的人之间的关系或者有他们参加的关系，民事立法调整所依据的出发点是：经营活动是依照法定程序对其经营资格进行注册的人实施的，

[①] 本书引用俄联邦民法典的条文如无特殊说明，均源自黄道秀译：《俄罗斯联邦民法典》，北京大学出版社2007年版。

旨在通过独立自主使用财产、出售商品、完成工作和提供服务而不断取得利润,并由自己承担风险"(第2条第3款)。所有的法人都"自己承担风险",这样纳入法人的企业形式——商合伙与商公司、生产合作社、国有和自治地方所有的单一制企业——均具有这一特性。这样,原来公营企业的国家管理的特性在法典中被剔除,而适用一般法人的规定,属于法人的国有和自治地方所有的单一制企业的关系性质上自然也是私权关系。这种规定完全改变了苏联时期对企业的定性。

2. 从公法主体到私法主体转制过程中的财产综合体

俄罗斯企业的定位随着国家政治体制的改变而发生相应的变化。苏联时期,立法将企业界定为生产产品、加工和提供劳务的经济主体。俄联邦《民法典》将企业定义为"用以从事经营活动的财产综合体"(第132条第1款)。作为财产综合体的企业在整体上是不动产(俄联邦《民法典》第132条第2款)。财产综合体包括企业所有形态的财产,土地、建筑物、构筑物、设备、器材、原料、产品、请求权、债务以及企业的商号、商标权利和其他专属权(第133条第2款第2项)。按照1992年1月29日俄联邦总统令《关于国家企业和地方企业私有化拍卖暂行条例》(以下简称《私有化条例》)的规定,"拍卖的对象可以是企业(作为客体的企业)、车间、厂房(作为财产综合体的企业)……"

在转制过程中,曾经出现了三个概念:作为主体的企业、作为客体的企业、作为财产综合体的企业。企业处于不同形态,反映的价值也不同。作为主体的企业,是为了营利,其经营活动是第一位的,体现为经营价值;作为客体的企业,其权利能力和行为能力之所以受到限制,是为了保障市场的微观秩序的稳定,秩序价值是第一位的;作为财产综合体的企业,凸显财产本身的使用价值,而财产本身的使用价值是通过交换价值体现出来的,因此,交换价值是第一位的。①

形式	作为主体的企业	作为客体的企业	作为财产综合体的企业
特性	组织性、行为性、财产性	受限制的组织性、行为性和财产性	财产性、流动性
能力	拥有权利能力和行为能力	受限制的权利能力和行为能力	无权利能力和行为能力
价值	经营价值	秩序价值	交换价值

---

① 何国华:《俄罗斯企业立法转向及启示》,载《北京政法职业学院学报》2005年第4期。

俄联邦《民法典》的上述规定，具有鲜明的特色，它将动态的企业和静态的企业形式都列举出来，将一般情况下的企业和特殊情况下的企业都抽象出来。很大程度上，作为客体和财产综合体的企业服务于国有企业的私有化。按照《俄罗斯联邦国营企业和地方企业私有化法》（简称《私有化法》）第15条的规定，"国营企业和地方企业的私有化通过招标或拍卖、通过出售企业资本中的份额，以及通过赎买全部或部分租赁企业的财产来实施"。另按照1992年《私有化条例》的规定，"自然人和法人可以从国家和地方苏维埃购买资产变为私人所有。……拍卖的对象可以是企业、车间、工段和企业其他下属单位；设备、厂房、设施、许可证、发明专利特许证；未完建筑工程项目等"。公营企业私有化需经过清算程序。经过清算，公营企业转化为出售合同的客体或财产综合体。由于资金的短缺①，以及原有公营企业规模庞大，整体拍卖很难实现，实践中，部分公营企业的私有化是将财产拆分为不同种类的财产出售的。

可见，公营企业私有化的过程可以概括为：

作为主体的企业 → 清算 → { 企业整体出售 → 企业作为客体 / 部分出售 → 财产综合体作为客体 } → 拍卖或招标 → 私有化

国有企业或单一制企业的改革方向是私有化。私有化分阶段进行，具体的进程由《国家私有化纲要》和《地方私有化纲要》来确定。私有化进程自1991年开始，以国家私有化纲要的形式分期分批进行，每期为3年，进行了三个不同阶段。通过这些过程，很大一部分的公营企业变成了私法主体。在法律上，如果只规定私法法人的概念，而不规定国有或自治地方所有单一制企业，会使未被私有化的公营企业身份不明。因此，首先承认它们是企业，具有主体身份，同时这些企业属于待转型的企业，是法律客体或财产综合体。上述对国有或自治地方所有单一制企业粗线条立法是由过渡时期的公营企业身份的不稳定性决定的。

俄罗斯政治和经济转型的快速性，使得带有浓重的工业符号意义的"（国有）企业"的概念流星一样地划过天空并迅速陨落。相关概念转向于民法典中使用的名称。例如，外商投资企业最初由《苏联外商投资法》（1991年6月

---

① 俄罗斯居民存款只占国民生产总值的3%—4%。根据放开价格前的计算，俄罗斯有1.5万亿卢布的固定资产，居民能投入购买资产的最大货币量约500—800亿卢布，只有固定资产价值的3%—5%。参见赵乃林主编：《东欧中亚国家私有化问题》，当代世界出版社1995年版，第15页。长期以来，俄政府实行金融紧缩政策，限制银行贷款，银行对私有化贷款极为有限。另外，由于俄罗斯政局不稳定，外国投资者对俄罗斯的投资犹豫不决，加上通货膨胀率居高不下，俄罗斯政府为了防止国有财产流失到外国投资者手里，采取了限制外国人参加私有化的措施，外国人对私有化的投资有限。

4日)规定,后被1999年6月9日颁布的俄联邦《外商投资法》代替。在前法中用的称谓是企业,后法中放弃使用"企业"的概念,用的是"外国投资组织"。再如,在俄罗斯反垄断法中,1991年《反垄断法》中的措辞是垄断企业,但1995年用的是市场中占支配地位的经济主体。在一些行政法规中对经济组织的称谓已开始使用被民法典固定下来的将企业作为财产综合体的概念,比如在1999年3月31日制定的《天然气供应规则》中,天然气供应的统一组织被确定为由技术、组织经济相互关联集中管理的财产生产综合体。与此相关联,该系统的名称也不是简单地被确定为生产系统,而是财产系统。这种情况下,系统内的机构就不是经济主体,而是财产客体。

3. 作为财产综合体的企业身份转变过程造成国有财产大量流失

将企业设定为财产综合体的目的是为了顺利解决计划经济时期遍布于各行各业的公营企业的私有化。在计划经济时期,俄罗斯国有成分在国民经济中占绝对统治地位,达到95%以上。按照《私有化法》的目标,要在10—15年打破市场的垄断状态,形成合理的市场主体结构,只有加大私有化的力度。

企业被规定为财产综合体是实现公营企业私有化的重要法律依据。"企业之所以是综合财产,这个特殊的客体对于资本主义国家的经济流转有很大的作用。"[①]如果企业以主体身份转让,需将企业的营业、全部财产、债权、债务概括转移给受让方,在企业原本经营不景气的前提下,受让方难以接受;企业作为财产综合体,买卖合同双方可以约定原企业债务部分移转,使企业的财产在整体上或部分地转让、抵押、租赁。这样,设立、变更、终止与物权有关的其他法律关系的行为能顺利进行。如果买受人收到移转的企业财产有瑕疵,或者在企业的总体财产中缺乏应当移转的某些特定类型的财产,买受人可以要求立即交付合格财产或要求调换其他特定财产(俄联邦《民法典》第565条第4款),买受人甚至可以在私有化过程中免于承担企业原债务。

作为财产综合体的企业立法直接导致在私有化过程中国有资产大量流失。

按照俄联邦《私有化法》的规定,公营企业的私有化必须经过改组。经过改组,公营企业的私有化就变成了单纯的财产转移,而不是企业的整体(包括其营业)转移。这便为私有化过程中国有资产的流失打开了缺口,由于被出售的公营企业资产不随同企业一并转移至买方,购买者可以某些财产的功能

---

① 江平:《西方国家民商法概要》,法律出版社1984年版,第210页。

无法为改组后的新法人适用为由,而在改组过程中挑选企业的财产或低价取得企业财产。

二、俄罗斯民法典中的国有或市属单一制企业

基于上述,俄罗斯企业立法的变化,有个明确的目标:淡化公营企业的主体特性,强化其私法属性。

俄联邦《民法典》中转向法人的国有或自治地方所属单一制企业(以下简称市属单一制企业),淡化了其营利性和政策职能,产生了国有或市属单一制企业身份上的两难。在民法典中没有明确规定国有或市属单一制企业的权利能力和行为能力,只有一条授权性规范,即俄联邦《民法典》第113条第6款:"国有和市属单一制企业的法律地位由本法典和公营企业及市属企业法规定。"但单独制定国有或市属单一制企业法存在制度上的障碍,既有来自民法本身的障碍,又有宪法上的障碍。俄联邦《民法典》第2条第3款规定:"民事立法不适用于一方对另一方的行政从属关系或权力从属关系而产生的财产关系。"俄联邦《民法典》第3条第2款规定:"民事立法由本法典和依照本法典通过的、调整本法典第2条第1款和第2款所规定关系的其他联邦法律组成。包含在其他法律中的民事立法规范应与本法典相一致。"[①]如果单独的企业立法不能保持私法的性质,将违反民法的原则与理念;如果单独的企业立法与民法的原则和理念互相协调一致,则与企业执行国家经济调控政策的职能相背。造成两难选择的根本原因在于,立法者将公营企业视为过渡性主体。另外,如果按照特别法优于一般法的原则来处理上述两难,还会遇到宪法上的阻碍。俄联邦《宪法》第76条规定,对其他法律具有优先力的只能是宪法条文,而民法典不属于该种条文。

当然,从上述协调过程可以看出,俄罗斯意图建立一个以《民法典》为中心的封闭的私法体系。市场主体,不论是哪种类型,其身份和行为均需要与民法的价值和理念相统一。

(一) 沉淀下来的单一制企业

俄罗斯将国有企业称为单一制企业,根据投资主体是国家还是自治地

---

① 俄联邦《民法典》第2条第1款规定:"民事立法规定民事流转参加者的法律地位,所有权和其他物权、智力活动成果的专属权(知识产权)产生的根据和实现的程序,调整合同债和其他债,以及调整基于其参加者平等、意思自治和财产自主而产生的其他财产关系和与之相联系的人身非财产关系。"第2款规定:"民事立法所调整关系的参加者是公民和法人。俄罗斯联邦、俄罗斯联邦各主体和地方自治组织也可以参加民事立法所调整的关系。"

方,具体分为国家单一制企业和地方所有单一制企业。

在所有商业组织中,单一制企业的特点是,既不是以会员制方式设立的公司,也不是划拨给其财产的所有权人。创立该企业的单一发起人(通常是公共所有人)对移交给企业的财产以及企业在经营活动中取得的财产享有所有权。虽然企业本身作为独立的法人,依法享有一定的有限物权,但本质上是使用别人的财产。"单一制"这一术语强调了法人财产不能根据投资、份额和股票进行分割,包括不能在其雇员之间进行分配,除了发起人,任何人都未参与法人财产的形成。不是法人的企业形态是不具有民事法律关系主体资格的劳动集体,从而在法律上和逻辑上可以令人满意地解决那类所谓"集体企业"或"人民企业"的问题(或者属于劳动者的企业)。这些政治经济学概念不属于《民法典》的范畴,也包括以优惠条件获取股份(份额、股金)的雇员作为(或主要是)其参加者的股份合作制公司或其他商业公司。

这样,财产由发起人出资的不可分割的商业组织是单一制企业。[①] 作为非所有权人的法人这种独特的组织法形式,其固有的本性是不发达的财产流转关系,是在市场经济形成之初法律为国家和自治地方所有人(公共所有人)保留的一种管理经济的方式。所以,在立法体系中这种商业组织形式被排在最后。

问题在于,这种法人结构是国民经济的产物,在国民经济中国有企业是基础经济主体。国家作为其财产的统一所有权人,批准企业的章程,确定企业权利能力的大小和特性,任命企业的管理机关并且实际领导企业的全部活动,形式上不对企业的活动结果承担责任(由于那类企业被认为是独立的法人,故其发起人不对企业的债务承担责任),但仍然是全部企业财产的所有权人。实际上国家代表自己的企业相互签订契约,相互打交道,因此,不会发生国有财产流失的情况。所以,主体的相互责任仅限于记在其账上的资金,而不以免受债权人追偿的基本财产清偿(经常是国有企业以政府决议的方式简单地免除因其未履行自己的义务而应该承担的财产责任)。国家所有人的代表机关可以随时收回企业的部分财产并将其转让给其他企业。在有财产流转的条件下参与企业相互之间签订的契约在很大程度上是人为控制的结果,不是源于市场的交易。显然,能够与那样的契约当事人打交道的只能是与其相似的组织。

早期的《企业及经营活动法》的依据是"全部所有制企业一律平等"这一华而不实的、在法律上毫无意义的口号,该法不仅允许国家设立非国有企业,

---

[①] 俄联邦《民法典》第113条第1款。

也允许其他人,包括公民个人设立企业。结果,在实践中出现了按照国有企业模式创设的私有企业(或者家庭企业)。它们完全由作为发起人的所有权人控制,但事实上它们对其创设的商业组织的债务不承担连带责任,而且这些商业组织往往只有纯粹象征意义上的注册资本,实际上对潜在债权人的利益没有任何保障。

俄联邦《民法典》保留了公共所有权人这种单一制企业形式。① 在俄联邦《民法典》第4章生效前创设的个人和家庭私人企业,以及合作制组织、公司组织和其他私人所有权人创设的企业,应该于1999年6月1日前变为合伙、公司或生产合作社,或者进行清算。依照俄联邦《民法典》第一部分第6条第5款第2项的规则,在这些企业活动的持续期间,作为所有权人的发起人以自己的财产承担补充责任。这大大地提高了对债权人的保护力度。

由公共所有权人创设的单一制企业是商业组织的一种形式,但这种商业组织不具有一般的权利能力,而是具有专门的权利能力。② 所以,这类企业的章程除了记载在法人设立文件中规定的一般信息外,还应包括关于法人活动对象和目的的信息。单一制企业违背其权利能力实施的行为,依据俄联邦《民法典》第168条的规定自始无效。③ 单一制企业的商业名称应该标示其财产所有权人。

由相应的公法主体授权的机关(通常由相应的主管部门担当这一角色)批准的章程是单一制企业唯一的设立文件。为了创设单一制企业并使其从事活动,不要求企业和作为所有权人的发起人(或者由其授权的机关)签订任何合同。作为所有权人的发起人在作出创设单一制企业的决议的同时任命企业的领导人(经理),该领导人(或经理)成为企业的独任制(一个)机关,并向作为发起人的所有权人报告工作。④ 对于单一制企业的任何其他机关,包括劳动集体大会(全体职工大会),法律都未作规定。

单一制企业实行法定资本制,且有最低资本限额的要求。发起人拨给单一制企业的法定资本,不得少于国家和自治地方单一制企业专门法规定的数额。⑤ 在专门法律缺失的情况下保留了俄联邦《经营活动主体国家注册程序条例》第3条第4款的效力。与此相应,国家或自治地方企业注册资本的数

---

① 俄联邦《民法典》第113条第1款第3项的规定。
② 俄联邦《民法典》第49条第1款第2项的规定。
③ 俄联邦《民法典》第168条规定:"不符合法律或其他法律文件的法律行为无效。不符合法律或其他法律文件要求的法律行为是自始无效法律行为,但法律规定此种法律行为是可撤销法律行为或者规定了违法的其他后果的除外。"
④ 俄联邦《民法典》第113条第4款的规定。
⑤ 俄联邦《民法典》第114条第3款的规定。

额不得少于企业章程提交注册之日立法所确定的月最低劳动报酬的 1000 倍。因此企业的注册资本应在其进行国家注册之时由其发起人全额缴足（不能分期缴付）。

企业的注册资金（资本）是其债权人利益的最低保障。所以，企业净资产的价值低于章程规定的数额，企业的发起人就应该减少注册资本并有义务以书面方式将有关情况通知企业的所有债权人。① 债权人得到这一通知后有权提前履行或终止相应义务。此外，在上述情况下，依据章程债权人应得的企业收入不得分配给作为所有权人的发起人。如果单一制企业净资产数额低于法定最低限额，企业应该根据法院的判决进行破产清算。

单一制企业作为独立的法人不对作为所有权人的发起人的债务承担责任，作为所有权人的发起人也不对自己设立的企业的债务承担责任。单一制企业以自己的全部财产对自己的债务承担责任②并且能够宣布破产（这里所指的不包括国家设立的单一制企业）。从 1990 年起，俄罗斯立法排除了债权人扩大追偿客体的可能性（这里所指的不是那些禁止流通或限制流通的客体）。但所有这些均不能排除民法典关于作为发起人的所有权人对自己创设的组织进行债务承担时可能存在的补充责任，如果该组织是由于执行所有权人的强制性指令而破产的。③

国家和自治地方企业依据法人改组和清算的共同规则进行改组和清算。然而，应该注意的是这些企业改组为其他组织法形式的所有权人的商业组织，经常是将公共财产中的一部分转让给私人组织，即是私有化的一种形式，这种私有化依据专门立法确定的规则进行。④ 这种专门立法规定，国家和自治地方企业只能改组为开放性股份公司的形式。

---

① 俄联邦《民法典》第 114 条第 5、6 款的规定。
② 俄联邦《民法典》第 113 条第 5 款的规定。
③ 俄联邦《民法典》第 56 条第 3 款规定："法人的发起人（参加人）或其财产所有人不对法人的债务承担责任，而法人也不对其发起人（参加人）或财产所有人的债务承担责任，但本法典或法人设立文件规定的情形除外。如果法人的资不抵债（破产）系由于其发起人（参加人）、财产所有人或有权对该法人发布强制性指示或有可能以其他方式能规定法人行为的其他人所致，则在法人财产不足以清偿债务时，可以由上述人对法人的债务承担补充责任。"第 114 条 7 款规定："以经营权为基础的企业的财产所有人，不对企业的债务承担责任，但本法典第 56 条第 3 款规定的情况除外。这一规则也适用于成立子企业的企业对子企业的债的责任。"
④ 俄联邦《民法典》第 217 条是规定国有财产和自治地方所有财产的私有化，具体内容："属于国家和自治地方所有的财产，可以依照国有财产和自治地方所有财产私有化法规定的程序由其所有人移转给公民和法人所有。在国有财产和自治地方财产私有化时，适用本法典规定的调整所有权取得与终止程序的规则，但私有化法有不同规定的除外。"

(二) 单一制企业的分类

单一制企业有两种形式：一种是基于经营权而设立的，另一种是基于业务管理权而设立的。① 二者在法律地位上的区别首先体现在单一制企业对作为所有权人的发起人在财产关系上所取得的权利范围(的大小)，因为，就内容而言，经营权的范围远远宽于业务管理权。② 特别是国家企业根据指令以其现有的财产实施任何法律行为都必须取得所有权人的同意③，这里所指的财产不包括该企业生产的成品。国家企业没有自己的财产，其债务由俄联邦作为发起人承担责任的规定对于流转很重要④，但对于普通单一制企业而言，不存在这种情况。所以，国家企业与普通单一制企业的区别在于国家企业不能宣布破产。

以经营权为基础的单一制企业既可以由联邦所有权人创设，也可以由联邦主体和自治地方机构创设。立法不禁止由几个公共所有权人共同创设这样的单一制企业——按照共同发起人按份共有的原则对创设企业的财产享有所有权。

国家企业以联邦财产为基础、在国家和自治地方单一制企业法规定的情况下依据联邦政府的决议创设。⑤ 国家企业产生的必要性与现存的生产性企业(非所有权人)的组织存在有关，但本质上是以国家名义以及为了国家的利益而产生的。在这种情况下，指导企业活动的国家要对企业财产流转的参加人承担一定的责任。所以，国家企业对它们拥有的国家财产不需要被赋予更多的权利。国家企业的数量(国家工厂、国家公司)相对较少。一些生产国防产品的企业、劳改机关的企业都属于国家企业。考虑到联邦国家对自己的国家企业承担补充责任，法律对国家企业的注册资本没有提出硬性要求，就像对以经营权为基础的单一制企业注册资本的要求那样。

以经营权为基础的单一制企业可以设立子企业。⑥ 子企业也可以是以经营权为基础的单一制企业。作为发起人的所有权人(或其授权的机关)许可，通过作为发起人的单一制企业将自己拥有经营权的一部分财产移交给新

---

① 俄联邦《民法典》第114条是规定以经营权为基础的单一制企业的，第115条是规定以业务管理权为基础的单一制企业的。
② 俄联邦《民法典》第294—295条是规定经营权的，第296—297条是规定业务管理权的。
③ 俄联邦《民法典》第297条的规定。
④ 俄联邦《民法典》第115条第5款的规定。
⑤ 俄联邦《民法典》第115条第1款的规定。
⑥ 俄联邦《民法典》第114条的规定。

设立的单一制企业。① 在这种情况下作为发起人的企业对自己的子企业承担所有权人的职能,即批准它的章程(确定权利能力的范围)并任命其领导人(经理),在必要的时候同意其实施处分不动产的法律行为。② 但这些企业,像普通单一制企业的所有权人那样,不对自己子企业的债务承担责任。③ 设立子企业的必要性通常是针对大型国有企业从自己的组成部分中分出单独的部门(比如工业企业中现有的生产民用产品的车间或是一些辅助性生产的车间),所有权人认为这些部门没有必要私有化。

(三) 单一制企业的权能——经营权和业务管理权

单一制企业的权能体现在俄联邦《民法典》第 294—300 条中。

1. 一般原则

经营权和业务管理权是发达国家法律所没有的一种特殊的物权形式。这是基于对所有权人(经常是公共所有权人)的财产的经营和其他利用行为所形成的法人物权。这些物权形成了作为非所有权人的法人独立参加民事法律关系的财产基础,这种情况不会出现在通常的、传统的财产流转中。

在俄罗斯的法律中,这种物权的产生和存在与由计划调整的国有经济有紧密联系。作为拥有大量基础财产的所有权人——国家,不能直接经营属于它的客体,同时又不愿意丧失对这些客体的所有权,客观上不得不把这些"独立"的法人——"企业"和"机构"投入到财产流转中去,并赋予其对自己财产的一些有限物权。从 20 世纪 60 年代起这项权利被我们称为"业务管理权",后来(在苏联所有权法和俄罗斯联邦所有权法中)又分化出内容更广泛的"完全经营权",这是专门适用于生产性"企业"并且内容要狭窄得多的"业务管理权"。这种权利专门针对国家预算拨款的"机构"和与此类似的"机构"。

在市场关系发展和产生强大私人经济成分的条件下,那些有限物权结构就像它们的非所有权人主体一样,暴露出了自己隐藏在昔日经济条件下的明显的弱点和不足。根本缺点之一在于这些法人极有可能滥用公共所有权人赋予它们的经济权利和自由,把所有权人的财产转变为私人财产。所以,这些物权的内容和早先在所有权法中保留的原形受到了民法典的极大责难。特别是经营权,不论是名称上还是内容上都已不是"完全"地接近于所有权的

---

① 事实上是依据俄联邦《民法典》第 57—60 条的规则以分出的方式改组的。第 57 条规定的是法人的改组;第 58 条规定的是法人改组时的权利继受;第 59 条规定的是移交文书与分立资产负债表;第 60 条规定的是法人改组时其债权人权利的保障。
② 俄联邦《民法典》第 295 条第 2 款中规定的权利。
③ 俄联邦《民法典》第 114 条第 7 款的规定。

权能。这种方式导致所有权人——首先是公共所有权人(国家或自治地方所有权人)必须严格监督由其所设立的非所有权人法人的特定目的活动。

独立处分自己财产的所有权人是正常市场关系的参加者。我国法律程序中保留的非所有权人法人表明了它的过渡性,这种过渡性取决于经济本身的过渡性,不可避免地在转变的形式中保留了先前经济体系的某些特征。

只有法人能够成为经营权和业务管理权的主体,但并不是任何存在于专门组织法形式中的企业和机构都能成为那样的主体。作为有限物权,经营权和业务管理权是派生的,依赖于所有权人的权利并且不能脱离这种基础权利。正因为如此,作为所有权人的普通法人不能成为那样的主体,包括股份公司和其他公司及合伙。

另外,从单一制企业的财产范围看,国家和自治地方企业或机构对所移交的住房拥有完全的经营权或业务管理权,在这些企业和机构变更或清算的情况下,其继受者或其他法人也只享有经营权和业务管理权。① 建立在国家或自治地方企业私有化基础上的股份公司往往对其取得的、登记在资产负债表上的其被继承人的住房客体不享有所有权,而只享有有限的经营权。形式上,相关公权机构仍然是那些客体的所有权人,因而这些客体没有发生任何私有化。那种不符合逻辑的情形与民法典的规则相抵触②,这已被司法仲裁实践所证实。

尽管企业是独立法人,但其自身却不能成为移交给它们的财产或它们在参加民事流转过程中获得的财产的所有权人。它们经常是那种被称为有限物权的主体,由于法律的明文规定,它们的全部财产都是它们发起人的所有权的客体。③ 所以,认定那些机构(如教育机构)对以赠与、捐赠或遗嘱等方式移交给其的财产,以及因私人活动取得的收益和以这些收益购买的客体享有所有权——这与民法典规定的基本要求相抵触。

登记在相应法人资产负债表上的财产综合体是权利的客体,但仍然是发起人的所有权客体。民法典专门规定了保留条款:经营使用享有经营权或业务管理权的财产的结果是作为自然孳息、法定孳息,包括单一制企业或机构依据合同或其他根据取得的财产归入到企业或机构相应的经营或业务管理中的部分财产。④ 由此可知,上述财产成为企业或机构发起人的所有权客体,而不是法人自身所有权的客体。要知道作为发起人的所有权人的财产通

---

① 俄联邦《住房私有化法》第18条以及《住房政策基础法》第9条第1项都有如此规定。
② 是指与俄联邦《民法典》第3条第2款第2项的规定相抵触。
③ 这种规定体现在俄联邦《民法典》第113条第2款、第120条第1款第2项、第214条第4款第1项、第215条第3款第1项、第294条、第296条第1款、第299条第2款中。
④ 俄联邦《民法典》第299条第2款的规定。

常成为法人产生的基础,企业或机构对这些财产享有有限物权。

2. 经营权

依据俄联邦《民法典》第 294 条的规定,经营权是指国家或自治地方单一制企业在法律或其他法律文件规定的范围内占有、使用和处分公共所有权人财产的权利。

以经营权的形式转让给单一制企业的财产脱离了作为发起人的所有权人的实际控制并记入企业的资产负债表,所有权人自己对这些财产至少也不能行使占有权和使用权(而只有一定程度上的处分权)。应该考虑到企业可以其拥有经营权的财产对自身的债务承担责任,而不对创设它们的所有权人的债务承担责任,该财产成为"已经分配掉的"国家或自治地方的财产。① 所以,当单一制企业作为独立的法人存在时,作为企业发起人的所有权人(或其授权的机关)不论在任何情况下都无权收回或以其他方式处分该单一制企业拥有经营权的财产。

对于转让给企业的财产,作为发起人的所有权人只保留着俄联邦《民法典》第 295 条第 1 款明文规定的单独的权利,包括:第一,创设非所有权人的企业(包括企业活动的特定对象和目的,即权利能力范围、批准章程和任命经理);第二,改组和清算企业(只是在这种情形下允许收回和再分配由所有权人转让给企业的财产而无须企业同意,但是,要考虑必须符合企业债权人的权利和利益);第三,按照目的监督属于企业的财产的使用及其保值(特别是对其活动进行周期性检查);第四,因使用转让给企业的财产而获得部分利润。行使这些权利的具体程序由关于国家和自治地方单一制企业的专门法律予以规定。

与先前生效的所有权法律不同,俄联邦《民法典》没有规定必须由作为所有权人的发起人(或由其授权的机关)和自己的单一制企业签订任何合同。单一制企业活动的所有条件,包括应该划拨给所有权人的利润数额(或者相应留给企业的利润数额),应该以企业统一的设立文件——作为发起人的所有权人批准的章程规定。财产所有权人和企业之间签订的合同不能改变法律规定的所有权人权利的性质和范围,否则合同自始无效。

行使属于单一制企业的权利可以由专门的法律或者其他法律文件(总统命令和联邦政府决议)补充限制。依据俄联邦《民法典》第 295 条第 2 款关于处分权的规定,未经所有权人(按照管理的财产确立相应的代表委员会)的事

---

① 俄联邦《民法典》第 214 条第 4 款第 1 项、第 215 条第 3 款第 1 项的规定。

先同意不能独立处分不动产。未经所有权人的同意不得出售、租赁、抵押、向公司和合伙投入注册资本或共同出资以及以其他形式转让和处分单一制企业的不动产(这些限制首先是来源于1994年2月10日联邦政府第96号决议第7款)。至于动产,企业可以独立处分,法律或其他法律性文件(包括联邦政府决议)规定了相应限制的例外。① 违反上述所列举的限制而实施的转让公共财产的行为是无效的。②

然而,俄联邦《民法典》没有规定作为所有权人的发起人能够随意限制单一制企业对其财产的占有、使用权能,特别是未经企业同意以任何理由收回财产(这里不只是指单一制企业的清算和改组)。在任何情况下都不能以行政规范性文件的形式规定相似的限制。从这个角度来看,以上所说的可以从联邦企业中收回不按专门用途使用的财产(1994年2月10日俄联邦政府第96号决议第7款),不能被认为是俄联邦《民法典》的相应规则,因此《民法典》的相应规则)不应该被适用。③

3. 业务管理权

依据俄联邦《民法典》第296条第1款的规定,业务管理权是指机构或国家企业在法律规定的范围内,依其活动的目的、所有权人的任务和财产的用途,占有、使用和处分所有权人划拨的财产的权利。

由此可见,构成业务管理权的权能受机构(或国家企业)履行职能的制约,具有严格的目的性。所有权人按照划拨给法人的财产的专项用途给其规定了直接的任务(特别是由其批准的机构的开支预算)。它甚至规定划拨给主体的拥有业务管理权的单独的部分财产(种类)的专项用途,以此分配相应的专门基金。这种情况下,列入一个基金的财产,包括资金,依据共同规则(未经所有权人的同意)不能被用于维持另一个基金存在的目的(即使在该基金的资金不足的情况下)。

依据主体的构成,业务管理权具有两种形式,它们在处分所有权人财产的权能内容方面,以及对这种权利主体的债务承担补充责任的条件(程序)方面存在差别。这两种形式具体为国家企业拥有的业务管理权,以及由所有权人财政拨款给机构的名称相似的权利。

国家企业根据一般规则只有在所有权人事先同意的条件下有权处分划拨给它的财产(俄罗斯联邦财政部作为国家财产的代表),由此证明了国家企

---

① 俄联邦《民法典》第295条第2款第2项的规定。
② 俄联邦《民法典》第168条的规定。
③ 在此是指俄联邦《民法典》第3条第5款的规定。

业独立参加民事流转关系的有限性。未经所有权人的专门同意,国家企业无权转让或以其他方式处分其动产和不动产,但是,在法律或其他法律文件没有相反规定的情况下,国家企业可以根据共同规则独立处分产品。

此外,国家企业以自己的全部财产承担责任,而不只是以资金承担(类似于机构),因为它们仍然是生产企业,经常参加财产流转关系。在国家企业的财产不足以满足债权人的清偿要求的情况下,由俄联邦对其债务承担补充责任,这点不适用于普通单一制企业——拥有经营权的主体。

企业的债权人不能要求追偿该法人的全部财产,只能以该法人可以行使处分权的资金清偿。在资金不足以清偿债务的时候由作为发起人的所有权人承担补充责任。① 这样一来,可以说划拨给机构的拥有业务管理权的财产,除了其自有资金外,(其他财产)免受债权人追偿。

作为由所有权人财政拨款的非商业组织的机构的权利地位的特殊性在于,该机构依据设立文件能够从事给其带来收益的活动(经营活动),即在该发起文件中所有权人允许其从事上述活动。例如,俄联邦《教育法》第47条明确允许教育机构从事特定形式的经营活动。机构可以"独立"处分从事上述活动获得的收入以及用该收入购得的财产并且将其列入单独的资产负债表。②

上述法律规则是以实践中广泛遇到的所有权人——首先是公共所有权人——拨款不能满足由其创设的机构的全部需求为条件的。由此导致作为非所有权人的机构必须广泛地、以最接近于单一制企业的角色参加财产流转关系。为了实现上述可能性,机构收到在各种法律制度内划拨给它们的、以及用各种方式形成的两部分财产。

一部分是机构根据预算从所有权人处收到的、享有业务管理权的财产。另一部分是机构自己"挣得"的并且列入单独资产负债表的财产,机构可以"独立处分"这部分财产,但不能认为这种"处分权"是一种与现有的业务管理权和经营权并列的特别物权。在此必须既要考虑标示已有有限物权的特征,又要考虑形成上述权利的立法者的态度。首先,把机构取得的收入以及用该收入购得的财产的"独立处分权"授予机构的根据是1990年俄联邦《所有权法》第5条第4款。1991年《国民经济发展纲要》第48条第2款明确规定,上述财产由机构拥有完全的经营权。这种态度明确表明立法者不愿意人为创设普通的财产流转关系所未知的新的有限物权。在《民法典》中任何一个部分都没有出现这种权利的内容不是偶然的,有关该权利的规则被编排在第

---

① 俄联邦《民法典》第120条第2款的规定。
② 俄联邦《民法典》第298条第2款的规定。

19章,题目为"经营权、业务管理权",并且在本章中未包含任何其他物权的规则(经营权和业务管理权的清单成为封闭性的)。

认为机构对因其独立活动而获得的财产所享有的业务管理权是被法律扩展了的独立处分财产的权能,这种观点是没有根据的(实际上这种权利仍然是有限的)。如此一来,"独立处分权"事实上仍是业务管理权的一种形式,该权利主体在上述情况下对于划拨给它的部分财产获得了一些补充权能。在这种情况下,作为所有权人的发起人依据俄联邦《民法典》第120条第2款在自己机构的资金不足的时候对其全部债务继续承担补充责任(因而,由于独立收入取得的财产可以免受债权人的追偿),(这种做法)未必能够得到认可。应该注意,以上述收入而购得的机构的财产,所有权人(或者其授权的机关)不能收回,即使其不按专门用途使用也是如此。

综上所述,我们正在探讨的权利实际上是经营权。所以,俄联邦《民法典》第295条的规则应该适用于机构对以上述方式获得的财产所享有的权利(值得注意的是依照俄联邦《教育法》第47条第4款"在自己的经营活动中教育机构足以和企业相提并论")。这意味着机构以这些财产独立承担因其参加带来收益的活动而产生的债务。在那些方面对于机构债务的追偿能力不应该局限于其资金。所以,在此机构债权人追偿的客体可以是机构参与上述活动而获得的、并首先为该目的记入专门的单独资产负债表中的任何财产。所以,对于上述情景,在法律明文规定的框架内,机构财产法律制度被区分为两种有限物权。

三、俄罗斯反垄断法的制定、修改与目标转向

俄罗斯反垄断法修改频繁,以至于难以准确记录修改的次数。当然,这里既包括至少增加一个法律条文的大修,也包括只改变个别词汇的小修。广义上,还包括相关指南的制定,和行政处罚法典或刑法典中有关垄断责任的规定的修改。

(一) 制定及修改

由于俄罗斯反垄断法修改频繁,一一叙述不但不可能也无必要。这里以2006年这次最为重大的改变为中心,分为前后两个部分展开。

1. 俄罗斯第一个反垄断法的制定

事实上,俄罗斯第一个具有反垄断性质的法律文件是1988年制定的,只

是因为条件（包括客观条件和主观条件）不成熟，这个文本没有生效。但是，条文中诸多内容被1990年8月16日苏维埃部长会议委员会发布的《国民经济改革法案》吸收和确定下来。为了推进改革（或曰为了实施被确定下来的反垄断性质的法律条文），1990年在没有颁布反垄断法的情况下，先行成立了一个负责反垄断业务的组织机构——俄罗斯联邦反垄断政策和促进新经济结构国家委员会（ГКАП, Государственный комитет РСФСР по антимонопольной политике и поддержке новых экономических структур）。1991年3月22日俄罗斯颁布了第一个正式的反垄断法律文件：《关于商品市场竞争和限制垄断行为的法律》（以下简称1991年俄联邦《反垄断法》），该法如同其名称一样，只调整商品市场中的垄断行为，不包括服务市场，尤其是金融服务、水电气等自然垄断服务等。

从法律的系统性和协调性上看，1991年俄联邦《反垄断法》具有明显的"孤独一枝"的意味，因为转型国家基本上都未颁布此种法律。同时，在其国内，作为反垄断法的两个主要制度渊源——俄联邦宪法和俄联邦民法典亦未颁布。但这个版本的反垄断法在内容上搭建起了该制度的基本框架，包括政策目标上确立了保护竞争的基本宗旨，行为指向上确立了垄断协议、滥用市场支配地位、经营者集中和滥用权力限制竞争四大支柱。

2. 早期修改

1991年俄联邦《反垄断法》具有很强的工具性。在辅助完成私有化改革（五年计划）的任务之后，其面临着适应新的经济状况、发挥本法调整功能的任务。为此，需要制定一套法律以确保有效的改革和发展市场经济，促进和保障俄罗斯联邦市场竞争秩序。另外，从法律体系的协调关系上而言，转型期的俄罗斯面临着创建适应新的经济体制和政治体制需要的法律制度的任务。反垄断法作为制度体系的一个部分，也需要与体系内其他法律制度相互协调。这也成为俄罗斯反垄断法在相对较短的时间内进行多次修订的一个重要原因。根据俄罗斯政治经济形势的变化，在2005年之前，《反垄断法》进行了七次修改（2005年3月7日进行了第八次修订）。

俄联邦《宪法》于1993年12月12日通过，其第1条第8款规定，保证统一的经济空间，货物、服务和金融资源的自由流通，鼓励自由竞争的经济活动。第17条规定了实施人权和自由，不得侵犯公民的权利和自由。另俄联邦《民法典》于1994年通过，其第2条第1款、第10条规定了不允许滥用民事权利以限制竞争和滥用市场支配地位。这两部法律的颁布，促使第一版本的反垄断法进行修订，以在相关内容上与宪法和民法的规定相协调。

1995年是反垄断法修订的重要一年。一是通过了《俄罗斯联邦关于修订和补充俄罗斯苏维埃联邦社会主义共和国〈关于商品市场竞争和限制垄断行为的法律〉》,从组织机构上对反垄断法进行了完善:建立了国家反垄断政策委员会,从宏观上监测反垄断法的实施。二是颁布了俄联邦《自然垄断法》和《广告法》,丰富了反垄断法的制度体系。三是修订了关于规制经济活动的标准,更细致和严格地禁止某些垄断行为;将删除了的权力滥用行为予以恢复,并明确禁止地方权力机构干预地方经济活动,要求地方管理部门不能从被管理的企业中收取费用等。

1998年的法律修改中引入了"卡特尔"概念,这是非常少见的做法。1999年,颁布了《金融市场竞争保护法》,搭建起俄罗斯反垄断的"三驾马车":商品市场、金融市场和自然垄断。2000年的修改侧重于经营主体集中的管制方面,加强了对经营主体集中过程中企业资金来源的监控,着重监督集中后的法人代表、资金的来源等。2002年完善了行政垄断的法律规定,并增加了招投标中的行政垄断的规定。

2004年12月25日俄罗斯政府批准实施了"俄罗斯的中期社会经济发展纲领的行动计划",该计划的前两个段落确定的是有关竞争政策的改革。为此,2005年修改的《反垄断法》确定了完善反垄断监管制度的主要内容:为预防滥用市场支配地位和经营者限制竞争协议(协调一致的行动),改变经济集中度控制标准,简化对违反有关反垄断立法的市场参与者的监管程序,制定国家援助实体的规则。"行动计划"中最重要的组成部分,是涉及政府发布的涉嫌阻碍自由竞争的法令问题的解决。俄罗斯转型过程中涉及此类问题的现象非常普遍,不论在商品市场还是金融市场上。这次修改中,还涉及了减轻反垄断案件的证据负担问题:考虑到反垄断索赔涉及信息收集的任务,已经超出了原告的能力范围,再让原告提出他所遭受损害的严格证明,更不利于反垄断诉讼。另外,增加了对国家援助的监管。

3. 2006年之后的修改

2006年的修订最为重大,不仅仅涉及名称,而且在诸多内容上作了实质性的改动并在后续的变动中得以延续。自2006年修订的法颁布到2019年年底,俄罗斯反垄断法共修改了40次。其频率之高令人惊讶。正因如此,以下仅择其要者,作一二描述。

(1) 2006年反垄断法的修改

2006年的修改可以成为一个俄罗斯反垄断法新时代的界标。

首先,在名称上,1991年以来冗长的法律文本标题被简化为《竞争保护法》。形式上,名称的变化使法律更加中性,既不像日本法那样叫"禁止……",也不像我国法这样叫"反(垄断法)",着重强调对象,并将目标高高挂起——保护竞争。当然,这种改变不仅仅是形式上的,而是有其实体内容作支撑。首先是增加了正面的内容,主要体现在增加了国家援助的规定上,即以国家的力量和积极的手段扶持竞争,倡导竞争文化。一般认为,竞争法有三大支柱,它们都是从禁止和限制的角度出发来规范竞争行为的。俄罗斯反垄断法参照了欧盟竞争法的框架,将国家援助的内容列为保护竞争的内在形式,文本上单独规定一章来表述(第五章"国家或地方自治体的特惠")。自此以后,俄罗斯反垄断法便如同欧盟竞争法一样,存在两种手段维护竞争:积极的手段和消极的手段。

其次,将《金融市场竞争保护法》废止,原法律所调整的特殊关系归入到《竞争保护法》。《金融市场竞争保护法》原本是反垄断法的特别法,解决金融市场竞争的特殊问题。统一于《竞争保护法》后,金融市场的特殊问题还存在,只是特殊规定的成分明显减少了。俄罗斯的立法者认为,特殊的法律制度只是市场环境不成熟时期的做法,未来的目标是建立完全统一的竞争法律制度。尽管废止了《金融市场竞争保护法》,但金融市场的特殊性决定了其规制方式方法等不可能快速融入一般商品市场的竞争规则中,故在《竞争保护法》中留有明显的金融问题特殊处理的痕迹。后文将详述。

再次,制定了《关于俄罗斯联邦行政违法行为准则变更的规定》(于2007年5月13日生效)。该法律加强了不遵守反垄断机构的法律决定和方向的行政责任;对滥用市场支配地位、缔结垄断协议(执行协调一致的行为)和不公平竞争行为实施行政处罚。处罚上的特点有三:一是根据违法者在违法行为发生的商品市场中的总销售收益来计算行政罚款;二是对垄断协议处罚的不执行实施"循环罚款";三是行政处罚还包括资格罚,对从事垄断行为的高管人员处以不高于3年的禁业限制。

俄罗斯联邦政府制定了授权联邦反垄断机关对政府采购进行监督的法律——《关于被授权联邦机构在联邦国家需求的货物、工程和服务订购范围内实施控制的行使权力的规定》,该法赋予俄罗斯联邦反垄断局对《关于为国家和市政需求的商品、工程和服务的订单》(21.07.2005№94-FZ)的实施情况进行监督的权力。这事实上将政府采购纳入了反垄断监管视野之下。

复次,修改其他与反垄断法有关的法律。包括:① 俄联邦《水法》。该法第16条规定了选择水资源的竞争原则,第40条规定了用水领域的垄断行为及反垄断法的适用(除第14条、第20条和第23条的某些特殊规定外)。② 在俄罗斯联邦反垄断局参与制定下,发布了《关于在俄罗斯联邦的城市规划条例和俄罗斯联邦若干法律法案中引入竞争的规定》。俄罗斯反垄断局倡议,在诸多法律中需要贯以促进竞争的理念,尤其是在房屋和土地的分配领域促进竞争机制的形成。③ 2006 年 3 月 13 日颁布了修订的俄联邦《广告法》,于 2006 年 7 月 1 日生效。修订后的法律保留了以前关于广告监管的概念、方法,并增加了一些新规定:澄清哪些信息不是广告;防止潜在广告传播的规范;对一些产品的广告进行了明确;增加了电视广告量的约束;监督违法广告的程序等。

最后,具体条款的修订。2006 年修改的俄罗斯反垄断法大大改变了在竞争法中使用的基本概念。根据该法,商品被解释为出售、交换或以其他方式进行流通的民事权利客体(包括工程和服务,也包括金融服务)。确定商品市场的依据:购买者在相关地域市场购买商品的技术可能性和合理性。该法引入了其他影响竞争的概念,如经营主体限制竞争的合作行为、协同行为。法律改变了经济主体的支配地位的概念,其中包括经济主体的市场份额从 65% 减少到 50%。该法保留了在商品市场中份额低于 35% 的经营主体不被认为其具有支配地位的条款。但是,这一规则针对金融机构规定了例外,确立了不认为其具有支配地位的特殊标准——在单一商品市场上的份额不超过 10%,或者在其他商品市场上的份额不超过 20%。俄罗斯反垄断法在 2006 年还规定了系统性实施的垄断行为,即依本联邦法律的规定,经营主体在 3 年内被查处的垄断行为超过 2 次的。这将作为处罚时的加重情节予以考虑。

2006 年的修改,奠定了反垄断法的新结构,以后的法律修订基本没有改变这个结构。

(2) 2009 年及之后的修改

2009 年这一年,涉及两个重大的反垄断法的立法活动,一个是增加了一些垄断行为的刑事责任制度,另一个是确认了一种俄罗斯特有的较为重大的反垄断法律修改方式。之于前者,在很大程度上,它改变了俄罗斯反垄断法的性格——责任制度抛弃了欧盟,偏向于美国。之于后者,确立了俄罗斯反垄断修法的"双轮驱动":年度小修和集中大修。

2009 年 7 月 29 日,俄罗斯联邦总统签署了联邦法第 216-FZ 号令《〈俄罗斯联邦刑法〉加入第 178 条的修正案》。该修正案于 2009 年 10 月 31 日生效。规定了卡特尔犯罪行为及其刑事责任。从此,俄罗斯反垄断法有了刑事责任的处罚。同时,这个修正案对宽免制度也作了细致的规定,这对于有效规制卡特尔具有重要意义。可以看出,作为后立法国家,俄罗斯在是否对垄断行为科以刑事责任这一问题上,作了近十年时间的准备。修法增加的刑事责任比美国还要严厉,这对于提升反垄断执法的效率具有重要的作用。

2009年的另一个标志性修法事件为俄罗斯联邦反垄断局制定的"第二个反垄断法包"(一揽子计划)于当年7月17日由俄罗斯联邦总统签署通过,成为联邦反垄断法的一部分(联邦法第164-FZ号《关于引入〈保护竞争〉联邦法修正案》)。从此以后,开始了以"反垄断法包"的方式进行重大的系统性修改的做法。

在2009年,第三件有重要意义的法律事件是确立了贸易领域的反垄断基本规则,即颁布了联邦法律第381-FZ号:《俄罗斯联邦规制国家贸易活动的基本法》(以下简称《贸易法》)。《贸易法》旨在创造透明和可预测的贸易秩序,促进贸易服务市场的监管、发展公平竞争,保障贸易活动不受地方当局任意性要求的影响,消除贸易中的过多障碍,支持贸易领域与食品生产领域的中小型企业。《贸易法》包含一系列旨在打破垄断的规则,例如,《贸易法》第6章第9条规定,禁止经营主体在经营中将任何奖金加入零售网络影响供应合同的价格,禁止供应商发布任何关于促进货物销售(广告、营销等)的描述性内容,禁止强制供应商签订合同等。这些规定旨在消除贸易商对食品生产商进入贸易市场而设置的壁垒。此外,《贸易法》第14条还规定了对贸易市场的结构性规制方法,即限制在俄罗斯联邦境内市场份额超过25%的零售网络再收购其他零售贸易点。实施这一规定将为经营主体创造平等竞争环境的贸易市场提供条件。俄联邦《贸易法》第15条禁止州和地方当局干扰经营主体的经营活动,以及限制消费者选择供应商的行为。总体上说,俄罗斯联邦反垄断局认为,通过与实施《贸易法》能够确保这个市场的扩大、提升参与者的公平竞争环境、降低商品价格以及改善零售服务与食品生产行业的竞争。

迄今为止,俄罗斯发布了四个"反垄断法包"。2011年12月5日第三个"反垄断法包"通过,并于2012年1月6日生效。修订主要涉及以下方面:

首先,修改了反垄断法的效力范围。其中规定了适用法律的一般域外原则,如果垄断协议和行动涉及位于俄罗斯的资产或在俄罗斯经营业务或以其他方式影响俄罗斯联邦境内竞争的任何实体的股份,则这些协议和行动属于反垄断法的调整范围。如果交易涉及外国人的股份(参与权益)或与外国人有关的权利,交易前一年提供超过10亿卢布(3200万美元或2400万欧元)的货物运往俄罗斯联邦领土,则该外国实体的合并和收购行为必须交俄罗斯联邦反垄断局批准。

其次,引入新的概念并修改某些现有定义和审查标准。例如,修正案引入了"控制"的概念。修正案规定,《竞争保护法》第11条和第32条涉及控制力,其判断依据是法人或自然人通过以下方式直接或间接(通过法律实体)决定法人实体的决策能力:(1) 在法律实体中拥有超过 50% 的有表决权股份(参与投票权益)法定实体的特许资本;(2) 行使其唯一执行机构的职能。控制概念的引入,进一步限制和澄清了有关规定的内容。例如,如果是由构成同一集团控制下的实体签订或执行的限制竞争的协议或协调行动,一般不被禁止。另外,澄清了当申请人提出反垄断审查或通知并购时,申请人不必披露涉及交易的收购方、目标方和其他实体的全部成员,但在控制或共同控制下的集团实体,必须披露。此外,还涉及修订"垂直协议"的定义、"集团"的含义、合并的控制标准等。

再次,进一步扩大了反垄断局在反垄断控制领域的权力,修订了有关行政、刑事法律责任;设置了预防性的措施,反垄断局发现公司公布的计划可能存在违反反垄断立法情形时,有权向公司管理者发出:(1) 书面警告;(2) 向具有支配地位的主体要求停止涉嫌违反反垄断法的行为。

关于行政责任,修正案规定,循环罚款适用于滥用市场支配地位行为和固定价格导致或可能导致预防、限制或消除竞争的情况。本修正案废除了协调行动和纵向协议的刑事责任。理由是,只有在特定商品市场上竞争的实体签订卡特尔协定时,才可以施加刑事责任。

2015 年 10 月 5 日,第四个"反垄断法包"实施。该"反垄断法包"特别提供了以下主要变化:

一是废除特定产品市场份额超过 35% 的经营主体登记的制度。这将减轻包括反垄断机构和公司在内的当事主体的程序负担。同时,取消登记不会降低支配地位主体在反垄断违法行为市场上的责任水平。另外,如果竞争主体经常被确定滥用市场支配地位,俄罗斯政府有权在该市场建立非歧视性市场准入原则(以前,非歧视性准入规则仅适用于自然垄断主体)。即格式化地确定与具有支配地位主体交易相对人的若干条件,包括产品及其价格清单、确定消费者的特殊权利等。根据"第四个反垄断法包",俄罗斯联邦政府将能够采取行动规定这些规则,不仅仅是针对市场上的一般垄断者,还包括超过市场份额 70% 的自然垄断主体。

二是改进了行政权力和程序。规定了俄罗斯反垄断局的起诉职能,如果权力机构违反行政法律,俄罗斯反垄断局可以对其提出控告。设置了内部审查程序,案件当事人对于反垄断局的决议可以在其发布之日起一个月内向合议机构提出复议审查,审查应在收到申请之日起不超过两个月的期间内进行。反垄断局的合议机构有权驳回申请、取消或更改决定、作出新的决定。反垄断机构的审议结果应自其在俄罗斯反垄断局网站上公布之日起生效,对此可以在法院起诉。

(二) 反垄断法修改中的目标转向

俄罗斯的经济转型自上而下,所建立的市场经济具有非典型性和非传统性,这使得俄罗斯反垄断法需要不断适应性地修正其调整的方向和目标。

对于俄罗斯经济转型而言,有两部法律发挥了特殊的作用。一部是俄联邦《私有化法》,它确立了国有企业改革的方向——私有化和市场化。另一部是配合国有企业私有化实施的俄联邦《反垄断法》,该法不仅涉及国有企业和一般市场经营主体,还涉及管理经济事务的国家机关的管理行为;不仅关注市场主体的垄断行为,还担负着调整宏观产业结构的职能。因此,很大程度上,反垄断法的目标调整和功能发挥的程度是经济转型成效如何的集中体现。

1. 俄罗斯反垄断法在经济转型初期的功能

俄罗斯的经济立法服从、服务于经济体制改革。改革追求的是混合市场经济的调节机制,但改革初期的法律调整方式和结果常被经济学家称为具有"向后退"的性质:"要么是向新经济政策条件倒退,要么是向19世纪'原始资本主义'关系倒退。"①在实现由计划经济转向市场经济这一目标上,俄联邦《私有化法》和1991年俄联邦《反垄断法》协同共治——视角不同,但作用力方向相同。前者通过改变国有单一制企业的性质来实现转型目标;后者通过打破权力垄断(包括来自政府的和来自垄断企业的)来实现经济自由化——企业设立自由、价格自由、贸易自由。故在相当长的一段时期,俄联邦《反垄断法》的职能还无法落实到现代反垄断法的一般立法宗旨上——维护市场竞争秩序、保护消费者利益和竞争者利益,其带有明显的工具性特点。

具体而言,1991年俄联邦《反垄断法》的工具性体现在如下方面:

首先,设置了严格的市场结构控制手段,以此造就市场的微观主体。1991年实施的俄联邦《反垄断法》第4条规定,一个或若干企业在特定市场中拥有独占性地位,对相关市场中的一般商品流通条件可以施加决定性影响,或有可能阻碍其他实体进入市场。其中,市场份额超过35%的企业被推定为具有市场支配地位,或者相互竞争的经济主体之间就共同占有一市场份额65%以上所达成的任何协议,如果导致或可能导致对竞争的限制,则协议

---

① 〔俄〕A. 布兹加林、B. 拉达耶夫:《俄罗斯过渡时期经济学》,佟刚译,中国经济出版社1999年版,第77页。

将被依法禁止。35%和65%的比例严于经济民主化时期日本法的规定。①实际上，俄罗斯企业集中化程度不及当时的日本。故俄罗斯学者认为，"上述标准非常之高，以至于会降低反垄断政策的效用"。② 按照此标准实施反垄断法，俄罗斯传统的以工业为主体的市场结构将被反垄断法打散。这背向于美国、德国等20世纪80年代后放弃市场结构主义的潮流。

其次，不断扩大反垄断法适用范围。1991年俄联邦《反垄断法》只规范生产流通及劳动力市场（不涉及保险、金融和社会保障等领域）的垄断行为。1995年颁布实施的俄联邦《自然垄断法案》，其目标是在垄断化了的部门中鼓励和发展竞争，刺激在这些部门建立新企业，鼓励其他部门的企业生产垄断性产品，放宽外资进入垄断市场的限制等。不同时期，还颁布了不同行业的竞争政策。如1999年颁布的俄联邦《金融市场竞争保护法》，对涉及金融、保险、证券、社会保障等领域的垄断行为进行规范；2001年颁布的俄联邦《关于在对外经贸活动中保护消费者利益的法律》，以消费者为中心规定了对外经贸领域的合理竞争。2012年，颁布了《关于俄罗斯联邦教育的联邦第273号法令》，致力于在教育领域发展竞争。如根据该法令第3条、第11条的规定，制定教育领域的国家政策和法律规章的原则之一，是禁止在该领域限制竞争或阻碍竞争。根据这一原则，需要保障非国家教育组织享有国家和市政支助以及参与国家和市政方案和项目的平等权利。为此，还制定了"关于旨在提高教育和科学效率的社会组织的引导行动计划"（"路线图"）。此外，在石油、天然气、旅游等诸多领域都有类似的规定。反垄断的范围不断扩大，意味着，允许垄断的范围逐步缩小。1995年颁布的俄联邦《国家保护中小企业免受垄断和不正当竞争的法律》明确了中小企业之于反垄断法属于适用除外。

最后，规范权力限制竞争行为。俄罗斯反垄断立法时期，正值西方新一轮的自由化时期，反垄断立法的职能同其政治改革一样，受西方自由化观念的影响，不仅对于国有企业实行较为激进的私有化政策，而且加强对权力限制竞争行为的规制。1991年的俄联邦《反垄断法》第7条明确禁止西方反垄断立法所没有规定的权力限制竞争行为——"无法律依据禁止生产某种产品；阻止企业在联邦境内某些地区的经营活动，或者以一定的方式限制企业的商品销售权、获取权、购买权和交换权"等。

---

① 日本法规定的标准是：在一年期限内，一个事业者供给商品或提供服务的市场占有率超过50%或两个事业者的市场占有率合计超过75%；给其他事业者进入该领域造成明显的阻碍；利润率超过政令规定的利润率水平，或销售费和管理费高于一般水平。
② 〔俄〕А. 布兹加林、В. 拉达耶夫：《俄罗斯过渡时期经济学》，佟刚译，中国经济出版社1999年版，第363页。

上述立法表明,反垄断法实施"非垄断化"政策一往无前,致力于通过市场的不断开放,还市场以自由,借自由以建立市场的理念非常坚定。俄罗斯反垄断立法在技术上选择适用结构主义,开放自然垄断行业,实行类似英国20世纪80年代开始的打破独家垄断的市场状态,在经济转型中意图通过这些制度快速打造一个竞争性市场结构和秩序。但有所不同的是,西方国家的市场经济制度已经存在了几个世纪,市场主体和市场要素相对完善,再转型是为了更好地发挥市场的作用。而俄罗斯处于经济转型初期,市场体系的基本要素是残缺的,被拆散的大企业也不是以市场的方式自发成长起来的,且这些大企业主要集中在工业领域。由此,被私有化了的企业在很大程度上并未剥去传统的权力,形成了转型初期俄罗斯独特的市场经济形式——权贵市场经济。实施反垄断法创造市场自由的努力,因传统权力的黏性而发生了结果上的异变:所谓的市场竞争秩序成为行政主导下的经济秩序。

俄罗斯反垄断法实施初期的工具性定位忽略了两个历史事实:其一,有关西方国家走过完整的市场阶段,有完整的市场要素和完善的市场运行机制。其二,有关西方国家是通过产业政策法来完成转型中的产业方向调整的。由于没有经历这两个过程,市场信号无法起作用,产业发展的方向也不够明确。自然,通过国有企业的私有化不可能很快建立起良好的市场运行机制。

2. 俄罗斯反垄断法目标的三次转向

根据经济体制改革目标的变化,反垄断法的任务也进行过三次调整。其变动过程和方向类似于20世纪中期开始的美国反托拉斯法政策的变动情形,故俄罗斯理论界也将之称为"三个时期"。

第一次转向被称为"莫斯科时期"①,时间是从1995年到2005年。"莫斯科时期"反垄断实施方向类似于美国的哈佛学派思想占统治地位的反垄断政策实施的目标。哈佛学派主导下的美国反托拉斯政策被称为结构主义,其核心方法就是建立了"结构—行为—绩效"规制模式,即 SCP 范式(Structure-Conduct-Performance Paradigm)。由于这种范式的运用始于"结构",并直接推导相应的结果,意味着只要管住这个"结构",就可以避免差的市场绩效出现。SCP 范式对企业的规模非常敏感。相应地,竞争政策手段自然也主要针对规模和形成规模的条件。依据哈佛学派理论,高度集中的垄断状态即违法。在美国,"哈佛学派时期"是反托拉斯执法最严厉的时期。

---

① 准确地说,第一次应该是私有化政策的加大实施,是延续而不是调整。但俄罗斯理论界还是使用了"莫斯科时期"(этап "Москва")的表述。

俄罗斯在这一时期的反垄断政策体现为:既通过扶持市场主体进入以促进形成一定的竞争性市场结构,也通过控制自然垄断行业的范围来防止损害竞争。

前者——促进的手法,以化解高度集中的国有企业垄断。表现为:(1)将公司设立(合并,改组、清算,购买股份)由原来的许可制改为备案制。公司享有在完成交易前预先向反垄断机构提交审查并免于诉讼的权利和义务。反垄断机构保有将有异议的交易提交到法院的权力。(2)将原有的超过相关商品市场份额35%的企业需到反垄断机构进行登记的做法废止。减轻了企业的负担,也减少了反垄断机构的职责。(3)将企业合并的监管从单纯规模监管转向规模和控制权双重监管(2000年修改《反垄断法》时确立的),即加强了对企业合并过程中企业资金来源的监控,着重监督企业合并后的控制人。

后者——禁止性的手法,体现为如下三个方面:

一是对自然垄断的控制。1995年颁布了俄联邦《自然垄断法》,本法的目的不在于为自然垄断行业提供保护伞,而是基于自然垄断行业的特性对其施以特殊的反垄断监管措施。但被纳入特殊监管的具体行业只有七类:通过输油管道对石油和石油产品的运输;天然气的管道运输;与电力和热能运输有关的服务;铁路运输;运输车站、港口和机场服务;公共电信;邮政服务。可见,被特殊处理的上述行业只是自然垄断中的一部分,其他如航空运输、市政交通、自来水等均不在其列。为了对自然垄断实体的活动实施监管和控制,同年,俄罗斯建立国家反垄断政策委员会。另依据联邦行政机构设立的程序,组建了监管自然垄断的联邦行政机构(以下简称"自然垄断监管机关"),以执行俄联邦《自然垄断法》第7条的规定——"为了使国家政策在自然垄断的相关领域有效实施,依本法规定,自然垄断实体从自然垄断市场转变为竞争性市场过程中实施或参与的活动可能导致损害消费者利益或在经济上证明限制相关商品市场竞争的,自然垄断监管机关应当对该活动实施控制"。授权给自然垄断监管机关的方法和一般垄断行为的方法类似:价格监管、企业合并的审批、交易(包括拒绝交易)的监管等,只是监管的标准不同于俄联邦《反垄断法》中的一般经济性垄断的指标。

二是对金融市场的控制。1999年俄罗斯颁布了《金融市场竞争保护法》。该法的结构和俄联邦《反垄断法》的结构基本一致,包括金融市场中的垄断协议、市场支配地位、滥用权力阻碍竞争、经营者集中。和商品市场的不同之处在于,监管主体的设置和监管的方法。就监管主体而言,实行联邦反垄断机关和其他金融市场监管机构的联合监管模式。例如,在证券市场,由联邦反垄断机关与负责监管证券市场的联邦行政权力机构共同完成;在银行服务市场,由联邦反垄断机关与俄联邦中央银行共同完成;在保险服务市场,由联邦反垄断机关与负责监管保险服务市场的联邦行政权力机构共同完成。同理,其他金融服务市场的监管,由联邦反垄断机关与负责监管该金融服务市场的联邦行政权力机构共同完成。监管的方法有两种:发布有约束力的指令(停止、罚款、修改、撤销等),如果金融机构不执行该指令,反垄断机构有权向法院提起强制执行之诉;向金融主体发出修正或终止其行为的建议。

三是恢复了权力代表机关滥用权力这一垄断行为。1991年的俄联邦《反垄断法》规定了联邦或地方权力执行机关和地方权力代表机关(杜马)的滥用权力行为,但在实践中,反垄断机构针对地方代表机关行为控制的方法有限,导致制度实际发挥的效果有限。于是,1995年修改法律时,把代表机关从法律中删除了。2002年修改法律时,重新恢复了代表机关权力滥用的规定,明确规定禁止权力机关干预地方经济活动。同时,增加了招投标中的行政垄断的规定。另外,2006年3月8日俄罗斯联邦政府制定的《关于被授权联邦机构在联邦国家需求的商品、工程和服务订购范围内实施控制的规定》生效,赋予俄罗斯联邦反垄断局(不包括地方反垄断机构)按照《关于国家和市政需要商品、工程和服务采购法》(2005年7月21日第94号联邦法律)对政府采购进行监督的权力。

可以看出,在这个阶段,立法的目标是极尽扩展反垄断法调整的领域,确立了该法的最大调整范围:(除涉及国家安全的军工产品外)商品市场、金融市场、自然垄断行业。同时,在这三个领域中反垄断法所指向的,既包括经济性的垄断,也包括(机关)滥用权力限制竞争的情形。这成就了俄罗斯反垄断法执法的最严厉的时期。

第二次转向是"芝加哥时期"。时间大致是2006年到2011年。一个政策的实施达到了一个极点,必然进行适度回调。20世纪80年代,美国芝加哥学派的理论逐步代替哈佛学派被运用到反托拉斯政策上,并持续了大约十年。与哈佛学派的理论关注点——结构——不同,芝加哥学派更多关注的是行为,也被称为行为主义。芝加哥学派不否认市场结构的存在,但相信,市场结构的存在是短期的。从长期看,在没有人为的市场准入限制的前提下,市场具有自我恢复性;短期存在的高度集中正是在竞争环境中企业生存能力的考验,也是市场自我调整的过程。这个过程会在很大程度上带来消费者福利最大化和资源配置效率,直至形成垄断价格之前,国家都无须干预。市场中最大的障碍是政府权力的运用。

很大程度上,俄罗斯反垄断执法吸收了芝加哥学派的行为主义思想。表现为：

一是将俄联邦《金融市场竞争保护法》废止，将其关系归入到俄联邦《反垄断法》中。前文已述，此不赘述。

二是调高了对经营者集中控制的标准。之前的制度标准是：在提交并购申请日前商业组织（金融机构除外）财务报告期的资产负债表资产总值（称为最后资产负债表）超过 30 亿卢布或合并方（含关联主体）在合并前的上一会计年度销售收入合计超过 60 亿卢布，或者其中一方为"登记册"中的商业组织。修正案提高后的标准是：最后资产负债表的总值超过 70 亿卢布或超过 2.33 亿美元，或总收益超过 100 亿卢布或超过 3.33 亿美元。此外，还修正了一些政府援助的规则，如拒绝对小企业的援助，这同样带有芝加哥学派思想所蕴含的社会达尔文主义的观念。

三是强化了违法者的法律责任。俄联邦制定的《关于俄罗斯联邦行政违法行为准则变更的规定》（2007 年 5 月 13 日生效）加大了不执行反垄断机构作出的处罚决定的行政责任，即根据违法者上一年的销售额（而不是违法所得）来计算罚款，并可对违法经营主体的高管施以资格罚——剥夺 3 年职业准入资格。范围上扩大到滥用市场支配地位、签订垄断协议（执行协调一致的行为）和不正当竞争行为。

可见，这一时期，一方面判断是否构成违法行为的标准上更加宽松，另一方面对已经构成违法行为的处罚更加严厉。

第三次转向是"维也纳时期"，开始于 2012 年。之所以叫做"维也纳时期"，是因为（美籍）奥地利著名的经济学家熊彼特提出的动态竞争理论。在他看来，本质上资本主义是一种经济变动的形式或方法，它不仅从来不是、而且也永远不可能是静止不变的。"不断破坏旧结构，不断地创造新结构。这个创造性破坏的过程就是资本主义本质性的事实。"[1]熊彼特的竞争理论可以概括为三个方面：(1) 动态性。市场要素总是处在变动之中。因为企业的获利本性会驱使其不断寻找市场机会，而新思想、新发现、新信息会改变偏好、技术水平以及资源的充裕程度，这样，在收益的刺激下机会可以通过功能良好的市场不断地释放出来。(2) 创新性。企业不是新古典经济学家眼中的市场价格条件下的被动适应主体，而是创建市场的能动主体。换言之，资本主义经济的变动不再是由外部环境条件决定的，而是由竞争过程本身引发的内生变量。新产品、新方法、新市场、产业组织新形式都是赢得市场的方法。(3) 生产的创新需要制度创新予以保障。生产是第一生产力，保障第一

---

[1] 〔美〕熊彼特：《资本主义、社会主义与民主》，吴良健译，商务印书馆 1999 年版，第 146—147 页。

生产力的内在动因是技术,外在力量是制度。适时调整保障技术创新的制度是社会进步的思想基础。

经历了二十年改革,俄罗斯政府充分认识到,发挥市场优越性需要大量活跃的企业存在。对于俄罗斯市场中的企业而言,单单依靠(法律责任)抑制的力量并不能解决市场竞争不足的问题。于是,开始了制度创新。

2011年12月俄罗斯联邦通过反垄断法的修正案——被称作"第三个反垄断法包"(2012年生效)。修正案改变了关于滥用市场支配地位案件的审议程序,特别是创立了新的规制方法——警告。根据新法的规定,在立案之前,涉及滥用市场支配地位的案件,如施加不公平的交易条件和拒绝缔结合同等,反垄断主管机关有权力在立案前向涉案企业发出警告,让其在规定的时限内纠正违法行为。警告类似美国反托拉斯法上的"和解"制度和我国《反垄断法》(第54条)的"承诺"制度,只是警告是反垄断执法机构单方面实施的,不是由行政相对方提出并作出具体承诺来启动的。在性质上,警告是一种替代责任,即如果涉案企业执行了警告的要求,则不予立案(不追究法律责任)。只有在警告不被执行的情况下,反垄断机构才启动立案程序,进行审查、作出相应行政处罚。

在2012年,反垄断机构共发布了1423个警告。大多数警告由地方反垄断机构发布(98.7%)。其中,75%的警告在规定的时间内经营主体都能够主动落实。① 实践表明,这一新方法能够及时对涉嫌垄断行为作出反应,给涉案企业以纠正其行为的机会,促使经营主体迅速消除和解决可能的垄断危险。既阻止了涉嫌垄断行为变成垄断违法行为,也减轻了在案件调查方面的执法负担。从而,警告方法成为俄罗斯反垄断法上的一个特色性的制度。②

3. 俄罗斯反垄断法目标的再转向

可以说,上述"莫斯科时期"反垄断法对市场的控制着力点在于市场结构,后两个时期则着力于市场行为的控制。

对市场的结构性控制取得了较为明显的市场效果,体现为:国有企业私有化以后,国有企业数量下降,民营企业的发展空间扩大,数量增多。③

---

① 俄罗斯联邦反垄断局:《俄联邦竞争状况报告(2012年)》(俄文版)。
② 2015年这一制度的适用范围扩大至全部滥用市场支配地位行为、不正当竞争行为和滥用权力限制竞争行为。
③ 俄罗斯联邦反垄断局:《俄联邦竞争状况报告(2008年)》(俄文版)。

表 1-1　经济转型初期俄罗斯国有企业数量及变化

年份	企业总数（千）				就业人数（百万）			
	总数	企业的类型			就业人数	企业类型中的人数		
		国有和市属单一制企业	民营企业	混合制企业（为俄罗斯控制的）		国有和市属单一制企业	民营企业	混合制企业（为俄罗斯控制的）
1995	1946	496	1216	181	66.4	28	22.8	14.7
1996	2250	520	1426	209	66	27.7	23.5	13.8
1997	2505	417	1731	227	64.7	25.9	25.8	11.9
1998	2727	321	2014	235	63.8	24.3	27.6	10.5
1999	2901	331	2147	240	64	24.4	28.3	9.6
2000	3106	248	2312	234	64.5	24.4	29.8	8.1
2001	3346	368	2510	247	65	24.2	31	7.6
2002	3594	386	2726	245	65.6	24.2	32.6	6.3
2003	3845	396	2957	234	66	23.9	33.2	6.1
2004	4150	407	3238	247	66.4	23.6	34.4	5.6
2005	4417	407	3499	245	66.8	22.5	36.2	5.2
2006	4767	412	3838	265	67.2	22	37.2	4.9

虽然在这一时期的后段出现国有企业数量小幅度增加的趋势，但总体上，国有企业的就业人数在减少，这从一个侧面反映了国有企业开始重视经营效率。

上述第二、第三个时期反垄断法实施的行为主义控制方法和放松管制的原则与国有企业数量的反弹有紧密的关系。国有企业数量增加可能给市场活力和竞争秩序带来的危险再次被关注。

2010年由俄联邦总统直接批准的"2011—2013年私有化方案"中，目标指向大型公共性国有企业。采取的方法是将企业财产打包为股份，融入社会资本。在实际执行中，2012年针对的大型企业私有化方案中的名单被部分拓宽，并大大缩减了国家股份的比例。同时，禁止国家投资入股所有行业的民营公司。在"2014—2016年私有化方案"中，实施了有底线的私有化策略，即在降低国有股权的比例同时，保留了对公司的控制权：最低股份可以降到25%，但仍持有一票决定权（25%+1）。

事实上，一票决定权延缓了大型国有企业的私有化进程，并出现了近十年来未曾有过的私有化和国有化行为相向、目标相背的政策实施效果状态。一股持续私有化背景下的反私有化的暗流渐渐形成。按照俄联邦国家统计局官方发布的数据，2014年联邦投资设立的企业为15家，2015年为27家。2014年联邦主体投资设立的企业数量为50家，2015年为46家。2014年创建的市属单一制企业的数量为42家,2015年为34家。按照联邦税务局发布的统计数据,在国家法人登记册中的单一制企业的数量,2013年1月1日是11252家,2016年是23262家。在三年的时间内国有企业增加了一倍多。这其中,属于联邦单一制国有企业性质的主体,截止到2015年1月1日,为1690家,占所有单一制企业总数的7.7%。截止到2015年7月1日,联邦单一制国有企业降低到1633家;截止到2016年1月1日,再降低到1477家(占7.1%)。即在2015年联邦层面减少了国有单一制企业213家,但是在地方层面,却创建了9465家市属单一制企业。①

地方性国有企业的数量增长不仅使私有化过程中的国有企业总量没有实质性减少,在数量减少的国有企业(包括联邦和地方性质的)所属行业上也呈现出一定的特点,大都属于非竞争性行业:建筑、科学研究、矿业加工、农业、牧业和林业等。例如,2015年至2016年建筑企业的数量从1032家缩减到910家,科研机构的数量从390家缩减到334家,生产企业从1629家缩减到1435家,农林牧渔企业从1607家缩减到1420家。而在充分竞争的行业,包括零售业、日常用品和其他物品的修理服务业等,国有企业的数量和竞争状况没有实质性的改变。例如,2016年1月1日,不动产的交易、租赁和其他服务类的联邦国有单一制企业的数量为520家(占联邦国有单一制企业总数的35.2%),此行业中登记在册的市属单一制企业3853家(占市属单一制企业总数的24.1%)②。所以,上述行业的国有企业数量的减少对竞争的积极影响难以体现,甚至可能引发更大的反竞争性的效果。

私有化可以为民营企业提供竞争的空间,但由于民营资本不足和开放的空间不够,创造竞争市场所需要的产品或服务难以形成市场替代,只能再由国有企业提供,由此便产生了联邦层面实行私有化、地方层面进行国有化的"逆向选择"问题。

俄罗斯反垄断机构的执法经验显示,国有企业的经济活动对局部市场的影响积极的一面和消极的一面难分伯仲。消极的一面主要表现在两个方面:一是这些企业大都具有市场支配地位,并会滥用市场支配地位;二是基于对国有资产的管理,这些企业的人员和国家机关有紧密的联系,国家机关常以规范性文件制定有利于国有企业的政策,或者和企业联合起来限制竞争。

俄罗斯国家杜马已经认识到单纯以转换国有企业的身份来化解其市场力量这种方法的孤立性和不足。由此,控制垄断的方法开始转向更为基础的

---

① 以上数据均引自俄罗斯联邦反垄断局发布的《俄联邦竞争状况报告(2016年)》(俄文版)。
② 《俄联邦竞争状况报告(2016年)》(俄文版)。

对国家资金使用的市场影响上。2015年俄罗斯再次修订了《反垄断法》，在第27条补充了一项内容：竞争者间设立或重组协议须事先经过反垄断机构的同意，不得创建国家或市属单一制企业。同时，规定了预先取得反垄断机构同意的程序、反垄断机构批准的过程以及监管中的处罚权。2017年6月11日联邦反垄断局发布了《关于为中小企业提供国家或市政援助的指南》，要求政府为中小企业提供援助必须经过反垄断机构的批准。

这一修订指向了长期存在的利用行政资源和财政资金危害竞争的顽疾。虽然没有规定对上述申请予以批准或不批准的实体性条件，但可以预见，在实施中，是否批准应该以与产业的市场替代紧密相关的要素为基础进行综合认定。如此，将改变以往推行的以国有企业私有化的产业政策来促进市场竞争的单一性方法，走向以行政资源、财政资金市场化使用的反垄断审查的新的竞争政策。尽管此竞争政策的效果还需要进一步观察，但这是一个解决俄罗斯市场特有垄断行为持续不减问题的釜底抽薪的方法，其制度价值仍值得肯定。

四、总结与借鉴

垄断是个中性的概念，在一国反垄断领域，始终存在被"反"的对象和需要实施垄断的产业主体之间的矛盾，这个问题的解决建立在竞争政策和产业政策的关系统筹协调的基础上。如何协调取决于国民经济发展的总体战略和市场发育状况。一般来说，市场发育不成熟的国家，主要通过竞争政策促进竞争，增强市场的活力；在个别市场发育成熟但可能出现方向性偏差的行业，会实行产业政策进行引导。

（一）简短的总结

通过五年（1991—1995）的大踏步私有化实践，俄罗斯较大范围地实现了私有化，但并没有迅速建立市场经济体制，反而使经济发展承受了新的市场不足的压力。

私有化法和反垄断法调整的目标与结果存在部分偏离。这源于理论上对国有企业和市场经济制度关系认识的狭隘。就国有企业而言，20世纪80年代以来，俄主流经济理论认为，国有企业背后隐藏着无法克服的矛盾，即国家作为全社会利益的代表地位和作为能够官僚化地使社会服从于自身的独立机构的地位之间的矛盾。国家官僚所有制是通向激进的经济改革和摆脱极权制度的国家富裕之路的绊脚石。① 这种将国有企业的地位和功能极端化的观念至少存在两个问题：一是将国有制与官僚所有制混为一谈；二是将国有企业私有化和市场经济的关系列为充分条件关系。不可否认，计划经济时期的国有企业经营管理较为普遍地存在官僚化的问题，这正是国有企业需要改革的原因。但官僚化并非国企的顽症，国有企业可以通过改革改变管理方式以消除其弊端。对国有企业认识的偏差，使国有企业的处境从一个极端走向另一个极端。

另一个理论认识偏差，是对市场经济本身认识的不全面。根据俄联邦《私有化法》的规定，"国家单一制企业和地方国有企业私有化是指公民、公司把国家和地方人民代表苏维埃投资的资产变为私有……"，"通过国家单一制企业和地方国有企业私有化来确定俄罗斯联邦生产资料所有制关系，目的在于建立有效的面向社会的市场经济"。转型初期的俄罗斯政策，似乎孤注一掷地认为，大踏步地私有化改革就会自动建成市场经济。匈牙利著名经济学家亚诺什·科尔奈曾指出：一个社会若要建立市场经济，就必须承认私有制。② 就是说市场经济的前提条件是私有制的存在，但反过来，承认或转变为私有制并不意味着形成了市场经济。除了承认私有制外，市场经济的构成要素还包括竞争要素及其制度齐备：价格、品牌、资源或产品的选择性、劳动力的流动、知识产权创新、企业破产等制度的建立。③ 俄罗斯经济体制改革是把私有化当作目标而不是手段。以为私有化完成，市场经济便随之建成。这种观念之下，即使私有化目标实现了，因欠缺其他市场要素条件，构建的市场也不可能是有效的市场。

俄罗斯经济改革的激变——彻底背离计划经济走向纯粹的市场经济，"纯粹的"市场经济——一种所有的经济决策都由自由市场作出的经济——只是在特定历史阶段（自由资本主义时期）的短期存在，更多的是经济学家的想象而已。国有企业是国民经济的一种重要力量和国家对市场的调节手段。现代任何一个西方国家都保有一定数量的国有企业，只是国有经济所居的产业范围、份额比例和发展的方向有所不同而已。

于俄罗斯经济转型而言，五年私有化政策的最大成就不在于私有化了多少国有企业，而在于通过正式拉开私有化的大幕，展现了反垄断法之于经济

---

① 参见〔俄〕A. 布兹加林、B. 拉达耶夫：《俄罗斯过渡时期经济学》，佟刚译，中国经济出版社1999年版，第95页。
② 参见〔挪威〕A. J. 伊萨克森、〔瑞典〕C. B. 汉密尔顿、〔冰岛〕吉尔法松：《理解市场经济》，张胜纪、肖岩译，商务印书馆1996年版，第44页。
③ 参见〔俄〕A. 布兹加林、B. 拉达耶夫：《俄罗斯过渡时期经济学》，佟刚译，中国经济出版社1999年版，第85页。

体制转型的工具意义。这种工具性价值在进一步的经济体制改革中得以延续。

俄罗斯经济的改革开放所始终坚持的挖掘内生力量——国有企业私有化的路线,企望琢璞成玉,这明显不同于中国的以国内改革为基础辅之以他山之石——吸引外资的方式。形式上,俄罗斯始终坚持竞争政策优于产业政策的市场发展战略。但是,产业政策一直是竞争政策实施的阻碍。此特点的形成,是由其国内的民间经济发展和对外开放不充分,包括民营企业和外国企业的数量、提供产品或服务的质量和总量难以形成竞争力这一特殊的社会经济状况决定的,也和开放哪些行业的国有企业以释放竞争潜力的政策导向不明确有关。

新的制度以约束政府资金投入国有企业和鼓励民营企业发展为指向,这应该是一个新的开始,因为政策目标会实质性地从产业政策转向竞争政策,关注的内容也会从基础性的产业维持转向高一层面的增加国家竞争力。

(二) 借 鉴

俄罗斯反垄断法的修改,频率之高令人咋舌,人们甚至有理由怀疑,这到底是法律还是政策。其实反垄断法本身既是法律,也是政策。反垄断法的频繁修改有市场环境不断变化的客观理由,也是创制反垄断法本土特色的主观愿望的体现。现今,俄罗斯反垄断法已经形成了两种修订模式。一种是就个别事项的小修小改,这几乎每年均会出现,有时不止一次;一种是由反垄断机构提供系统性的大修大补草案,以"反垄断法包"——一揽子计划的方式,提交国家杜马,通过后成为法律。

俄罗斯反垄断法在"大修"方式和法律文本的格式上值得我们关注和借鉴。

第一,采用一揽子修法的大修方式。为了促进竞争,俄罗斯联邦反垄断局开发了一种修法的新方式——"一揽子计划"。通常,联邦反垄断局在总结执法经验的基础上,汇总相关意见,提出改进反垄断立法的相关建议,并提交给俄罗斯联邦政府,由联邦政府提交国家杜马审议,经批准后完成相关内容的法律修订。

这个过程之新,在于它是一种反垄断机构主导的高效的立法方式。由反垄断机构提出修法草案,用大约一年的时间广泛征求社会意见,并吸纳合理建议补充完善草案,然后提交国家杜马通过。这个过程既是征求意见的过程,也是法制宣传的过程。它有利于提升修订后法律的实施效率。

一揽子修法计划还存在鲜明的体例之新,就是将通常的法律修改和反垄断法相关指南融合到一起。其中，规范性文件的内容直接纳入法律文本，成为新修订的法律的内容，具有指南性质的部分仍留在"修法包"里。总体上，它是作为规范性文件的形式呈现的。这意味着，在具体的案件中，法院可以援引该"修法包"的内容作为案件认定的法律渊源。

综上，俄罗斯反垄断法形成独具特色的修订方式，也形成了俄罗斯反垄断法的内容上的本土特色。

第二，技术上由结构主义向行为主义转变。

每一种经济政策都离不开其所处的经济环境并服务于经济发展目的，不同导向的竞争机制的市场弊害不同，对政府职能要求亦不同。将上述问题单纯看做法律问题，并理解为制定反垄断法即可解决；或单纯看做经济问题，通过市场去慢慢解决，都是错误的。

反垄断法中，垄断控制制度的基本模式有结构主义和行为主义。《谢尔曼法》被认为是结构控制模式的先驱。《谢尔曼法》和其他反托拉斯法规定了三项对垄断组织的处理措施，就是说，经过反托拉斯诉讼，一个垄断组织的最终命运将是如下三种之一："解散、分离或放弃"。结构主义的不利因素有二：其一是这种方法适用不当会损害规模经济，甚至伤害企业的经营权；其二是被拆解后的企业竞争力会减弱，尤其是和外国企业相比，被缩小的企业会表现出竞争力不足。

行为主义控制是不改变经营者的主体规模，对竞争者的行为设立一套约束性的规则。不论企业规模的大小，只要企业的市场行为对其他企业的市场行为产生危险，政府就出面干预。

2006年之前的俄罗斯反垄断法结构主义控制重于行为主义，目的是为配合私有化改革，拆散大型竞争性国有企业。近年来，尤其是"维也纳时期"，反垄断法的执法措施明显偏向于行为主义。随着用竞争政策来打破传统的产业结构这一阶段性目标的完成，反垄断法需要重新上路。

不同社会制度的社会生产体制和同一社会不同时期的社会生产体制是不同的。一般而言，在社会政治制度既定的前提下，企业的生产体制由经济环境决定。决定生产体制的经济环境的内容主要包括生产要素、需求条件、竞争环境等。由于生产体制是企业在对外部经济环境——需求、竞争环境等被动接受基础上对内部环境——生产要素、企业战略等的整合所作出的适应性的反应，反应的积极性、适应性不同便决定了企业市场竞争力的强弱，由此，不同生产体制需要不同的竞争政策和产业政策。

就中国而言，国内市场发育的程度和开放的程度高于俄罗斯。同时，国内市场的任务和国际市场的任务也不一致。这需要竞争法发挥不同的职能。

就国内市场而言,须进一步强化竞争政策的指导作用。我国经过多年的市场培育,竞争手段正在取代行政手段成为资源配置的主要形式,原有的依靠国家保护的行业或部门已经在竞争中打破了产业垄断,呈现多元主体同场竞技的态势。但是,国有企业和民营主体间的可竞争性,即市场的交叉点还需要进一步扩大。虽然近年来国有企业的混合制改革在努力推进,但混改的目标及效果需要进一步明晰,尤其是是否扩大了民营主体的生产经营领域,进而形成与国有企业间相互竞争的局面,这恐怕还需要一定的时间。

就国际市场而言,目前我国企业数量多而规模普遍较小,进行结构性限制不利于发展规模经济。壮大经济规模比限制经济规模更符合我国现实市场条件。需要同时从竞争政策和产业政策着手,提升我国企业的创新能力和竞争力;抑制的对象是阻碍我国企业的创新能力和竞争力提升的情形。应当将提高国家竞争力确立为产业政策的核心目标。

第三,俄罗斯反垄断法建立了稳定的制度框架。2006年修订后俄罗斯反垄断法确定了自身的稳定框架,之后的修改基本不打破原有的结构。它像海绵一样,及时吐故纳新。例如,2015年关于垂直垄断协议的详细规定,没有打破其原本从属于第11条的框架,只是在内部扩大了内容,增加为第11.1条。故不论多少次修订,改变的只是内部结构,反垄断法的外观基本不变。

这种结构和内容的协调关系,有利于人们总体上把握该法的框架,并重点关注变动的内容。再如,第四个"反垄断法包"详细规定了不公平竞争的内容,取代了原有的第14条规定,修订后的章节包括八个条款(14.1—14.8),规定不同类型的不正当竞争,主要涉及的是虚假陈述、歪曲事实;滥用和获取知识产权;失实的比较;商品混淆;非法获取、使用和披露构成商业秘密的信息或法律保护的其他信息。同时确定了不正当竞争行为的类型是开放的。这种结构可以突出反垄断法的修改问题点,并保证反垄断法在总体上"动"而不乱。

第二章 俄罗斯反垄断法的制度渊源与体系

一、反垄断法的性质和制度渊源

法律性质是从法律制度的内容出发,确立其基本属性。对于属性的认识有利于把握法律的调整方式、方法。法律渊源是制定法律的基本依据。它既是法律性质的原因,也是法律性质的结果。

(一) 性质和地位

1. 性质

在利益上,如果没有私人和国家在各自行为、活动或不作为上包含的利益相协调,他们之间不可能发生现实的关系。每一个私人、团体都有各自的利益,他们共同形成社会公共利益。社会公共利益高于个人利益或团体利益。国家利益,表现在以公民或其联合体为基础的政策中,即创建国家和社会制度并发挥其功能。他们之间的关系是相互尊重、责任共担,但这只有在制度高度民主、经济稳定、政治体系完善的前提下才能体现出来。法律标准是建立在委托基础上的私人利益和社会利益的平衡器。其前提是承认私人利益和社会利益存在差别、相互冲突和矛盾。立法技术在于找到克服冲突和不确定性的方法。

在一些西方国家,私人利益和国家利益冲突的解决,由宪法法院承担。这类案件大都是政治性的、社会性的。反垄断法是解决私人利益和社会利益关系冲突问题的法律之一。在俄罗斯法律上,虽然没有私人利益或社会利益之表述,但是,在发布的与竞争政策相关的总统令中不止一次强调两个利益关系的问题。例如,1996年2月23日的总统令中指出:只有民主才能提供寻找以及获取不同利益平衡的方法,准确地回应国家的特性和不断变化的社会经济和文化发展的需求。俄罗斯竞争法学者非常愿意谈论这个理论问题,认为这有利于认清反垄断法的性质。

在学者的认识中,竞争的社会价值就是反垄断法中的社会利益。学界存在两种认识竞争社会价值的观念。一是意识形态上的,认为竞争是任何民主社会的价值基础。反垄断法不是企业家、经济学家的臆造,它是民主制度体系中的一部分,并用来解决经济民主问题:借用公司和集团形式,大企业以行使私人权利的方式实现个体自由。垄断行为侵害的不只是其他个体的经济自由,也影响到国家调整宏观经济的效果。因此,竞争始终关注的是来自于私人的权力意志对社会基础的危害。同时,竞争也是达到经济公平发展的手段,包括给予每一个人以进入市场的机会、退出市场的自由。二是经济上的,认为竞争是分配有限资源的最佳方式。竞争产生的社会益处有很多:效率、创新、公平等。[1]

为了保护竞争,俄罗斯反垄断法使用了三种调整方法。首先是管制的方法。这种方法主要体现在反垄断机构对各种违法的垄断行为进行认定和处罚上。其次是促导的方法,包括竞争引导政策和促进竞争的手段,如政府采购制度等。这两种方法是行政方法。第三种方法是授权方法,即给予商品市场参与者选择行为方式的自由空间。这是民法的方法。

国家权力机关的管制和促导是竞争发生偏离时或竞争不足时适用的方法。具体方法建立在行政法典授权的基础上,包括什么情况下介入、如何介入、经营主体承担什么行政责任等。权力介入相当于为市场上的经营主体划定了行使民事权利的行为边界,即禁止民事主体在签订和履行民事合同的过程中从事不正当竞争行为、滥用市场支配地位等。

俄罗斯理论界认为:反垄断法规范具有复合的特性[2]。即反垄断机构与权力行使机关之间及与经营者之间的关系是公共关系。经营者之间的关系是私人关系,是民事关系。这种说法仍带有明显的拉普捷夫的"纵横论"的色彩——包含政府部门的关系是纵向经济关系,不包含政府部门的关系是横向经济关系。两种不同的关系有各自不同的本性和法律特征。本质上,反垄断法是一个以行政程序来防范破坏市场秩序或恢复被破坏了的市场秩序的法,保护的是公共利益和私人利益。从私人角度来说,是为了恢复理想化的私人交易。从公共角度来说,理想化的私人交易的实现是最大的公共利益。

2. 地位

自俄罗斯私有化改革以来,俄罗斯理论界关于经济法的学说日渐式微。随着私有化的推进,经济法的概念逐渐被企业法所代替。1994 年 4 月 29 日

---

[1] 参见〔俄〕阿尔基米耶夫、布泽列夫斯基、舒式克耶夫:《俄罗斯竞争法》(俄文版),高等经济学院校出版社 2014 年版,第 21 页。
[2] 具体观念可参见〔俄〕P. Ш. 阿伯拉米托夫:《竞争法:问题理解与法律性质》(俄文版),载《当代俄罗斯法律问题》2014 年第 8 期。

发布了俄联邦《企业及经营活动法》，理论界的研究随之发生了转向，包括对经济法的认识需要随着经济转型而转向的观点、应该将经济法纳入企业法范畴的观点等。这种学科观念的变化对俄罗斯反垄断法的学科归属的认识影响很大。鲜有人认为，俄罗斯反垄断法属于经济法。基于学科转型的认识，最初将竞争法视为企业活动法。① 现在俄罗斯理论界通常认为，俄罗斯反垄断法是解决民事主体——法人的经营权和交易自由的制度。即学科上反垄断法从属于民法，是其特别法。另外，理论界并不认为颁布于1991年的俄联邦《反垄断法》形成了新的调整对象、法律结构体系，只是认为，产生了新的法律现象，但并不足以成为一个新的法律部门。因为传统上认定法律部门的标准是调整对象和调整方法。在调整对象上，理论界认为，反垄断法调整的是财产关系，即支配自己的财产以签订和履行民事合同，尽管行为规范涉及公共关系。在本质上，它仍属于私权——民事权利的范畴。

在法益上，垄断行为和不正当竞争行为是竞争领域基于公共利益调整私人关系、限定私人权利的行为集合。基本关系是私人关系，包括单个经济主体、卡特尔、集团等形成的多种关系。关系的形成是基于交易或拟交易。所以，在制度属性上，反垄断法是民法的特别法，属于私法。

在反垄断法的调整方法上，虽然反垄断法运用了多种方法——对国家权力执行机关和各主体权力机关等采用的是禁止的方法、指令的方法；对经营者采用的是授权的方法，即确定经营者的民事权利行使的界限——禁止民事法律关系的主体从事不正当竞争和滥用市场支配地位，但这些方法仍然是传统法的范畴，没有创设新方法。

在法律责任上，反垄断法没有自己的责任，法律文本上也没有设立这一章。垄断行为的法律责任无外乎民事责任、行政责任和刑事责任。

可见，自20世纪90年代以来，在俄罗斯理论界，传统法理学的观念仍然有着广泛的影响。对于法律部门的认定，坚持有独立的调整对象、独特的调整方法和法律责任。这之于反垄断法而言，似乎都无法找出属于自己的"这一个"。由此，俄罗斯理论界并不认为反垄断法是一个独立的法律部门。它具有分项的从属性，即是行政法律关系、民事法律关系、刑事法律关系在竞争领域的适用，主要借用行政法的力量解决民法的问题。如果强调其存在的特殊性，只能说反垄断法进行了多重属性的重组、责任的重组和方法的重构。

反垄断法所确定的程序——行政程序和司法程序亦体现了这一思想。竞争秩序是一种需要法律保护的公共利益，反垄断机构是履行这一职责的专

---

① 参见〔俄〕В. И. 叶列明科：《竞争法的理论检视》（俄文版），载《国家与法》2002年第2期。

业主体；垄断行为会侵害相关主体的民事权利,司法程序用以救济被侵害的民事权利。

(二) 渊　源

按照俄联邦《竞争保护法》第 2 条,本法建立在俄罗斯联邦《宪法》、俄罗斯联邦《民法典》基础上。即反垄断法的制度渊源有两个：宪法和民法。

1. 宪法渊源

宪法是国家根本法。在俄罗斯联邦宪法中,诸多法律条文对竞争作了原则性规定。俄联邦《宪法》第 8 条规定,国家支持竞争,禁止和消除任何危害经济基础性原则的行为,包括经济市场的统一性,经营主体活动的自由和商品、劳务、资金的自由流动。国家有责任保护竞争,创造有利于商品市场有效运行的条件,以及公平获取自然垄断主体提供的商品(服务)和在潜在垄断部门发展竞争。概括起来,本条的核心内容是保护竞争、保障交易的自由和平等。这确立了反垄断法的立法宗旨的来源。反垄断法是实现这一目标的主要手段。如同美国联邦宪法中规定的"保护经济自由和政治自由",《谢尔曼法》和其他反垄断的法律、法规是为保障经济自由的法律一样。但是,不同于美国宪法的是,俄联邦《宪法》还为反垄断法规定了具体的指导性规范,体现在第 34 条上："在经济领域内任何人都有权利自由支配自己的财产、从事经济活动。"如阻碍商品在地区间流动,则违反了第 34 条的规定。但俄联邦《宪法》第 74 条规定了行为的例外：为保护生命安全、健康,保护自然环境和文化价值等除外。俄联邦《宪法》第 34 条第 2 款规定："经济活动中从事垄断和不正当竞争行为无效"。另在第 74 条"联邦机构"一条中,也规定了"不允许在俄联邦地域内设置海关限制、关税、费用和其他任何形式的障碍以阻止商品、服务和资金自由流通"。

按照学者的理解,上述第 34 条第 2 款所禁止的"垄断"指的是垄断行为,而不是垄断状态。因为从生产者的角度,后者会改善生产和投资,形成经济优势地位。垄断状态并不都是消极的。学者巴拉苏克认为,俄联邦《宪法》第 34 条第 2 款的不足在于,在望文生义解释的情况下,垄断都是违法的。垄断状态首先是合法的,它是由专门的《自然垄断法》来调整。反垄断法中的垄断应该指垄断行为,这种意义上的垄断就是不被允许的和违法的。①

俄罗斯宪法也强调私有财产"神圣不可侵犯"。俄联邦《宪法》第 35 条规

---

① 参见〔俄〕C. A. 巴拉苏克：《竞争法》(俄文版),格罗杰茨出版公司 2002 年版,第 95 页。

定:"(1)私有权受法律保护。(2)每个人有权拥有私有财产,有权单独或与他人共同掌管、使用和支配这些财产。(3)任何人都不能被剥夺属于自己的财产,由法院判决的除外。为国家需要而将财产强制性地划归公有只有在预先协商和等值补偿的情况下才能进行。"但是,从反垄断法的角度而言,行政权力对垄断行为的介入,不论是卡特尔行为还是滥用市场支配地位,都是对公司的私有产权使用的限制,这种限制涉及危害公共利益和危害他人的自由。因此,宪法中剥夺他人财产的唯一合法性,会与反垄断法的执法模式存在一定的矛盾。对此的理解,只能说这是一种终极目标模式,即对于任何公民而言,对行政机构作出的剥夺财产的决定不服均有权向法院提起诉讼,最终由法院作出是否剥夺财产的决定。如果当事人不申请诉讼,即放弃了这种权利。

垄断行为涉及侵害经济民主和经济自由。经济集中到一定程度会破坏经济民主。滥用市场支配地位行为、卡特尔和滥用权力限制竞争均危害自由,包括经营主体的自由和民众的自由。俄联邦《宪法》第17条第3款规定:"实现人和公民的权利与自由不得损害他人的权利与自由。"

俄罗斯建立了专业的反垄断机构,其拥有广泛的权力,包括行政权力、专业内立法权力、甚至准司法权力。同时,也赋予了社会主体以防范行政权力滥用、侵害其利益的诉权。俄联邦《宪法》第53条规定:"每个人都有要求国家对国家权力机关或其官员的非法行为(或不作为)所造成的损失给予赔偿的权利。"

上述宪法相关条文既确立了反垄断法的立法宗旨,也从保护利益的角度和行为的指向上为反垄断法提供了制度基础。

2. 民法渊源

俄罗斯联邦民法典明文规定了反垄断制度的渊源,特别是俄联邦《民法典》第1条、第10条。具体而言,俄联邦《民法典》为反垄断法提供的制度渊源主要有三个层面:一是基础性的民事权利制度的渊源。俄联邦《民法典》第1条第1款规定:"民事立法的基本原则是确认民事立法所调整的关系的参加者一律平等,财产不受侵犯,合同自由,不允许任何人随意干涉私人事务……"。第2款规定:"公民和法人以自己的意志和为自己的利益取得和行使其民事权利,在根据合同确定自己的权利和义务方面以及在规定任何不与立法相抵触的合同条件方面享有自由。民事权利可以根据联邦的法律受到限制,但仅为了维护宪法制度的基本原则、道德、健康、他人的权利和合法利益以及保障国防和国家安全之必需为限"。第5款明确禁止了对民事权利以及货物之自由流动的限制,除非是基于联邦法律而产生的竞争保护法在立法主体间规定了此类限制。这里非常有趣的是,民法典和反垄断法的互补关系:反垄断法通过打破垄断限制使交易恢复到民法典所拟制的自由状态;具有宪法基础的反垄断法上的个别合理合法的限制也是民法典的例外。二是关于竞争关系的权利行使规定。禁止利用民事权利限制竞争或滥用市场支配地位。按照俄联邦《民法典》第10条第1款的规定,"禁止以限制竞争为目的行使民事权利,禁止滥用市场支配地位"。尽管这里的"民事权利"和"支配地位"的关系到底为何很微妙(后文将详述),在民法典中嵌入市场支配地位这一概念,在功能上将反垄断法和民法典有机地关联起来。反垄断法通过禁止滥用市场支配地位来保障民事权利。从民法角度,立法者的立足点是滥用市场支配地位所侵害的交易对方的权利和利益,在手法上如同侵权行为一样,通过排除妨碍即可达到保护权利的目的,只是这种侵害太特殊了,需要用多元的手段来排除,多种手段已经超出了民事侵权或合同的范畴,需要将其统合起来,这便是反垄断法。三是补充了反垄断法规定的内容。在俄联邦《民法典》第四编第1033条中,规定了商业特许合同中的双方权利限制问题。其中,第1项明确规定:考虑到市场的有关情况或者当事人的经济地位,如果限制性条款与反垄断法相抵触,根据反垄断机构或者利害关系人的请求,限制性条款可认定为无效。

同样,也可以从反垄断法的角度来理解这种渊源关系,即反垄断法明确规定了民事法律关系主体进行民事交易的要求。俄联邦《反垄断法》第10条是对不平等交易一方主体(具有支配地位的市场主体)义务的规定;第11条禁止经营主体间联合(限制竞争的协议和协同行为)限制交易相对人;第14条防范经济主体间"搭便车"(不正当竞争行为)。

不仅条文的关联关系如此紧密,在具体案件的评判上,也会根据情况不同分别援引上述条文。按照2008年7月联邦最高仲裁法院发布的《仲裁法院对反垄断立法问题的有关决议》的要求①,仲裁法院在审理案件时,除了援引俄联邦《反垄断法》第10条第一部分所规定的情形之外,由于法律文本不可能完全列举出所有的情形,法庭或反垄断主体还可以申请或认定列举之外的其他作为或不作为为垄断违法行为。如果扩张认定作为或不作为行为属于滥用市场支配地位,仲裁法院应当充分考虑俄联邦《民法典》第10条以及

---

① 俄罗斯仲裁法院是一类法院形式,是一套司法机构。其主要审理涉及竞争保护法的案件,广义上,还包括消费者法、广告法等类别的案件。管辖范围类似于我国法院机构改革前的经济庭的业务。这里,切勿将其与我国的仲裁委员会或国际仲裁委员会等仲裁机构相混淆。

俄联邦《反垄断法》第10条第二部分和第13条第一部分;同时应特别判定此类行为是否是在民事权利可接受范围内行使的,以及此种行为是否会对同业竞争者施加不合理的限制或对其行使权利设置不合理的条件。在俄罗斯理论界甚至认为,占支配地位主体的行为只有在与知识产权有关的情况下,才属于违反反垄断法的行为。①

由于垄断行为被理解为侵害竞争者的民事权利和公共秩序,在救济方式和路径上,民法典中的有关权利保护的规定可以为反垄断法适用。按照俄联邦《民法典》第11条的规定,法院、仲裁法院或公断庭依照诉讼法规定的案件管辖范围,对涉嫌受到侵犯的民事权利进行保护。只有在法律规定的情况下,民事权利的保护才可以依照行政程序进行。对依照行政程序作出的决定,可以向法院提出诉讼。另按照俄联邦《民法典》第12条的规定,民事权利保护的方式非常宽泛,既包括了传统的民事权利保护的方法,如赔偿损失、违约金、补偿精神损失、实际履行等,还包括了宪法或立法法中的有关救济措施,如确认国家机关或地方自治机关的文件无效。正是被列入民事责任的方式丰富,使得民法成为规制垄断行为的制度基础。于是,侵害民事权利的基本保护制度体现在民法典上。同时,民法典按照"只有在法律规定的情况下"将规制反垄断的行政程序授权给行政机构,由此行政法中规定的相关措施也可以作为侵害竞争领域的民事权利的法律保护手段。若这种行政程序存在违法,可以进行司法监督。

总之,基于观念、对象、权利保障方法等方面的私法视角,俄罗斯立法上和理论上均将民法典作为反垄断法的渊源性的法律。

二、反垄断法的制度体系

俄联邦《竞争保护法》建立在俄联邦《宪法》《民法典》的基础上,并由本联邦法律、调整本联邦法律第3条关系的其他联邦法律(共同)组成。反垄断法法律体系,是指由涉及反垄断制度的不同的法律部门组合而形成的有机联系的统一整体。

(一)金字塔结构

俄罗斯苏维埃联邦社会主义共和国所创立的法律体系,脱胎于民法法系,是一个由大量独立部门法构成的综合体。它就像一座金字塔,塔尖是宪

---

① 〔俄〕H. A. 巴里莫夫、М. Ю. 科兹洛娃:《俄联邦反垄断法:理论与实践问题》(俄文版),伏尔加格勒大学出版社2001年版,第81页。

法(国家最高立法),接着是服从于它的基本部门法,包括民法、刑法、民事诉讼法、刑事诉讼法和行政法。这些部门法又统领着另外一群部门法,其中多数是从这些基础部门法划分出来的特别法,如从民法中分出了家庭法和劳动法,从行政法中分出了财政法,从民事诉讼法中分出了仲裁诉讼法,等等。上述方式的主要优点之一是最大限度地考虑法所调整的各类社会关系的特点,从而可以对这些关系进行层级式的规范并且建立制度的体系结构。但是,不可避免的是其所形成的体系将非常繁琐复杂,而由此导致需要不断地为各种法律综合体划分界限,最终妨碍了它们之间的相互协调。在一些部门法之间的交叉地带,情况更为棘手。人们往往不得不在保留原有公认的部门法的同时,创建新的综合性部门法或者次部门法以求维护上述法律体系的构成。①

反垄断法制度体系的金字塔结构:顶层是宪法;中层是民法、刑法;下层是俄联邦《反垄断法》本身及俄联邦《消费者权益保护法》《广告法》《关于在对外经贸活动中保护消费者利益的法律》《国家保护中小企业免受垄断和不正当竞争的法律》和《自然垄断法案》等相配套的法律法规。还有涉及市场功能、竞争过程的法律规范,尽管其各有自己的调整对象,但仍然和反垄断法有紧密的关系,通常也被认为是反垄断法的一个部分。此外,还涉及大量的调整市场主体和市场关系、保护竞争的总统令、政府令。由此,反垄断法(竞争保护法)并不是一个普通的法律概念,它包含复杂的法律结构。这些法律结构,在层次上和指导性上有先后的位阶。

有一些法律有自己独特的调整客体,如消费者权益保护法,在调整关系上,和反垄断法有紧密关联。在执法主体上,都授权给国家反垄断机构。它们不仅仅都间接涉及竞争关系,在相关的法律概念上,也有通用性。所有这些法律都有一个共同的目的,即国家用以调整市场参与者的行为,创建更加有效的商品市场的功能,保障竞争政策的实施。

(二) 反垄断法的制度体系

依据保障竞争秩序与制度直接和间接的关系,可以将反垄断法分为反垄断基本法和反垄断特别法。

1. 反垄断基本法

这里的基本法即 1991 年实施的俄联邦《商品市场竞争和限制垄断活动的法》,2006 年该法名称改为俄联邦《竞争保护法》。该法确立了规制垄断行

---

① 参见刘兆兴主编:《比较法学》,中国政法大学出版社 2013 年版,第 447 页。

为的基本原则、规制的对象、反垄断执法等。本书后部分主要以此为基础展开。

2. 反垄断特别法

在俄联邦《竞争保护法》之外，还有诸多涉及垄断行为的相关法律。如《自然垄断法》《广告法》《消费者权益保护法》等。

(1)《自然垄断法》

该法的政策目标是在垄断化了的部门中鼓励和发展竞争，刺激在这些部门建立新企业，鼓励其他部门的企业生产垄断性产品，放宽外资进入垄断市场的限制等。该法第4条确定了自然垄断实体活动的范围，包括：通过输油管道对石油和石油产品的运输；天然气的管道运输；与电力和热能运输有关的服务；铁路运输；运输车站、港口和机场服务；公共电信和邮政服务。这些行业提供商品或服务的特殊性：运营稳定、持续、民众利益广泛等，决定了在管制上需要施以特殊的方法。

为了对自然垄断实体的活动实施监管和控制，依据为联邦行政机构确立的程序，组建监管自然垄断的联邦行政机构（以下简称"自然垄断监管机关"）。为行使其权力，自然垄断监管机关可以成立地区分支机构并且在其职能范围内授予其独立权力。

自然垄断监管机关主要采用下列方法监管自然垄断实体的活动（以下简称"监管方法"）：

① 政府定价或指导价。即通过确定固定价格（费用）或最高限价的方式执行价格监管。

② 确认提供服务的属性。在提供强制性服务安排和（或）确定了最低服务标准的情况下，由于消费者对自然垄断实体生产（销售）的产品的消费需求无法得到全部满足，考虑到维护公民的权利及其法律利益和保证国家安全、环境安全和文化价值的必要，对上述消费者团体进行认定。

③ 获利的监管。1962年Averch和Johnson在其发表的论文《在管制约束下的企业行为》中的研究表明，在实行投资回报率方法的情况下，企业会产生一种尽可能扩大资本基数的刺激，以在规定的投资回报率下能够获得较多的绝对利润，这样，为生产特定产品，企业会运用过多的资本投资以代替其他投入品。其结果造成了生产的低效率。这被后来的研究者称为"A-J效应"。为了防止"A-J效应"，俄联邦《自然垄断法》第二章规定了"通过确定或固定价格（费用）或最高限价的方式执行价格监管"，即政府通过指定价格或指导价格的方法管理其获利。

④ 投资监管。俄联邦《自然垄断法》规定了下列措施：任何交易的结果为自然垄断实体获得固定资产的所有权或使用该固定资产的权利，其中该固定资产并非用于现行联邦法律所规定的商品生产和销售，依据最新资产负债表的显示，该固定资产的价值超过自然垄断实体资本价值的10%的，应当对该交易实施监管；自然垄断实体在非本法调整的范围内针对商品生产或销售进行资本投资，依据最新资产负债表的显示，该投资超过自然垄断实体资产价值的10%的，应当对该不受本法调整的投资实施监管；如果某商业实体通过出售、租赁或其他交易方式，获得自然垄断实体用于生产或销售由本法规定调整的商品的固定资产的一部分，且上述固定资产的账面价值超过自然垄断实体资产价值的10%，那么应当对该出售、租赁或其他交易实施监管。

⑤ 收购监管。经营主体或实体集团，通过市场收购的方式或者其他交易方式（包括签订信托合同、抵押合同的方式），取得某自然垄断实体的章程（总）资本的10%以上有表决权的股份（预期利益）的，有义务在取得上述权利30日内向相关自然垄断监管机构申报该事项及导致上述实体股权结构变化的所有相关事项。自然垄断实体获得另一商业实体章程（总）资本的10%以上有表决权的股份（预期利益）的，应当承担相同的义务。

(2)《广告法》

为什么将俄联邦《广告法》列入特别反垄断法制度？俄联邦《反垄断法》第14条规定的不正当竞争行为中，第一种行为即是广告违法行为：禁止传播可对经营主体造成亏损或损害其商业名誉的虚假的、不确切的或不属实的信息。相当于，在反垄断法这棵大树的主干上生发出来《广告法》这个枝干。俄联邦《广告法》(2017年3月28日修改版)第1条规定了立法目的："为了在公平竞争基础上发展商品、劳动力和服务市场，保障俄罗斯经济领域的统一性，通过获得真实可靠的广告来实现消费者权利，为生产和推广公益性广告创造福利条件，制止广告违法行为，以及消除广告的不良要素而制定本法。"这肯认了广告作为一种竞争手段。此外，俄联邦《广告法》规定了广告的基本要求：广告应当诚实和真实。不允许制作、生产和传播虚假和引人误解的广告。

广告行为是建立在公平竞争制度基础上的一种商业行为，也是反垄断法中不正当竞争制度的一个方面。因此，在关系上它从属于反垄断法。另一方面，广告法的监管机关是反垄断机构。对涉嫌违法性广告的监管手段和规制一般垄断行为没有本质的区别，包括按照俄联邦《行政违法法典》追究违法者的行政责任；对联邦权力机构或地方政府机构、地方自治机构发出具有强制力的取消或修改其制定的违反广告法的规范性文件的指令；向有关法院提起诉讼，要求禁止播放被反垄断机构认定为违法的广告。

(3)《消费者权益保护法》

俄罗斯《消费者权益保护法》融合了产品质量法的内容,将产品标准、产品缺陷等概念纳入其中,同时将合同法中的明示担保和默示担保等也规定下来。俄罗斯《消费者权益保护法》在品格上和中国《消费者权益保护法》有明显的不同。例如,俄罗斯《消费者权益保护法》不仅规定了消费者的权利,也规定了消费者的义务;不仅规定了经营主体的义务,也规定了经营主体的权利。此外,俄罗斯《消费者权益保护法》没有规定惩罚性赔偿制度。这使这部法律有些平淡,其自身的特色不够鲜明。

竞争关系会直接投射到消费者身上。所以,消费者权益保护法和竞争法有紧密的联系。

在立法目的上,俄罗斯《消费者权益保护法》强调:本法调整消费者和商品(工程、服务)的制造者、供应者、销售者之间发生的法律关系,规定消费者的权利,即消费者购买的商品(工程、服务)应具备适当的质量并且必须对消费者的生命和健康是无害的,规定消费者获知关于商品(工程、服务)信息和关于制造者(供应者、销售者)信息的权利,规定消费者受教育的权利,消费者的权利受国家保护和社会保护,以及规定这些权利的实现机制。①

这里,将《消费者权益保护法》列作反垄断法的特别法的主要原因除了上述理由外,还有一个重要的因素,即该法的执法机构是反垄断机构:联邦反垄断机关和地区机构针对调整消费者权利保护方面的俄罗斯联邦法律和其他法规的遵守情况实施国家检查。

对于消费者纠纷,联邦反垄断机关和它的地区性机构可以命令经营主体(制造者、供应者、销售者)停止侵犯消费者的权利,包括停止销售超过有效期的商品,以及停止销售应当规定有效期却没有规定的商品(工程),和在未可靠和充分地告知关于商品(工程、服务)的信息时,应当暂停销售商品(工程)和提供服务;有权同经营主体(制造者、供应者、销售者)签订关于遵守保护消费者权利的商业流通规则和惯例方面的协议。针对侵犯俄罗斯联邦法律法规所规定的消费者权利的案件,联邦反垄断机关有权制定案件的审查程序。在发现侵犯消费者权利时,联邦反垄断机关和它的地区性机构有权向法院提出保护消费者权利的请求,向法院提出关于不确定消费者群体利益的诉讼,包括撤销经营主体(制造者、供应者、销售者)的执业许可证,或者禁止个体业主屡次地或者粗暴地侵犯法律或者其他法规所规定的消费者权利的活动,以及对个体业主规避执行命令或者不及时地执行命令的行为,向仲裁法院提出对其进行强制罚款的诉讼。②

---

① 于连平、于小琴:《俄罗斯联邦消费者权利保护法》(一),载《西伯利亚研究》2003 年第 5 期。
② 于连平、于小琴:《俄罗斯联邦消费者权利保护法》(二),载《西伯利亚研究》2003 年第 6 期。

联邦反垄断机关可以作出关于适用调查消费者权利保护方面的俄罗斯联邦法律和行政法规的正式解释。

因此,俄罗斯消费者权益保护法的实施机制和反垄断法的实施机制基本上是一样的。

3. 其他与反垄断法交叉的法律

可能涉及垄断问题但更侧重其他问题的法律制度有很多。它们都有自己的立法目的、专门的执法机构等。这里择其要者略述一二。

(1) 政府采购法

该法的全称为《关于国家和市政需要的商品、工程和服务采购法》。政府采购涉及联邦和联邦主体的预算资金和预算外资金。既涉及预算资金的使用是否合理合法,也涉及政府工作人员的形象(因可能腐败),还涉及市场的公平竞争。因此,该法的立法目的确定为:为建立统一的政府采购制度,保障国内市场的预算资金和预算外资金的使用效率,促进竞争,使更多企业和个人均有机会参与政府采购,保证采购过程的公开和透明,防治腐败和其他不正当采购行为。

(2) 电力法

电力法确认电力经营自由和国内电力市场的统一。由于该行业自身的特点,很多方面存在合法垄断情形。电力法的主要内容如下:建立俄罗斯统一的国家电网,其目标是保障向消费者稳定供电,保障电力批发市场正常运行,保障俄罗斯与国外电力系统的合作。经营该统一电网的主体——俄罗斯统一电力系统公司,属于自然垄断企业,按照俄联邦《自然垄断法》的规定经营。因涉及发电、输电、配电、送电等不同环节,其管理机构是联邦政府、相关联邦机构和联邦主体政府机构。

4. 总统令或政府令

总统令或政府令大都针对较为具体的情况发布具体指导意见。涉及反垄断法的这类法令很多,以下略述一二。

在工业领域,俄罗斯联邦反垄断局协助制定了俄罗斯联邦总统令(2006.02.20.No140)《关于开放式公司〈联合飞机建造公司〉的规定》。联合飞机建造公司是在领先的企业设计师和生产商的基础上创建的民用和国防航空公司,目的是提高民用飞机建造的竞争能力。

在建筑领域,俄罗斯联邦反垄断局协助制定俄罗斯联邦政府令(2006.02.13.No83)《关于批准界定和提供资本建设对象的技术条件和连接规则的规定》,旨在相关服务市场促进竞争,防止垄断。

在通信领域,俄罗斯联邦反垄断局协助制定俄罗斯联邦政府令(2006.01.23. No8)《关于调整利用有限的通信网络资源,采用射频频谱,在领土上提供的通信服务的执照投标规则的规定》,旨在扩大在有限资源条件下选择运营商竞争原则的适用范围。

5. 反垄断局制定的文件

这里指联邦反垄断局就反垄断法的适用所作出的解释。按照俄联邦《竞争保护法》第 23 条第 2 款第 5 项的规定,反垄断机构有权作出相关的解释。虽然反垄断机构的解释不是法律,但是,它可以帮助理解反垄断法。联邦反垄断局的解释通常是以指南(推荐意见)方式发布,通过揭示法律适用中的概念、原理,为反垄断机构、法院作决定时选择适用。另按照俄联邦《竞争保护法》第 2 条第 2 款的规定,俄罗斯联邦反垄断机关发布的涉及调整反垄断关系的规范性法律文件属于反垄断法的制度内容。如俄联邦《行政罚款数额计算的推荐意见》《关于法人实施行政违法法第 14.31,14.31.1,14.31.2,14.32 和 14.33 条规定的行政违法行为依违法者销售额计算行政罚款数额的推荐意见》《关于法人实施行政违法法第 14.31 和 14.32 条规定的行政违法行为流动性罚款计算方法的推荐意见》等。

6. 最高仲裁法院所作的相关解释

法院的判例对反垄断法的实施具有实质性影响。法院在审查案件中涉及合法或者违法的解释是理解规范本质及规范适用条件的重要依据。在程序法上,联邦最高仲裁法院在 1998 年对《反垄断法》实施过程中的实践问题就开始归纳和总结,并以联邦最高仲裁法院委员会答复的方式对一些具体问题向下级法院作解释。其中影响比较大的是,2008 年 6 月 30 日联邦最高仲裁法院作出了《与仲裁法院实施反垄断法相关的有关问题》的解释,并于 2010 年进行了修改。这些解释涉及法院审理反垄断机构决定的诸多争议性问题。在很大程度上,上述相关解释来自实施反垄断法相关案件的司法实践,是司法实践对立法不足的补充。当然,这也意味着法院所作出的一些判决具有一定的指导意义。

三、《竞争保护法》的基本结构和内容

结构主义是一种分析的范式。① 它将形式置于内容之上,通过揭示事物的内在构成,把握事物的特点。在大的结构上,成文法国家的反垄断法的结构大致相同,都是以三大支柱为中心展开。但在小结构上,存在一定的差别。

(一) 基本结构

法律文本的结构在条文分析中很重要,它处理的是内部各个部分的关系,结构关系影响对一个部门法的整体性理解和把握。常见的法律文本结构是总则、分则和附则形式。核心部分是分则。

俄联邦《竞争保护法》共 10 章 54 条。在结构上分为四个部分:总则、分则、监督检查与法律责任、附则。因为附则只是一些辅助性的规定,在此不展开。

1. 总则

总则包含如下三个方面的内容:
(1) 立法目的

本法的目的是保障俄罗斯联邦境内经济发展的统一性、商品的自由流通、经济活动的自由,保护竞争并为商品市场有效运行创造条件。俄罗斯反垄断法立法目的的表述内容比较直接,即只表达该法欲实现的目标,而不涉及手段、过程、更综合的目标等,这不同于日本反垄断法——将国民经济良性运行、发挥企业的创造性等都纳入其中。这种方式也是许多国家的竞争法(反垄断法及反不正当竞争法)中常用的表述方法②,每一部法律只能肩负着一项特别的政策使命,完成这一使命其价值即已实现。也有学者将反垄断法的目标概括为四项:① 保护作为公益的竞争,进一步提高社会经济福祉;② 在市场运行的过程中保护专业市场参与者的权利和合法利益,使企业免

---

① 参见〔法〕弗朗索瓦·多斯:《结构主义史》(修订版),季广茂译,金城出版社 2012 年版,中文版前言第 2 页。
② 如匈牙利《禁止不正当竞争法》引言:"市场竞争能推动经济效率的基本条件是经济竞争的自由和公平。为维护自由和公平的竞争,就须禁止与之相背离的不正当的市场行为,监督企业主的组织协议,并建立必要的组织机构。与之相应,法律保护经济竞争中的公共利益,保护竞争者的利益,并随着倡导诚实的市场行为保护消费者的利益。为实现上述目的,国会颁布以下法令。"又如,波兰《反垄断法》引言:"为了确保竞争的开展,保护经营者免受垄断行为的损害,保护消费者的利益,特作如下规定。"参见《各国反垄断法汇编》编选组:《各国反垄断法汇编》,人民法院出版社 2001 年版。

受他人侵犯;③ 发展一个社会的经济制度和保障商品市场的有效运作;④ 保护消费者的权益。① 学理上,学者将反垄断法的立法目的和功能概括为减少公权和私权滥用的风险②,这种综合性的风险控制是反垄断法的一个特色。

(2) 关于适用范围的规定

在结构主义的观念上,空间高于时间,客体高于主体,关系高于内容。下面就从主体范围、客体范围和空间范围分别对此加以展开。

在主体上,本法的适用主体可以是俄罗斯的法人或外国法人和组织,俄罗斯联邦权力执行机构、俄罗斯联邦主体国家权力机构、地方自治机构及履行上述机构职能的机构和组织,国家预算外基金,俄罗斯联邦中央银行,以及作为个体经营主体的自然人。这里列出个体经营主体,主要是因为本法涵盖不正当竞争行为。

在客体上,本联邦法律适用于调整与保护竞争相关的关系,包括预防和制止垄断行为和不正当竞争。法律文本上将调整客体与对象分别表述。事实上,与保护竞争相关的关系是个大概念和范畴,如消费者关系、拍卖关系等,但这些关系不由反垄断法来调整,故对象是客体的限缩。对象指出了俄罗斯反垄断法的核心内容。

空间范围上,本联邦法律之规定适用于俄罗斯人或组织之间,俄罗斯人或组织和外国人或组织之间,如果他们的行为发生在俄罗斯境内。如果外国人或组织在俄罗斯联邦境外达成的协议和从事的行为影响到俄罗斯境内的竞争状况,则俄罗斯联邦法律之规定同样适用。前者为域内效力,后者为域外效力。

由于俄罗斯地域广大,横跨欧亚两洲,一些国家的货物会经过俄罗斯。为此,2015 年《竞争保护法》增加了一项规定,明确了"不适用于过境统一规则所调整的竞争关系、欧亚经济委员会管辖的俄罗斯联邦签署的国际协定的监督执行,以及俄罗斯联邦签署的国际协定中确立的有关跨境市场的规则"。

(3) 概念

俄罗斯反垄断法以单条的方式解释了诸多概念。这种结构的理论基础是反垄断法的制度用语多来源于经济学、管理学、政治学,同时,这些其他学科的概念在作为法律规范用语时,又需要进行适度的转化。法律概念的功能除了辅助对条文的理解外,还可能成为法律行为的认定标准。在反垄断法上需要一种对法律术语作出解读的机制,以减轻理解的负担,并准确把握法律

---

① 教科书编写组:《竞争与反垄断法调整》(俄文版),逻各斯出版公司 1999 年版,第 6 页。
② 〔俄〕И. В. 尼古拉耶夫:《竞争法的降低公权和私权滥用风险》(俄文版),载《俄罗斯竞争法与经济》2015 年第 1 期。

的本意。

① 竞争与垄断的定义

竞争的概念含义宽泛,不同的社会学科都有自己的含义,即使在经济学内部亦有多种解读。在反垄断法的语境下确定一个竞争的正式定义,可以排除对该概念以其他形式的泛化的界定。反垄断法上的竞争定义,仍然是以经济学为基础的。根据美国学者迈克尔·波特的行业管理经典理论,一个完善的竞争应该可以细分为五种类型:行业参与者之间的竞争;既有市场主体面临着新的潜在进入者的威胁;存在其他行业的替代产品;基于相互联系和供给职能给供应商造成的销售压力;基于消费者选择和其购买职能给生产者造成的压力。

俄联邦《竞争保护法》第4条界定了竞争:发生在经营主体间的对抗,且任何一个主体无法通过单独行动排除或限制相关商品市场的一般交易条件。这里是以"改变市场的一般交易条件"来认定竞争的。滥用市场支配地位是基于支配力改变交易条件,且改变的不是个别交易条件而是一般交易条件。因为如果改变的只是个别交易条件,则属于民事合同的问题。另外,卡特尔行为的经营主体联合改变的也是一般交易条件。

与竞争的观念相对应的是垄断。俄联邦反垄断法没有界定垄断这个概念,界定了垄断行为。但是,在俄联邦《自然垄断法》中,"自然垄断"是一个法定概念。它是指"商品市场的一种状况,在这种状况下,由于工业技术特性,生产中不存在竞争(每件产品生产成本实质性的减少导致产量的增加),需求能够被有效满足,且由自然垄断实体生产的商品不能被市场上的其他商品替代,导致在商品供给市场上其需求受价格影响的幅度小于其他类型的商品"。这里的自然垄断概念基本上是经济学上的,但又不完全等同于经济学上的一般理解。经济学对自然垄断的理解通常是:只要没有替代,便是(生产或技术带来的)垄断。这个概念里的"自然"是自然而然、自发形成的意思。这种形态描述的产业状况可能是产业中只有一家企业,也可能是产业中有多家企业,但是其中一家企业存在创新产品,只是一定时期内产品的替代性弱而产生垄断。自然垄断概念中的"自然"是一个产业特性:以消定产,需求能够被有效满足。

与垄断、自然垄断概念相关的另一个概念是垄断权。这也是一个学理上经常使用的概念。这个概念具有状态和行为双重内容,在性质上也包含二元性:违法性和合法性。通常,"垄断权"是指一个或多个经营主体、公共机构或地方政府进行某些行动与控制财产的专有权利。典型的垄断权的事例,如政府发放保险服务的牌照、对武器贸易的控制权、对石油的出口配额,等等。给予某主体以垄断权便产生了垄断的局面。垄断权的存在以及作为自然垄断主体的存在并不意味着不适于竞争或竞争因素缺乏,基于产业特征的垄断权往往是合法的,基于市场行为的垄断权常常是违法的。

② 有关主体的概念

反垄断法涉及的主体类型繁多,包括一般企业、政府部门等,在俄罗斯法律文本上没有类似于中国反垄断法中的经营者那样,将主体概括为法人、其他组织和个人。

首先,经营主体(хозяйствующий субъект)的概念。2011年以前,经营主体被列举为个体企业、商业组织及从事营利活动的非商业组织。2011年《竞争保护法》修改后,对经营主体的定义除了列举具体形态外,增加了性质判断——"从事经营性活动的"。在这个前提下,经营主体并不限于商业组织,也包括非商业组织、个体经营主体,此外,还进一步扩大到按照联邦法律进行登记和(或)许可从事业务活动获取利益但不属于个体经营主体的自然人,以及自我管理性组织的成员。

其次,金融机构的概念。金融机构属于经营主体,但由于俄联邦《金融市场竞争保护法》的废止,以及金融市场的特殊性,需要特殊的调整手段,其主体范围的大小直接影响特殊手段的可适用性。立法上对金融机构采取了完全列举的方式:指从事金融服务的经营主体,包括信贷机构、货币市场的从业者、商业组织者、清算组织、小型金融组织、消费信贷合作社、保险公司、保险经纪公司、互助保险机构、证券市场机构、非国营养老基金、投资基金管理公司、按份投资基金公司、非国营养老基金公司、投资基金专业托管机构、共同投资基金、非国营养老基金管理公司、典当公司(受俄联邦中央银行监管的金融组织)、租赁公司(其他金融组织、不属于联邦中央银行监管的金融组织)。

再次,消费者的概念。本概念在俄联邦《竞争保护法》中被定义为:购买商品的自然人或法人。在俄联邦《自然垄断法》中被定义为:获得自然垄断主体生产(销售)的商品的个体或经营主体。不论哪个定义,均包括法人,这是非常特殊的界定。也意味着,它不同于我国《消费者权益保护法》上的消费者。

复次,自然垄断主体的概念。在俄联邦《自然垄断法》中,自然垄断主体是指在自然垄断条件下从事商品生产(销售)的商业实体(法律实体)。

最后,反垄断机构的概念。反垄断机构是俄联邦《竞争保护法》的专门执法机构,特指联邦反垄断机关及其地方机构。

③ 有关商品或服务的概念

作为经营或交易的对象,商品的概念在反垄断法中处处都可以见到。从商品概念的内涵出发——包括产品和服务,服务又包括一般服务和金融服务,扩展到"替代商品""商品市场",形成了以商品为中心的概念体系。

商品是反垄断法中行为的对象,垄断行为发生在商品交易上。商品这个概念随着反垄断法对金融市场的整合——纳入统一的调整范围——其内涵也发生了扩大。定义上,商品是指用于出售、交换或其他形式流通的民事权利客体,包括产品、服务(含金融服务)。

什么是金融服务?它是指银行服务、保险服务、证券市场服务、租赁协议服务,以及金融机构向法人和自然人提供的货币资产存入和(或)贷出服务。

与商品(包括服务,下同)密切相关的概念是可替代商品,在确定市场支配地位以及评价是否构成垄断价格时均需要以此为基础。故这个概念不仅仅是一个普通的定义,它还是一个认定标准。可替代商品是指商品的功能、用途、质量、性能、价格和其他指标具有可比较性,以致购买者在消费中以一种商品替代或准备替代另一种商品(包括生产用商品)。

俄罗斯第一个版本的《反垄断法》在名称上就使用了"商品市场"这个概念。这个概念也一直延续至今。商品市场,是指商品(包括外国生产的商品)流通领域。在这个领域流通的商品不可能为其他商品替代,或者是相互可替代。商品市场是在一定的流通范围内(含地域范围),由于经济、技术或其他现实可能性或合理性因素的影响,购买者会购买这种商品,但在这一范围之外不存在购买这种商品的可能性或合理性。

④ 有关行为的概念

俄联邦《反垄断法》第 4 条的标题是"本联邦法律使用的主要概念"。按照这个标题,应该是本法的主要概念都集中到此了。但在此条之外,还有 5 个概念存在于其他条文中(第 5 条至第 9 条)。那么,两个概念组之间的关系是什么?

仔细分析后,便可以看出它们之间的差异:第 4 条中所有的概念都是按揭示内涵的方式来定义的,第 5 条至第 9 条则是以内涵加外延的方式进行定义的。

传统逻辑研究的对象是概念、判断、推理和论证。概念有外延和内涵。由于语词是概念的语言形式,有时也可把语词看成有外延和内涵。外延是真值,内涵是命题。传统逻辑在研究概念时,既处理外延,也处理内涵。概念划分就是明确概念外延的逻辑方法,而定义却是揭示概念内涵的逻辑方法。法律中的概念,一般采用的定义方法是非定量的,这不同于数理逻辑——用形式的符号语言表述思想,采用的方法是定量的。同时,数理逻辑所作的定量的、精确的处理,主要是针对外延的。通常,也把它称为外延逻辑。①

法律条文中列举概念的外延,不仅发挥着揭示概念指称的功能,还具有行为判断标准的功能。进一步而言,不仅仅是用作交流的工具,增强理解的价值,还在于它承担着认定法律行为的基础性判断标准的作用。

俄联邦《竞争保护法》在行为类型上确立了垄断行为和不正当竞争行为两种,在此基础上又分别将这两个母概念之下的重要子概念予以界定,形成了"总—分"的概念结构。

垄断行为是指经营主体和主体集团的滥用市场支配地位行为、反垄断法禁止的协议或协同行为以及其他被联邦法律认定为垄断的行为(不作为)。从这里可以看出,垄断行为仅指经济性垄断,不包括利用权力阻碍、限制竞争的行为。由此剥离开如下行为:经营者集中、利用权力限制竞争行为、不正当竞争行为。由于这个概念的存在,以上几个范畴的关系是清晰的。在我国法律上,没有这个概念,便存在一定的模糊性:我国《反垄断法》第3条规定经营者集中属于垄断行为,但经营者集中既是一种行为,也是一种结果状态。至于行政垄断是否属于垄断行为,我国《反垄断法》条文规定得并不清晰。

垄断行为之下的概念,如歧视性条件、协议、垂直协议等,在后文详述,此不赘述。

不正当竞争是指经营主体(关联人)在经济活动中的任何争取优势的行为,违反了俄罗斯联邦法律、商业惯例、经营规范、经营合理性和公正性,并对其他存在竞争关系的经营主体造成或可能造成亏损,或对其商业信誉造成或可能造成损失。

有意思的是,俄罗斯反垄断法中除了这个定义外,没有任何一个类型化的不正当竞争行为的概念。这从一个侧面也反映了本法对反垄断内容的倚重。

2. 分则

分则以垄断或不正当竞争行为为中心展开。俄联邦《反垄断法》第二章即"垄断行为及不正当竞争",规定了经济性的垄断行为和经营主体实施的不正当竞争行为。此外,有三种特殊行为。一是权力滥用行为,是以滥用权力为中心而产生的垄断行为,类似于中国《反垄断法》第五章规定的行政垄断(但范围比中国法要大),即"禁止联邦权力执行机构、俄罗斯联邦主体国家权

---

① 参见冯契主编:《哲学大辞典》(修订本)(上册),上海辞书出版社2001年版,第1049页。

力机构、地方自治机构、其他履行上述机构职能的机构或组织,以及国家预算外基金和俄罗斯联邦中央银行以法规或行为(不作为)、协议、协同行为限制竞争"。二是对招投标活动、选择金融机构以及关于国家所有制和地方自治体所有制资产合同签署权的反垄断要求。因为俄联邦《金融市场竞争保护法》废止,涉及金融行业的垄断行为部分纳入此中,包括机构选择、协议的签订等。三是提供国家或地方自治体特惠。这属于政府补贴问题。政府补贴会产生不公平竞争,该部分设置了补贴的条件、补贴的批准、补贴的程序等内容。

这个部分实则确立了两种行为:垄断行为和不正当竞争。另外三章是三种特殊情况下的垄断行为和不正当竞争。

相比较,西方国家反垄断法的三大支柱在俄罗斯《反垄断法》中被打散和部分隐身化。经营者集中没有被列为垄断行为,而是放置于国家对经济集中的监督一章,和反垄断机构的职能等内容并列。这使该种行为和其他两种行为——垄断协议和滥用市场支配地位行为分家了。不过,尽管在结构上法律条文如此安排,俄罗斯的诸多理论工作者仍持有西方反垄断法的观念,在自己的著作中坚持将三种行为并列展开。本书亦如此,以便于读者对照中国的反垄断法认识各种核心垄断行为。

3. 监督检查与法律责任

不同于中国《反垄断法》,俄罗斯《竞争保护法》的这一个部分是整个法律制度的重头戏,因为这部分结构特殊、内容特殊。

在结构上,它包括四个部分:(1)反垄断机构的职能和权限;(2)对经济集中的国家监督;(3)违反反垄断法应承担的责任;(4)对违反反垄断法案件的审理。可见,经济集中(经营者集中)被"反垄断机构的职能和权限"隔开,进而难以同垄断协议、滥用市场支配地位等垄断行为归入一个范畴。将经济集中放在这里,是因为这种行为只能进行行政审决,不像其他行为那样存在司法和行政两条认定路径。

在内容上,违反反垄断法应承担的责任包括两个方面:一个是本法明确规定可以采取的手段,如警告;另一个是俄联邦《民法典》规定的民事责任、俄联邦《行政违法法典》规定的行政责任和俄联邦《刑法典》规定的刑事责任。

俄罗斯反垄断法特别规定了"对违反反垄断法案件的审理",这是一个内部处理程序,比照司法程序设立。很多案件需要经过这个前置程序。由于这一特殊程序的存在和它具有制定规范性文件的职能,俄罗斯反垄断机构不是典型的行政机构,而具有准司法的性质。由于内部处理程序透明、公开,依这个程序处理的结果具有公正性。目前中国反垄断法中没有类似的内容和程序。

(二) 基 本 内 容

如果我们将俄联邦反垄断法看做是经营主体和反垄断机构的博弈的话,则该法的核心内容有三个:法律所禁止的垄断行为;联邦反垄断执法机关的任务、职能和权力;执行联邦反垄断当局(或其地方代表机构)的决定(法律责任)和处理意见的程序及其上诉程序。

1. 垄断行为

在俄联邦《竞争保护法》中,垄断行为是指"经营主体和主体集团的滥用市场支配地位行为,反垄断法禁止的协议或协同行为,以及其他被联邦法律认定为垄断的行为(不作为)"。这里的其他联邦法律,包括俄联邦《自然垄断法》《开发银行法》等。其他联邦法律主要认定基于行业自身的特性而形成的垄断。上述垄断行为的概念是法律所禁止的行为,另外,垄断行为主要是指经济性垄断行为。

这些行为的性质是限制竞争。俄联邦《竞争保护法》第4条第17项归纳了限制竞争的行为特征。在正式的法律上而不是指南上规定一种行为的法律特征,这种做法非常少见。限制竞争的特征和外在表征是:非关联企业的经营主体数量减少;不因市场上商品的一般交易条件影响商品价格上涨或下跌;限制非关联企业在商品市场自主经营;以经营主体间的协议或采取其他强制力,或非关联经营主体间在商品市场协同行为操纵商品市场的商品交易条件;以及其他情形,如为一个或数个经营主体提供条件,使其能够单方面影响商品市场的一般交易条件。

对垄断行为的规制集中在《竞争保护法》第二章,并可分为两种类型:滥用市场支配地位、限制竞争协议(协同行为)。

(1) 滥用市场支配地位。支配地位是指一个或若干经营主体在市场中拥有排他性地位,使其对有关市场中的一般商品流通条件可以施加决定性影响,或有可能阻碍其他经营主体进入这一市场。市场支配地位的认定方法,包括以定量方法来定性和以推定方法及认定方法来定性。各国制度中定量的数额不完全一致,认定中的参考要素也有所不同。

早期俄罗斯反垄断法中,规定的定量比例是市场份额超过65%,现行制度中,这一比例降至50%。在认定上,达到这一比例的,视为具有市场支配地位;低于这一比例的,参考一定要素也可能被认定为具有市场支配地位,具体由反垄断机构举证证明该实体具有市场支配地位。同时,法律上还规定了反向推定,经营主体占某种商品的市场份额不超过35%(金融机构除外)的,一般不能被认定为具有市场支配地位。

滥用市场支配地位行为的具体类型,除了各国立法都列举的搭售、价格歧视等以外,和中国法一样,也规定了垄断高价和低价。此外,俄罗斯法也有自己的特殊行为类型,如阻碍其他经营主体进入或退出商品市场。在很多国家立法上,包括中国法,这种情况是作为行为正当性的判断要素,而不是单独的一种行为,但俄罗斯法将其列为一种单独的行为。

(2)限制竞争的协议或协同行为。限制竞争的协议有横向协议和纵向协议之分。横向协议,即相互竞争的经营主体之间达成的协议。横向协议的表现形式主要有下列5种:固定或操纵价格、折扣和加价或收费的协议(固定价格);提高、降低或操纵拍卖价或投标价的协议(串通招投标);划分市场范围;限制其他经营主体作为卖方或买方进入市场,或者将他们排除出市场;拒绝与特定卖方或买方缔结契约。纵向垄断协议在俄罗斯法上被命名为"纵向"协议,是指上下游间的经营主体就销售商品或提供服务所达成的协议(协同行动)。这些协议如果导致或可能导致对竞争的限制,将被依法禁止或视为无效。

俄罗斯法对纵向垄断协议采取的措施不同于美国,也不同于欧盟,有自己的特色,即采取的是双重过滤模式:一般豁免(安全港形式)和特殊豁免。

2. 被监管的特殊垄断行为

俄联邦《竞争保护法》列单章用以分别规制经济集中和权力滥用。我国《反垄断法》第3条规定的"垄断行为"限于所谓"三大支柱",行政垄断没有列入其中,但在排列上仍然放置于"监督检查"之前,观念上人们还是将其列入了垄断行为之列。

关于权力滥用中的限制竞争问题,由于其核心主体是权力机构,它不是西方意义上的垄断主体形态。在俄罗斯反垄断法上经济集中被认为是政府管理经济的常规方式,包括常规的登记、登记变更等,而不完全是为了控制垄断。故这两类行为未被规定为经济性垄断行为。

(1)经济集中。俄联邦《竞争保护法》授权俄罗斯政府对经济集中导致或可能导致形成市场力量实施特殊管制。经济集中一度被作为国家对市场状况进行产业监管和竞争监管的对象。因为以往的制度中,曾要求超过一定规模的大企业必须进行备案(2012年取消)。这种备案是大企业的一项义务,也是垄断危险的一种提示和基础性条件的证明。具体内容包括反垄断局对商业性组织及其联合体的创建、重组、停业,政府对收购商业性组织法定资本中的股票(股份)及其他活动遵守反垄断法规的行为进行监控的条件和程序;对占有支配地位和其他违反反垄断法规的组织进行强制分解的条件和程序。监控手段有调查、获取信息、接受或者拒绝申请、批准合并、撤销注册、宣布交易无效、强制分解等。同时,给予企业相应的救济权,不服反垄断局的措施或者决定的,可以行使诉权。

(2) 滥用权力限制竞争。权力机关和市政当局限制竞争的行为多种多样。从环节上,行政机构的设置、自身职权的行使中均可能出现抑制竞争行为,如以制造和销售垄断商品为目的设立行政机关,或者为抑制竞争而进行授权,或者限制新建企业或生产某种产品。从行为的性质上,行政机构介入到竞争关系中并滥用权力限制竞争。如阻止企业在联邦境内某些地区的经营活动,即地方封锁;指示企业优惠或优先供应商品给特定消费者;无理由向特定实体授予好处或特权使其处于优越地位。从行为的方式上,发布的法令或实施的具体行为含有阻碍限制竞争的内容。与我国关于行政垄断的规定相比,俄联邦《竞争保护法》对于权力限制竞争行为的列举更加周密,其对法令限制竞争行为的规定更具有可操作性。

3. 反垄断执法机构的任务、职能和权力

俄罗斯反垄断机构分为两个层级:联邦反垄断局和地方代表机构。联邦反垄断局负责制定和实施有关培育商品市场和促进竞争以及预防、限制、排除垄断活动和不公平竞争的国家政策。联邦反垄断局的负责人由俄联邦政府总理提名,俄联邦总统任免。联邦反垄断局可以建立地方代表机构,在其权限之内向地方代表机构授权,地方限于州一级。联邦反垄断局的经费列为联邦预算中的独立科目,以确保其独立行使职权,不受其他部门的干预。

联邦反垄断局集立法权、行政权、司法权于一身。例如,在准立法权方面,联邦反垄断局不仅可以向俄联邦政府提供有关完善反垄断法规及其实施的建议,对有关发挥市场功能促进竞争的法律草案和其他正式法令提出评价意见;还可以制定消除生产和贸易中垄断现象的措施,并在实施促进商品市场发展和竞争的措施方面向联邦行政权力机构、俄联邦各部门的行政权力机构和各市政当局提供建议。[①] 在行政权方面,联邦反垄断局在经营主体的创建、重组和停业过程中拥有审批权,对影响市场竞争的收购有监管权;同时,享有对行政权力机关和市政当局发布违反反垄断法规的法令的行为、经营主

[①] 俄罗斯《关于竞争和在商品市场中限制垄断活动的法律》第 11 条第 2 款、第 16 条。参见《各国反垄断法汇编》,人民法院出版社 2001 年版,第 601—604 页。

体违反反垄断法规的行为下达有约束力的指令和作出处罚决定的权力。有权调查取证，以便获得信息，证明经营主体占有支配地位的事实；对违反反垄断法规的行为提出诉讼。① 在准司法权方面，反垄断局有权受理反垄断案件，按照法院审理案件的程序进行"审理"；当事人对地方反垄断局处理的结论不服的，可以向联邦反垄断局提起"上诉"，等等。

4. 违反反垄断法的法律责任

对违反俄联邦《竞争保护法》的行为，该法规定了综合责任，即违法者应承担民事、行政或者刑事责任。具体又可分为两个方面：

（1）反垄断法上的处罚措施。接受反垄断机构的处理，然后由违法者自己采取纠正行动。在违反反垄断法的场合，商业性组织和非营利性组织及其经理人员、联邦行政权力机构、俄联邦各部门的行政权力机构、各市政当局（它们的官员）以及公民（包括个人企业家），应接受联邦反垄断局的处理决定，包括警告、停止违法行为、恢复原状、终止或改变契约、与另一经营主体签订契约、废除与法规相抵触的法令、强制分解、将非法利润转交给国库等。这些决定具有强制性。对拒不执行的，反垄断局有权向经济法庭提起诉讼。

（2）民法典、行政违法法典和刑法典上的处罚方式及责任。违反俄联邦《竞争保护法》的民事责任适用民法典的规定，如该行为给其他经营主体或者个人造成损害的，违法者应依民事法规消除损害、给予补偿。行政责任适用行政违法法典的规定，反垄断局有权对经济组织进行处罚。对逾期交纳罚款的，反垄断局有权向一般法庭起诉要求重新实施罚款或者加收滞纳金；如果经营主体不服处罚，反垄断局可以向一般法庭和仲裁庭提起诉讼。另外，对于商业性组织和非营利性组织的经理人员、国家行政权力机关和市政当局的官员违反反垄断法规的责任，行政违法法典也作了较为明确的规定。刑事责任适用刑法典的规定。俄联邦《竞争保护法》采用了双罚制，即组织实体和组织中的责任人员均可能承担法律责任，这与国际社会的立法趋势是基本一致的。相比较，行政责任是主要责任。这与美国等市场经济较发达国家的反垄断法有明显的区别。② 尤其是没有规定惩罚性赔偿制度，如美国《谢尔曼法》和《克莱顿法》将对受害人的赔偿作为主要的责任方式，并且规定了三倍损害

---

① 俄罗斯《关于竞争和在商品市场中限制垄断活动的法律》第12—14条。参见《各国反垄断法汇编》，人民法院出版社2001年版，第601—603页。
② 参见美国《谢尔曼法》第7、8条，《克莱顿法》第4条；德国《反对限制竞争法》第三编第三章"民事纠纷"；日本《禁止私人垄断及确保公正交易法》第七章"损害赔偿"，《不正当竞争防止法》第四章"财产权的保护"；韩国《限制垄断和公平交易法》第十一章"损害赔偿"。

额的惩罚性赔偿。① 可以说,俄罗斯反垄断法采取的是公共执法为主的法律实施方式。

四、俄罗斯反垄断法的特点与启示

俄罗斯反垄断法属于后立法,其在借鉴美国、德国、日本、欧盟等国家和地区的立法经验的同时,形成了自己的特点,一些方面也值得我国立法借鉴。

(一) 俄罗斯反垄断法的特点

俄罗斯反垄断法的特点可以从立法模式、调整方法、内容重心、规制方式等方面归纳。

1. 合并式的立法模式

世界上反垄断法(或称竞争法)的立法模式分为三种:合并式立法、分立式立法和混合式立法。

分立式立法即严格区分垄断行为和不正当竞争行为,并在立法上分别制定反垄断法和反不正当竞争法的立法模式。德国、日本、韩国为分立式立法模式的代表国家。分立式立法模式具有以下优点:

(1) 立法目的明确。反垄断法的立法目的主要是防止市场形成垄断结构并禁止经营主体从事限制竞争行为,也防止滥用权力阻碍、限制竞争;反不正当竞争法旨在防范经营主体采取不正当手段从事竞争。

(2) 立法内容界限清楚。垄断行为强调联合主体的市场危害或单个主体的滥用市场力量破坏竞争;不正当竞争行为更多注重行为本身,不强调行为人的市场力量,也不涉及市场结构、市场变化等外部因素。

(3) 设置不同的法律实施机制。对垄断行为和不正当竞争行为分别立法,在区分行为性质、划分行为特征的基础上,确立不同的纠纷解决程序。德、日反不正当竞争法以司法程序为主,法律依据主要是民事诉讼法律制度;反垄断法则主要由专门的行政主管机关(德国为卡特尔局或卡特尔署,日本为公正交易委员会等)实施,依据的是反垄断法或相关行政法。

合并式立法,是将垄断行为和不正当竞争放置于一个法律规范中的立法模式。匈牙利1990年颁布的《禁止不正当竞争法》、保加利亚1991年颁布的

---

① 《谢尔曼法》第7条和《克莱顿法》第4条均规定:"任何因反托拉斯法所禁止的事项而遭受财产或营业损害的人,可在被告居住的、被发现的或有代理机构的区向美国区法院提起诉讼,不论损害大小,一律给予其损害额的3倍赔偿及诉讼费和合理的律师费。"

《竞争保护法》等都属于此类。1991年俄联邦《反垄断法》及其后修订的《竞争保护法》也属于合并式立法模式。

自1991年颁布俄罗斯反垄断法以来,打破传统垄断的大幕徐徐拉开。除了明确颁布了作为竞争一般法的《关于商品市场竞争和限制垄断行为的法律》,还在立法层面特别制定了《自然垄断法》和《金融市场竞争保护法》来分别调整这两个领域的垄断问题。不仅如此,金融市场的特殊垄断规制向一般商品市场转化——《金融市场竞争保护法》被合并,表明了《竞争保护法》的形式目标——竞争规则的标准化、统一化。另外,在俄罗斯法上,不正当竞争行为始终处于《竞争保护法》规制中,在若干次法律修改中,不正当竞争行为的变动较小。

合并式立法的优势在于:

(1) 突出垄断行为与不正当竞争行为之间的共性,强调两法之间的内在联系。从反垄断法与反不正当竞争法所规范的行为的特点看,都针对反竞争行为。在促进竞争方面,二者之间也具有同一性:反垄断法通过消除市场竞争障碍达到有效竞争的目的;反不正当竞争法通过确定行为正当性标准排除侵害,维护竞争者权益或消费者利益。换言之,二者都追求竞争的公平性。

(2) 便于在技术上列举处于垄断行为和不正当竞争行为边缘的行为。有关国家立法列举的不正当竞争行为的规范类型大致相同。但因市场的不确定性、经营主体规模的变动性、主体身份的多元性等决定了某些行为难以简单地规划到垄断行为或不正当竞争行为范畴之中。例如,不具有支配地位的主体在交易中基于销售渠道上的"优势地位"与交易相对人签订不公平、不合理的协议;再如,只在小局域范围内实施的短期垄断行为。这类行为既处于传统垄断行为和不正当竞争行为的边缘,又具有两种行为交叉的特性。如果采取合并式立法,就可以解决放之于哪个范畴进行调整的难题。

(3) 有利于提高立法和司法的效率。俄罗斯和东欧的一些经济转型国家,在经济转型过程中,垄断现象和不正当竞争行为同时存在。若单独立法,其前提是必须将反不正当竞争法和反垄断法规范对象上的差异体现出来,但经济转型国家特有的某些特殊行为,如非支配性企业实施的强制交易行为、低价销售等,一时无法准确认定其属于垄断领域还是不正当竞争领域,对这些反竞争行为的属性在进行在先判定及其之后的"安家落户"时均存在一定困难。而在合并立法中因无需事先判断和事后对号入座,故其不会成为问题。合并式立法可以消解分立式立法附随的诸多矛盾而使立法更具有效率。

(4)可以提高执法效率。俄罗斯以统一的执法机构实施对不正当竞争行为和垄断行为的监管。在转型国家的反垄断法实施路径上,呈现的基本特点是公共执法处于优位地位。而公共执法的前提是需要有强力的执法机构和完善的执法手段。虽然同属于转型国家立法,但在这一点上,俄罗斯反垄断法的执法机构的独立性与我国竞争执法机构的设置形成了鲜明的对比。一般分立式国家,反垄断执法都是由专门的执法机关来完成,而对不正当竞争行为的监督则不设专门的执法机关,以司法实施为主。在俄罗斯,专门的执法机构统一行使对垄断行为和不正当竞争行为的监督检查权,能及时、广泛和有效地维护竞争秩序及保护经营主体、消费者利益。

2. 调整方法的双向性

1991年的俄联邦《反垄断法》在名称上就明示了本法的双向性:"促进商品市场竞争"是正向的,与之并列的是"限制垄断行为",这是传统反垄断法的主要视角。本法中,正向促导竞争的内容和手段是鲜明的特征。在内容上,1991年俄联邦《反垄断法》第3条明确了俄罗斯联邦反垄断局的职能是促进商品市场的发展和竞争,同时,第16条进一步明确了促进商品市场的发展和竞争的内容,包括内设的反垄断委员会有权审查和确定:向大宗商品市场的新进入者提供优惠贷款、为企业减免税收、增加市场准入的范围、提供融资以化解个别企业的不利地位,等等。这些内容构成了现行法中国家援助的内容。

2006年以后,俄罗斯反垄断法在名称上同样是中性表述——竞争保护(或保护竞争)。

总之,俄罗斯反垄断法是通过正向的促进竞争和反向的排除竞争阻碍的双向合力来保护竞争的。手段上,把产业政策和竞争政策融合到一起。之所以采取这样的方法,是因为俄罗斯经济转型的特点。苏联时期的计划经济体制和政治体制导入到转型时期,市场的功能发育不完善,市场的作用不明显,所以,扶持企业和构建市场要素是政府的职责之一。

3. 反垄断立法的重点是规制滥用权力限制竞争

在转型国家,由于历史和政治原因,权力滥用现象比较突出,尤其是行政权力滥用。俄联邦《反垄断法》用单独一章来规制这一行为。

一直以来,俄罗斯市场上的垄断行为类型呈现出和美国、德国等市场截然相反的状况,后类国家反垄断法主要针对的是垄断协议案件(尤其是卡特尔案),其数量最大,对市场的危害最严重。但俄罗斯市场上,位居数量第一位的案件是权力滥用案件,其次是滥用市场支配地位案件,垄断协议类案件最少。

表 2-1 滥用市场支配地位、垄断协议和滥用权力限制竞争案件比较①

年	违法的案件类型及数量		
	滥用市场支配地位	垄断协议	滥用权力限制竞争
1996	1296	105	416
1997	1031	101	1145
1998	1058	173	999
1999	1026	128	947
2000	1273	120	1230
2001	1537	109	1241
2002	1420	139	1667
2003	1378	174	1597
2004	1422	156	1598
2005	1432	152	1985
2005 与 1996 年相比,增加的比例	10.5%	44.8%	377.2%

从上表中可以看出,滥用市场支配地位和滥用权力限制竞争的案件远远高于垄断协议类案件,且相比较,滥用市场支配地位的案件总量一直居高不下。这个特点不仅仅体现在执法初期和中期,近些年来的执法状况,仍呈现这一特点。见下图②:

图 2-1 中的数据呈现的是俄罗斯在 2010—2015 年期间每年各类反垄断案件的数量,(从上到下)第一条线是滥用权力限制竞争案件,第二条线是滥用市场支配地位案件,第三条线是不正当竞争案件③,第四条线是垄断协议案件。其中,滥用权力限制竞争案件数量从 2010 年的 6550 件持续下降至 2015 年的 4005 件,下降幅度高达 38.9%;而其他三类反垄断案件数量相对稳定,没有较大的变化。总体上,垄断协议案件最少。

结合表 2-1、图 2-1 的有关数据,还可以得出以下结论:

第一,虽经历二十多年的政府转型和经济转型,行政权力对经济的干预

---

① 摘自俄罗斯联邦反垄断局:《1992—2005 年反垄断执法统计》(俄文版)。这是俄罗斯第一份竞争状况报告。2006 年以后,每年公布一份年度竞争状况报告,一直延续至今。
② 俄罗斯联邦反垄断局:《俄联邦竞争状况报告(2016 年)》(俄文版)。
③ 俄罗斯采取合并式立法,俄联邦《反垄断法》中包含垄断行为,也包括不正当竞争行为。对于后者,因其与市场结构、国有企业的身份没有直接关系,故本书不作探讨。

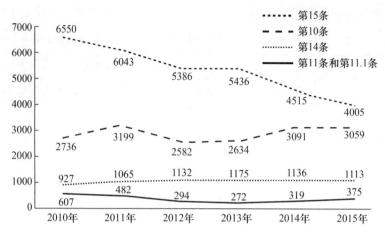

图 2-1 2010—2015 年不同类型案件的数量

逐渐减少,但滥用行政权力的垄断对俄罗斯竞争秩序的消极影响仍然很大。近些年来,俄罗斯反垄断法的实施中,虽然滥用权力限制竞争行为的发生数量在大幅减少,但仍是垄断行为中最为突出且最为严重的一种行为类型。故这类行为仍是今后俄罗斯反垄断执法工作的重中之重。

第二,相比前一阶段,滥用市场支配地位的案件数量明显上升。2010年比2005年增加了近一倍。至2011年仍在上升,由2736件上升为3199件,同比增长了16.92%。尽管2012年相较于2011年,案件数量又呈略微的下降趋势(下降了19.29%),但2013至2014年又呈上升趋势。

总体上,每一个政策执行期均呈现出相同的违法行为状态:滥用权力限制竞争和滥用市场支配地位的案件远远多于垄断协议案件。这值得充分关注。这两类案件都和国有企业有紧密的联系。

西方国家反垄断法主要针对的对象是卡特尔,但在俄罗斯,滥用权力行为是最主要的现象,不论是从数量上,还是从危害性上。所以,俄联邦《反垄断法》第15条、第16条细数了此种行为的具体形式,另在后文的法律规制方法上也有别于其他国家的制度设计。

表 2-2 2016—2018 年三种垄断行为案件数量汇总

行为类型和年份	2016 年	2017 年	2018 年
滥用权力限制竞争	1284	1260	1092
滥用市场支配地位	1340	847	685
垄断协议和协同行为	360	420	437

近些年来,俄罗斯加大了对滥用权力限制的竞争行为的打击力度,但从此表看出,滥用权力限制竞争行为的案件数量没有明显的减少。

4. 规制垄断行为的力度重于不正当竞争行为

俄罗斯反垄断法主要规制垄断行为。有关不正当竞争行为,自1991年以来都只用一个法律条文来规定。从历史比较,有关不正当竞争的法律条文的规定也在逐渐细化。2015年之前的俄联邦《反垄断法》第14条只有3款内容:第1款规定的是引人误解、诋毁等行为;第2款规定的是商业标识混淆行为;第3款规定的是商业标识混淆问题的解决。2015年修订的该条细化了具体内容,包括七种不正当竞争行为和一个兜底条款。2018年12月27日修改的法律(2019年1月8日生效)将七种行为列为一章,即2.1章。这在一定程度上表明了俄罗斯反垄断法对不正当竞争行为的强化。这七种行为分别是:虚假陈述的不诚信传播行为、销售中的误导行为、不当比较行为、不当获取或使用个性化资产的行为、不当使用知识产权的行为、混淆行为、侵害营业秘密的行为。

俄罗斯反垄断法没有规定商业贿赂行为,也没有明确规定互联网不正当竞争行为。俄罗斯反垄断法不仅仅在不正当竞争行为类型上范围有限,在具体的行为认定条件上也有限缩。除使用知识产权行为外,其他行为均要求侵害竞争者的利益,这是一种狭义的保护思路。

表2-3 2014—2018年垄断案件和其他两种案件的比较

年份 类别	2014年	2015年	2016年	2017年	2018年
案件总数	9755	9097	4040	3534	3223
不正当竞争案件	1136	1113	453	409	517
垄断案件(滥用市场支配地位和垄断协议、权力滥用)	7925	7439	2984	2527	2214
经营者集中案件	732	595	603	598	487

* 以上信息来自《2018年俄罗斯竞争状况报告》(俄文版)。

可以看出,总体上,不正当竞争案件和垄断案件的数量仍相差悬殊。

(二)俄罗斯反垄断立法特点形成的基本原因

1. 由计划经济而来的高度集中经济状态决定了市场创建任务实施中对反垄断法的倚重

市场经济垄断是由企业垄断造成的。当企业在相关市场上集中的总供给份额达到可以通过操纵销售量来影响市场价格形成的程度时,就形成了企业垄断。在某一个市场上,市场集中的比重越高或在这一市场上垄断企业的数量越少,企业垄断化程度就越高,该市场的竞争程度就越低。

通常,在计划经济环境下生长的企业比市场经济国家中的企业的市场垄断化程度要高。这是由形成企业垄断的途径和动力差异所致。在市场经济中,垄断性的联合企业是"从下面"形成的;它们是生产和资本积聚和集中以及竞争发展的结果,换言之,垄断力量是市场"内生"的。而在计划经济中垄断组织是"从上面"形成的。国家不但不阻止垄断,相反,很多时候国家积极地促进经济垄断。

以行政方法为基础的垄断会把每种产品的生产最大限度地集中在狭小的企业范围内,把相同或近似产品的生产者促成企业联合体,这种垄断力量是"外生"的。有关资料显示:在1990年的苏联市场中,1800种不同种类的产品由一个企业或几个联合企业生产,1100多家企业是生产本产品的绝对垄断者。许多最重要种类的产品由2—3家巨型工业企业来操纵。例如,在19种主要类型的锻压机器中有9种是由1家企业生产的,有6种由2家企业生产,有4种由3家企业生产。75%的便携式电视机市场份额集中于3家企业。①

过渡经济中的私有化政策和扶持竞争的市场经济政策的目标都集中在打破计划管理体制形成的高度经济垄断状态。因此,俄罗斯反垄断法的任务集国家私有化的政策目标和法律保障的竞争秩序目标于一身,具有双重性。

反垄断政策可以划分为两个方面:实行非垄断化和对企业的垄断活动实行调节。非垄断化是结构主义控制的主要方式,目标是降低或限制市场垄断化程度,方法是对已形成的企业垄断实行非集中化(化整为零)和在垄断化了的部门中扶持竞争;对企业合并规模和其他的企业间协议行为进行限制,避免这些协议导致垄断水平的明显提高从而形成对竞争的限制。

与美国、日本竞争法相比较,初期的俄罗斯反垄断法规定的确定企业在市场上的垄断状态的标准属于"折中派"。企业在相应的商品市场上的产品占有比重超过35%时,即被认为是"独占性的",或两个企业之间就共同占有一市场份额65%以上所达成的任何协议,即认为形成了垄断化。美国反垄断法规定的此类标准比较低:一个公司在相关产品市场上的份额超出了10%,与占市场份额超出15%的公司进行合并和签署价格协议被认为具有垄断倾向。日本法中确定的垄断状态标准较高:在一年期限内,一个事业者供给商品或提供服务的市场占有率超过50%或两个事业者的市场占有率合计超过75%;给其他事业者进入该领域造成明显的阻碍;利润率超过政令规

---

① 参见〔俄〕A. 布兹加林、B. 拉达耶夫:《俄罗斯过渡时期经济学》,佟刚译,中国经济出版社1999年版,第362页。

定的利润率水平,或销售费和管理费高于一般水平。

俄罗斯反垄断法所确定的垄断状态标准是否合适,应该结合反垄断政策的目标来判断。如果反垄断法的功能是创建公平竞争的市场微观主体,而不是规范市场微观秩序的话,这个标准可能是高了,因为这个标准不利于打散计划经济时期处于竞争行业的大型国有企业;如果反垄断法的功能定位在规范市场微观秩序,而不是创建市场微观主体的话,这个标准也许合适。在发达的市场经济国家里,对已构成经济垄断的企业实行强制分割是很少见的。俄罗斯在向市场经济过渡时,国有企业在经济上已不再被认为是合理的市场结构。分割这样的企业可以从实质上降低过渡经济中的市场垄断化程度。因此,俄罗斯反垄断法的政策功能主要是创建公平竞争的市场微观主体。

2. 多种因素使得不正当竞争行为不显著

俄罗斯反垄断法上,不正当竞争一直处于一隅。立法上的这种特点首先源于俄罗斯市场经济不够发达,尤其市场自发形成的民营企业的力量不够强大。其次这和俄罗斯地大物博、地广人稀等自然地理特点也有紧密的关系。

俄罗斯的自然地理特点,是反垄断法被充分倚重、反不正当竞争法被长时间偏置的外在原因。反射到竞争法上,地广人稀会加大企业的运输成本,进而形成了以城市为中心的相关地域市场。另外,因为"人稀"决定了消费量不大,这往往使得一个城市的某类消费品市场大约只需一两家企业即可以满足需求。从反垄断法上看,相关地域市场越小,市场内的主体的市场份额越大,垄断的危险性越强。垄断性越强,可以对抗的竞争者越少,不正当竞争行为越弱。

(三) 启　示

竞争法的立法模式须根据本国经济状况确定。20 世纪 90 年代,俄罗斯和一些东欧国家相继走向市场经济,注重合理的市场结构的形成,鼓励自由竞争,开始制定保护竞争的法律。在国内垄断现象和不正当竞争行为混合存在且危害明显的情况下,立法以兼收并蓄的原则注重反垄断法与反不正当竞争法所具有的共性,采用合并立法的做法,强调竞争者、消费者利益的保护,以及公共利益和竞争秩序的保护,将禁止不正当竞争、禁止滥用经济优势、禁止欺骗消费者、禁止限制经济竞争的协议以及控制兼并等集于一身,司法管辖与行政管理融于一体,代表了竞争立法的一种新潮流。

俄罗斯竞争保护法是这股潮流中的一朵具有重大影响的浪花。因为其对从原苏联加盟共和国中独立出来的诸多国家的同类立法影响很大,同时,相关权力滥用的立法内容和有关技术也值得中国立法借鉴。总体上,俄罗斯竞争立法在如下方面值得关注。

第一,法律属性上的特性及其引发的解释问题。俄罗斯反垄断法不是独立的部门法。从理论的角度来看,反垄断法是围绕竞争和垄断的关系而形成的。反垄断(竞争)法以其鲜明的主体和客体界定了监管的范围。这种监管的实施运用了诸多的部门法律,如民事法、民事诉讼或仲裁程序法、行政法、刑事法和刑事诉讼法等;采用了各种不同的方法,如民法中授权的方法、排除适用的方法、强制性的方法、行政法和其他公共性法律特有的惩罚性手段等。在竞争法律管辖的关系下,涉及个人和法律实体,包括消费者、处于竞争关系的或不属于竞争关系的企业、国家权力机构和地方自治政府、自然人、法人协会之间的关系。

与此相关,俄罗斯理论界认为反垄断法保护的法益是复合性的,反垄断法保护公共利益,同时也保护私人权利。对于前者,在反垄断政策下,科学家们理解为"旨在对经济垄断进行控制和监测市场集中过程、遏制垄断和不公平竞争的复杂措施,消除行政障碍,确保市场竞争发展的条件,以及促进和传播知识,促进为所有市场参与者创造平等条件,塑造公众意识,有利于市场的发展"。[①] 对于后者的理解,在于使市场参与者了解他们在参与市场关系中的权利和义务。在竞争关系领域,参与者的权利和义务界定了竞争和垄断关系领域的法律规则。

对竞争和垄断进行法律管制的理由是保护"公共利益""共同利益""国家的社会经济利益"等,但在具体的关系中,保护的是私人权利。这也是俄罗斯民法典作为反垄断法的上位法的基础。

调整反垄断机构与经营者关系的法律规范在程序上是为了实现反垄断机构的监督和管理权。此类规范具有公共性。但同时,这类规范设置了经营主体在商品市场的经营行为的规范,涉及的是经营主体的财产关系。由此,可以说,反垄断法规范具有双重法律属性。这种双重属性使得俄联邦《竞争保护法》第 23 条规定的反垄断机构有权向经营者发布停止违法行为、保障非歧视的市场准入、签订、变更或废除合同的警告的制度渊源既包括反垄断法,也有民法。反垄断机构按此作出的决定既具有公共属性,也具有私人属性。

确立反垄断法保护民事权利,其积极作用是强化私人权利的不可侵犯,这为行为认定中的截然二分创造了基础条件。在俄罗斯反垄断法实施中,没有援引美国的合理原则,也没有将相关行为对应于所谓的本身违法原则或合

[①] 〔俄〕И. В. 科尼亚耶娃:《俄罗斯反垄断政策》(俄文版),沃梅格尔出版公司 2006 年版,第 189 页。

理原则,而是直接确定几种类型的行为属于违法行为,哪些行为可以从哪些方面进行抗辩,符合抗辩条件即合法。形式上这种粗线条的认定似乎没有充分考虑市场结构状况、市场变化情况等,对企业的行为合理性分析不够,但有利于树立反垄断机构的权威性。事实上,也对反垄断法的质量提出了更高的要求,即需要详细列举负面清单和正面清单。这或许也可以理解为俄罗斯反垄断法几乎每年都要修订的理由。另外,如果将反垄断法视为保护权利之法,对于一些不正当竞争行为的立法就更为便利。因为混淆行为建立在商业标识权的基础上,商业秘密同样也是以商业秘密权的存在为前提。由此,可以看到,虽然不正当竞争行为在俄罗斯反垄断法中不占有主要地位,但是有关不正当竞争行为的规定也非常细腻。

将垄断行为视为侵害权利之行为的不利之处在于,对垄断行为的规制具有预防性,在没有发生损害结果的情况下,用侵权行为的观念来认识存在一定的不协调。如已签订但未实施的卡特尔没有明确的对象,这有别于侵权行为;同样,未实施的垄断高价行为也没有明确的对象。这类行为广泛存在。即使垄断行为实施了,提请处理的主体也是受其不利影响主体中的一部分,所以,理论界不能不附加另一个法益——公共利益。这有别于我国理论界关于反垄断法的属性的认定。在我国,一般认为反垄断法属于经济法,经济法保护的是社会公共利益。垄断行为是侵害公共利益的行为,在具体案件中的被侵害主体只是可能被侵害主体的一部分。

第二,不断扩大的反垄断法的适用范围。垄断违法行为和垄断豁免行为是一枚硬币的两面,共同决定市场的竞争范围和程度。豁免范围的确定应充分考虑国家经济环境。按照垄断形成的原因不同,可以将垄断分为自然垄断、特许垄断、经济性垄断和行政垄断。对自然垄断行业,传统上均认为法律适用豁免。但一些年来,许多国家将竞争机制引入这些行业,部分自然垄断行业已向社会开放,对于这些行业侵害消费者权益的行为,用反垄断法比用消费者权益保护法对于维护公共利益更有效。对于特许垄断行业,如银行、保险业等,西方国家自 20 世纪 70 年代已经逐步引入竞争机制,如德国在 1967 年取消了存贷款利息率的限制,1973 年废除了推荐利息率的规定;德国的保险业除了人身保险外,其他保险领域也存在竞争。俄罗斯 1999 年颁布《金融市场竞争保护法》,明确规定涉及保险、金融和社会保障等领域的垄断行为不属于反垄断豁免适用的范围。

第三,反垄断制度和反不正当竞争制度的关系折射出的经济关系及经济政策。相比较,反垄断法的功能主要是调整宏观关系,反不正当竞争法主要调整微观关系。在很长一段时间里,我国反垄断的任务一直由《反不正当竞争法》和《价格法》执行。虽然从形式上看也包括反垄断的内容，但体系性不够。随着市场机制的逐步完善，市场主体的各种超出《反不正当竞争法》规定的限制竞争行为日益显露出来，2017年修订的《反不正当竞争法》剔除了原来含有的垄断内容，增加了互联网不正当竞争行为的规定，使不正当竞争行为更加纯净、更加完整，也确立了我国分立式立法模式。

俄罗斯反垄断法中的不正当竞争制度随着市场化程度的深化而逐步完善。2005年之前法律上只有三种行为列举，后逐渐增加，2015年修订后增加到八种，并且在结构上实现了列举加概括的方式。在一定程度上，这种修订是对打破垄断后的市场状况的回应。因为对于中小企业而言，随着竞争的加剧，从事不正当竞争行为的可能性也增加了。

俄罗斯反垄断法中关于不正当竞争行为的规定很有特色，一些方面值得关注和借鉴。

第一，将虚假宣传与引人误解的宣传分离，但和商业诋毁融合到一起。俄联邦《反垄断法》第14.1条规定，传播可对竞争者造成损失或损害其商业名誉的虚假的、错误的或扭曲的信息，包括以下方面：（1）竞争者出售的商品质量、消费特征，商品的预期用途，制作或使用商品的方法与情况，使用商品的预期效果以及特定用途的适用性；（2）在确定商品市场上竞争者出售商品的数量，在确定条件下获得商品的可能性，商品的实际需求程度；（3）竞争者出售商品的条件，特别是价格。

第14.2条规定了以误导性方式进行的不正当竞争：（1）商品的质量和消费特征，商品的预期用途，制造或使用商品的方法和条件，使用商品的预期效果以及特定用途的适用性；（2）在确定商品市场上出售商品的数量，在确定条件下获得商品的可能性，商品的实际需求程度；（3）商品的制造地点，商品制造商，制造商或销售商的保证；（4）出售商品的条件，特别是价格。

有关虚假宣传，在内容上包括自己商品的信息，也包括竞争者的商品信息，对竞争者的有关信息作虚假宣传构成商业诋毁，但对自己商品的信息进行不符合事实的宣传，应当是一种独立的行为。其不要求结果，宣传的内容也不限于竞争者的商品信息。所以，俄罗斯法上误导性宣传是个大概念，包括虚假宣传。这和我国反不正当竞争法有一定的差别。

第二，规定了竞合行为。具体而言，包括两种竞合。一是和广告法的竞合。俄联邦《反垄断法》第14.3条规定，禁止通过对自己生产和销售的商品与其他经营主体生产和销售的商品作不适当的比较，进行不正当竞争，包括：（1）通过使用"最好""第一""最""仅""唯一"等词语与另一经营主体竞争者和（或）其商品进行比较，且无法给出特定的、客观的证实或者以虚假的、不准确的或扭曲的特征或参数进行比较,形成本商品和(或)经营主体更优越的印象;(2)与另一经营主体竞争者和(或)其商品的比较,未给出特定的比较特征或参数,或者比较结果无法客观验证;(3)与另一经营主体竞争者和(或)其商品的比较,完全基于无关紧要或不能比较的事实,并包含对竞争者和(或)其商品运营的负面评估。二是和知识产权的竞合。《竞争保护法》第14.4条规定了"禁止获取、使用法人独占性财产权利,以及商品、工程或服务独占性财产权利(以下称为独占性资产)进行不公平竞争";第14.5条规定了禁止涉及使用知识产权成果不正当竞争:禁止经营主体出售、交换或以其他方式流通的商品上非法使用知识产权成果进行不公平竞争,竞争对手拥有独占性财产权的除外。这里涉及的知识产权不正当竞争包括两个方面:侵害他人的知识产权,滥用自己的知识产权。后者如不应当获得商标注册而获得,此种情况下,联邦反垄断机关关于在获得和使用商标专用权方面违反本条第2部分规定的认定决议,将由有关人员送达联邦知识产权保护机构,用以认定对商标提供的法律保护无效。另外,俄联邦《民法典》第1512条规定,与商标注册有关的争议,在商标有效期内可以对商标的注册提出质疑,并由商标授权机构按照相关程序确定无效,此即滥用商标权的不正当竞争。

与我国2017年修改的《反不正当竞争法》形成鲜明对比的是,俄罗斯法承认制度竞合问题,而我国法律正努力剥离竞合现象。事实上,竞合不可避免,因为注册商标、广告等是重要的竞争手段。在我国法上,因为竞合会出现责任选择问题,这成了将注册商标和广告从反不正当竞争法中排除出去的一个主要理由。这个问题在俄罗斯法上不存在,因为其法律责任统一于俄联邦《行政违法法典》中。当然,不能因噎废食,存在责任选择问题,可以通过转致解决,而不是否定注册商标、广告之于经营者的竞争工具和竞争优势价值。

第三,商业标识的混淆问题。俄联邦《反垄断法》第14.6条规定了禁止经营主体通过导致或可能导致竞争者经营或竞争者在俄罗斯联邦境内进行民事流通的商品或服务的混淆的作为(或不作为)进行不公平竞争,包括:(1)非法使用与竞争对手商品的商标、品牌名称、企业名称、原产地名称相同的符号,或者在混淆的范围内,通过将其置于与商品销售有关的商品、标签、包装或其他载体上,或进入俄罗斯联邦的民事流通中,以及在互联网信息和电信网络中使用它,特别是放入域名和其他寻址模式;(2)竞争者复制或模仿商品的外观在俄罗斯联邦进行民事流通,包括商品包装、标签、名称、颜色范围、总体品牌风格(品牌服装,门市部,商店橱窗装扮的整体)或其他竞争者和(或)其商品的个性化元素。相比较,俄罗斯法对商业标识混淆的认定,要求的关系基础是竞争者。我国2017年修订的《反不正当竞争法》则将其扩展,包括竞争者但不限于竞争者。这表明我国法的调整功能在扩大。

　　第四,关于商业秘密的不正当竞争行为。俄罗斯法上有关商业秘密的法律保护分为两个部分。一个是民法典上规定了商业秘密的条件,侵害商业秘密的行为。另一个是反垄断法上规定了侵害竞争者的商业秘密的行为。俄联邦《反垄断法》第14.7条规定,禁止涉及获取、使用、披露构成受法律保护的商业秘密或受法律保护的其他秘密的不公平竞争,包括:未经控制权人同意,获取和使用其他竞争者所有的此类信息;因控制权人违反合同条件,使用或披露其他竞争者所有的此类信息;若法定或合同约定的披露期限未到期,使用或披露其他竞争者所有的此类信息,以及因履行义务从拥有或获取上述信息的人处获得的信息。可以说,这种立法分工值得中国借鉴。在我国,商业秘密的法律保护统一于反不正当竞争法,但认定是否属于商业秘密、商业秘密权属等问题是不正当竞争的前提问题,这个内容应当归属于民法典。反不正当竞争法中的商业秘密只有和不正当竞争有关才文题相符。

第三章 限制竞争协议和协同行为

市场经济的核心是自主经营和自由竞争,但为获取更多的稳定利润,经营主体可能采取违背竞争规则的方式从事生产经营,垄断协议就是最常用的方式。

一、概　　述

俄联邦《竞争保护法》第 2 章的"垄断行为"包括滥用市场支配地位、限制竞争协议和协同行为。限制竞争协议和协同行为是两个性质不同的概念,它们之间是并列关系。这明显不同于我国《反垄断法》第 16 条规定的垄断协议和协同行为的关系——前者是母概念,后者是子概念。

(一) 行为表述及地位

俄罗斯反垄断法列举了两种基于协调而产生限制竞争的现象:协议、协同行为。没有像我国反垄断法那样并列地规定"决定"。但是,俄罗斯反垄断法在用语表述上有自己的鲜明特点。

1. 用语使用上的特点

在现行俄联邦《竞争保护法》中,很有趣的一个现象是,在第 4 条、第 11 条和第 12 条中明确使用了"垂直协议"的概念,但没有使用与其相对应的"水平协议"的概念。可以说,这是迄今为止第一次有国家在法律条文中使用学理意义上的"垂直协议"概念。

按照俄联邦《竞争保护法》第 4 条第 18 项的规定,协议是指一个或数个以书面文件或口头形式达成的一致意见。这是对协议的另一种分类。在理论上,俄罗斯学者还探讨了另两种协议形式,即聚合协议和混合协议。聚合协议指在不同商品市场上非交易关系的经营主体间达成的可能限制竞争的协议。例如,婚介服务公司和汽车租赁公司协商确定共同使用某一品牌的汽车做广告。传统上认为,它只具有潜在的危险,但基于俄罗斯市场的特殊性,理论界倾向于将其纳入"其他限制竞争协议"。① 当然,在美国法或欧盟法中均没有这个概念。混合协议是具有竞争关系同时也有合作关系的主体之间签订的协议。如生产商有自己经营的商品销售渠道,也和其他经销商合作销售商品,从而形成了上游主体和下游主体间的复合关系:合作关系、竞争关系。

在 2011 年修改的俄联邦《刑法典》中,为了确定承担刑事责任的协议的类型,法条中用了"卡特尔"。众所周知,"卡特尔"主要在经济学中使用,法学上只有希特勒政府时期的德国和苏联时期曾经使用过,现代各国反垄断法基本不用,也许是因为它有浓重的意识形态的意味。但是,在俄罗斯,不但在刑法上使用,2015 年俄联邦《竞争保护法》修改时,在第 11 条再次使用了"卡特尔"这个用语。

俄罗斯立法者也承认,包括上述概念(用语),以及协议和协同行为的关系处理都具有本国特色:卡特尔只是协议,不是协同行为。这已经突破了经济学关于卡特尔的含义。按照有关学者的观点,俄罗斯反垄断法规制协议和协同行为的立法实践明显带有经济学理论的痕迹。② 可以说,立法者将垂直协议和卡特尔这两个非对称理论用语运用于法律条文中,具有很强的实用主义的色彩。很大程度上,卡特尔概念的使用是为了确定宽免制度的范围,"垂直协议"是为了区别滥用市场支配地位。因为在一些转型国家,如越南法律上,垂直协议不是一种独立的行为,其被滥用市场支配地位吸收。

2. 在反垄断法中的地位

长期以来,由于计划经济的因素影响,俄罗斯市场上大型经营主体主要由国有企业转制而来,内生于民间资本的力量较弱。这种历史痕迹在垄断行为的数量上显现出来。在相当长的一段时间里,滥用市场支配地位行为和权力机构限制竞争纠纷的数量一直处于第一、第二位,协议限制竞争的问题并不突出。

1991 年《反垄断法》实施后,有关协议限制竞争行为的法律规范很少被反垄断机构适用。1998 年至 2006 年反垄断机构及法院处理的该类案件只占反垄断案件总数的 0.5%。这反映了俄罗斯市场上(至少体现在反垄断执法初期)垄断行为的鲜明特点,也形成了俄罗斯反垄断工作重心的鲜明指向。无论是成熟的市场经济国家,还是转型中的中国,限制竞争协议都是反垄断

---

① 〔俄〕巴特玛耶夫、卡扎里昂:《反垄断法:教学资料》(俄文版),第 205 页。来自 http://www.consultant.ru/,2019 年 11 月 1 日访问。

② 〔俄〕A. A. 彼克巴耶夫:《竞争法的非对称性》(俄文版),载《竞争与法》2012 年第 4 期。

机构工作的重心。

有学者将该类案件少的原因归结为制度粗疏,即 1991 年版的《反垄断法》只有一个条文规定限制竞争协议。实践中,经营主体间签订的协议中往往无统一价格、地域等约定,其违法性需要反垄断机构另外获取证据加以证明,而反垄断机构的时间和精力主要集中在滥用市场支配地位和滥用权力限制竞争这两类行为上。也有学者认为,制度上的核心问题是没有建立本身违法原则,以减轻反垄断机构执法中的证据负担。不可否定的事实是,早期反垄断机构对一些案件作出的构成违法的认定或处理决定,有很多被诉讼到法院,而法院常常以认定证据不足、证明不充分等理由撤销行政处理决定。

自 2006 年以来,俄罗斯反垄断法虽经多次修订,形成了多个新版本,但从修订内容的比例上来看,协议和协同行为部分的变动比其他行为类型文本的变动要小。"那些针对 1991 年竞争法所作的多次修改仍没有解决(限制竞争协议)固有存在的问题,这非常令人遗憾。"[①]这一状况一直持续到 2012 年,俄联邦国家杜马颁布了《关于联邦竞争法和单项法律的修订》[②]。这次修订细化了"限制竞争的标准",建立了俄罗斯反垄断法上的"本身违法原则",从此,开启了限制竞争协议和协同行为的法律实践的新篇章。

(二) 监管方式和原则建立

不同类型的垄断行为对竞争的影响不同,监管的方式不同。同一种行为在不同时期的监管方式也可能不同。

1. 监管方式的改变

2002 年的俄联邦《反垄断法》第 19-1 条规定了"国家对经营主体之间限制竞争协议或协同行为的监管",其主要内容是,意图缔结协议或采取协同行为的经营主体,有权利向反垄断机构提出申请,要求其就该协议或协同行为是否与反垄断法律的要求相一致进行审查。尽管对当事人而言,这不是强制性的义务,但限于法律的明确规定,当事人大都不敢忽视。对于反垄断机构而言,当事人提出审查申请,意味着相应义务的产生:"自收到审查申请所需全部必要信息之日起 30 日内,反垄断机构应当对协议或协同行为是否与反垄断法律相一致作出决定","在必要的情况下,反垄断机构可以延长审查申请的期限,但不超过 20 日",等等。当然,经营主体也可以不向反垄断机构申

---

① 〔俄〕A. H. 瓦尔拉莫娃:《俄罗斯竞争法》(俄文版),法镜出版公司 2008 年版,第 312 页。
② Федеральный закон от 6 декабря 2011 г. N 401-ФЗ "О внесении изменений в Федеральный закон" О защите конкуренции "и отдельные законодательные акты Российской Федерации".

请审查。对此,如果反垄断机构发现存在垄断协议或协同行为,可以对其进行处罚。这相当于建立了事前和事后的双重监督。立法者期望借此能更有效地消除限制竞争协议和协同行为的不利影响,但是,这种权利—义务的软约束给反垄断机构增加了许多工作负担。实践中,这种监督也未得到预想的制度效果——大部分需要规制的案件都没有申报。2005 年 7 月 8 日国家杜马审查《关于竞争保护法(草案)一读稿说明》中,明确指出,本次修改的一个目标是减轻反垄断机构对协议或协同行为审查的工作负担,加大对经济集中的审查工作。于是,2006 年修改后的《竞争保护法》(第 39 条第 2.2 款)将事前审查剥离出去,改变了过去当事人申请的模式,建立了事中和事后发现式的监管方式。这样,反垄断案件的主要来源不再是当事人的申请,而是反垄断机构的调查或社会主体的检举揭发。

迄今,只有少数受俄罗斯反垄断法影响的国家立法还保留着这种对协议和协同行为的事前监督制度。①

2. 认定标准(原则)的改变

俄罗斯反垄断立法很重视吸收欧盟和美国的制度经验。很长一段时间里,有关限制竞争协议和协同行为的规制原则并不明确。自 1991 年至 2006 年,及至现今,反垄断法在认定协议或协同行为时,始终坚持"危险模式":"导致或可能导致以下后果:固定或维持价格……"。如果单从这一条款出发,似乎行为危险存在即构成违法,从而确立了本身违法原则。但事实并没有这么简单,因为后面存在豁免条款。豁免的条件和行为类型直接影响本身违法原则的适用范围。

1991 年《反垄断法》第 6 条将限制竞争协议、协同行为和豁免放置于同一条。豁免条款以概括的方式表达:"在特殊情况下,第 1 项和第 2 项规定的协议(协同行为)可以是合法的,如果经营主体能证明,他们的协议(协同行为)已贡献或将有助于商品市场的竞争,为消费者改善产品的性能,并增加它们的竞争力,特别是在国外市场上。"2005 年这一规范被细化为"三重证明"模式:一是行为证明:存在上述垄断协议;二是效果证明:"在同一商品市场(或替代品市场)经营主体之间缔结的协议或协同行为导致或可能导致阻碍、限制或消除竞争并且损害其他经营主体的利益的,应被禁止";三是可豁免证明:"经营主体能够证明其行为的积极效应,包括在社会经济范围内的积极效

---

① 如 2006 年白俄罗斯根据 1992 年的俄联邦《关于反垄断行为和促进竞争的法律》制定了《有关垄断协议的审查程序》,授权经济部对协议进行事前管理,所针对的是包括协同行为在内的协议。

应大于对特定商品市场的负面影响,或者经营主体上述协议的缔结或协同行为的实现是联邦法律所能预见的。"这大大增加了认定限制竞争协议的难度,尽管第三项证明责任属于经营主体,但反垄断机构对证明结论的阐明义务仍非常繁重。如此认定案件,已不是本身违法原则而是合理原则的适用了。

2006年修订后,《竞争保护法》去掉了上述第二重证明,减轻了反垄断机构的证明负担。2015年以后,进一步完善了豁免的内容,尤其是增加了"卡特尔"的表述,并明确"卡特尔"不得豁免。这意味着,俄罗斯反垄断法从此建立了卡特尔适用本身违法原则,其他协议或协同行为适用合理原则的新模式。

二、限制竞争协议的类型

俄罗斯反垄断法中关于限制竞争协议的变化比较大,又由于修订的次数频繁、非常规的概念使用等,造成阅读和理解上的诸多干扰。在此,仍然以俄罗斯法上的不对称概念的文本用法来展开。

(一) 横向限制竞争协议

俄罗斯反垄断法中横向限制竞争协议的类型很丰富,为了塑造本身违法原则,对诸多类型进行再分类,由此产生了"卡特尔"。

1. 卡特尔(核心卡特尔)

2010年修改的《反垄断法》中,在协议类型上进行了较为详细的列举,包括八种行为。2015年修订时进一步细化分类,从中分出了"卡特尔"的概念。第11条第1款规定:"在同一商品市场上竞争者间为销售或购买商品达成的协议,如果协议导致或可能导致以下后果的将被认定为卡特尔,并被禁止:(1) 固定或维持价格(价目表)、折扣、加成(补贴)和(或)加价;(2) 抬高、降低或维持交易价格;(3) 按地域、销售或采购规模、所售商品品种以及销售方或购买方(订购方)性质划分商品市场;(4) 缩减或终止商品生产;(5) 拒绝与特定的卖方或买方签订合同。"

第11条第1款规定的卡特尔概念和我国学术界的理解有一定的差异。我国学术界普遍认为,卡特尔和横向垄断协议是同义语。在《现代经济学词典》中,卡特尔被定义为:在寡头垄断市场上少数厂商之间的正式协议,对诸如价格和产量等变量采取协调一致的行动。其结果是竞争减少和在以下目标方面进行了合作,例如,共同追求利润的最大化或防止新的厂商进入本行业。总的说来,卡特尔成员之间必须作出侧向支付以促使大家遵守这些目标。① 按照这一定义,卡特尔最大的特点是竞争者之间协议,实施共同的"侧向"行为。但在俄罗斯反垄断法上,符合这些条件的另一些行为,如第 11 条 3 项(联合抵制):阻止其他经营主体进出商品市场;设定加入(参与)职业和其他协会的条款和条件,则不属于第 1 项认定的卡特尔的范畴。由此导致了概念内涵和外延上的不一致。

将卡特尔概念引入法条是吸收欧盟法的经验形成的结果。从横向限制竞争协议中分出卡特尔,其目的在于确立本身违法原则。在欧盟法上,本身违法原则针对的是核心卡特尔。如果结合俄联邦《竞争保护法》第 13 条规定——卡特尔不能被豁免,那么,便可以理解俄联邦法中上述第 11 条第 1 项规定的卡特尔实质上是指核心卡特尔或硬核卡特尔。

在欧盟执法中,核心卡特尔有三种类型:价格卡特尔、数量卡特尔和地域卡特尔。将横向限制竞争协议分出两类,也为制度上进行分类管理提供了前提。核心卡特尔的结果是货物购买者的福利和卖方的福利比例减少。抛开市场的自我选择(或价值判断),运用经济分析方法评估协议对公共福利的贡献,核心卡特尔几乎在所有情况下总是和减少公共福利紧密相关。这意味着执法机关或法院针对此类协议不需要分析协议对竞争的积极或消极影响,即可直接禁止核心卡特尔。这将大量节省行政或司法资源。事实上,分析协议对竞争状况的影响是一个成本高昂的过程,涉及市场状况、专家意见、对消费者和商品供应商的调查、计量经济学模型,以及使用其他经济手段分析等。其他横向限制竞争协议只有在可以证明其导致或可能导致阻碍、限制或消除竞争的情况下才予以禁止,由此,对其他横向协议的评估适用合理原则。

不仅欧盟,经合组织成员国中,核心卡特尔也是被禁止的。核心卡特尔的认定可以依靠直接证据,也可以依据间接证据。直接证据包括:书面协议的文本,许多协议的分散内容,成员通信,参与者解释等。

总体上,俄罗斯反垄断法的修订是围绕如何认定"导致或可能导致阻碍、限制竞争",提高执法效率为目标,核心卡特尔的分出建立了事实与规范之间的直接联系,既符合有关国家的执法经验,也有充足的经济学理由。此外,还从宽免制度上,即通过提交直接证据来化解执法难题,尤其是只有间接证据的情况下产生的定案困境。如在认定串通投标卡特尔时,面对的证据问题尤其尖锐:有关当事人为采购商品、工程或服务而举行秘密会议,交易结果的一人中标,其他投标人不承认有共谋。此时,如果能够适用宽免制度,问题迎刃

---

① 〔英〕戴维·W. 皮尔斯:《现代经济学词典》,宋承先等译,上海译文出版社 1988 年版,第 80 页。

而解。有关俄罗斯宽免制度的问题,后文详述。

2. 其他横向垄断协议

按照俄联邦《竞争保护法》第 4 条第 18 项的规定,横向限制竞争协议不同于民事合同,不能从民事法律制度的角度来分析和评价限制竞争协议或协同行为。程序法上,不遵守民事合同不能作为存在垄断协议的证据。

其他横向限制竞争协议形式,包括第 11 条第 3 款规定的电力行业的特殊协议和联合抵制。前者没有适用本身违法原则是因为这个行业的特殊性,在《竞争保护法》中只作了原则性规定:禁止从事电力(电能)批发和(或)零售的经营主体、商业性基础设施组织、技术性基础设施组织、网络组织的成员体间签订协议,如果协议导致批发和(或)电力(电能)市场价格被操纵。对于涉及电力行业的协议纠纷,是否构成违反反垄断法,需要考虑这个行业的特殊性和参考《电力法》中的相关规定。有关联合抵制,包括四种情形:(1) 联合向客户强加对其不利的或与合同标的无关的条件(不合理地要求转移资金和其他资产,其中包括资产权利,以及签订附加客户不感兴趣的商品和其他条件的合同);(2) 无经济上、技术上和其他方面的合理理由,联合对同类商品的经营主体设置不同的价格;(3) 联合设置障碍阻止其他经营主体进入或退出商品市场;(4) 联合设置阻止加入(参与)职业联盟和其他联合体的条件。

联合抵制一般是将多人联合起来以集体协商的形式确定相同的行为。和卡特尔行为一样,联合抵制也会存在组织者或协调人。即一个主体或多个主体作为组织者或协调者而产生目标相同的一致行为或分工行为。

明确的组织者的存在有别于后文的协同行为。此外,在行政责任和刑事责任的认定上,对组织者也有特别的处理。

作为组织者的主体有两种情况:

一是外部主体。《竞争保护法》第 11 条第 5 项规定,"禁止自然人、商业组织和非商业组织协调经营主体的经济活动,如果这种协调导致或可能导致本条第 1—3 项涉及的任一后果,且不属于本法第 12 条、第 13 条规定的允许事项、不违反其他联邦法律"。可见,能够作为组织者的范围很宽,包括了自然人、商业组织和非商业组织。通常情况下,组织者往往不是一般主体,而是在业内具有一定影响力的人。如代表和维护产业共同利益的行业协会、工会等,若组织者是自然人,常常是与拟成立横向限制竞争协议的诸多成员间存在特殊关系的人,如亲戚、朋友等。

二是内部主体。内部主体即垄断组织的成员企业,他们之间的协调是内部协调。《竞争保护法》第 11 条第 7 项规定的是内部协调:"本条规定不适用于同一集团的经营主体之间的协议"。

法律不禁止商业组织之间的合作,或者非商业组织在商业组织之间的协调。正常的合作、协调与本规定之间的区别在于,后者会导致或可能导致经营主体间竞争无法发挥作用,尤其是实施统一的价格政策、地域分割等。

若进一步扩展"其他横向协议",还可以将《竞争保护法》第 15 条和第 16 条规定的情形纳入进来。当然,因为这两类行为的组织者是权力机构,一般都将其放置于滥用权力部分。此外,第 17 条规定的招投标行为,实质上就是横向协议和纵向协议,只是由于其具有一次性、偶然性等特殊性,故在法律条文上将其单列一条。

3. 适用除外与豁免

适用除外不同于豁免。一般,前者是不适用本法的情形,后者是适用本规定但属于合规行为。前者解决的是法律适用中的转致问题,后者解决的是在本法中的法律性质问题。在俄联邦《竞争保护法》上,适用除外和豁免没有以标题方式明确界分。只有细致考查,才能发现在用语上体现的两者间的细微差别。前者大都使用"不适用于",后者往往使用"被许可的"。

适用除外主要包括如下内容:

第一,集团成员之间的协议。按照第 11 条第 7 款规定,本条不适用经营主体间签订的组建法人集团的协议,如果经营主体与其他经营主体确定控制权或者经营主体共同控制某个法人。经营主体间签订的协议属于按照联邦法律单一经营主体不能同时完成行为内容的,也不适用。

第二,母公司的决定。不是集团关系但属于母子公司关系,基于母公司的决定,子公司执行母公司的决定。按照第 11 条第 8 款规定,在本法第 11.1 条和第 32 条规定的控制可以理解为自然人或者法人直接或者间接(经过一个法人或者多个法人)为其他法人作出决定的可能性,通过一次或多次完成如下行为:拥有超过法人章程规定 50% 表决权股份的主体发布命令;执行法人机构的职能。

第三,其他特殊内容的协议。本条不适用于联合取得和(或)排除利用知识产权权利(标准)的协议或者法人以个性化方法、差别化产品为基础的工作或者劳务的协议。

不同于适用除外,豁免在获得"被许可"时有明显的义务负担,即经营主体需要提供相关证据并要以此来进行"效率"证明,包括效率分析和效率结果比较。这种负担决定了申请豁免具有很大的不确定性,不提供证据或不证明,或证明的结果达不到要求的,不能取得豁免。

横向限制竞争协议的豁免主要包括如下两项内容：

首先，协议类型的证明。第11条第6项规定了，经营主体有权提供证据，证明其涉及本条第2—4项规定的协议符合本法第12条或第13条第1项的规定，属于应被许可之协议。换言之，经营主体有权向反垄断机构或向法院证明涉嫌反竞争的横向协议不是法律规定的卡特尔，或单独证明属于其他可豁免的横向协议类型，如第11条第4款规定的"中小企业卡特尔"。如果直接证明属于可豁免的行为类型，需要提供不限于豁免标准的其他相关证据。例如，若证明属于"中小企业卡特尔"，需要首先证明属于"中小企业"。在实践中，欧盟也承认这类横向协议的合法性，但关于"中小企业"的认定标准和方法不完全一致。在欧盟相关制度上，如果协议缔约方是竞争者关系，其在任何一个相关市场的总市场份额不超过10%；如果协议缔约方属非竞争者关系，在任何一个相关市场的总市场份额不超过15%。俄罗斯法律上采取的是定额标准认定中小企业：如果经营主体在过去一个会计年度内的销售总收入不超过400卢布，属于中小企业，意味着这种联合不会对竞争对手施加不利影响。

其次，效率证明。俄罗斯反垄断法中规定，经营主体在承认构成横向协议后再进行效率证明。能够证明具有《竞争保护法》第11条第2—4项规定的，即被认定为是允许的：如果这些行为（不作为）、协议和协同行为、交易和其他行为不对部分自然人具有排除相关商品市场竞争的可能性，不存在为从事这些行为（不作为）、协议和协同行为、交易和其他行为而强加给参与人或其他第三方的目的，以及上述行为的结果是或可能是：(1) 完善生产条件，销售商品或刺激技术经济进步，或提高俄罗斯产品在世界商品市场的竞争力；(2) 由于上述行为（不作为）和协同行为及交易，采购方也获得与经营主体相当的优势（利益）。

俄罗斯法很重视对欧盟法的吸收和借鉴，但在横向协议（包括卡特尔）豁免制度上，却没有欧盟法那么严格。首先，欧盟法中构成协议的条件很严格：任何协议，不管它们是否是国家间签订的条约，签订的协议是否有强制约束力，不论书面或口头的，甚至协议的概念包括所谓的君子协议、标准化销售条款、规则、专业协会协议（表明其成员遵守某类规则的协议）、争端解决规则，如关于商标纠纷的协议，即使双方只同意"规则""建立良好的实践和道德"或制定有利于大家遵守的某些规则，都可认定存在协议。协议的形式并不重要，主要看它是否存在"侧向"意识的融合。其次，如果协定已证成，在一定时间内发挥持续效力，则可能被作为反竞争行为进行审查。与欧盟制度相比，俄罗斯反垄断法中协议的范围要窄得多，一些协议类型尚未明确，如进出口卡特尔。

(二)"垂直"(纵向)限制竞争协议

按照《竞争保护法》第 4 条第 19 款的规定,"垂直"(纵向)协议,是互不竞争的经营主体一方从另一方购买商品或者成为另一方的潜在购买者,而另一方提供商品或者成为其潜在销售者,该两者之间签订的协议。即纵向限制竞争协议是经营主体与其客户之间签订的限制竞争的协议。和横向协议相比较,纵向协议通常也被解释为是与非竞争的经营主体间签订的协议。尽管俄罗斯法上使用"垂直"而不是"纵向",但为了与上文对应并减少双引号的繁复,下文仍使用"纵向"。

1. 适用原则

在转型国家反垄断立法上,并不都存在纵向限制竞争协议,例如越南竞争法将该种行为纳入滥用市场支配地位。俄罗斯自始就将其视为一种协议的类型,且非常强调它和滥用市场支配地位间的差异关系。

2006 年之前,俄罗斯对纵向限制竞争协议设置了和滥用市场支配地位相同的条件,只是市场力量有严格的区别。当时立法上规定,一个经营主体在相关市场中的份额不超过 35%,则该主体不具有市场支配地位,纵向限制竞争协议不适用于那些共同占有市场份额不足 35% 的经营主体。可见,似乎纵向限制竞争协议具有补充调整滥用市场支配地位的功能。

反垄断法中纵向协议的评估是最复杂的问题之一。俄罗斯很关注美国最高法院 2007 年判决的 Leegin 创意皮革制品公司诉 PSKS 公司一案的影响——推翻了以往的本身违法原则,改为适用"合理原则"。在整个 20 世纪,包含价格条件的纵向协议,都会被美国法院认为是本身违法的。在美国联邦司法层面,Leegin 案是一个划时代的原则的改变。

评估纵向协议的困难在于,协议对其成员的市场行为所施加的限制和限制行为的效果关系,是孤立地对纵向协议的反竞争结果进行分析,还是扩展到施加限制的主体本身。随着美国芝加哥学派的崛起,律师和经济学家坚信,纵向协议几乎不会对竞争产生值得政府干预的负面影响,相反它能够促进商品销售的增加和配送成本的降低。他们分析的基本路径在于,虽然商品的卖方限制了分销商之间的竞争,但销售商在限制内容之外的要素竞争得到了增强,同时,供应商间的竞争也在增加。在商品市场上强有力的竞争化解了纵向协议在制造商及其分销商之间限制竞争的市场危害。因此,对这一类协议的禁止或限制,只能在评估产品市场的竞争状况后再进行。即只有在

"合理原则"分析的基础上才能作出禁止或接受该协定的决定。欧盟成员国反垄断当局关于纵向协议的认定也始于对相关商品市场份额及对经销商和其他市场参与者的竞争性评估。

总体上,俄罗斯反垄断立法在构建纵向协议制度时,更多地借鉴了欧盟法的相关经验。在规则上,区分了两种具有反竞争性的纵向协议,施以不同的原则:

第一,附限制条件的本身违法原则(也可以称为违法推定原则)。此原则适用于在一定条件下,不需要分析其对竞争的负面影响而直接予以禁止的协议。《竞争保护法》第11条第2项规定:禁止经营主体间达成"垂直"协议(按照本法第12条规定被允许的垂直协议除外),如果这些协议:(1) 导致或可能导致固定商品转售价格。但供货商为销售者设置最高转售价格的除外。(2) 约定销售者不得购买和经营供货商的竞争者的商品。但这一禁止不适用于限制销售者销售特许经营商品以及买卖双方间以其他单一方式签订的协议。

这是纵向固定或限制转售低价行为、排他性购买(销售)行为。一般,这两种行为的市场力量主体是上游经营主体。与排他性购买相对应的是排他性销售。它的市场力量来自下游,即下游要求上游经营主体只能与其进行交易或与其指定的经营主体进行交易。

第二,原则禁止加例外。在现行法中列举了禁止的内容,原则上禁止的范围包括第11条第3—5项。例外内容规定在第13条中。第11条第3项的规定既可能出横向限制竞争协议,也可能产生纵向限制竞争协议:禁止从事电力(电能)批发和(或)零售的经营主体、商业性基础设施组织、技术性基础设施组织、网络组织的成员体间签订协议,如果协议导致批发和(或)电力(电能)市场价格被操纵。之所以将这个特殊行业单独列一条,是因为俄罗斯电力市场改革自1992年开始,电力的特殊性决定了市场化的电力(电能)销售产生反竞争现象很特殊。对于这一行为适用合理原则。

第11条第4项规定:禁止经营主体间的其他协议(除本法第12条规定的被允许的纵向协议外),如果协议导致或可能导致限制竞争。

(1) 向客户强加对其不利的或与合同标的无关的条件(不合理地要求转移资金和其他资产,其中包括资产权利,以及签订增加客户不感兴趣的商品和其他条件的合同)。作为单一主体附加不合理的交易条件,这形成了与上述联合抵制的差异,同时,在功能上与滥用市场支配地位的行为相互衔接。例如,搭售行为,如果实施搭售的主体具有市场支配地位,则构成第10条规定的行为;如果不具有市场支配地位,但具有第11条规定的市场力量,则构成纵向限制竞争协议。

(2) 无经济上、技术上和其他方面的合理理由对同类商品的经营主体设置不同的价格。即价格歧视行为。价格歧视是有利于提升生产者福利的管理方法,不具有市场支配地位的主体实施的价格歧视往往符合生产者经济效率,且在消费者的选择权未被限制的情况下,很难构成违法。

(3) 设置障碍阻止其他经营主体进入或退出商品市场。例如,卖方对买方转售货物的地域进行限制或买方对卖方销售货物的地域进行限制。

(4) 设置加入(参与)职业联盟和其他联合体的条件。这种情况下,豁免的约束条件是:如果协议各方在任一商品市场的份额不超过20%,则不构成违法;如果协议各方在任一商品市场的份额超过20%,则可能构成违法。

对于纵向限制竞争协议,俄罗斯反垄断法没有采取美国的一事一议做法,总体更接近欧盟法,包括设置一定的市场份额比例,合理原则分析等。

2. 纵向限制竞争协议的豁免

俄罗斯关于纵向限制竞争协议的豁免,有两个制度渊源。一是专门的指南,即2009年俄联邦政府发布的《购销协议的一般豁免》;二是《竞争保护法》第13条的规定。总体上,建立了类似欧盟法的集体豁免和个别豁免,但针对的情况更加细致。

第一,豁免的一般条件。《竞争保护法》第13条规定了"行为(不作为)、协议、协同行为和其他行为的豁免",既涉及横向协议,也涉及纵向协议、协同行为、经济集中。"如果这些行为(不作为)、协议和协同行为、交易和其他行为不对任何人具有排除相关商品市场竞争的可能性,从事的行为(不作为)、协议和协同行为、交易和其他行为不存在强加给参与人或其他第三方的目的,以及上述行为的结果是或可能是:(1) 完善生产条件,销售商品或刺激技术经济进步,或提高俄罗斯产品在世界商品市场的竞争力;(2) 由于上述行为(不作为)和协同行为及交易,采购方也获得与经营主体相当的优势(利益)。"

实际上,这里确立了四个标准,前两个包含在概括性条文中,分别是:行为不对任何他人具有排除相关商品市场竞争的可能性;不存在强加给参与人或其他第三方的目的。此外,再加上改进生产、销售或促进技术或经济进步,提高俄罗斯制造的商品在世界市场上的竞争力;购买者获得相当的好处(利益)。前两个标准是并用的,后两个标准是选择性的。即需要同时符合三个标准才能得到豁免。

程序上,这些标准涉及的相关证据及其证明义务属于经营主体,反垄断机构只对经营主体的证据和证明进行评估，符合条件的给予个别豁免。

第二，对限制转售价格或固定价格的一般豁免。《竞争保护法》第12条规定的纵向价格协议的豁免包括如下条件：(1) 允许书面的商业特许经营协议（金融机构之间的纵向协议除外）。商业特许经营的核心是知识产权及特殊管理方式。特许经营方式按照特别法来处理。(2) 如果协议各方在任一商品市场的份额不超过20%，则允许经营主体间存在纵向协议（金融机构间的纵向协议除外）。这一项规定，类似于欧盟法的思路，但略有不同。在俄罗斯法上，如果从事此种行为的主体在相关商品市场的份额不到20%，一般情况下，可以豁免。具体条件如下：一是协议买卖双方之间没有竞争关系；二是市场份额不到20%；三是针对的是固定转售价格或限制买方转售低价。由于价格对市场的影响比较直接，即使三个条件同时具备，也不意味着自动被豁免。

作为豁免的市场份额指标多少，影响很大，指标越高，被豁免的可能性越大。俄罗斯根据本国的市场状况进行过一次幅度较大的调整。2006年以前，凡市场份额不超过35%的经营主体间签订纵向协议，都不属于限制竞争协议。2015年修改了这一条，将纵向价格协议和纵向非价格协议区分开来，分别进行规制。价格方面的限制适用20%，非价格限制则适用《购销协议的一般豁免》中的规定。

应该承认，大公司更容易走向价格协同，因为其协商的成本和固化协同行为的成本较低。西方国家调查并处理的案件大都是由大公司实施的（这一点也可以从价格协调的主体人数上得到证实）。但也不能否认，在特殊情况下中型企业也可能实施协同价格。在俄罗斯联合制浆纸业股份公司和北河航运股份公司就运输服务的转售价格协议案中，双方就"特殊交通"实行固定特别价格。2008年4月11日阿尔汉格尔斯克地区反垄断机构依据双方的协议、投资报酬率（达73.1%）认定该行为违反了俄联邦《竞争保护法》第11条的规定。本案的认定没有考查市场占有率。

第三，非价格协议的一般豁免。这里的一般豁免相当于欧盟的集体豁免。《竞争保护法》第13条第2项授权俄罗斯联邦政府根据本条的规则制定关于一般豁免的具体情形。于是，2009年俄联邦政府制定了《购销协议的一般豁免》，进一步完善了非价格限制竞争协议的豁免内容。

纵向非价格垄断协议的一般豁免条款包括公共条件和特别条件。

(1) 公共条件

企业纵向购销协议如果同时符合下述条件，则协议符合规定的一般豁免：

① 协议卖方占相关商品市场份额不超过35%,并向两个及以上买方出售该商品;或向一个买方出售商品,但买方占该商品市场份额不超过35%。
② 买卖双方无竞争关系。
③ 协议买方不生产协议商品的替代品。

如买卖协议签署后买方或者卖方所占市场份额超过35%的,则《购销协议的一般豁免》对占市场份额超过35%的一方的约束力在协议签订后6个月内有效。

(2) 特别条件

① 如果是地域限制或对象限制,即限制买方在部分地区和(或)向特定第三方销售协议商品的,下述情况下可以豁免:a. 卖方禁止买方(零售商除外)在协议规定只能由其他买方销售的地区推介和销售协议商品。b. 卖方限制买方(零售商除外)在卖方与其他买方已经约定只能由后者一家有销售权利的地区推介和销售商品。c. 禁止买方在卖方正在销售协议商品的地区推介和销售协议商品。

② 涉及买方限制卖方向零售商销售协议商品,符合下述条件的,可以豁免:商品属于买方产品的备件或配件,而且商品符合技术规范或是依规定程序通过了认证,买方限制卖方向专业维修服务企业销售协议商品,其中包括未被买方授权维修本企业产品的服务企业。

③ 有关卖方限制买方生产、购买或销售协议商品的替代品,符合下述条款可豁免:a. 在现协议生效前就在已签署的其他协议规定了上述限制性条款(条款合规期限以该协议有效期为限,但最长不得超过现协议生效后3年)。b. 协议规定此类条款有效期为协议签署后3年(买方为零售商除外),而且此前没有其他协议规定过此类条款。c. 协议禁止在卖方向买方提供的地段和(或)设施内销售协议商品的替代品。

④ 涉及规定买方购入量必须超过该类商品或替代品年购入总量的50%(以货值计),符合下述条款可以豁免:a. 在现协议生效前就在已签署的其他协议规定了上述限制性条款(条款合规期限以该协议有效期为限,但最长不得超过现协议生效后3年)。b. 协议规定此类条款有效期为买卖协议签署后3年(买方为零售商的除外),而且此前没有其他协议规定过此类条款。c. 协议买方在由卖方合法提供的地段或设施内销售协议产品。

⑤ 其他可以豁免的协议。包括:a. 规定买方在以后对他人的销售合同中加入不得再转售的条款。b. 为了保护竞争,如果协议规定在指定区域内只有买方有协议产品销售权,则协议可以规定买方不得再与其他替代商品供应商签订在同一或交叉区域内限制销售权利的协议。c. 禁止买方生产、购

买和(或)取得根据协议获得或可以取得可互换的货物的协议。d. 如果协议中卖方限定了买方行使其在特定地域独家出售的权利,该协议包含买方拒绝与其他供应商签订替代商品或替代供货商的协议。例如,如果汽车制造商给经销商一个专属地域(只有经销商可以出售卖方生产的汽车的地域),本协议可以规定经销商拒绝另一家制造商作为其唯一的汽车销售商的独家领地。

为了保障竞争,提高发现和制止限制竞争协议的工作效率,以及提高企业保障竞争的自觉意识,俄联邦反垄断局制定并公布了企业对协议合规的自我审核标准。

(三) 金融市场的协议制度

金融机构的限制竞争行为属于反垄断法调整的一部分,但属于特殊的一部分。"金融机构"包括拥有独立执照独立营业的银行主体,或在证券市场、保险市场提供服务,或提供其他金融业属性服务的法律实体和非国有养老基金及其管理公司、共同基金的管理公司、租赁公司、消费者信用社及其他在金融服务市场实施交易的组织。金融机构的垄断行为和其他主体的垄断行为大致相同,涉及限制竞争协议、协同行为、经营主体集中、不正当竞争行为、权力限制竞争行为。

之所以说属于特殊的反垄断法调整,体现在两个方面:

一是在2006年以前俄罗斯制定了《金融服务市场竞争保护法》(通常称为《金融市场反垄断法》),该法从属于反垄断法,属于规范上的特别规定。由于金融市场的垄断行为属于反垄断法规制范围的一部分,故执法管辖权统归于反垄断机构。对金融机构垄断协议的监管,要求"金融机构应当根据本法确定的程序,对任何形式的协议或者所采取的影响竞争的协同行为向联邦反垄断机关提交报告,无论这些协议或协同行为发生在金融机构之间,还是金融机构与联邦行政权力机构、与俄联邦各部门的行政权力机关、与地方自治当局或任何法律实体之间达成的。即使上述达成协议或协同行为的金融机构已拥有或有能力拥有的市场份额合计低于俄联邦政府确定的比率,也应当履行报告义务"。

二是《金融市场反垄断法》被废止了以后,上述预先报告的监管方式并没有立即终止,延续时间截止到2010年。根据当时2006年俄联邦《竞争保护法》第35条的规定,金融机构须按照本法规定的程序,就金融机构间或金融机构与联邦权力执行机构和联邦主体权力执行机构签署的书面协议,向反垄断机构备案。但下述情形可以例外:(1) 金融机构间签署的协议,如果协议签署日前每一方最后的资产负债表资产价值不超过俄罗斯联邦政府规定的限额;(2)金融机构间签署的协议不涉及向其他第三方提供金融服务;(3)协议属于提供金融服务的合同,且规定以提供金融服务的合同来履行所签署的协议;(4)协议是金融机构在一般性经营过程中签署的合同;(5)关于终止此前签署的协议的协议;(6)关于修改此前签署的协议的协议,但不改变此前签署的协议的实质性条款;(7)协议属于草签的合同。

2011年以后,涉及金融机构的限制竞争协议的特殊性进一步弱化,几乎和其他经营主体适用的法律一致。主要变化表现在:由义务——"必须",转为权利——"有权"。按照《竞争保护法》第35条的规定:"拟签署符合本联邦法律规定的协议的经营主体,有权按照反垄断机构的规定,向反垄断机构以书面形式请求审查协议草案是否符合法律规定",从而金融机构的特殊处理变为一般适用。

三、协同行为

20世纪60、70年代协同行为广受商家"青睐"并在经营中屡试不爽。随着美、德等国在立法上的回应,对协同行为的规制成了现代各国反垄断法中的普遍性制度。纵观先立法国家对此问题的处理,既有态度上的高度一致,也有在表述方式上惊人的相似——只在原则上禁止协同行为,而没有明确规定协同行为认定的标准。自然,这种"相似"也遗留了一个共同的问题:原则性规定何以具有可操作性。[①]

作为后反垄断立法国家和转型国家,一些年来,俄罗斯法为此作了适于自身的有益的探索,对协同行为的几次法律修订后,成为在成文立法中少有的表述明确的立法例。

(一) 制度运用中的争议

在2006年以前,俄罗斯反垄断法中协同行为的身份并不明朗。协同行为作为限制竞争协议的扩张解释的一部分,在表述上,以"限制竞争协议(协同行为)"的形式出现。2006年之后,协同行为摆脱了身份上的从属地位,在法条表述上变更为"限制竞争协议或协同行为"。由此,协同行为不同于限制竞争协议。

1991年俄联邦《反垄断法》中第6条只出现了"协同行为"这个用语,没有具体的解释,且当时将其作为协议下的一种形式:"就共同占有市场35%

[①] 刘继峰:《俄罗斯反垄断法"协同行为"认定标准的创新及借鉴》,载《法商研究》2011年第5期。

以上份额的相互竞争的经营主体之间所达成的任何协议（协同行为），如果导致或可能导致对竞争的限制，则这些协议将通过法律程序完全或部分地被禁止或被视为无效。"可以看出，这里确定了认定协同行为的两个要件：一个是主体的联合规模要素，即经营主体之间共同占有市场份额35%以上；另一个是行为及其结果要素，即协同一致的行为导致或可能导致对竞争的限制。由于协同行为需要一种外在的信息传导将参与者联系起来（进而采取统一行动），另由于在规制原则上，价格、数量、地域卡特尔适用本身违法原则，所以"行为导致或可能导致对竞争的限制"这个结果条件只需要从行为的类型上即可推断，这样，上述认定标准便简化为份额标准和存在核心要素协调一致两个方面，具备这两者自然会产生危害竞争的后果。反之，当行为人的市场份额未达到法定"份额"标准，或行为不完全一致时，或协调要素不是上述内容，不应该认定为协同行为。如成员按照行业协会为其设置的市场准入或退出条件实施统一行动，即便这个条件不符合法律的规定，也不属于协同行为。

似乎，这个法律规制标准非常简明，也具有可操作性，但该规定在反垄断法实施初期——自1991年至1998年间——基本未发挥作用，或发挥的作用极其有限[1]。原因是它几乎和协议行为没有区别。之后略有改观。从1998年至2005年处理的协同行为案件占全部反垄断案件总数的0.5%，2000年协同行为占限制竞争协议案件总数的0.8%[2]，2005年略有提高，占限制竞争协议案件总数的1.3%。[3] 虽然2005年规制协同行为的案件数量比五年前翻了一番，但是，俄罗斯学者认为，查处的案件数量并未准确地反映这种类型行为在俄罗斯市场中的真实违法情况。[4] 出现这种反差的主要原因有两方面，一是法律制度存在缺陷："法律研究中没有解决协同行为和协议的基本问题，反映在立法上就是没有制定一个有效的机制，将违法者绳之以法"；二是理论研究的薄弱："俄罗斯反垄断法正在执行一个缺乏全面研究且没有被普遍接受的明确的概念——协同行为和协议的理解，协同行为的最突出的特点和必要的证据未得到充分研究。"[5]

制度的模糊和理论研究的不充分的必然结果是无法为市场主体、执法机构和司法机构提供明确的行为指向。在此情况下认定行为违法，必然产生大

---

[1] 〔俄〕К. Ю. 图基耶夫：《竞争法》（俄文版），РДЛ 出版公司2000年版，第253页。
[2] 2000年限制竞争协议案件占反垄断案件总数的32.5%，2005年比例达到34.8%。
[3] 《1992—2005 俄罗斯反垄断机构的执法统计》（俄文版）。
[4] 〔俄〕А. Н. 瓦尔拉莫娃：《俄罗斯竞争法》（俄文版），法镜出版公司2008年版，第312页。
[5] 同上。

量的争议。2004 年的"带钢板(用于生产钢管的材料)案"①就是其中最典型的案件。

反垄断机构查明,2002 年 7 月、9 月和 2003 年 1 月三个月内三个股份有限公司——谢维尔达利(Северталь)公司、米米克(MMK)公司和农斯塔(Hocta)公司(以下分别简称 C 公司、M 公司、H 公司)的产品都涨价了(但不是在同一天开始涨价)。2002 年 11 月 M 公司、H 公司产品价格上涨,C 公司价格没涨。2002 年 12 月到 2003 年 3 月 C 公司和 M 公司产品价格上涨。C 公司在带钢板商品市场上的份额大约占 60%,M、H 公司各自的市场份额近 10%。2004 年 1 月 14 日反垄断机构以违反 1991 年《反垄断法》第 6 条第 1 款的规定为由作出处理决定,要求 C 公司、H 公司和 M 公司停止带钢板联合涨价的行为,并处以罚款。三公司不服,向法院提起诉讼,要求确认反垄断机构的处理决定无效。

一审法院分析了 C 公司、M 公司和 H 公司带钢板出厂价的动态表后,确认:同一时间执行同一价格的情况没有出现——虽然 2002 年 11 月 M、H 两家公司产品价格上涨,但两家公司的联合市场份额不到法定标准(35%);另外,C 公司和 M 公司从 2002 年 12 月到 2003 年 3 月实行的高出厂价,为其他市场参与者——H 公司和其他市场主体包括外国同类产品生产者创造了更有利的销售产品的市场条件。最终法院认定,提高带钢板价格没有限制市场竞争,不属于协同行为,反垄断机构的决定无效。

反垄断机构以在某个确定的期间内价格已接近同一水平(虽不完全一致),事实上已形成限制价格竞争的后果为理由提起上诉。在上诉中,反垄断机构坚持两点意见。第一,法院判决中的 C 公司和 M 公司从 2002 年 12 月到 2003 年 3 月提高产品出厂价,对于其他市场参与者——H 公司、外国生产者等创造了销售自己产品的更优厚的福利条件不成立。因为只有在存货不足的情况下,其他竞争者按照占有市场支配地位主体提高了的价格销售才有经济合理性和福利增长的可能性,而事实上 H 公司并非存货不足。第二,在 C 公司于带钢板商品市场上占有大约 60%份额的前提下,虽然 M、H 两家公司的单独市场份额不到 10%,但难以否定它们的平行行为对市场的危害。这些理由没有得到法院的支持。

上诉法院认为,无论在法律上,还是反垄断机构制定的文件及反垄断机构的处理决定中都没有讲明,规模主体和非规模主体之间的价格联合会否及何种情况下会对市场绩效构成不利影响。案件中的三个当事人"不在同一天

---

① 〔俄〕B. H. 特拉费莫夫、M. B. 克鲁维夫:《反垄断法实施:法院案例集》(俄文版),俄罗斯国立图书馆出版社 2006 年版,第 168—184 页。

涨价"和"没有执行统一价格",没有达到法律规定的违法性标准。2004年8月18日上诉法院维持了一审法院的判决。

反垄断机构又提起再审,并特别指出:虽然涨价的起始时间不完全一致,但涨价时间相近;另外,存在在确定的时间内执行涨价的行为,这已经导致了对竞争的限制。最终(2004年12月14日)再审法院还是维持了上诉法院的判决。

本案引发了价格协同行为认定标准的广泛争论。有学者提出,证明协同行为的一个重要标准是,是否出现了新的垄断价格。这虽然是个难题,但可以在原则上作出解释——只要本质上抬高了价格和在确定的时间内在相关市场上的某些主要成员提高了价格,就可以在技术上认定属于垄断价格。[1] 也有学者指出,法院审理案件的消极做法——法院作出的所谓的公正的结论只是机械地针对反垄断机构的论证,而没有弄清楚在何种程度上提高带钢板价格可以认定为垄断——有所不当。更多的人直接反驳法院关于"涨价对H公司和外国同类生产者提供了更为有利的销货条件"的论证,指出:占有市场支配地位的主体提高价格,只有在没有销货剩余的情况下其他生产者按照提高的价格销售才可能,法院没有重视这一经济规律。[2]

实践表明,在对上述认定标准的把握上,只有在联合主体占有市场份额不足35%的情况下,或联合主体占有市场份额超过35%且行为具有严格的一致性的情况下,法院的认识和反垄断机构的认识才不会发生分歧,而在如上述案件所反映的——由大、小主体联合但不在同一天实施的涨价,或未达到法定份额标准的小企业在同一天联合实施的涨价,反垄断机构和法院之间产生的分歧非常之大。如同该案件的处理过程一样,反垄断机构对这类案件的灵活性处理经常被法院撤销[3]。2003、2004、2005年被司法撤销的案件的比例分别为:25.9%、17.6%、15.4%。2003、2004、2005年被行政撤销的案件的比例分别为:3.7%、2.6%、4.5%。[4] 这大大地打击了反垄断机构处理案件的信心和积极性,并极大地降低了立法时意图强化的反垄断机构的权威性和专业性的目标。如同产品营销规律一样,如果一个企业的产品返修率很高的话,这个企业的声誉和产品的信誉可想而知。大比例的"返修率"导致后来反垄断机构对此类案件查处的态度畏首畏尾。这或许是该类案件在那个特定时间里一直较少的另一个原因。

---

[1] 〔俄〕B. H. 特拉费莫夫:《反垄断司法评论》(俄文版),2004年第4期。
[2] 〔俄〕A. H. 瓦尔拉莫娃:《俄罗斯竞争法》(俄文版),法镜出版公司2008年版,第315页。
[3] 如2004年12月6日作出的№KA-A40/11271-04判决、2009年12月27日作出的№04/2726-621/A75-99号判决等。
[4] 《1992—2005俄罗斯反垄断机构的执法统计》(俄文版)。

类似案件引起的法院和反垄断机构的争议点主要集中在，是否要严格坚守主体需占35%市场份额和行为的严格一致（包括涨价时间和幅度）两个并行的条件；另外，仅从两个客观事实来推定行为属于协同行为，而罔顾行为人主观认识的作用是否科学。这些问题在2006年修改法律时得到了一定程度的回应。

（二）认定标准的完善

上述查处的案件数量并不能真实地反映这个领域的违法情况。按照先立法国家打击卡特尔行为的历史和现代的经验，有理由认为，协同行为的真实数量不亚于协议型限制竞争行为，因为它更具有隐蔽性。协同行为是什么和怎样证明，这是包括俄罗斯在内的各国反垄断立法最棘手的问题。

1. 认定标准的细化

俄联邦《竞争保护法》第8条规定的协同行为，可以从以下几个方面理解：(1) 行为结果符合经营主体的利益并为其事先所了解；(2) 在为期一年以上或不足一年但存在相关市场的情况下，一个经营主体的行为引领其他经营主体改变经营范围内的商品价格、商品原料价格、国际商品市场上商品价格，或实质性改变商品需求，而同等情况下这些要素是相关商品市场上单一经营主体所无法改变的；(3) 上述每个经营主体行为的起因是其他经营主体的行为。其所参与的协调行动不会产生在相关商品市场上致使所有经营主体都实施相同措施的后果。这里的"相同措施的后果"，包括商品价格发生改变、商品原料价格发生改变、国际市场上商品价格发生改变，或者在不少于一年的期间内，或者少于一年的时间但存在相关商品市场的情况下，商品需求发生实质性改变。

相比前一个版本，修订版对协同行为的认定标准有了本质上的改变，可以概括为，由客观推定转为主观和客观标准结合认定。具体而言，体现在以下方面：一是强调主观条件，即行为结果符合经营主体的利益并为其事先所了解。二是客观上，"时间"取代了"份额"。1991年《反垄断法》禁止的是拥有较大市场份额（超过35%）的经济主体的反竞争协议（协同行为），现在变成，任何市场份额的主体联合都可能形成协同行为，只是需要在为期一年以上的时间内或不足一年但存在相关市场的情况下，形成限制竞争的结果。三是细化了限制或可能限制竞争的内容，即结果条件，包括改变经营范围内的产品价格、产品原料的价格、国际商品市场上的商品价格，或实质性改变商品的需求。

大多数国家的反垄断法都没有将行为延续的时间作为限制竞争行为认定的标准,这使得俄罗斯2006年"新法"中的时间标准格外显眼。确立"年"标准的立法本意,是为充分显露这种限制竞争行为的本性,以更准确地判断和认定。但是,时间也意味着对行为的放任。如果以这个为标准来审视相关事件,则过滤后剩下的只是顽固(稳定性强)协同行为了。"年"标准对于认定国际卡特尔具有非常重要的意义,但对于一国而言,尤其是转型国家而言,因总体上消费能力不足,短期价格协同行为更为普遍。所以,"年"标准与转型国家对卡特尔的控制要求并不一致,其没有强化执法,而是弱化了法律的刚性,甚至成为参与价格协同行为的经营主体一个优良的避风港。

除了时间标准外,其他标准的内涵如何确定,如以什么方法明确法律中的"改变国际商品市场上商品价格",什么是"实质性改变商品需求",什么情况下经营主体有权在国内市场上自行提高价格等。另外,因去掉了市场份额标准,使反垄断机构调查协同行为的主体范围扩大,也使证据的问题更为集中和严峻,执法上面临更为严峻的挑战。一些经营主体在无证据证明有沟通的情况下跟随提高价格,如不能证明主观上存在"事前为其所知悉",即使其他客观条件达到了法律规定的要求,恐怕也不能认定为协同行为。主观条件的客观证明往往比客观行为的主观(要件)说明要困难得多,在上述标准并行的条件下,根据木桶原理,总体上会降低协同行为的认定效率。事实上,"尽管公布了新的法律版本,但令人遗憾的是,调整效果没有明显的改善"。[1]

为了改变认定效率不高的状况,使包括上述第8条规定在内的反垄断规则清晰化,具有可操作性,2008年6月30日俄罗斯联邦最高仲裁法院公布了《关于适用反垄断法的有关问题的解释》,细化了仲裁法院[2]审理反垄断案件的相关规则。其中,涉及协同行为的内容包括:

(1)采取协调一致的行动限制竞争的主体,包括占有支配地位的人,或者不占据支配地位的人。(2)存在行为的一致性。即使没有协同行为的书面约定,只要存在行为的一致性,即可认定为协同行为。下列情况属于行为具有一致性:实施这种行为是每一经营主体在事先为其所知;各种市场参与者行为相对一致和相对同步,并缺乏客观理由。(3)反垄断法的审理,不论反垄断机构作为原告还是经营主体作为(对反垄断局提起诉讼的)原告,法院不能仅依据反垄断局的决定或处理来认定争议行为有效与否,而应对经营主体参与的相关关系进行综合认定。

---

[1] 〔俄〕A. H. 瓦尔拉莫娃:《俄罗斯竞争法》(俄文版),法镜出版公司2008年版,第313页。
[2] 仲裁法院是俄罗斯法院系统的一个部分,而不是仲裁机构。其审理的案件主要包括竞争案件、消费者案件、广告案件等。

这个解释直接回应了上述 2004 年"带钢板"案件中涉及的类似问题——不占支配地位的主体间实施的相对一致或相对同步行为是否可以认定为协同行为，也拓展了 2006 年法律确定的"主客观结合"标准。由此，构建了三个认定协同行为的模型：行为一致性＋事先为行为人所知；行为相对一致和相对同步＋事先为行为人所知；行为一致或相对一致（同步）＋没有合理理由。相应地，可以将以往处于脱法状态的"在无证据证明有沟通的情况下跟随提高价格"的行为纳入其中，实现了协同行为制度的细化和规制功能的扩大。

相比较，对协同行为规制较早的国家（地区）主要是通过判例完成的，而立法上对协同行为的规定还没有细化到俄罗斯法这样的程度。

除了上述内容外，2011 年《竞争保护法》修改，增加了第 11.1 条，专门规定了协同行为。按照这次的增订内容（也是现行法的内容），对违法性协同行为的规定既有概括性的表述，也有针对具体行业提出的特别规制标准。主要内容如下：

（1）禁止具有竞争关系的经营主体从事协同行为，如果该行为可能导致：固定或维持价格（价目表）、折扣、加成（补贴）和（或）加价；抬高、降低或维持交易价格；按照地域、销售数量或商品采购划分商品市场；缩减或终止商品生产；拒绝与特定的卖方或买方（购买者）签订合同，且这种拒绝直接违反联邦法律。

（2）禁止从事电力（电能）批发和（或）零售的经营主体、商业性基础设施组织、技术性基础设施组织、网络组织的成员体间实施协同行为，如果该协同行为导致批发和（或）电力（电能）市场价格被操纵。

（3）禁止具有竞争关系的经营主体间从事违反本条第 2 款规定的协同行为，如果协同行为导致或可能导致限制竞争。包括如下具有此类性质的行为：向客户强加对其不利的或与合同标的无关的条件（不合理地要求转移资金和其他资产，其中包括资产权利，以及签订增加客户不感兴趣的商品和其他条件的合同）；无在经济上、技术上和其他方面的合理理由对同类商品的经营主体设置不同的价格；设置障碍阻止其他经营主体进入或退出商品市场。

2. 行为的豁免

按照法律规定，豁免是由经营主体提供相关证据，证明协同行为符合《竞争保护法》第 13 条第 1 项的规定。存在豁免可能性，也意味着协同行为认定适用的不是本身违法原则，而是欧盟法上的"原则禁止加例外"。如果经营主体不提供相关证据或提供的证据不足以证实符合豁免条件，则构成违法。

协同行为适用除外的内容包括两项：

(1) 如果在商品市场上诸主体份额之和不超过 20%，且每一个主体在相关市场上的份额不超过 8%，则不适用本条中所禁止的协同行为。这一规定是对主体规模的要求，意味着，并非任何商品市场份额情况下都可能导致协同行为。一直以来，俄罗斯理论界在探讨协同行为认定时，非常强调协同行为与协议的差异性，认为其存在是市场偶合力量的结果，应该设立低于协议的指标。相比较协议，违法的协同行为的主体被认为是"次级重要主体"。另外，按照其他有关转型国家的立法经验，不具有反竞争性的协同行为，在市场份额上一般设定在 5%—20% 之间。如在匈牙利《竞争法》中少于 10% 市场份额的，属于豁免。同样，捷克、罗马尼亚等国的竞争法也以市场份额为标准确定行为的豁免。俄罗斯反垄断法对协同行为的豁免设置的是双重指标，即协同行为主体的市场份额总和和单个主体的市场份额比例。同属于此种类型的，如爱沙尼亚《竞争法》。[①]

(2) 从属于一个法人集团的经营主体间的协同行动，如果某一个经营主体对其他经营主体具有控制权或者经营主体为一个法人控制。这个规定同协议。

协同行为豁免和协议豁免的其他条件是一致的，适用《竞争保护法》第 13 条的规定。

四、启示与借鉴

协同行为的认定是各国反垄断法实施中最具挑战性的问题之一。解决该问题的方法除了实施宽免政策外，还需要细化协同行为的法律标准。俄罗斯反垄断法经过几次修改，对协同行为的认定标准有了重大突破，这为我国反垄断法的完善提供了可资借鉴的经验。

在上述分析的基础上，结合我国法律规定的协同行为，认定标准的细化可以从以下几方面着手。

（一）垄断协议、协同行为认定中的市场力量

在俄罗斯反垄断法上，只有卡特尔（欧盟的核心卡特尔）没有市场力量的

[①] 爱沙尼亚《竞争法》第 5 条规定了非重要的协议、决定和行为：如果加入协议、参与协同行为或采取相关决定的企业合计营业额所占的市场份额不超过整个市场份额的如下限制，则视为非重要的协议、决定和行为：(1) 在纵向协议、决定和行为的情况下，不超过整个市场份额的 10%；(2) 在横向协议、决定和行为的情况下，不超过整个市场份额的 5%；(3) 在同时包括横向和纵向特征的混合协议、决定和协同行为的情况下，不超过整个市场份额的 5%。参见时建中主编：《三十一国竞争法典》，中国政法大学出版社 2009 年版，第 487 页。

要求,其他均有市场力量的要求,并将市场力量作为一个重要的认定标准。市场力量的要求和类型化值得关注。不同行为的市场力量要求不同。总体上针对其他横向垄断协议、纵向垄断协议、协同行为三类行为设置了不同的市场力量指标。这值得关注。

在我国现行制度上,市场力量的要求只针对滥用市场支配地位这一类行为。在司法实践中,强生公司二审案判决①中使用了"市场支配地位",似乎触摸到市场力量之于纵向垄断协议的价值,但法律上并不要求这一标准。

结合上述单一豁免原则和合理分析原则,构建我国纵向垄断协议的实体规则,可以从以下方面展开。

首先,确立市场优势地位制度(或市场力量的标准),并将其作为规制纵向价格垄断协议的前提条件。

纵向价格垄断协议能够达成,其基础在于存在市场力量。市场力量既可以来自供应商,也可以来自销售商。一般而言,如果销售商只经营单一品牌,则品牌供应商具有市场力量;如果销售商经营多种品牌,且销售商成为品牌销售的"瓶颈",则销售商具有市场力量。

由于纵向价格垄断协议是对单一品牌的价格限制,只有在限价产品的市场份额较高时,被侵害的消费者利益才具有"量广"的特性,竞争者进入市场的阻碍才显现得更为充分,所以市场份额反映市场危害程度并与其呈正相关关系。申言之,只有在供应商环节或购买商环节,或这两个环节都出现一定程度的市场力量时,才会产生品牌间竞争不足,进而引发反垄断法的关注。美国曾在"玩具反斗城"案②中认定32%市场份额具备市场优势地位。按照《欧共体关于纵向限制指南》的规定,如果被考查主体的相关市场份额超过30%的,则具有市场优势地位。在我国,不论"五粮液案"③处理决定中使用的"市场强势地位"、"茅台案"④使用的"重要地位",还是"强生公司案"所使用的"市场支配地位",执法者都已体会到了市场力量的核心价值,只是由于法律上没有规定具体的标准和适用要求,而无法将该基础条件表达出来。

一个国家(地区)的市场发育程度越高,市场需求越稳定,限制转售价格协议就越有可能产生消极效果。⑤ 这是欧盟对纵向价格垄断协议不适用集体豁免的基本理由。对于转型国家市场而言,一方面经营者所应用的技术更

---

① 上海市高级人民法院(2012)沪高民三(知)终字第63号。
② Toys' R' Us, inc. v. Federal Trade Commission.
③ 四川省发展和改革委《行政处罚决定书》(川发改价检处[2013]1号)。
④ 贵州物价局《关于"茅台价格垄断"罚款公告》(2013年第1号)。
⑤ 《欧共体关于纵向限制指南》第(130)段表述了成熟市场的特点及其与纵向垄断协议危害性的关系。

新迅速,需求也相对活跃,产品品牌更迭相对较快,这使得市场本身消解纵向价格垄断协议危害性的能力较强;另一方面转型市场又具有脆弱性,放任对限制价格协议危害性的监管,将大大损害市场的信心进而破坏正常的市场秩序的建立。所以转型国家中俄罗斯立法采取了折中的手法,既关注了市场的危害,也顾及了经营主体的竞争能力,在纵向价格垄断协议的制度标准上采取了别于发达市场的方式和标准:设置一个概括性的、相对较低的介入门槛。我国和俄罗斯一样属于市场发育程度待提高的国家。在完善我国限制转售价格协议制度时,立足于现实,建议吸收俄罗斯反垄断法的立法经验,设置一个基本判定条件(标准)。达到了这一标准,才进入反垄断法管理的界域,进而再运用事实证明和效果证明来确定是否应当承担法律责任。至于标准的量化指标,可以展开对不同行业的摸底调查,摸清我国市场中不同行业的营销方式和脉络,并在掌握宏观数据和整体分析的基础上①确定。

其次,确立限制转售价格协议的"安全港"(豁免)制度。一个模糊性的制度如果不能从正面"什么是"的角度界定清楚,那么从反面"什么不是"的角度剥离出相关情形对准确把握该制度也是有意义的。对于限制转售价格协议何种情况下合法或违法,我国《反垄断法》第20条作了原则性的豁免规定。如果能够从该原则规定中划分出一个确定的合法性区域,将有利于提升该种行为的司法(执法)效率。具体而言,可以包括以下方面:

(1)限制转售高价。我国《反垄断法》第18条仅仅规定了固定转售价格和限定转售低价,而没有规定限制转售高价。由此,大致可以确定,纵向限制转售高价基本上是合法的。按照《欧共体关于纵向限制指南》第111条的规定:"最高转售价格与建议性转售价格……相比固定转售价格和限制转售低价其产生限制竞争的危害性要小得多"。而"危害性小得多"的理由,主要是纵向限制转售高价的效果往往会加大下游企业的销量,进而照顾到了下游企业的生存、发展,并有利于消费者福利的提升。当然,特殊情况下,也可以用美国1997年Khan案确立的"产出测试"方法来判断,通过评价纵向限制转售高价是否缩减了销售量来判断是否危害企业的生存、发展和消费者的福利。

(2)保留所有权的限制转售价格和无强制性的建议零售价格。保留所有权的销售因销售商对产品不享有所有权因而无所谓侵害价格自主权。建议零售价格的情况下,如果销售商的价格自主权没有被剥夺,该建议也只是一个建议而已,其包括价格在内的销售自主权未被限定。

---

① 黄勇:《价格转售维持协议的执法分析路径探讨》,载《价格理论与实践》2012年第12期。

(3) 不具有市场优势地位的企业间签订的限制转售价格协议。参与协议的企业通常会力图防止另一方操纵市场力量。但是,如果企业不具有市场力量,各方只能通过充分优化销售环节来增加利润,这无害于市场竞争。欧盟竞争法中纵向价格垄断协议不设"安全港",是由欧共体地区市场的差异性和制度的普遍性矛盾所决定的。转型国家市场的单一性,要求与其相适应的制度也应该有别于欧共体。2022 年修正的《反垄断法》第 18 条第 3 款设置概括性的"安全港"制度,还需进一步完善的是"安全港"的标准。

(二) 协同行为认定中间接证据的使用

实践中,间接证据类型多样,常见的包括:(1) 任一协议参与人从事的对其他参与人缺乏行为的经济合理性,也不符合企业获取利润的目的的行为;(2) 参与人对签订的供货合同拒绝积极履行;(3) 利用同一交易参与者的 IP 地址(清算记录)提供咨询和参与电子交易;(4) 事实上由同一地址给成员发布指令;(5) 办理相关手续的电子签名源自同一自然人;(6) 为参与不同交易主体办理的文件由同一人完成;(7) 存在参与人之间的相互清算;(8) 证明存在相互促使实现协议的目的;(9) 行业协会的备忘录、会见大事记等。

第一,以间接证据认定的基础——证据合力。协议和协同行为可以依据间接证据的合力予以揭示。根据俄联邦《仲裁程序法》第 89 条的规定,作为向法院提交的证据可以是任何文件和资料,只要其包含对正确解决争议有意义的信息,不论是书面还是其他形式,只要是可以被载体固定的资料。如果没有直接证据,反竞争协议或协同行为的决定只能建立在一定数量的间接证据基础上,每一份证据都不能承担直接证据的证明效力。

第二,以存在共同的意思为中心。包括在没有书面证据的情况下存在一致行动的口头约定,属于间接证据,包括口供、和同伙的谈话、和客户的谈话、和竞争者的谈话等;或者以其他方式表达的协同意思,如为经营主体事先得知的在互联网上发布的协同信息,或者推定的协同意思,即缺乏客观理由相关市场参与者行为一致或同步实施,但这种行为意思是依据协议履行的实际情况作出的,如有意识地散布涨价行动并可能为有关主体所感知,且引起该有关主体的效仿行动。

第三,经营主体根据协议实施的行为不属于协商一致行为。协议一般有书面或口头的明确意思,属于直接证据,包括合同书、经营主体管理人员参加的会议备忘录、会议参加者的书信、采访等,包括电子形式。如果说协同行为认定也可以依据直接证据,那么,这里的直接证据是表达一致行动意思的证据,具体行动的价格内容等无法显示(否则就是协议了)。

(三) 协同行为认定标准的借鉴

依上述分析,俄罗斯法对协同行为的认定经历了强调主体规模要素到淡化主体规模,强调行为的绝对一致到仅需行为相对一致,形成了判断标准的主客观双轨制。这个过程对我国正在完善的关于协同行为的相关制度具有一定的借鉴意义。

我国《反垄断法》第16条规定了"协同行为"。国家市场监督管理总局发布的《禁止垄断协议暂行规定》(2019年6月26日公布)第6条规定:"认定其他协同行为,应当考虑下列因素:(一)经营者的市场行为是否具有一致性;(二)经营者之间是否进行过意思联络或者信息交流;(三)经营者能否对行为的一致性作出合理解释;(四)相关市场的市场结构、竞争状况、市场变化等情况。"

相比较而言,认定协同行为的关键要素——一致性、沟通(意思联络)——和俄罗斯法基本一致,另被同时强调的是"市场结构情况"要素。上述相关要素的搭配是否合适,值得分析。

首先,认定协同行为是否需要结合"市场结构情况"。"市场结构情况"关注的主要是主体规模要素。既然结合市场结构情况,也就意味着要考虑行为主体规模的大小。应该承认,大公司更容易走向协同,因为其协商的成本和监督协同行为的成本较低。西方国家调查并处理的案件大都是由大公司从事的(这一点也可以从组建价格卡特尔的主体人数上得到证实)。但不能否认,小型企业在特殊情况下也可能实施协同行为。

如果可以将寡头市场上出现的协同行为称为"大象的联姻",那么在非寡头市场上出现的协同行为就如同"老鼠会",如何看待小企业间为提高价格等而组建的"老鼠会"?

我国转型经济中的"结构"远不如美国、德国等国第二次世界大战以后的市场状况。由此导致"行为"和"绩效"的关系也不如美国、德国当时的市场情况,甚至也没有现今俄罗斯的市场状况那般明显,那么,是按照"结构—行为—绩效"还是按照"行为—绩效"的规制方法对待这种价格串通行为,便是一个难题。

从西方国家规制价格卡特尔的历史考察,特殊的市场结构是形成价格卡特尔行为的前提,自然"结构"也就成为认定要素之一。如果从"行为"出发,"结构"就不是一个重要的认定要素,甚至是可以忽略的要素。像上述俄罗斯1991年《反垄断法》对协同行为的规定一样,从"结构"出发判断行为的绩效,要比从"行为"出发判断结构的绩效简单得多。

如果从"结构"出发,这类行为和反垄断法意义上的卡特尔之间还有一定的距离。在我国大量的价格协同行为实施主体都没有那么大的规模和市场实力,对市场整体绩效影响甚微。由于"结构"条件的不具备,行为也就不构成卡特尔了。这种推论是否正确,俄罗斯法律变革——放弃了"结构",改从"行为"出发——的经验,可以为解决我国市场上大量存在的"老鼠会"问题提供借鉴。

一般而言,相关地域市场是市场因素在地域空间上的分布和关联状态不同而形成的一种市场体系。因其扩散和吸收作用的大小不同,相关地域市场分为不同的范围层级。从横向来说,它是由城市市场和农村市场共同构成的国内统一市场;从纵向来说,它表现为由地方市场、全国市场和世界市场结合而成的分级性一体化市场;从其发挥的作用来说,分为中心市场和中转市场等。将主体行为放置于不同的市场背景下考察,其评价结果会有所不同,如某餐饮企业在所处城市领导其他餐饮企业实施价格联盟,将该行为放置于全国餐饮业市场上来考察,从涉及的人数和对市场的影响上看,或许只能算作一个小而不言的事件;但若将其放置于该地域市场来说,则应该属于一个危害一方的案件。只要"老鼠会"危害(包括侵害和可能侵害)一个区域的社会群体,而不是只侵害特定个体利益,就应该属于一种卡特尔行为。因此,规制协同行为时强调"市场结构情况"并将其作为一个认定的前提是不合理的。

不能因为主体规模小就将价格串通行为视为价格不正当竞争行为。需要将以往使用的价格串通、价格联盟统一归化为价格协同行为,实现法律用语的规范化,减少因使用不同概念造成的适用上的不必要的麻烦。所以,建议对于价格上的协同一律采取本身违法原则。

其次,如何确立"沟通(意思联络)"发挥作用的机制。协同行为认定中的沟通证据应该是间接证据。一般,依间接证据认定协同行为需要确定两个事实,一是存在行为一致性;二是行为各方有沟通或最小程度上进行沟通及其可能性。前者考查行为人行为的客观联系;后者是从主观上确定行为人之间是否具有集体意识。单纯行为外观相同,欠缺主体间的沟通,不能认定为协同行为。法律并不禁止类似商品和服务采取相同的价格,因为即使市场上的经营者都按照各自的标准确定价格,经营者有可能"英雄所见略同"。因此,在判断是否存在价格协同卡特尔时,除了存在价格上的一致行为外,还需要证明行为主体之间有沟通,然后推定行为一致是主体间沟通的结果。

俄罗斯的"行为一致"概念的内涵更为丰富,即相关市场参与者行为一致或相对一致、行为同步实施或相对同步实施、事先知道他人要从事的行为、行为缺乏合理的理由。在这些要素的配合上,俄罗斯法采取双轨制:基于主观认识认定和基于客观事实推定并由当事人进行抗辩。由此,俄罗斯反垄断法对协同行为的认定与欧盟、日本等国家或地区的同类制度相比具有一定的创新性。

在我国,市场监管部门发布的《禁止垄断协议暂行规定》中将"意思联络"与"信息交流"作为两个选择性事项。在互联网时代,尤其是价格算法越来越多被运用的情况下。价格算法应用的市场,信息交流条件与经营者的信息交流能力,与传统线下市场相比差异较大。电子商务平台上包括价格在内的产品信息数据对所有人开放,而价格算法通过数据抓取帮助经营者获得更广范围和更大量级的商品价格数据。这意味着经营者将清楚了解相关商品市场内竞争者价格、竞争者销量与市场集中度等信息,从而判断出有无实施合谋的条件。另外,价格算法节约了原本实施合谋的经营者所需的信息交流成本——成员们不再需要通过开秘密会议的方式,仅通过价格算法本身即可达成与实施。若成员采用同一价格算法,则对同类商品的定价程序从技术角度而言完全相同,同一价格算法最后输出结果为同一个价格的可能性很高。因此,互联网市场内价格算法的使用为价格协同行为的达成提供了便利的信息交流条件。我们看到,俄罗斯反垄断法强调的是"平行认识",在信息的交互关系上它比中国的意思联络还要弱,但有合理理由辅助。因此,有必要建立多种推定模型[①],包括行为一致性+无合理理由。

最后,发挥"合理理由"在适用中的作用。在我国《禁止垄断协议暂行规定》中,增加了"合理理由"作为认定要素,这和原国家发改委发布的《反价格垄断协议规定》的内容形成了鲜明的对比。

"合理理由"是由行为人提供反证来描述其行为的正当性,将合理理由纳入推定的认定要素能减轻执法者的证据负担,也能防止推定的滥用。合理理由一般包括经济上、技术上和法律上的理由。由于协同行为的本身违法特性,其技术上和法律上的合理理由往往很难找到(这一点不同于滥用市场支配地位中的合理理由),另为了避免伤害企业经营自主权,企业可能对一致行为提出抗辩的,主要是经济上的合理性(以下简称经济合理性)。

如何判断一种行为是否具有经济合理性呢?相关案例显示,经济合理性常用的评价方法有三种。

第一种方法是借助成本的辅助作用来分析行为是否具有"合理性"。一个典型的例子是美国烟草公司(American Tobacco Co.)案[②]。1931年6月23日,三个大型烟草公司在美国宣布了一项平行的价格上涨,没有说明这一涨

---

① 参见刘继峰:《依间接证据认定协同行为的证明结构》,载《证据科学》2010年第2期。
② American Tobacco Co. v. United States, 328 U. S. 781(1946).

价的经济方面的原因。随后几年又发生了几次平行涨价。在案件中,由于平行价格和缺乏经济方面的原因(如成本提高),公司的行为不符合自己的利益。最终,法院利用"价格变动的记录"和"存在密谋"的间接证据认定被告构成共谋。

第二种方法是利用产能是否过剩来评判提价是否具有"合理性"。产能过剩情况下的常规做法是降低价格,甚至可能以低于成本的价格销售产品。所以,反垄断法对由此形成的限制转售高价、掠夺性定价都网开一面。

第三种方法是行为是否违背自己的利益。近些年来,美国法院开始使用"单方自利行为和集体自利行为(有利于集体的行动)"来更细致地评价证据的作用。集体自利行为是违背自己利益的行动,易言之,如果单独行动,公司的做法则不是这样。俄联邦《竞争保护法》第5条规定的"行为的结果符合所有事先知道该行为的经营主体的利益"强调的也是集体自利行为。借助于需求弹性可以分析行为是否"违背自己的利益"。

综上所述,俄罗斯反垄断法认定价格协同行为时对市场结构要素的弱化,对我国具有重要的启示意义:因市场主体规模相对较小,认定地域市场上的协同行为时,只有弱化市场结构要素,才符合我国市场状况。

第四章 滥用市场支配地位

滥用市场支配地位行为是俄罗斯商品市场上最为普遍的垄断违法行为。和其他有关国家市场中的情况略有不同，俄罗斯的滥用市场支配地位行为大都发生在自然垄断行业的经营主体身上。另外，行为的主要类型也不是科技创新中的知识产权权利滥用行为，而是以发生在传统销售领域中的强迫经营主体接受对其不利的条件和滥用价格的违法行为为主。

一、滥用市场支配地位与滥用民事权利

由于俄联邦《民法典》中关注了滥用市场支配地位这一行为，在反垄断审查时准确掌握法律规定的禁止条件，就需要结合民法和反垄断法的规定来分析行为的性质。俄罗斯反垄断机构的执法实践显示，在案件中滥用支配地位行为共有的方法都涉及"强制"，如占有市场支配地位的经营主体对合同当事人施加对其不利的条件，这种行为剥夺了作为一个法律关系主体的平等权利。如何证明施加了强制？除了以商业惯例外，还需要借鉴民法上的强制理论。

滥用市场支配地位的法律条文修改过三次（1995年、2002年和2006年）。

在俄罗斯立法上有一个非常特殊的处理，就是《民法典》对滥用市场支配地位这一典型的垄断行为作了原则性规定，在《竞争保护法》中有关滥用市场支配地位的描述上援引了民事制度（包括用语和制度），两部法的交叉使得理解垄断行为的法律标准更加复杂。

俄联邦《民法典》第2条规定，民事立法调整从事经营活动的主体之间的关系或者他们参与的关系。《竞争保护法》第3条规定，竞争保护法适用于调整经营主体参与并形成的竞争关系。市场条件下，互相竞争的主体从事经营活动，会影响整体竞争情况。因此，反垄断法适用于民事流通的关系。

反垄断法禁止占有市场支配地位的经营主体滥用支配地位从事相关活动，包括订立民事合同。《民法典》第1条规定，民事立法建立在契约自由的

基础上。然而,在民事法律中包含禁止公民为限制竞争而运用权利,以及滥用市场支配地位(《民法典》第 10 条)。在反垄断法上,没有"滥用市场支配地位"一词的定义。这个概念的内涵和外延是通过《竞争保护法》第 10 条规定的一系列禁止行为(不作为)来揭示的。

关于禁止滥用市场支配地位在民法和反垄断法的制度上的交叉规定,引发了关于滥用民事权利和滥用市场支配地位关系的广泛讨论。

第一种观点是融合论,即从民法的视角看滥用市场支配地位,将其视为滥用民事权利或结果属于民事违法行为。

Е. А. 苏哈诺夫(Суханов)认为,滥用民事权利是一种有别于一般性认定违反行使民事权利原则的独立的、专有的认定形式。承认滥用民事权利作为民事违法的形式,其基础在于合法(违法)行为的判定标准。在缺乏具体规范的情况下,判定只能依赖一般原则。俄联邦《民法典》第 6 条第 2 款就是这种情况的总原则①,而立法者确定的用来认定合法(违法)的"一般规则和立法精神"不是别的,正是民法的原则。

М. М. 阿卡尔科夫(Агарков)认为,滥用市场支配地位建立在违法行使权利的基础上,滥用市场支配地位行为事实上不属于民事权利。当人们的行为超出了法律赋予其权利的范围时,其行为就不是滥用自己的权利,而是违法行为。②

В. П. 格力巴诺夫(Грибанов)认为,滥用民事权利这个概念只是存在于主体拥有确定的权利的情况下。在主体从事了无主体权利为基础的行为时,是不能称之为滥用民事权利的。滥用民事权利概念本身也表明了与行为相关联的不是行为的内容,而是行为的实现过程。滥用民事权利讲的只可能是,权利能力主体限于其主体权利范围内、权利构成的诸多权利能力范围内行使权利的方式超出法律设置的实现权利界限。行使民事权利的界限由以下要素构成:民事立法的主体界限(确定权利能力)、时间界限(确定实现权利的期间)、与此概念相关的实现民事权利的原则、实现权利的方法(销售财产的方法:出卖、赠与等)、私人允许的和保护其主体权利实现的方法。如果权利能力主体使用的权利在法律规定的权利界限之外应该被认定为违法。

按照 Н. И. 克列因(Клейн)的观念,《民法典》第 10 条通过禁止有关行为划定了一条实现民事权利的界限,规定了一般约束民事主体实现和适用权利

---

① "如果不能使用法律类推,则当事人的权利和义务根据民事立法的一般原则和精神及善意、合理、公正的要求予以确定。"
② 〔俄〕阿卡尔科夫:《苏联民法中的滥用权利问题》(俄文版),载《苏联消息》1946 年第 6 期。

的限度；如果危害他人的权利和利益，禁止行使自己的权利。包括以下情况：直接故意滥用民事权利侵害他人利益；即使没有侵害他人的目的，滥用民事权利客观上给他人带来了危害；滥用市场支配地位限制竞争；不公平竞争和广告。①

第二种观点是部分融合论（折中论），认为滥用市场支配地位只有一部分内容从属于民事行为。一种分析观点认为，民法典中"行使权利界限"的概念是否存在，值得探讨。滥用民事权利本身没有任何实践意义，因为任何违法行为都是通过滥用某种权利表现出来的。大多数具有市场支配性的主体都可能从事滥用市场支配地位的行为。"滥用民事权利"存在违法性扩展的范围限制，滥用市场支配地位只是其中违反《民法典》第10条规定的违法形式之一。但是，对竞争者而言每个具有市场支配地位的主体的商业行为都可能是有争议的，或者可能按《竞争保护法》第5条规定而被认为是违法行为。一些民事违法是以滥用民事权利的形式表现出来的，而另一些形式的违法不以滥用民事权利为必要条件。根据这个结论可以进一步将权利的行使区分为实质性限制权利行使的范围和降低对民事流转的实际影响两种。所以，滥用市场支配地位并不完全属于民事行为。

第三种观点是反对论。主要观点认为，将限制竞争和实现市场支配地位为目的的滥用民事权利放到《民法典》第10条的基础是值得怀疑的。参与市场竞争以及存在市场支配地位未必表达行使某种特殊的民事权利。如为促进竞争和保护消费者权利的企业活动的特别规则。在关系上，《民法典》第10条是更具有实用性的《竞争保护法》第5条规定的一般规范。《民法典》第10条的规定对司法实践不仅没有实践意义，且开创了无用的、重复性规定的先河。因此，O. H. 萨基科夫（Садиков）认为，应当将《民法典》第10条第2款剥离出来，与《宪法》第34条第2款（关于禁止垄断性和不正当竞争性的经济活动）合并一起，作为一个独立条款。

萨基科夫的观点有诸多的支持者，但论证的过程或依据不完全相同。如认为占有支配地位的主体享有的不是一般民事权利，而是存在引起国家监督的特殊经济力量（支配性、垄断性）。这意味着，最终违反的不是用以确定一般规范的基本原则（如具体规范没有规定，禁止从事有违公序良俗、公平和正义原则等的行为）。② 另外，滥用市场支配地位的行为发生在交易中，依据俄联邦《民法典》第421条规定的合同条件，民法赋予合同双方以平等地位，之后才适用合同自由原则。法律上的平等不意味着经济上的平等。占有支配

---

① 〔俄〕Н. И. 克列因：《俄联邦民法典（第一部分）评述》，因弗拉出版公司1997年版，第23页。
② 〔俄〕C. A. 巴拉舒克：《竞争法》（俄文版），城市出版公司2002年版，第158页。

地位的合同一方当事人拥有能够强制另一方接受对其不利条件的市场力量，合同另一方不得不接受不利的条件，这样的行为属于滥用民事权利。拥有确定的主体权利，例如签订合同权利，行使这项权利不属于《民法典》第 10 条规定的实现民事权利的善意原则。引出的观念是，第 10 条包含的是保护实现主体民事权利的自由和限制不属于自由的范畴。①

　　近年来，越来越多的探讨抛开了上述具体交叉规范的内容，而是将关注点集中于《竞争保护法》的规范分析上。认为，该法存在不同类型的规范，但以禁止性规范为特色。从内容上划分，规范有两类：交易关联关系的规范和保护市场公平的规范。第一类规范，体现为禁止强制附加不平等交易的条件：垄断高价、价格歧视、歧视条件、拒绝交易。以保护经济关系上的交易主体利益而禁止权利滥用的案件具有私法性质。这种情况下滥用市场支配地位行为的基础条件是剥夺交易方的权利。在实践中，所有这类滥用市场支配地位行为在签订或履行合同时都存在消除合同一方权利的后果，这可以归于滥用民事权利，而不是滥用合同自由或财产权。这类禁止在结果上将产生与《民法典》第 442 条第 6 款类似的效果。第二类规范体现在《竞争保护法》第 10 条规定的其他行为类型上。第二类规范的公共性多于私人性。总体上以其对竞争的限制不能超过竞争主体实现民事权利的界限为前提。因此，违反这种限制未必导致滥用民事权利。

二、市场支配地位的认定

　　支配地位是指一个经营主体（含关联人）或数个经营主体（含关联人）在某种商品市场上的地位，这种地位能使其对相应商品市场上的一般交易条件产生决定性影响，和（或）有能力把其他经营主体排挤出商品市场，和（或）有能力限制其他经营主体进入这一商品市场。

　　按照现行法，市场支配地位的认定是以商品市场和金融市场为基础的。下面主要探讨商品市场的支配地位认定标准。

（一）标准的特殊性

　　自《反垄断法》颁布以来，"市场支配地位"的概念和认定标准发生了重大变化。了解这些变化及其理由有利于把握滥用市场支配地位制度的目标。

---

① 〔俄〕叶米里亚诺夫：《民事权利行使的界限》（俄文版），载《俄罗斯司法》1999 年第 6 期。

1. 历史变化

1991年版《反垄断法》中,以定性标准和定量标准来确定市场支配地位的问题。定量标准为,经营主体在商品市场中的份额占 65% 以上。若经营主体超出了这一比例但主张不具备市场支配地位,则需要另行提供证据加以证明。不被认为具有市场支配地位的标准,是一个经营主体在相关市场上的份额不超过 35%。如果一个经营主体的市场份额介于 35% 和 65% 之间,为了判断其是否具有市场支配地位,还需要顾及质的标准。其中,"质"的标准包括经营主体占有比例的稳定性、其他经营主体(实际竞争对手)市场份额的大小,以及进入市场的潜在竞争对手的市场机会(潜在竞争)。

当时的认定标准比例非常高,类型也较为简单:不到 35% 的不构成市场支配地位。但值得注意的是,市场份额限定在 35%—65% 范围内的地位分析,是执法中的难点和重头戏。在评估某一商品市场份额处于 35%—65% 的市场结构时,"质"标准具体的运用方法常常以时间动态和份额静态关系来综合分析。分析的主要因素包括:随着时间的推移,无论是目标经营主体还是与其最接近的竞争对手市场份额的稳定性、实际竞争对手的数量以及最接近的竞争对手的市场份额之差异、是否存在潜在的竞争者及潜在竞争者进入市场是否存在壁垒、所谓"价格领袖"(最大份额的经营主体)的客观情况或潜在目标等。

按照 2005 年修订版俄联邦《反垄断法》第 4 条的规定,如果一个经营主体在一相关商品市场中的份额超过了 65%,而该实体又不能证明它在该市场中不占有支配性地位时,该经营主体的地位将被视为是支配性的。如果一个实体在一特殊商品市场中的份额低于 65%,但反垄断机构根据该经营主体的市场份额的稳定性、其他竞争者的相对市场份额、新厂商进入该市场的可能性或者其他与该市场有关的标准,证明该经营主体在该市场中的支配性,则该经营主体的市场地位也将被视为是支配性的。

2. 市场支配地位认定标准的细化

市场支配地位的标准,不仅体现在上述反垄断法的规定上,某些行业也有自己的特殊规定。如在移动电话通信市场中,如果经营主体在相关地域市场的份额大于 25%(《电信法》第 21 条第 4 项),则主体具有支配地位;发电设备安装市场中,市场份额或在自由交易区内使用设备开发的电能超过 20%,或在相关区域范围内电力和(或)所购买或消耗的电力份额超过 20%(《电力法》第 25 条第 3 款)的经营主体具有市场支配地位;能源的比重和(或)购买或消耗的电力份额不到20%的实体,但这个实体能够或可能在市场条件上发挥决定性的影响,即在一定时期内打破电力批发市场价格的平衡状况,交易人没有更换所供应或消耗的电能(量)的可能(《电力法》第25条第4项),此时该实体具有市场支配地位。

在俄罗斯,很多商品市场竞争性不足,不同商品市场的弹性差异很大,采取统一的标准是不可能的。在其他特殊行业(包括金融业)制度中的类似规定非常多,难以统合。这形成了反垄断法和特别法在市场支配地位认定上的"总—分"结构。

现行俄罗斯反垄断法对市场支配地位的规定仍坚持定量方法和定性方法。

按照《竞争保护法》第5条第8款的规定,反垄断机构在进行市场竞争分析时,要评估对市场竞争的影响因素,其中包括进入商品市场的条件、相关商品市场上经营主体所占份额、采购者和销售者所占市场份额之间的关系、对商品市场的商品一般交易条件出现决定性影响能力后的持续时间。

立法为行为提供了明确的指向。实践中,定量方法被广泛运用,即先确定相关市场、市场集中度,再确定市场份额,定性方法较少使用。另外,在规制滥用市场支配地位行为方法上主要采取的模式是"状态+行为"。即具有市场支配地位并从事了相应的行为便构成违法。类似于欧盟规制纵向垄断协议适用的"原则禁止加例外"分析模式,豁免情形由经营主体提出合理理由及其证据。实践中,滥用市场支配地位的案件认定,较少使用综合要素分析,包括结果分析,如行为对市场的影响等。这似乎有些教条。相当于法律制度中起决定作用的是状态,也带有较为明显的美国哈佛学派的"结构—行为—绩效"的认定模式。

与这种做法相反,欧盟法对滥用市场支配地位行为的认定更多关注的是市场结果状况,经营主体在市场中的"门槛"的高度是第二位的。这和俄罗斯长期以来民营企业不发达、发展也较为缓慢等市场环境紧密相关。在这种情况下,实施中的俄罗斯反垄断法便将保护竞争和保护竞争者两个不同目标混合到一起。

(二) 商品市场支配地位的类型及其认定

在商品市场上,基于主体的人数不同,支配地位还可以分为单一主体的市场支配地位和联合主体的市场支配地位。

1. 单独市场支配地位

相比以往,关于滥用市场支配地位的认定标准中份额的要求显著降低,形成了如下认定标准和方法：

(1) 基本认定标准

在认定方法上,俄罗斯法对市场支配地位的认定以综合分析的方法为主,包括相关市场份额标准。

按照现行《竞争保护法》第 5 条,下述经营主体可以认定为具有支配地位（金融机构除外）：① 经营主体占相关商品的市场份额超过 50%,且在审理违反反垄断法案及对经济集中实行国家监督的过程中,未对该经营主体作出不具有市场支配地位的认定的；② 经营主体占某种商品的市场份额低于 50%,但反垄断机构可根据下述情形认定该经营主体占有支配地位：该经营主体所占市场份额不变或只有微小变化、其他经营主体的市场份额变化情况、新竞争者进入该市场的可能性,以及其他反映市场集中度的指标。

俄罗斯学者认为,50% 的市场份额标准是结合了相关国家（地区）的立法例和俄罗斯本国的实际情况确定的。①

(2) 排除性标准

在商品市场上,经营主体（金融机构除外）的市场份额不超过 35% 的,一般不认为具有支配地位。这是支配地位认定标准中的"底线"。一些学者认为,这一"底线"过高。一方面,有一些国家法律中支配地位的认定标准"底线"较低。如在法国,商品市场上公司的市场份额超过 25% 的,认定具有支配地位；在挪威同样规定的是 25% 的市场份额标准。另一方面,在特定的市场上,例如零售业,占有很小的份额就可能构成支配地位。当然,作为国家间的市场,欧盟委员会关于市场支配地位的认定以 40% 的市场份额为标准。俄罗斯竞争保护法规定了补充标准——联邦法律有规定的情况下和特殊情况下除外。

(3) 补充标准

俄罗斯法律规定了例外,这使市场支配地位的法律关系复杂化,也增加了认定的难度：如果某一产品的市场份额少于 35%,但满足以下条件,也可以认为该主体具有市场支配地位：① 该主体在相关商品市场上的份额超出其他竞争主体的份额；② 该主体有能力单方面确定交易的价格水平,对相关市场上的商品销售情况有决定性的影响；③ 潜在竞争者进入相关产品市场存在包括经济、技术、行政或其他限制而产生的障碍；④ 该主体使用或获得的商品不能被其他商品（包括生产消费品）替代；⑤ 商品价格的变化并不导

---

① 欧盟成员国总体的平均份额是 40%。芬兰、英国、西班牙是 25%；捷克、葡萄牙、匈牙利是 30%；波兰、立陶宛是 40%；瑞士是 40%—50%,如果大到 65% 则推定具有市场支配地位；蒙古、韩国是 50%。

致对产品的需求相应减少。

(4) 推定方法

不考虑市场份额直接推定市场支配地位的情况较少,它仅适用于自然垄断行业。

自然垄断行业的垄断主体不论是否达到35%的市场份额,都具有支配地位,这是推定市场支配地位的情形。俄罗斯在1992年就确立了这条规则,它符合自然垄断经营主体的性质。按照俄联邦《自然垄断法》(2001年修订)的规定,"自然垄断"是指"商品市场的一种状况,在此情况下,由于工业技术特性,生产中不存在竞争,需求能够被有效满足,且由自然垄断实体生产的商品不能被市场上的其他商品替代,因此导致在商品供给市场上其需求受价格影响的幅度小于其他类型的商品"。

"自然垄断经营主体"是在自然垄断条件下从事商品生产(销售)的商业实体(法律实体)。自然垄断实体主要开展下列领域的活动:通过输油管道对石油和石油产品的运输;天然气的管道运输;与电力和热能运输有关的服务;铁路运输;运输车站、港口和机场服务;公共电信和邮政服务。自然垄断主体是滥用市场支配地位的主要主体,其案件数量一直明显高于其他市场主体。

表4-1 2014—2018年自然垄断主体与其他市场主体比较

实施主体类型	2014年	2015年	2016年	2017年	2018年
自然垄断主体	1977	2182	777	468	386
其他市场主体	1114	887	563	379	299

来自俄罗斯反垄断局《2018年竞争状况报告》(俄文版)。

2. 共同滥用市场支配地位

理论上,市场支配地位是认定滥用市场支配地位行为的核心。市场支配地位意味着一个或多个(在某些条件下)经营主体限制或消除市场竞争的可能性。经营主体有机会对市场上的某种产品竞争施加影响,通常与它在该市场上拥有的支配力相关联。

(1) 理论基础

共同支配地位旨在解决与所谓寡头垄断市场有关的若干问题。

在某种意义上,寡头市场的参与者是相互依存的,这种市场的竞争也是复杂的。由于参与者的数量很小,这些主体可以从根本上影响市场上的竞争条件。因此,寡头垄断不同于正常竞争和独家垄断:每个参与者都必须考虑到其他市场参与者的行为,以便确定自己的战略(在正常竞争和独家垄断的情况下,参与者不专注于其他市场参与者的行为)。当经营主体在市场上的份额不是很高(不占主导地位)时,它也可能有能力对市场上的竞争产生决定性影响,包括定价的改变,因为其他参与者会关注或跟随一个主体的行为,进而形成市场的共振效应,出现卡特尔或协同行为的市场效果。在这一状态下,解决这一问题的途径是使卡特尔成员拒绝缔结卡特尔协定或协同行为。然而,传统的滥用市场支配地位制度、卡特尔或协同行为制度均无法解决这一问题,因为该公司本身没有很大的市场份额,不构成市场支配地位,以及各市场主体间没有共同签订协议,也无法满足法律条文上证明一致性的主观条件(在公司未实施协商或交流的情况下)。这样,当市场结构和经营主体之间存在某些联系导致寡头垄断市场参与者可能引发同卡特尔一样的反竞争后果,但又不属于协议或协同行为,这样就产生了共同滥用市场支配地位。它假设市场高度集中,份额相对较小的经营主体也可以被认为具有市场力量。在这种情况下,参与者对竞争产生的影响有类似垄断的效应。当然,前提是作为共同支配地位的参与者应与其他市场参与者行为一致,类似于他们是形成了一个单一的实体。

市场份额低于35%而被认定具有市场支配地位的,可能发生在共同支配地位的情况下。

共同支配地位的联合力量的形成,不限于两个主体,但也不可能有太多的主体。法律上,一般确定两个、三个、四个等各自的市场份额来认定具备共同市场支配地位。如韩国反垄断法上规定,三个经营主体的市场份额达到75%。也有的国家规定五个经营主体的联合。如在德国反垄断法上,规定两个或三个经营主体的市场份额达到1/2,四个或五个经营主体的市场份额达到2/3。

(2) 认定标准

按照俄联邦《竞争保护法》,下列情况下,认定经营主体具有共同市场支配地位:

① 3个以下经营主体的市场份额之和超过50%,且其中每个经营主体的份额超过相关市场其他经营主体的份额,或5个以下经营主体的市场份额之和超过70%,且其中每个经营主体的份额超过相关市场上其他经营主体的份额(如果其中一个经营主体的市场份额少于8%,则不适用本规定);

② 在一个较长的时期(为期不少于1年,或者当与相应商品市场存在时间相同时也可以是1年以内)经营主体的相关市场份额固定或变动较小,以及新竞争者难以进入相关市场;

③ 消费时(包括生产性消费时)经营主体销售或购买的产品缺乏可替代性,因产品需求下降价格上涨缺乏合理性,有关商品价格信息、在相关市场上销售或购买该种产品的条件对第三人有阻碍。

被确定为具有市场支配地位的经营主体,有权向竞争主管机构或法院出示证据,证明自己不应当被认定为具有支配地位。

由于设置8%的较低门槛,反垄断机构能够进行分析并找出在商品市场的寡头垄断结构的垄断趋势,即有限数量的大型企业涉及限制竞争和侵犯他人利益的支配能力,经营主体有权对反垄断当局的关于滥用市场支配地位的决定及其实施制裁的决定提交法院认定。反垄断机构有权根据具体情况确定一定市场范围的几个经营主体是否滥用支配地位实施不合理的提价、强加交易人不利条件、附加非合同客体的歧视性合同,以及可能单方面影响商品流通的一般条件。有学者认为,在一些特殊产品上,例如石油产品,共同支配地位的确定最小可以小到1%。

(3) 与相关行为的关系

理论上,可以将俄罗斯竞争保护法对共同支配地位的认定依据归纳为三个方面,分别如下：一是进入障碍、影响的常在性和对市场的危害性；二是参与者的数量、市场份额的均衡性、卖方组织结构的近似性；三是最小程度上促进协议或协同行为的产生。这个程度取决于市场的分散性、产品的差异化、需求波动的方向和幅度。①

不是每一个国家的反垄断法都明确规定共同滥用支配地位。俄罗斯法上的规定源于对欧盟法的参照。

欧盟立法不要求主体间同处于一个团体中。按照欧盟委员会第4064/89号指令,认定合并和联合行为时,要求行为没有导致经济集中或共同支配地位的增强。欧洲法院认为,"经济上的紧密联系"只能通过如属于一个行业协会、存在协议或协同行为等的方式表达出来。如果这样,则构成协议,而不是共同滥用支配地位。法国的立法和司法实践也倾向于认为,只有经济上紧密联系的经营主体相互间才可能产生共同支配地位和滥用市场支配地位。

按照上述标准,参与者的数量、市场份额的均衡性、最小程度上促进协议或协同行为的产生都是协议和协同行为的产生条件,那么,似乎与协议和协同行为的唯一区别就是"进入障碍"了。当然,在联合抵制行为中,也可能通过集体力量挟持上游原料企业从而设置"进入障碍"来阻止潜在竞争者。这

---

① 〔俄〕B.B.斯莫林:《俄罗斯反垄断政策现代化走向》(俄文版),圣彼得堡出版公司2005年版,第12页。

样,共同滥用支配地位和协议或协同行为之间的关系就更加微妙。许多俄罗斯学者都支持将共同滥用支配地位纳入协议或协同行为范畴之中。以协议或协同行为方式规制共同滥用支配地位更直接,没有必要单独设置滥用市场支配地位行为。按照 A. E. 沙斯基卡的观点,理论上共同滥用市场支配地位作为一种违反反垄断法原则的行为可以归入滥用市场支配地位也可以视为协议行为。之所以单独设立,是由"滥用"这个结构性特点决定的。同时按照法律上表述的内容,协议或协同行为是集体行动最一般的方式,也是最容易达到违反竞争后果的方式。[1]

反对单独设立这种行为的观点认为,设立共同滥用支配地位可能使反垄断机构获得因查处以协同行为方式实施垄断行为但证据尚不充分时的一种维持其尊严的模糊工具。

需要特别理解上述规定中的第二个条件。这个条件在经营主体集中审查时并不适用,尽管经营主体集中可能产生市场支配地位。"在一个较长的时期经营主体的相关市场份额固定或变动较小"描述的是介于协议、协同行为和经营主体集中之间的垄断(状态和行为)的特殊性。经营主体集中是在改变经营主体组织关系情况下的一次性行为,和"滥用"相比,具有市场份额的相对稳定性。所以,不考虑市场结构的持续时间。另外,1991 年反垄断法对经营者集中采取的是登记方式:如果经营主体集中可能导致限制竞争,反垄断机构可以对此拒绝登记注册。2006 年反垄断法没有规定潜在的限制竞争条件,只规定了现实限制竞争的危害。相当于潜在的限制竞争的危险问题划转到共同滥用支配地位的范畴。

共同市场支配地位也和协议或协调共同增强市场支配力不同。较少会出现共同支配地位的各主体份额较长时间不变。经济结构中的共同滥用市场支配地位针对的是几个经营主体分割了市场份额,同时采取了无意识联络的平行行动。所以,共同滥用市场支配地位行为是在无法认定为协议或协同行为情况下的一种补充调整。

欧洲法院在实践中细致地划分了协议、协同行为和共同滥用市场支配地位行为。证明共同滥用支配地位行为的存在必须进行认真的经济分析并证明不同外部主体间的行为具有平行性,但这是非常复杂的事情。而卡特尔的认定则不需要那样的工作和过程。只要确立符合规定的市场份额标准和具体的行为(尤其是价格行为)即可。为此,欧盟制定了细致的规则,其中明确表达了共同滥用支配地位的独立性:不以反竞争协议或协同行为方式表达。

---

[1] 〔俄〕A. E. 沙斯基卡:《国家对限制竞争的协议和协同行为的政策》(俄文版),杰伊斯出版公司 2004 年版,第 37 页。

如果法院认定,欧洲委员会不足以证明协议或协同行为时,不能为了掩盖司法机关工作的不足而以滥用共同支配地位进行禁止。相比较,对共同滥用支配地位的评价类似于对经营主体集中的分析模式。俄罗斯立法也是沿着这个方向并借鉴这个规则来构建自己的制度的。

在俄罗斯,市场潜力、产生或加强支配地位这样的前后关系的描述不是工作的重点,甚至执法机关和司法机构偶尔才将其纳入考虑的视线。① 这种做法在早期法律实施时就是如此,在修订后的法律实施中也未有根本性改观。

(4) 共同滥用市场支配地位行为的认定标准

上述分析也引出一个新课题:共同滥用支配地位行为的认定标准是什么。

无论是早期的俄罗斯反垄断法,还是 2006 年的《竞争保护法》,具有支配地位本身并不违法。滥用市场支配地位才可能违法。一般性滥用的形式表现为:具有支配地位的经营主体行为(不作为)造成或可能造成禁止、限制或消除竞争和(或)侵犯他人利益。在此基础上,有学者认为,下列要素是共同滥用支配地位的认定标准:卖方的集中度、产品的单一性、技术创新程度低、市场分散、市场中速或低速发展、成本结构相当。② 禁止经营主体的行为(不作为)导致或可能导致预防、限制或排除竞争和(或)侵害他人的权益的结果。

经营主体的垄断行为与其所在的经济环境密不可分,这些行为的产生与主体在特定商品市场上竞争对手、商业伙伴、最终用户的行为有关。这些均属于认定共同滥用市场支配地位的参考要素。

从反垄断监管理论的角度来看,确定这些公司之间的联系,对于确定它们是否是完全独立的市场参与(竞争)者或采取行动至关重要。相对于其他竞争对手和伙伴,它作为一个共同性的实体,具有集体主导性。反过来,当集体统治的参与方联合实施旨在预防、限制和消除竞争的任何行为时,就可能构成共同滥用市场支配地位。

俄联邦《竞争保护法》第 5 条第 1 款(单独支配地位)的规定也是共同滥用支配地位(第 5 条第 3 款)的基本规则:对相关商品市场的一般交易条件产生决定性影响,和(或)有能力把其他经营主体排挤出商品市场,和(或)有能力限制其他经营主体进入这一商品市场。

---

① 〔俄〕A. E. 沙斯基卡:《生产的集中化:条件、事实和政策》(俄文版),杰伊斯出版公司 2002 年版,第 148 页。
② 〔俄〕A. E. 沙斯基卡:《国家对限制竞争的协议和协同行为的政策》(俄文版),杰伊斯出版公司 2004 年版,第 37 页。

共同支配地位和单独支配地位的共同点在于都有双重标准：行为和结构。区别在于，单一经营主体本身没有较大的市场占有率，自身几乎无法对竞争产生决定性影响。寡头垄断市场经营主体的简单市场份额并不能反映它们之间会对市场竞争产生负面影响，导致限制竞争。此外，前者将结构放到一个时间背景下考察，后者是即时的结构状态。当然，确认共同滥用支配地位的程序要求更加复杂。

在寡头市场下，每个经营主体独立经营时，它们之间可能是竞争的关系，这个基础也是反垄断规制的基本前提。为了确认寡头垄断市场结构是否存在竞争威胁的问题，有必要分析这一市场结构，也必须分析此时的参与者的能力：是否能够影响商品市场上的一般条件及是否有能力阻止其他主体进入这个商品市场。

俄罗斯法上共同滥用市场支配地位的规定与欧盟法相似。包含如下几点：① 在寡头垄断市场上；② 在相关市场上的总份额符合适用于确立单一支配地位的正常门槛；③ 寡头垄断者忽略其他市场参与者（包括最终消费者）的行为；④ 寡头垄断长期存在，或市场只发生轻微的波动。

程序上，需要确定的是，某些市场参与者是否被视为一个独立实体。如果不是，是否可能构成协议或协同行为。在排除了这些定性后，如果发现市场参与者之间存在主体间的寡头结构及共同行为，下一步就是确定是否构成滥用市场支配地位。这又分为两种不同的情况。一是如果经营主体与其他市场参与者一起被认定为具有共同支配地位，并且行为相同，那么，就初步推定共同滥用市场支配力量，然后再进行市场绩效分析；二是共同支配地位的任何一方独自从事某种行为，没有其他行动者的同时参与，但其他市场参与者可能对该经营主体的单独行动作出市场反应，并与其他参与者一起从事几乎不可能属于竞争的行为。

很多国家没有共同支配地位的规定，其背后隐含着一个不确定问题是：共同滥用支配地位是否可以为其他行为替代？欧盟和俄罗斯理论界均承认，这是可能的。因为一个主体的市场行为，不能不考虑其他市场主体的行为。即寡头垄断市场结构透明，以协议或协同行为来共同滥用的目标明显，行为露骨，容易被查处。而寡头市场中一个单独主体滥用支配地位可能会使其处于劣势地位：只有它提高价格，其他人不跟随，提价者的客户将逃跑，选取竞争对手的商品，进而导致提价者利润下降。所以，引领式的共同滥用支配地位具有市场风险。

按照俄罗斯反垄断法，在实施共同滥用市场支配地位时，法律责任为单个主体责任，而不是集体责任。

(三) 金融市场支配地位的认定

金融机构的市场支配地位的认定标准,由俄罗斯联邦中央银行和俄罗斯联邦政府成立的清算机构共同决定,在程序上俄罗斯联邦中央银行需与俄罗斯联邦反垄断局协商。①

这里的金融机构,包括提供金融服务的主体、信贷组织、消费信贷合作社、保险公司、保险经纪公司、再保险公司、证券交易所、外汇交易所、当铺、租赁公司、私人养老基金、投资基金管理公司、合股投资基金管理公司、私人养老基金管理公司、股份托管投资基金、私人养老基金托管公司、证券市场的从业者。

不同于商品市场的主导地位,俄罗斯反垄断法没有直接规定金融市场支配地位的认定条件和程序。法律将这些问题委托联邦政府专门机构来处理。按照《竞争保护法》第5条的规定,认定信贷机构市场支配地位的权力由联邦政府与俄罗斯中央银行协商解决(实际中央银行制定文件并与反垄断机构协商,联邦发布相关文件)。同时,法律对金融机构市场支配地位的认定权限作出了规定,即由中央银行认定。采取的方式是法定主义,即它的市场份额超过法律专门为金融机构设定的最低标准。有关行为类型等方面仍然适用商品市场的有关规定。

俄罗斯政府发布的有关确定金融机构市场支配地位的文件有两个,分别针对两个不同的金融市场:《金融机构支配地位的认定标准》(联邦政府2007年6月9日№359决议)以及《信贷机构支配地位的认定标准和确立信贷机构支配地位的规则》(联邦政府2007年6月26日№409决议)。

1. 基本原则和方法

确认金融机构在商品市场上的支配地位,核心条件是,在金融市场上能够对同类金融机构的金融服务的一般条件施加决定性影响,和(或)从金融市场上排除其他经营主体,和(或)对进入金融商品市场(以下简称商品市场)形成阻碍。

---

① 金融机构(不包括信贷组织)市场支配地位由反垄断机构按照联邦政府颁布的规章确定。确定信贷组织的支配地位的规章由联邦政府和联邦中央银行联合制定。对于金融机构是否具有市场支配地位(信贷组织除外),授权给反垄断机构和俄罗斯联邦政府联合认定。对于信贷组织支配地位的认定,由反垄断机构、俄罗斯联邦政府与中央银行联合认定。在俄联邦单一产品市场上份额不超过10%,或者在某个产品市场上以及在其他产品市场上产品流转份额不超过20%的金融组织不被确定为具有市场支配地位。

确定市场支配地位时,在商品市场上几个金融机构组成法人集团的,以法人集团为主体确定支配地位。

考虑到竞争对手在相关商品市场上所拥有的相对规模,符合下列条件的,认定金融机构具有支配地位:在俄罗斯联邦的商品市场上,单一金融组织的比例大于10%,或在商品市场销售的商品也被用于俄罗斯联邦的其他商品市场时,混合市场中的市场份额超过20%的。

金融机构在相当长时间内(至少一年),在其他商品市场份额未超过20%;或期限不到一年,相关商品市场份额的增加和(或)变动未超过10%,或在俄罗斯联邦的单一相关地域市场以及单一商品市场的份额比例不超过10%,或在俄罗斯其他商品市场的市场份额不超过20%时,不能认定金融机构具有支配地位。

上述比例存在的时间是在不少于一年或在相关商品市场存在的期间内,如果时间少于一年,则比例增大。

确立金融机构的市场支配地位以市场份额为基础,不受其法律文件规定的住所的限制,即不受相关地域市场的限制。认定的过程包括两个阶段:(1)通过以金融服务的需求和供给为基础划定相关商品市场的界限来确定金融服务的范围;(2)确定金融服务的总额和金融机构在相关商品市场的份额。

金融机构的市场份额根据在特定市场上商品数量和(或)价值决定的金融服务的份额来确定,或通过相关文件记载的商品市场的份额来确定,也可以以金融机构的财务报告、统计报告和其他报告中的数据为基础来确定。金融商品市场界限的认定同样是以金融服务的不可替代性来确定的。如果金融服务的名称、使用类别、性质和技术特点、价格和其他参数在总体上可以互相替代,或者在适用中可以用一项金融服务代替另一项服务,以及存在另一项用于消费所提供服务的地域范围内的经济基础、技术或其他可选择性,则商品市场也相应地扩大。

确定金融机构具有支配地位可以考虑以下主体的意见及信息:(1)来自联邦行政机关、俄罗斯联邦各主体国家机关、地方自治机关、金融组织、中介组织、金融机构联合或联盟、专家以及其他法人和个人的材料;(2)国家机构的数据统计报告、财务报表和其他金融机关的统计报告;(3)所提供服务的数量信息;(4)金融服务范围的信息;(5)金融机构可能对商品市场提供服务的一般条件施加决定性影响的信息,消除相关市场和(或)限制阻碍其他经营主体进入市场的信息;(6)独立的专家意见;(7)商品市场状况和结构的资料；(8) 有关经济、技术、行政信息或其他组织进入商品市场的信息。

2. 具体方法

单一商品市场的金融服务份额的计算方法如下：

证券信托管理服务，按照信托金融组织接受的资产（证券和证券投资）总额；承保人和互助社所提供的服务，按照保险责任期内的保险险种和保险机构所收取的费用；租赁服务，按照租赁合同的整个期限内合同约定的租赁付款总额和租赁对象的赎回价格；非政府养老机构提供的服务，按照金融机构收到的养恤金缴款数额；股票和货币兑换，按照提供类型和提供的交易量；投资公司和基金管理公司，以提供服务的投资公司或基金管理公司的总资产价值为基础；提供的保险经纪服务，以在经纪服务合约下的保险经纪收入为基础；为信贷消费者合作社提供的服务，以金融机构贷款发放的数额为基础；当铺提供的服务，按照金融机构贷款发放的数额；为证券市场的经纪参与人提供的服务，按照签订的《经纪服务条约》所完成的交易量；为清算组织提供的服务，根据清算服务合同提供的服务数量。计算市场上的金融服务数额，除了上述的核心指标外，还可与金融组织的其他指标一起使用，如财务和经济报告、统计和金融组织提供的其他数据。

相比较《金融市场竞争保护法》，2006年《竞争保护法》对金融机构的直接禁止性规定明显增加。另外，在分析金融机构滥用市场支配地位行为的问题时，商品市场中经营主体滥用市场支配地位行为的规定对金融机构同样适用。有特殊规定的，适用特殊规定。典型的是第10条第1款第1项规定禁止建立、维持垄断高价或垄断低价行为。

联邦中央银行和俄联邦反垄断局制定了《信贷机构过高或过低服务价格的认定方法（草案）》（以下简称《方法》）。这里的信贷机构服务价格包括贷款利率在内的所有银行服务价格。

按照《方法》的规定，信贷机构从事的具有滥用市场支配地位行为的过高或过低服务价格的认定主要有以下几个步骤：(1) 对相关服务市场竞争环境进行评估。(2) 确定信贷企业在该市场是否占有支配地位。(3) 选择可比较的市场。(4) 确定在可比较市场上在竞争条件下形成的信贷服务价格。(5) 把审议对象的信贷服务价格与可比市场上竞争条件下形成的信贷服务价格进行比较。(6) 计算违反反垄断法所获得的收入。(7) 制定分析和结论报告。

这里,除了认定目标主体具有支配地位外,认定是否构成价格垄断时"可比较市场"的确定是技术性颇强的一项内容。可比较市场的选择通常参照如下因素:相应信贷市场的服务规模(以年为单位);信贷机构及服务对象的数量;进入市场的难易程度;信贷服务的支付条件;信贷服务的技术性周期变化。

在计算服务价格的高低时采取定量的方法,以下述公式为基础:

可比价格之间的比率(%)=[(目标对象的服务价格-可比市场竞争条件下的服务价格)/可比市场竞争条件下的服务价格]×100%

按照《方法》的规定,如果目标对象的服务价格与可比市场的服务价格差超过10%,则认定服务价格过高或过低。但同时规定,只有在同时符合如下条件时,才可以被认定为违反《竞争保护法》:(1)可比市场上的信贷服务集中程度低于目标信贷机构所在市场;(2)所比较的信贷服务价格在以往的一定时间内长期存在。在认定过程中,反垄断机构还需要考虑当期的利率等因素,同时,认定的过程及个别环节可能和中央银行协商。

三、市场支配地位主体登记

俄罗斯反垄断法对在相关商品市场上份额超过35%或被确定具有市场支配地位的经营主体实行登记,这是一种很具有本土特色的制度。

(一) 主体登记的特点

登记发挥着特殊作用,它确立了具有市场支配地位主体的垄断状态,这为认定行为的违法性提供了基础条件,同时,对被登记入册的主体也是存在限制竞争危险的一个特别提示。完成登记的主体是联邦注册中心,其从属于联邦反垄断管理局。在机构设置上有联邦层面的注册中心和地区性的登记机构。在职能上,登记中心只拥有登记的职能,没有认定市场支配地位的权力。按照《关于反垄断法适用于仲裁的若干问题》(2008年6月30日),认定市场支配地位需考查特定商品市场份额。被确认的份额比例,除非另有证明,即为经营主体登记册中的数据。当然,市场份额可能不准确,或发生变动,但在实践中,注册表中数据被推翻的情形少于50%。登记的前提是对该组织提供的信息进行鉴定,鉴定工作人员不固定,以随机抽取的方式确定。

登记数据库的特点如下：

第一，登记册是市场份额超过35％以上的经营主体的数据库。根据联邦反垄断局的决定，如果经营主体在俄罗斯联邦一个或多个相关商品市场中占有超过35％的份额，属于同一企业集团的经营主体的信息，其在同一商品市场上的信息，列入一份登记册，但需指明其所属的成员。

第二，登记由联邦反垄断局及其地方反垄断机构履行和维持。为便于登记，登记机构不受地域的限制，由当事人自由选择。如果申请是联邦反垄断局认定的，该申请人实体的资料列入联邦登记册；联邦反垄断局的地方机构作出的认定，由地方机构登记入册。

第三，登记资料的基本内容包括经营主体的基本信息。基本信息包括下列内容：法人的名称、住所地、设立的日期、法定代表人的姓名、组织形式和地址（营业所在地）；所占份额超过35％的市场份额的商品或服务（工程、劳务）；在商品市场上的百分比值；商品市场的地理界限；列入登记册中的认定书编号和日期。此外，由于市场的变动性，还包括登记的信息的删除和更改。如果对反垄断机构登记、更改登记信息或删除信息的决定不服，登记主体可以向法院起诉。

第四，登记申请及审核。对于违反反垄断法的登记，联邦反垄断局有权推翻地方局的决定。在商品市场上，一个经营主体市场份额的百分比是由反垄断机构根据《竞争保护法》第23条第2款第3项的权限，依据竞争状况和其他条件综合确定的。经营主体有权以任何形式向反垄断机构提供有关新信息，删除有关旧信息，对注册表内所载信息进行更改。如果提交的资料或文件载有的信息不完整或不正确，反垄断机构将书面通知该申请人拒绝其变更或删除的申请。反垄断机构在接受申请之日起不超过4个月的期间内进行审查。

第五，登记册以电子形式保存。更新官方网站上的指定信息，需不迟于反垄断管理当局通过有关决定之日起10天内进行。登记处所载资料是公开的，可供公众查阅。如需要纸质的，可以向反垄断机构提出请求，反垄断机构自收到请求之日起3个工作日内以书面形式免费提供给有需要的人。

登记册形式和内容如下：

表 4-2 车里雅宾斯克地区占 35% 以上商品市场份额的经营主体登记表（拣选）

序列/数字	编号	实体名称、法律形式	地址（位置）	货物、工程和服务的名称	在全俄分类代码	市场份额（%）	地理市场边界	经营者主体归档/修订与备案 号码	经营者主体归档/修订与备案 日期
食品类									
1	7401012334	JSC"阿莎"面包房	456000,车里雅宾斯克地区,阿莎,塞姆斯卡街大街1号	面包类食品 911 005 OKP	NACE NACE 15.81 51.36.3	>65	车里雅宾斯克州的阿莎市	148	2007年12月17日
20	7420005460	JSC"切巴尔尔牛奶厂"	456400,车里雅宾斯克地区,切巴尔尔,捷尔任斯基大街1号	全脂牛奶制品 922 002 OKP	NACE 15.51.1	>65	车里雅宾斯克州切巴尔库尔市	96	1996年7月6日

登记册是用来确定经营主体是否滥用市场支配地位的基础。登记册既可以作为反垄断机构分析商品市场结构的根据，也可以作为涉嫌违反反垄断法案件的证据。对于法院而言，登记册同样具有证据效力。当然，涉嫌违法者可以提出在登记册上的自身相关数据存在错误，以其他证据证明没有达到市场支配地位。另外，如果涉嫌违法的主体不在登记册内，需要以一事一议的方式解决支配地位问题。由此，登记册不是认定经营主体滥用市场支配地位的充分条件，也不是必要条件。

（二）登记信息的使用

经营主体市场份额的证据出示是反垄断机构的责任，不论是行政处理的案件还是司法判决的案件。如果是反垄断机构处理的案件，反垄断机构认定经营主体在相关商品市场具有支配地位并作出其行为违法的决定。经营主体有权向仲裁法院提出认定反垄断机构决定和执行令无效的申请，基础性理由可能是其并不在相关市场上具有支配地位，由此不违反反垄断法。

登记册入册的标准是35％以上市场份额的经营主体，35％以下经营主体是否构成市场支配地位是由反垄断机构按照特殊程序认定。通常，反垄断机构或仲裁法院考虑以下事项：划定相关市场，尤其是相关商品市场、地域市场和时间市场。在俄罗斯商品市场上，虽然其自认为已经进入了市场经济，但产业结构仍带有浓厚的计划经济色彩。例如，诸多规模不大的面包生产企业被认定为具有市场支配地位，理由主要是基于地广人稀，一个城市的面包生产者一般只有一两家。相关地域市场一般以一个城市为地理界限。作为主食的面包市场的替代性较弱，往往被划为单一市场。

登记册中给出的经营主体的份额，通常也是大致的额度，市场的变动性和相关时间市场较长（一年）导致难以确定固定的比例。登记册中的比例主要有两类：">65％"和"35％—65％"。对于前者，很难有新的证据否定其具有市场支配地位。有争议的比例主要是35％左右的情况。如果就确定某一经营主体在特定商品市场上的份额情况发生分歧，调查案件需要专业知识，仲裁法院会根据俄罗斯联邦《仲裁诉讼法典》第82条第1款的规定，邀请相关专家进行评估。

四、滥用市场支配地位的类型

滥用市场支配地位行为类型多样，有多种不同分类标准和由此划分出的类型。如图基耶夫按照滥用行为的直接目的来划分，分为改变或维持价格的行为、限制单个主体经济获得自由的行为、限制市场准入的行为、不予销售的行为。① 也有人提出按照主体成员的身份不同进行划分,包括破坏交易对方的关系(供方或需方)、破坏同一市场竞争者(现实的或潜在的)的关系。② 也有人以行为的结果为标准来进行类型划分,分为侵害独立主体的权利和限制竞争。③ 除此以外还有其他分类。在此,以价格为基础,分为如下两类。

(一) 与价格有关的滥用市场支配地位行为

滥用垄断价格权利主要体现在经营主体与客户或供应商的交易中,包括不公平价格、强迫价格和价格歧视。

价格高低是由市场决定的,价格上升或降低可能不是垄断效应的结果,而是基于需求变化的影响,如原材料成本增加、零部件成本增大、通货膨胀等环境下形成的生产成本增加。当然,价格上涨可能是人为控制的结果,价格下降也可能是经营主体人为建立的市场进入壁垒。因此,市场的垄断性,只能以一个案件为基础,通过对消费者进行调查,对经营主体的财务记录等进行分析才能作出具体的判断。

自1991年以来,价格垄断的执法挑战是反垄断法未规定行为的具体认定标准。特别是因为生产成本和产品质量下降而形成的垄断高价,在能源、食品和运输服务等产品上的价格,直接影响其他行业的生产经营和民众的生活,但也存在明显的通货膨胀要素。反垄断机构在定价方面的行动明显不足。为此,其对于垄断价格制度进行了多次修改,形成现在的基本结构。

1. 不公平价格

不公平价格,即建立、维持商品的垄断高价或垄断低价。在俄罗斯,相比较其他滥用市场支配地位形式,不公平价格是一种相对较少的垄断行为。市场经济条件下,制定价格属于企业自治范围内的事情,且认定价格的不公平需要充分的经济信息和统计信息。

(1) 垄断高价

商品垄断高价是指由占市场支配地位的经营主体制定的价格,且该价格超过生产和销售该商品的必要成本和利润,也超过在俄罗斯联邦境内或境外的在商品市场采购或销售商品的交易条件、商品市场进入条件、国家对市场

---

① 〔俄〕图基耶夫:《竞争法》(俄文版),РДЛ出版公司2000年版,第186页。
② 〔俄〕巴拉舒克:《竞争法》(俄文版),城市出版公司2002年版,第159—164页。
③ 〔俄〕巴尔基洛:《滥用市场支配地位问题:俄罗斯与外国制度比较》(俄文版),标准出版公司2009年版,第135页。

的调节政策(含税收政策、关税政策)方面可比较的市场(下称可比较商品市场)在竞争条件下形成的价格。

2005年之前的俄罗斯反垄断法规定,垄断高价是指由在特殊的商品市场中占据支配地位的经营主体通过控制商品固定价格,或通过补偿或部分补偿不正当的成本,获取或可能获取在竞争条件下无法获得的高额利润。这一规定的特点在于,确定了经营行为的主观特性和对市场合作者的客观影响,另外,对于例外事项的处理没有给予明确标准。按照俄罗斯学者的评价,它"一方面为垄断高价制定了明确的标准,另一方面在很大程度上又为违反标准提供了寄居地"。[①]

分析俄罗斯商品的价格构成要素,商品价格并不总是商品交换的市场标志和行为工具,由于短缺产品的价格投机行为非常普遍,确定这类产品的市场价格构成要素非常困难。这从一个侧面解释了为什么违反反垄断法关于垄断高价的案件长期以来都比较少。相关的案件往往是,通过价格转嫁强行要求交易人接受对其不利的条件,而这在法律上是另外一类滥用市场支配地位行为。据俄罗斯反垄断局的统计,在2000年申请确认垄断高价的案件共82件,占滥用市场支配地位案件总量的3.4%。这其中审查后被驳回请求的有52件,此外,还有对反垄断机构的决定不服提起复议的案件和提起诉讼的案件。最终,被认定为构成垄断高价的案件只有7件。

近些年来,涉嫌垄断高价的案件数量有所增长,实践中,反垄断机构和法院总结经验,确定了经济合理性标准来解决垄断价格的认定问题。为此,2006年《竞争保护法》改变了原来的认定标准,确定了两个必备的条件:

① 经营主体确定的价格超过市场竞争条件下的商品价格。这里的竞争市场是作为判断标准的可比商品市场,它是在确定的时间内销售商品的数量、购买者或者销售者的正常交易状况和进入条件等组合的市场状况。在可比商品市场上经营主体不在购买者或销售者之列,不具有支配地位。② 价格超过在可比市场上生产和销售替代商品应支付的成本和应得利润的数额。

此外,法律作了两项排除:如果价格不符合上述规定的标准,商品价格不是垄断高价;自然垄断主体在自然垄断产品调控机关核定的产品价格浮动范围内确定的价格,不属于垄断高价。

实际上,垄断高价的综合认定标准,是在市场上占有支配地位的经营主体确定的商品价格,实质性超过不属于同一法人集团和不占有支配地位的主体在可比商品市场条件下的价格,并超过了经济上的合理费用及生产和销售

[①] 〔俄〕巴尔基洛:《滥用市场支配地位问题:俄罗斯与外国制度比较》(俄文版),标准出版公司2009年版,第156页。

这类产品的合理利润的金额。

可比商品市场是一种经济分析方法。在反垄断法律适用中经济分析起着重要的作用。如果商品价格不超过在可比较商品市场竞争条件下形成的价格,则不被认定为商品垄断高价。法律专家确定的估价规则对反垄断机构和法院明确作出认定有重要的作用。很长一段时间里,俄罗斯反垄断实践忽视了经济理论的工具作用。然而,近年来俄罗斯立法发生了一定的变化。分析竞争环境时可比商品市场是防止广泛充斥于经济管理(自然垄断行业监管)中的"爬行综合征"的有效工具[①]。

目前,在俄罗斯反垄断法上,运用可比商品市场方法认定垄断高价有以下两种路径。

第一,通过提高商品价格的方法认定垄断高价。这种方法除了提高以前制定的商品价格外,还需同时符合下述情形:① 商品价格变化与用于生产和销售商品的必要支出变化的程度不符;② 商品销售和采购方没有改变,或没有明显变化;③ 商品市场的商品交易条件,其中包括国家调节政策如税收政策、价格政策所决定的交易条件没有变化,或者变化程度与商品价格变化程度不符。

第二,通过维持或降低以前制定的商品价格的手段,同时符合下述情形:① 生产和销售商品的必要成本已经大幅降低;② 商品销售或采购方组成情况的变化决定商品价格下调的可能性;③ 商品市场的商品交易条件,包括国家调节政策如税收政策、价格政策所决定的交易条件,提供了商品价格向下调节的可能性。

在特殊行业,因产品的价格因素具有特殊性,这使得垄断高价的认定中可比商品市场价格方法很难适用。在俄罗斯,石油产品不属于自然垄断范围内的产品,联邦反垄断局在2010年2月26日提出了一个石油价格的刚性计算方法,其形式按照可比市场价格确定了石油产品的最高市场价格。考虑到购买和销售的运输距离和运输成本石油产品的价格可以调整1500—2000卢布/每吨。俄罗斯联邦反垄断局以这个市场定价为基础来监督批发成品油市场的零售市场价格,这并不是可比市场价格。超出该指标的实际价格认定为违反反垄断法的不公平价格。这一方法遭到能源政策委员会的批评。该委员会提出"关于石油产品价格计算方法的建议"。建议指出,如果按照俄罗斯反垄断局提供的刚性方法,将使大多数俄罗斯炼油厂不得不亏本销售产品,其中一个后果将是在该国各地区的价格产生很大差异,引发对石油产品的投

---

① 〔俄〕A. E. 沙斯基卡:《作为反垄断政策工具的可比市场》(俄文版),载《经济问题》2010年第5期,第96—109页。

机活动。由于石油资源丰富和自给能力充足，在石油产品的价格上俄罗斯并不采取全球贸易主要供应基地期货价格加权的方法，而是使用"自由始发站"的原则，即炼油厂出厂价。显然，由于其国内市场价格的功能不完全与世界平均价格相挂钩，委员会提出在出厂价的基础上，确定±20%的价格幅度。这个价格幅度的最终确定，考虑了以下因素：国内市场习惯（公司以往的合同价格）；俄罗斯炼油厂生产的产品质量差异；在其产品的消费市场上，俄罗斯炼油厂距离的差异；俄罗斯炼油厂的设备和技术决定的产品的成本效益的差异；俄罗斯市场的季节性需求的波动；为平衡世界市场（在世界石油价格迅速变化的环境下遵守某价格可能导致对俄罗斯市场的不适当冲击）的波动性。因此，石油产品的价格最终公式如下：销售价格＝炼油厂出厂价±20%的全球平均价格。全球平均价格＝（英国离岸价格＋地中海离岸价格＋墨西哥湾离岸价格＋新加坡离岸价格）/4。

垄断高价的例外。商品流通中的价格受多种因素影响，其违法性和合理性的界限并非泾渭分明。俄罗斯反垄断法也从合理性的角度正面描述了相关情形。在交易中确定的商品价格不被认定为商品垄断高价的，需符合下述情形：① 在交易中销售的商品数量，由在相关商品市场中占支配地位的经营主体生产和（或）销售，且不应少于联邦反垄断机关和联邦监管相关商品生产活动领域的执法机构设定的数量；② 交易由在相关商品市场中占支配地位的经营主体达成，交易过程符合由联邦反垄断机关和联邦监管相关商品生产活动领域的执法机构决定的要求，尤其满足交易时段交易参与人的最少人数要求；③ 在相关商品市场中占支配地位的经营主体招标时（尤其在向投标人或投标人群体报价时），提交为联邦反垄断机关认可符合条件的交易人名单；④ 在相关商品市场中占支配地位的经营主体的行为，和（或）该经营主体附属人员并非市场操纵者；⑤ 在相关商品市场中占支配地位的经营主体应当周期性地在交易中销售商品，且包括在一个公历月中的交易时段进行的商品销售数量；俄罗斯联邦政府有权决定周期性标准和在特定商品市场的交易中销售商品的均匀性；⑥ 在相关商品市场中占支配地位的经营主体根据俄罗斯联邦政府规定的流程，在该商品市场上提供场外交易货物的流通记录；⑦ 交易的最小规模并不妨碍进入相关商品市场。

这里，尤其值得一提的是因囤积居奇而导致商品供不应求，出现价格大幅度上涨的情况。这涉及涨价的幅度和涨价的原因。在中国，20世纪90年代，曾在价格立法上规定此种行为，但在实践中难以认定，后其在立法（包括地方性价格立法）上逐渐被删除。俄罗斯反垄断法在2010年以前也曾规定囤积居奇：减少流通中的商品，若其结果提高了商品的价格。在上述⑤中，还留有囤积居奇的影子。

（2）垄断低价

垄断低价是指由在特殊商品市场中占支配地位的经营主体作为买方所控制的可购买商品的价格，其目的在于获取超额利润并且/或者以损害卖方利益来补偿自己不当耗费的成本；或者由在特殊商品市场中占支配地位的经营主体作为卖方所控制的商品价格，该价格水平引起了该商品销售者的损失，其目的是或可能是通过将竞争对手排挤出市场而限制竞争。

仅仅从价格角度而言，商品（不包括金融服务）的垄断低价，是占支配地位的经营主体确定的如下价格：① 低于可比商品市场上的非同一主体集团的卖方或买方主体和不占支配地位的主体确定的价格；② 低于为生产和销售该产品必要成本的价格。

如果价格不符合上述①规定的标准，商品价格不是垄断低价。相比在可比商品市场上非同一主体集团的卖方或买方主体和不占支配地位的销售者数量减少时，如果销售者确定的价格没有导致限制竞争，不构成垄断低价。自然垄断主体在自然垄断产品调控机关核定的产品价格浮动范围内确定的价格，不属于垄断低价。

俄罗斯反垄断法上的垄断低价是个大概念，包括我国反垄断法上的不公平低价和掠夺性价格。

违法的垄断低价的认定需要考查行为目的和效果（后果）。具有支配地位主体为获得补充利润和（或）出售商品时并无合理依据地补偿耗费而亏损出售产品，通过实施该价格将产生或可能产生将竞争对手排挤出市场的后果。

俄罗斯反垄断法上的不公平低价包括卖方支配地位和买方支配地位两种情况。卖方支配地位时，其认定标准是：① 无理由缩减生产和不充分发挥企业（供应者）的生产能力；② 支配地位经营主体提供商品的价格低于竞争市场价格，包括不充分供给时获取利润在内的平均价格和（或）补偿成本（如果平均价格无法确定时）。买方支配地位时，认定标准是：具有支配地位的作为购买者的经营主体不是通过降低自主产品的生产和销售费用提高利润，而是通过确定作为购买者的经营主体具有支配地位的事实、取得补充利润和（或）补偿不合理耗费的事实，并使购买价格降低。

掠夺性价格的特点是：① 创造从其他经营主体处购买商品不划算的市场条件；② 占有市场支配地位的经营主体销售商品的价格低于成本和（或）低于竞争市场的价格水平，和（或）低于市场平均价格水平；③ 一定时期内在对产品需求稳定的条件下无销售或生产成本上的合理理由而降低利润。为了认定掠夺性价格需要确定作为卖方的经营主体具有市场支配地位、亏损销售产品的价格水平和证明通过排挤竞争对手限制竞争。

实践中,垄断低价的认定特别复杂,存在亏本销售是必要的依据。尽管将竞争对手排挤出市场很重要,但依此作出判定基本上是不可能的。试举一例说明:弗拉基米尔面包公司于1929年成立,迄今仍为俄罗斯中部地区面包产品产量最大的生产商之一,每天生产产品超过100吨。公司产品不仅在弗拉基米尔地区销售,也在其他地区销售。在占有支配地位的相关商品市场上销售的相关商品有20种不同的价格,其高低幅度达到25%,并且某些价格低于成本。在弗拉基米尔市销售的商品大部分盈利,而在另一些不占支配地位的市场上以低价销售。是否构成掠夺性定价?按照产品销售总量,该公司坚持了竞争价格并盈利销售。

按照现行法,确定商品垄断低价的方式和标准是:① 降低以前实施的商品价格,且同时符合下述情形:a. 生产和销售该商品的必要成本没有明显变化,或者成本变化与商品价格变化程度不符;b. 商品销售或采购方法没有变化,或变化不明显;c. 商品市场的商品交易条件,其中包括国家调节如税收、价格政策影响的交易条件,没有发生变化,或变化程度与商品价格变化程度不符;② 通过维持或不提高以前制定的商品价格的方式,且同时符合下述情形:a. 生产和销售商品的成本已经明显增加;b. 商品销售方或采购方组成情况的变化决定商品价格可能上升;c. 商品市场的商品交易条件,包括国家调节如税收和价格政策影响的交易条件,决定商品价格有可能上升。

在下述情形下,不被认定为商品垄断低价:① 由自然垄断的经营主体在俄罗斯联邦法律对该商品规定的价格范围内制定的价格;② 商品价格不低于在可比较商品市场上竞争条件下形成的价格;③ 由于在相应商品市场上非销售方或者采购方的关联主体的数量减少,商品销售方制定的价格没有或者不可能导致限制竞争。

上述案件中行为是以交叉补贴为基础的,立法者并不阻止这种行为,除非这种补贴产生了排除限制竞争的效果。实践中,最大的问题就是这种效果的证明。

2. 违反定价程序和强迫接受不利价格

在俄罗斯,这种行为是滥用市场支配地位行为中最为普遍的类型。其危害的是价格行政法规和政府价格决定中的定价程序。其中违反前者的行为表现为:实行价格歧视;超出定价的额外费用支付;市属热力、电力企业收取的非地方能源委员会规定可收取的超高热力、电力费用;电力输送企业执行的非地方能源委员会核定的费用;等等。

这类现象较为普遍的原因是,俄罗斯大部分滥用市场支配地位行为是自然垄断主体的经营涉及政府价格。

按照俄联邦《行政法典》第 14 条第 6 款的规定,为保护公民权利和尊重企业的经济利益,以及确保经济系统在整体上和某些行业内正常运行,国家或政府依法进行价格调控。在自然垄断领域,国家对价格进行调控,如果有必要,在其他具有重要的社会价值的经济领域,也可以进行价格调控。自然垄断商品(工程、服务)的价格(收费)受国家的价格管制(关税),这些商品(工程、服务)的价格,包括定价基础、国家调控的规则,由俄罗斯联邦政府批准。涉及价格调控的商品种类和形式很多,其中比较常出现的是自然垄断领域产品和服务的价格,在石油和石油产品管道运输,以及天然气管道输送,电力和热能,铁路运输,码头,港口,机场服务,公共电信服务,邮政通信服务,火电的输电服务管理等领域都由政府颁布的行政法规确定商品(工程、服务)的价格(收费)。[①] 另外,容易产生价格强迫行为的非自然垄断产品或服务还有药品(基本药品名单上的药品)。药品价格实行国家调控,为此,国家实行国内和国外的药品生产价格登记制度,建立了批发和零售价格幅度的限制。

白俄罗斯、乌克兰、哈萨克斯坦等国也采取了类似俄罗斯这种自然垄断产品价格调控的方法。它们规定的产品范围与俄罗斯大致相当。为了更准确地确定自然垄断产品的价格,哈萨克斯坦于 2007 年 12 月 25 日通过了联邦政府第 1286 号令,规定了自然垄断企业产品(工程、服务)的价格结构,如第 8 条规定,在经营主体形成合理的商品(工程、服务)价格时可以参考:(1) 材料成本,包括在相关文件(合同、发票)中标明的材料价格;原材料、燃料等能源,其消耗以生产量(单位物质商品、工程的资源量)和(或)物质资源的年增长率为基础;(2) 考虑到价格降低,分配给经营主体的国家预算资金,是商品市场主体采取降低价格的一部分;(3) 人员的劳动成本,包括根据劳动法规定支付的劳动力价格、奖金和津贴;(4) 折旧,导致固定资产投资项目的价值增加和实现投资计划的资金使用方法;(5) (在一个投资项目的情况下)如果有文件确认潜在的提供金融服务的条款;与商品生产有关资产(工程、服务)的收入或投资;(6) 其他与生产(供应)垄断货物(工程、服务)直接相关的费用,以及作为证据的材料(合同、发票、财务和其他文件)。第 10 条

---

① 为此,总统或政府颁布了许多价格令,涉及上述产品的政府令有:2005 年 10 月 24 日第 637 号令;政府决议日期 1999 年 10 月 13 日第 1158 号令;1996 年 10 月 17 日总统第 1451 令;1996 年 7 月 17 日政府第 869 号令;1996 年 7 月 17 日政府第 863 号令;1996 年 2 月 12 日政府第 140 号令;1999 年 11 月 3 日政府第 1035 号令。

规定了经营主体确立商品(工程、服务)价格时不纳入价格构成的费用,包括:非生产(供应)垄断货物(工程、服务)使用过的固定资产折旧;超标准排放污染物的费用;不良债务;罚金、罚款和商业纠纷诉讼费;盗窃损失;不属于生产的餐饮场所和地点的费用;赞助;购买礼品或纪念日为员工发放的礼券;开展文化、教育、娱乐和体育活动(晚会、音乐会和其他)的费用;卫生设施,但儿童保健机构、教育机构的维修与职业学校除外。

从俄罗斯反垄断实践可以看出,法律上规定的强迫接受合同不利条件大都表现为强迫接受不利价格。认定的核心标准是价格的合法性。

3. 价格歧视

在俄罗斯,这不是一种普遍的违法类型。理论界一直强调,禁止给交易人以不公平对待并不意味着对所有交易人设置同样条件。法律上规定:无经济上、技术上的依据或无其他根据对同一产品确定不同的价格(价目表),联邦法律另有规定的除外。相比 1991 年的俄罗斯《商品市场反垄断法》,2006 年的《竞争保护法》对滥用市场支配地位的一个最重大的变化是,增加了豁免条件。

(1) 一些模糊的概念

上述法律规定存在的很多问题。

首先,同一产品应如何理解?包括同样的类型和品质吗?多大程度的差异才不是同一的产品?谁来决定产品的品质和类型的差异程度?这涉及相关商品市场问题。

其次,价格歧视是否也包括针对自然人的交易?俄联邦《竞争保护法》第 10 条第 1 款的用语是"侵害他人","他人"包括的范围有多大?机关、地方政府、公共组织、劳动者、消费者、自然人、其他非经营性实体等,都符合上述法律概念的内涵。在早期的立法上,"他人"包括经营主体,也包括个人。但在 2015 年以后,"他人"被特别限定在"经营主体"上。对于自然人的相同条件不同价格问题适用消费者权益保护法的规定。

再次,价格歧视的标准,或确定的方法及程序是什么。企业实施垄断性价格歧视,必须具备下列市场条件:卖方能够依据需求弹性划分不同的客户;对一些非常缺乏需求弹性的买家设置高价,对另一些需求有弹性的买家设置低价;货物不可能在两个(以上)市场间相互转移,即不存在市场共享。

(2) 自然垄断行业的价格歧视

价格歧视可能出现在按所有制、行业制造商或消费者进行市场分割的情况下。有关自然垄断行业向市场提供商品和(或)服务,适用《自然垄断法》或具体的部门法。

依据俄联邦《竞争保护法》第 10 条第 3 款,俄罗斯联邦政府确定自然垄断行业提供商品的规则,旨在防止在同等条件下对其他经营主体实施不平等的待遇。在其他联邦法律符合反垄断法原则的情况下,可以依据行业的特殊性设置非歧视性的准入规则。例如,根据《电力法》第 25 条的规定,反垄断法在电力调度监测、在出售电力和业务管理上确保不受歧视地获得服务。俄罗斯联邦政府确定电力批发市场的基本规则和非歧视地提供电力传输、电力调度和电力交易系统服务的规则。为此,俄罗斯联邦政府发布了第 861 号令,详细说明了为确保电力销售的非歧视要求的标准、程序和条件。在自然垄断的其他领域,如天然气、水等,也发布了类似的非歧视性准入规则。

(二) 非价格滥用市场支配地位行为

非价格的滥用市场支配地位,包括下列行为(不作为):

1. 强制交易

强制交易,也叫强迫交易,是指一个具有市场支配地位的经营主体强加给交易对象以不利条件或与合同不相关的标的的行为。简而言之,即强迫缔约人接受对其不利的条件或接收不属于合同的客体。2006 年修改法律以前,强制交易在条文上表述为:将不利于交易人的或与契约目的无关的条款(无正当理由要求转让金融资产、其他财产、产权、人力)强加给交易人。2006 年《竞争保护法》第 10 条第 1 款第 3 项对强制交易的规定变为:无经济上或技术上依据和(或)没有联邦法律、联邦总统发布的规范性法律文件、联邦政府、联邦行政机构颁布的规范性法律文件依据,或者不符合司法原则的涉及资金转移、其他财产转移,包括财产性权利,以及同意缔结包含相对于交易人不愿意接受的商品或其他条件的合同。

强迫签订合同并不必然违反《民法典》第 421 条规定的原则。强制交易违反合同自由原则。但是,也存在例外,包括建立在保护社会公共利益、企业、公民民事权利、消费者利益基础上的例外,特别是发生在自然垄断行业中或可能拥有市场支配力的主体侵害民事权利的情况下。

限制合同自由的法律规范,包括俄联邦《民法典》和《竞争保护法》。《民法典》第 445 条是法院认定强制合同有效的依据,《竞争保护法》第 10 条是反垄断执法机构限制合同自由和允许强制签订合同的依据。

反垄断法上的强迫交易,一方面是禁止性的,因为它限制了合同自由;另一方面是合法的,它是一种补充性的保障措施,可以限制具有市场支配地位的主体滥用合同自由。

根据《竞争保护法》第 10 条第 5 款第 1 项的规定,"具有支配地位的经营主体不得无理由拒绝缔结一项契约"。不论是行政程序还是司法程序,认定强迫交易的核心标准是"强迫"。但是,现行法律却没有规定什么是"强迫"。

根据法律实施的经验,首先要确定强迫的事实。包括提供相关证据证明拒绝接受差异性的合同内容等,提出合同草案存在分歧,合同的修订内容是否导致剥夺缔约人的利益。其次是具有市场支配地位的经营主体威胁证据:若不签订合同将增加交易对方责任的有争议条款列入合同,或者不履行规定的义务终止合同或中止履行合同义务(如停止货源、能源供应)。

如果不是交易上的强制,如对身体实施的强制等,不属于本法的内容。另外,审议案件时,对"强制"的认定采取一事一议的原则,不必检查缔约人与其他交易人签订的合同。

值得一提的是,俄联邦《民法典》第 445 条规定了"按必定程序签订合同",按其第 2 款规定,"根据民法典或其他法律对发出要约(合同草案)的一方当事人必须订立合同时,且在 30 天内附送其对合同草案书面分歧意见的,该方必须在收到该分歧意见之日起的 30 天内通知对方关于接受修正的合同或者拒绝分歧意见的记录。"这种行为到底是合同法上的争议,还是涉及与反垄断法的竞合?

俄联邦《民法典》第 426 条规定了"公共合同"(公共交通、邮电服务、供电、医疗等),涉及这类具有公共属性的合同,在交易人之间存在分歧以至于无法缔结一项公共合同时,另一方有权按《民法典》第 426、445 条的规定向法院申请强制缔约。何谓无法达成交易的分歧条件,按照《民法典》第 446 条的规定,由法院来认定。同时,如果交易一方已处于支配地位,其行为未履行《民法典》第 445 条规定的合同协商的一般步骤(交换协议的差异,对方拒绝接受的分歧,协商程序等),应被确认为施加不利的合同条件。这样,受要约人在收到具有支配地位的经营主体的要约,不同意其提出的合同条件时,不仅有权向法院提起诉讼,也有权向反垄断机构申请保护自己的利益。在合同条件有争议的情况下,可能会要求法庭解决分歧(《民法典》第 445 条第 1、2 款,第 426 条第 3 款)。法院不仅要分析争议的合同内容的合法性,而且要分析其经济合理性、适当性。可见,有关合同分歧的处理,如果无法达成一致的合同主体一方具有市场支配地位,则存在民法典和反垄断法的竞合。

实践中,俄罗斯能源供给行业广泛存在强迫交易的违法行为,在这类案例中,法院将《竞争保护法》第 5 条规定的强迫交易解释为,签订引发缔约人合理异议而交易人拒绝协商(缔约建议)或回避(缔约建议)协商的行为。在 Оренбур энерго 股份公司案中,事实表明,签订的《能源的供给合同》第 3.1.1 条规定,能源公司有权以书面形式通知用户的服务银行进行预先付款;第 6.3 条规定,无需进一步授权,对超出用电限额消耗的部分,以一般电价的十倍价格支付费用。2001 年 7 月 19 日奥伦堡地区仲裁法院(一审法院)以违反俄罗斯联邦《反垄断法》第 5 条的规定,认定该类合同条款无效,作出了停止侵害的判决。

上诉法院认为,一审法院没有分析如下三个内容:被告是否实施了强制接受缔结对用户不利的合同条件的行动,是否回避了分歧的解决程序,用户是否采取了俄联邦《民法典》第 445 条规定的保护自己利益的司法方法。

按照俄联邦《民法典》第 544 条第 2 款的规定,用电合同的解除办法由法律、其他法律文件或者双方的协议确定。根据俄罗斯联邦总统令(1992 年 9 月 18 日第 92 号)——"关于采取措施改善燃料(综合能源)生产规划令"和俄罗斯联邦最高委员会(1993 年 4 月 1 日第 4725-1 号文件)"关于改善综合能源类和水产品和服务支付的决定",除了公共机构和居民外,其他主体支付电费,依仪表数据和折扣计算,不得接受直接付款。另根据俄罗斯联邦政府令(2000 年 4 月 4 日第 294 号)"关于电力、热力、天然气支付程序令",法人支付电力费用除公共机构和国有企业外,实行预先支付的方式。因此,一审法院的认定没有对合同的争议点进行必要的法律分析,没有对违反反垄断法的标准进行必要的评价。于是,二审法院作出了发回重审的裁决。

2. 拒绝交易

拒绝交易是俄罗斯反垄断法常见的违法类型,如果支配地位主体和交易人处于同一相关市场,其结果不仅侵害交易人的权利,也损害竞争秩序。

按照《竞争保护法》第 10 条的规定,以下行为属于拒绝交易:无技术上或经济上的合理理由,以及无联邦法律、联邦总统发布的规范性法律文件、联邦政府、联邦行政机构颁布的规范性法律文件依据,或者不符合司法原则的规定,有商品生产或供应的能力而拒绝或排除与个别买方(客户)签订合同。

《民法典》第 10 条不允许以限制竞争为目的行使民事权利和滥用市场支配地位。但反垄断法是专门性的法律。如果当事人提交滥用市场支配地位的证据不够,法院不会依照《民法典》第 10 条第 2 款给予其保护[①]。主要理由是,《竞争保护法》第 5 条仅与合同自由的原则相关联,这里解决的是作为

---

① 国家杜马 1998 年第 32 号令:《关于反垄断法运用中争议的解决》中的意见。

一种限制自由的特殊规定。

再举一例说明。新西伯利亚鲁柯依尔股份公司向联邦反垄断机关投诉被 СИБУР 有限公司控股的多家天然气生产企业拒绝签订管道天然气供应合同。理由是《民法典》第 209 条和 421 条规定的合同自由。反垄断机构确认,鲁柯依尔股份公司是利用化学工业品加工天然气的生产者和销售者,和上述天然气生产企业具有竞争关系,拒绝签订供气合同使鲁柯依尔股份公司无法在产品市场上找到该产品的替代品。反垄断机构确定了天然气生产企业的行为是违法的。当事人不服,向仲裁法院提起了诉讼,法院维持了上述结论。① 本案引发的争论在于,天然气生产企业是否有义务对进入市场的自己的竞争者提供产品。毫无疑问,作为竞争者和购买者的企业间关系是复杂的。作为购买者而言,对上游产品的依赖使其无法和其他的企业签订同样的合同;作为上游生产者而言,向下游销售产品有利于获取正常利润。天然气生产者的拒绝交易行为不是来自对其自身的生产能力构成的危险。此外,法院判决还认为,拒绝签订天然气供应合同导致限制天然气产品的竞争,这种经济后果是反垄断法所禁止的。

在俄罗斯理论界,类似美国认定拒绝交易的基础标准——"核心设施"的概念并没有形成。运用核心设施标准要求深入分析提供产品的技术特性,这将增加反垄断机构的分析负担,通常需要由经济学专家作出独立分析,耗时耗力。在美国和德国等的法律实践中,核心设施标准要求进行精细的经济、法律、技术等全面综合分析。诸多的法院判例丰富和完善了核心设施的内涵和运用标准。俄罗斯理论界承认这样一个事实:目前,俄罗斯仲裁法院运用反垄断法的水平没有这些基础,还不足以准确地把握核心设施这个概念。在法律实践中,无论法院还是反垄断机构都没有按照核心设施的认定思路展开探讨,而是采取经营主体、竞争者、消费者之间的利益平衡分析方法。

除了初始拒绝交易外,在已经进行长期合作交易的前提下,占有市场支配地位的当事人单方面终止合同或改变合同(不行为)条款,除了违反合同法的基本原则外,是否可以适用反垄断法?

早期,仲裁法院认为,即使付款方多次延迟付款,占有市场支配地位的能源供给企业也无权单方面拒绝履行合同。《民法典》第 546 条的规定对于能源供应企业单方面拒绝履行合同的规定是受反垄断法限制的。但是,这个立场受到了广泛的批判。《民法典》第 12 条规定了对所有企业活动的一系列保护民事权利的基本方法,《民法典》第 546 条第 2 款规定的单方解除合同就属

---

① 莫斯科仲裁法院第 A40-14985/0094-203 号。

于这种方法,在多次未付款的情况下,保护能源供应企业的权益同样重要。如果认为占有支配地位的企业即使对方多次违约仍不能拒绝交易,将侵害善意民事流转的参与者的权益,使购买者产生某种寄生性。

反垄断法上的拒绝交易与合同法上的不安抗辩权之间的平衡,到底是坚持特殊行业的经营主体也同样享有民法典上的不安抗辩权,还是坚持反垄断法上的不得滥用支配地位? 其标志性的事件是 2007 第 34-930/2007 号案。

库尔干能源零售股份公司(以下简称"能源公司")从某电力有限责任公司(以下简称"电力公司")处购买电力并对外销售。按照产能电力公司常常不能满足能源销售的需求,在电力零售市场具有支配地位的能源公司采取了不按期付款的方式对抗电力公司。2007 年 2 月 14 日库尔干地区联邦反垄断局认定能源零售公司的行为逃避了电力公司与其签订的电力销售合同,违反了《竞争保护法》第 10 条第 1 款的规定。

能源公司向库尔干地区的仲裁法院起诉,请求确认反垄断局作出的决定无效。电力公司作为无独立请求权的第三人参加诉讼。库尔干地区的仲裁法院依据《电力法》和双方签订的电力供应合同,认定能源公司滥用市场支配地位,且不存在中断电力供应合同的法律理由。法院的结论是,能源公司违反反垄断法。上诉仲裁法院推翻了初审法院判决[1],认为,能源公司获取能源是为了转售,应适用《民法典》第 539 条和电力法规定,能源零售公司没有违反反垄断法。

反垄断局向联邦最高仲裁法院请求推翻上诉法院的判决,理由是法院适用法律错误。联邦最高仲裁法院审议了库尔干地区联邦反垄断局的申请。最高仲裁法院认为:《竞争保护法》第 10 条禁止滥用市场支配地位的行为(不作为),其中危害结果可能会损害私人经济上的利益,也具有社会公共利益。最终,联邦最高仲裁法院认定,能源公司不能解除具有社会约束性的契约,从而撤销了库尔干地区上诉仲裁法院的判决。

3. 设立歧视性条件

按照《竞争保护法》第 4 条的规定,歧视性条件,是指单个经营主体或经营主体群体在市场准入及生产、交换、购买、出售和其他产品转移的条件上,与另一经营主体或经营主体群体相比较处于不平等的地位。按照俄联邦《自然垄断法》第 8 条的规定,自然垄断主体有义务保障其他主体非歧视地进入

---

[1] 乌拉尔区联邦仲裁法院第 A34-930/2007 号。

商品市场和(或)生产(销售)商品和服务。类似的规定在俄罗斯其他具体行业法中也有规定,如《电力法》第 25 条。

大多数情况下,歧视发生在自然垄断主体以及电力供应关系中。这类合同具有一定的公共性。《民法典》第 426 条规定了"公共合同"的概念和原则:"由商业组织签订,规定因其活动性质而应对每个向其提出请求的人履行出售商品、完成工作或提供服务义务的合同(包括零售商业、公共交通运输、邮电服务、供电、医疗、旅馆等)。商业组织在签订公共合同方面没有权利对某人提供比他人更多的优惠,但法律或其他法规另有规定的除外。"按照这条规定,一般情况下公共合同的条件对所有交易人而言是统一的。这个规范的目的是使合同主体得到公平的对待。《民法典》第 426 条的规定是民事关系中歧视待遇的基本规定。很大程度上,这种规定的内容和反垄断法中的歧视待遇是一致的。

从主体上讲,反垄断法中实施歧视待遇的主体有三类:自然垄断主体、一般市场支配地位主体和其他经营主体。自然垄断主体是《自然垄断法》中规定的自然垄断企业,其生产或销售的商品及其在自然垄断领域提供的服务具有基础设施的性质。俄罗斯联邦政府曾颁布了超过 70% 市场份额的占有支配地位的一般经营主体从事生产和(或)销售行为的无歧视规则。其他经营主体实施的歧视待遇是一般民事主体,极特殊情况下是一般民事主体联合滥用市场支配地位情况下实施的。

滥用市场支配地位的行为主要发生在自然垄断主体和具有市场支配地位主体的身上。对一般民事主体实施的"歧视条件",通常是合法的。这源于一个案件。

反垄断机构曾根据"H 公司"的申请,认定"X 公司"违反《竞争保护法》中的歧视待遇规定[①]。反垄断执法机构认为,在给购买者提供付款条件方面行为人违反了《民法典》第 854 条的规定,给予另一些合同当事人以不公平优惠待遇。仲裁法院认为,反垄断执法机构的决定无效。因为反垄断执法机构不能只提供与"H 公司"签订的合同中存在被特殊对待而无其他经营主体的同类证据。同时认为,从事交易的供应者、购买者之间以完全相同的交易条件进行交易是不可能的,因为签订合同时的具体状况、交易人的情况、交易客体的情况以及其他要素等均会存在不同。该案件显示,俄罗斯反垄断法规定的"歧视条件",重在分析和评价涉嫌违法者的市场力量。其次,才分析"歧视条件"是否符合交货的成本。否则,不认为构成条件上的歧视。

---

① 新西伯利亚州联邦仲裁法院,Ф04.1409-303.Ф75-99.

4. 无正当理由减产或停产

在俄罗斯反垄断法上,规定了一种其他国家立法几乎没有涉及的行为,即无故停产或减产。停产或减产是企业的常规经营活动,也是企业控制市场的变化风险的内部方法。当然,这种方法也可能被支配地位企业滥用,成为控制下游主体生产经营的一种工具。法律规定的这种行为违法性的条件是,在没有联邦法律、俄罗斯联邦总统令、俄罗斯联邦政府制定的法律、被授权的联邦行政机构制定的法规或司法裁决明确认定的情况下,或无经济或技术依据,商品仍有市场需求或有订单尚待供货并仍可在该商品生产中获利而减少或停止生产该商品。

认定这种行为违法性的标准,除了经营主体具有市场支配地位外,还应当满足如下几个方面:第一,下游主体对具有支配地位的经营主体具有采购产品或服务上的依赖性;第二,停产或减产没有正当理由;第三,严重影响下游主体的生产经营或其生存和发展。

5. 阻碍准入或强制退出

在很多国家,"阻碍准入或强制退出"往往是某种行为的结果或可能的结果,例如掠夺性定价,直接的后果可能是竞争者退出市场;再如拒绝交易,可能导致市场准入障碍。俄罗斯反垄断法将滥用行为拆分得很细,将可能未出现的危险作为行为列举,意味着,俄罗斯法采取了一种"行为过程罪"的立法技术,强调行为的不同环节并独立化。在此情况下,拒绝交易是在场主体对在场下游主体的不交易,阻碍准入是在场主体对潜在主体的不交易。所以,两者都是行为(不作为)层面的,而不是行为与结果的关系。

《竞争保护法》第10条中规定了限制进入市场的问题。这种限制要求客体是核心设施。限制核心设施交易的案件在俄罗斯广泛存在,并且常与自然垄断主体相关联。这种行为的认定要求达到的限制后果同拒绝交易基本一致;影响了经营主体的生存和发展。在审查案件时,基本没有分析是否可能给潜在竞争者带来进入市场的壁垒。

五、启示与借鉴

在俄罗斯反垄断法实施中,滥用市场支配地位行为的案件数量远远超过其他类型的行为,2011年至2012年每年的投诉申请或检举揭发案件数量大约在 1.6 万件左右①。有一半以上的案件进入立案程序。② 2013 年以后每年的案件数量不断下降。到 2016 年,下降的幅度更加明显。

案件数量多的原因有多个方面。首先是传统上俄罗斯市场结构的高度集中,虽然集中度不断下降,但在相关地域市场上仍然较为普遍地存在市场竞争不足的问题。其次,是俄罗斯反垄断法中规定了多种认定支配地位的标准。例如,市场份额在 35% 仍可能具有支配地位。再次,支配地位行为发生在签订合同但施加不利的合同条款时。市场中的真实交易地位难以平等,自由和自主的交易越来越可贵。

表 4-3 滥用市场支配地位案件数量对比表

年份 行为	2013	2014	2015	2016	2017
滥用市场支配地位案件	7394	6664	6033	2700	2687
其他类型的案件	2634	3091	3059	1340	847
在滥用案件中构成违法的	1954	2520	2479	708	516

注:上述数据是指立案的数量,不是检举揭发的案件数量。因为有警告制度,大量的案件以警告方式解决了,未进入立案程序。

违法案件数量的下降和警告制度有紧密的关系。很大程度上,它化解了认定滥用市场支配地位中的难题,包括相关市场的划定,支配地位的认定,合理理由的说明等。

这种特殊的案件解决方式值得我国反垄断立法关注,毕竟它显现了良好的制度效果。具体特点、适用范围等,后文详述。

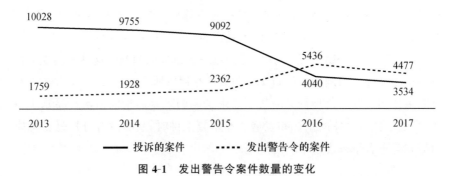

图 4-1 发出警告令案件数量的变化

自 2013 年以来,发出警告令的做法得到推广,发出警告令的案件越来越

---

① 2011 年,反垄断机构收到 16225 起关于经营主体滥用支配地位的投诉。2012 年,反垄断机构收到了 16200 起关于经营主体滥用支配地位的投诉。上述数据分别来自《俄联邦竞争状况报告(2011 年)》(俄文版)、《俄联邦竞争状况报告(2012 年)》(俄文版)。
② 数据均来自俄联邦反垄断局:《俄联邦竞争状况报告(2017 年)》(俄文版)。

多,见图4-1。在发出警告令的案件中,警告令得到实施的比例不断增大,2013年是72%、2014年是75%、2015年是83%、2016年是88%、2017年是80%。① 这意味着,凡是实施了警告令的案件,不进入立案程序;执行了警告令的内容的,案件终止。

另一个值得注意的现象是,被认定为构成滥用市场支配地位的案件中,早期违法主体绝大多数是自然垄断主体,近年来(2016年以后)自然垄断主体违法的现象显著下降。具体可参见表4-4:

表4-4 滥用市场支配地位案件中投诉与警告方式处理案件数量对比表

年份 行为	2013	2014	2015	2016	2017
在滥用案件中构成违法的	1954	2520	2479	708	516
自然垄断主体实施的	1271	1678	1827	398	292
其他主体实施的	683	842	652	310	224

从上表中可以看出,滥用市场支配地位的违法案件逐年减少,自然垄断主体实施的滥用行为也明显下降。说明若干年来,俄罗斯进行的自然垄断行业的渐进式的改革发挥了较好的制度效果。

很大程度上,这也是自然垄断行业的国有企业改革形成的结果。

第一,产业结构的变化使自然垄断企业的地位和作用发生了变化。随着科技进步,产业重点发生了变化,一些传统产业失去了昔日的垄断地位,变成了夕阳产业。新型能源的开发,使能源结构发生了迅速的变化;新材料的出现,使传统的钢铁工业的重要地位降低;现代交通工具的发展,使传统的交通结构发生根本变革。原有的国有企业的单品种、大批量生产为主的生产体制已不适应现代经济发展的需要。

第二,政府财政负担沉重。由于自然垄断企业体制僵化、规模庞大、机构臃肿、经济激励不足,导致效率普遍低下,又不存在破产的压力和改善经营、扭亏为盈的动力,依靠的主要是国家的财产补贴,仍可低效率运行。随着财政的压力越来越大,自2006年以来,国有企业改革逐步展开,主要方式是引入民间资本。

第三,经营效率低下。国有企业效率低下的原因有三:(1) 缺乏明确的利润目标。这一目标正是私营企业全力追求的。如果没有这一目标,外在于企业的压力就会大大减小。(2) 国有企业生产经营的社会目标往往不止一个,如维持社会稳定、保障物价水平等。这些目标有时和经营目标相冲突。

---

① 数据均来自俄联邦反垄断局:《俄联邦竞争状况报告(2017年)》(俄文版)。

政府出于政治原因,国有企业需要付出经济代价、经营利润来承担一定的社会责任。(3) 对国有企业管理人员的激励与企业的经济效益相互分离,即管理人员的收入和企业的利润没有直接关系,这使管理者没有动力去提高经济效益。

　　第四,规制自然垄断的目标是促进垄断行业的竞争。1995年俄罗斯颁布实施了《国家保护中小企业免受垄断和不正当竞争的法律》和《自然垄断法》。《自然垄断法》的政策目标是在垄断化了的部门中鼓励和发展竞争,刺激在这些部门建立新企业,鼓励其他部门的企业生产垄断性产品,放宽外资进入垄断市场的限制等。2001年颁布的《关于在对外经贸活动中保护消费者利益的法律》,规定了外经贸领域的合理竞争。

　　可见,在俄罗斯,滥用市场支配地位的问题是一个法律问题,也是政策问题,降低滥用市场支配地位的市场风险,需要不断强化的反垄断法发挥规制功能,也需要国有企业的市场化改革相辅助。

第五章　国家对经济集中的监管

俄罗斯反垄断法将他国法律中视为垄断行为类型之一的经营者集中（或企业合并）称为"经济集中的国家监管"。在观念上，这种安排的实质是将该行为视为国家行为或反垄断机构的职能的一种，而不是企业的违法行为。在反垄断法的章节中，其被放到了"反垄断机构的职权和职能"之后，"法律责任"之前。当然，从俄罗斯法对经营者集中的控制方法上看，其与欧盟竞争法、美国反托拉斯法以及我国反垄断法，没有本质上的差异，即规定一定的条件，要求当事人申报，反垄断机构审查和批准。故本书在排列上，按照中国法的习惯，将其放入垄断行为之列。

一、目标和类型

（一）监管的目标和方式

按照俄联邦《竞争保护法》第 4 条的规定，经济集中，是指能对竞争条件产生影响的交易或其他活动。可见，经济集中是个中性的概念。

有学者认为，这个概念并不准确，因为对竞争状态产生影响的交易，还应该包括滥用市场支配地位行为，甚至限制竞争协议也影响竞争状态。毫无疑问，对竞争状态产生影响的滥用市场支配地位的行为不是经济集中。[1] 经济集中的监管是反垄断法专有的概念。从俄联邦《竞争保护法》第 7 章使用的名称来看，其调节的是增强经营主体市场力量而可能改变市场结构的行为。确实，上述概念因没有揭示市场结构、增强经营主体市场力量等关键因素而显得外延过宽。

1. 监管的目标

在《竞争保护法》的定义中，"经济集中"一词只是一个形式定义，而不是

---

[1] 参见〔俄〕A. H. 瓦尔拉莫娃：《俄罗斯竞争法》（俄文版），法镜出版公司 2008 年版，第 361—362 页。

对这一现象的准确描述,其核心内容需要经济学知识辅助。① 在国民经济体系中,经济集中是对商品市场某一方面特点的描述,通常它针对的是一个较大的市场集中度(百分比或几个相互竞争的主要缔约方的总市场份额比例)。经济集中度的增加预示着市场支配力量产生危险的可能性。国家对市场参与者的市场份额指标进行控制,目标是防止单方面决定市场交易条件的经营主体的出现。控制不仅适用于基于自身发展而"自然"增大的市场比例,更主要针对通过合并方式而"人为"增大的市场比例。因此,国家经济监督的对象主要是由于市场参与者集中可能导致市场力量集中的交易。

通常,经济集中有两种后果:一是通过经济集中在市场上出现或加强一个经营主体(团体)的支配地位,但对消费者和整个国民经济产生积极影响。在这种情况下,市场上经营主体(团体)实施的经济集中可以优化市场结构,提升市场竞争力乃至国家竞争力。二是经营主体的经济集中产生了市场支配地位,并可能造成其他经营主体生产经营环境的恶化或市场准入的阻碍,包括市场资源可能重新分配、市场价格可能被一个主体决定、潜在竞争者难以进入市场等。政府对经济集中的监管,目的在于防止在市场上出现或强化一个经营主体(团体)的支配地位,并防范可能出现的限制或消除竞争的危险。

在监管对象上,俄罗斯法对经济集中监管的对象和方式与有关国家(地区)立法不完全相同。除了对经营主体的行为(组织行为、财产交易或连锁董事合同)进行监管外,还有一种不被其他国家列入反垄断监管职权范围的监管手段,就是对市场竞争环境的常规分析和评估。2006年俄罗斯反垄断局发布了《商品市场竞争环境状况分析和评价办法》,规定反垄断局内的专门机构通过制订相关市场的竞争环境状况年度报告,评估相关行业的经济集中度状况、市场进入障碍等。形式上,这个内容不在反垄断法条文中,实质上这项工作(义务)是进行滥用市场支配地位行为认定和经济集中监管的基础性工作。如果说对反垄断法上的经济集中监管的目标是行为的话,《商品市场竞争环境状况分析和评价办法》所进行的监管就是对垄断状态的监管。由此构建了俄罗斯反垄断法对经济集中度的常态监管模式,这不同于其他国家(地区)对某个行为进行一事一议的个案监管。

总结而言,对经济集中的监管,目的之一是防止经济集中的反竞争效应。形式上经济集中包括横向合并、纵向合并和混合合并(兼并)。同时,确立一个控制可能发生的负面效果的标准。目的之二是建立监测程序和获取市场

---

① 参见〔俄〕阿尔基米耶夫、布泽列夫斯基、舒式克耶夫:《俄罗斯竞争法》(俄文版),高等经济院校出版社2014年版,第287页。

结构的相关数据。为此,规定意欲集中的经营主体有申报的义务,违反申请程序将承担不利的法律后果。是否允许合并由反垄断管理机构根据市场结构的状况来决定。

2. 监管的方式

就监管方式而言,依据俄罗斯反垄断法的规定,分为事前监管和事后监管。

俄联邦《竞争保护法》第27—29条规定的主要是事前监管。法律确定了申报的标准,要求达到相关标准的经营主体的合并必须申报。

事后监管是对经济集中实施国家监督的特别形式。其主要体现在《竞争保护法》第27条第2款、第28条第2款和第31条规定上。例如,第31条规定的是特殊交易的事后备案,"联邦法第27—29条规定的交易或其他行为,可不事先经过反垄断机构批准,但同时符合一定情况时,应在其行为结束后依据联邦法第32条规定的程序向反垄断机构报备"。

(二) 监管重心与特殊主体

经济集中可以分为横向集中、纵向集中和混合集中。一般,在先反垄断立法主要国家对市场监管针对的对象主要是横向集中,如美国于1982年便颁布了《企业横向合并指南》,并多次修订。这源于横向集中直接导致集中后经营主体的市场份额扩大,形成市场控制力的危险更大。俄罗斯社会经济环境的特殊性决定了其制度的特殊性。

1. 监管的重心

不同于美国等西方国家,俄罗斯因特殊的市场状况——民营经济不发达、市场竞争力不足等,纵向集中被作为重点形式加以监管。基本理由如下:

一是它可能消除买方和卖方之间存在的潜在竞争。例如,在集中之前,某公司是连锁影院的所有者,其合并了电影制片厂,开始制作电影。集中后的公司既是电影制作人,也是电影院经营者,从而形成了一个上下游经销网络,这很可能垄断连锁影院所在城市的电影销售市场。

二是纵向集中可能引发竞争对手公司发生连锁性集中。如果一个公司是天然气产品公司的分销商,拥有一个加气站,其他加气站的所有者可能会受制于来自该分销商产品的交易条件。控制了具有依附性的上游产品,下游经营主体的劣势地位就会显现出来。同样,作为天然气产品零售市场上的直接竞争者,拥有上游的优势,可以将这种优势传导到下游,使系统内的下游主体具有更强的竞争力。

一般,混合集中的危险性是最小的。但在俄罗斯,混合集中也被提到非常重要的地位。理论上,这种集中被称为企业集团合并,即通过交易或其他行动导致两个以上非竞争性且不是买方和卖方之间关系的独立公司形成统一经济活动的团体形式。如果参与主体市场规模较小且参与集中的经营主体是非竞争者关系,集团合并不会削弱既有市场上的竞争,也不会消除潜在市场的竞争。

2. 被监管的特殊主体——主体集团

一般情况下,经济集中的审查对象是企业(公司,下同)。由于企业集团及其成员身份关系的特殊性,被监管主体也包括此类主体。在俄罗斯反垄断法上,这类主体一直是被重点关注的对象。只是在不同时期,名称上略有不同。

按照1995年修订的俄联邦《反垄断法》第4条的规定,主体集团(группа лиц),"是指符合以下一项或几项条件的法人集体或法人和自然人集体:(1)作为一项协议(协同行动)的结果,一个主体或若干主体在一个法人的全部法定资本(股份)的股票(捐赠、股份)的总表决票数中,联合拥有(在特殊场合,通过买卖、信托管理、合资或代理契约或者其他交易)能直接或间接处置其以上表决票的权利。个人间接处置表决票将被解释为有能力通过第三方实际处置表决票,该主体也被认为拥有上述权利或权威。(2)两个主体或若干主体签订了一项契约,在契约中由缔约的一方、几方或第三方授予决定企业运营条件的权利或者行使执行机构职能的权利。(3)一个主体有权任命一个法人的执行机构50%以上成员或者董事会(监事会)50%以上成员。(4)一批相同的自然人成为两个或两个以上法人的执行机构的50%以上成员或者董事会(监事会)的50%以上成员。"

1995年俄联邦《股份公司法》中使用了另一个与之相近的概念——关联主体(аффилированные лица),且该法未对关联主体作明确的界定。似乎,主体集团是反垄断法中的特殊主体,或反垄断法中的特有概念。关联主体是《股份公司法》中的特有概念。但是,这种概念的法域分属状况很快就被打破。1998年5月6日发布的《关于修改和补充俄罗斯联邦修改〈商品市场竞争和限制垄断活动的法律〉》(1991年俄联邦《反垄断法》的第三次修改)将关联主体(аффилированные лица)概念纳入反垄断法中。

关联主体的概念借鉴了英美法,表达的是一种特殊的经营上的相互依赖关系。反垄断法引入关联主体概念,增加了人们认识垄断主体的难度,也增强了区分主体集团和关联主体关系的必要性。

一般认为,关联主体和主体集团产生的基础是一致的,可以是财产、股份,也可以是合同约定、组织管理上的联系,这些基础的共同点是主体间的依附性。依附性的判定来自经营主体在经济上和法律上的依赖性,而不是仅仅指法律上是否独立。也有人认为,在反垄断法上,主体集团是关联主体的变种①,可以将所有属于主体集团内的主体(包括自然人和法人)都归入关联主体的范畴。至于它们之间的区别,在俄罗斯理论界的认识也不完全一致。有学者认为,主体集团的内涵更丰富。② 也有学者认为,两者的区别在于法域和法益的不同。主体集团属于反垄断法中的概念,是以保护不同市场中的竞争为目的,保障的是公共利益;关联主体是相关投资法中的概念,保护的是私人利益,如保护特殊股东或股份公司的利益。另外,主体集团这个概念意味着承认两个重要的事实:一是在形式上独立的法律主体关系的背后存在从属性、依附性的一面,即不平等的一面;二是这种关系需要建立在监督、控制等原则基础上的特别法来调整。③

在 2005 年版的俄联邦《反垄断法》中,这两个概念同时使用。主体集团(关联主体)是指符合下列一项或几项条件的法人集体或法人和自然人集体:

(1) 作为一项协议(协同行为)的结果,一个主体或若干主体有权直接或间接控制(包括基于买卖合同、信托协议、合资协议、代理协议、其他交易或其他方式)一个法人超过 50% 的表决权股票、法定资本或总资本的出资额。间接控制法人的表决权,应理解为可能通过第三人实际控制其表决权,上述主体被认为拥有上述权利或权力。

(2) 一个主体或若干主体通过契约或其他途径有机会决定一方或多方的决议,包括决定作为契约方的一方或多方主体或第三方企业的运营条件。

(3) 一个主体有权指定唯一的执行机构,并且/或者有权任命一个法律实体的执行机构 50% 的组成成员,并且/或者有权任命董事会(监事会)50%的组成成员,或者一个法律实体的另一个管理机构是根据该主体的意愿选举产生的。

(4) 一个自然人掌管一个经营主体唯一的执行机构的权力。

(5) 同一自然人及其配偶、父母、子女、兄弟姐妹和/或由同一个经营主体提议的人,构成了两个以上的经营主体的执行机构和/或董事会(监事会)

---

① 参见〔俄〕K.图基耶夫:《竞争法》(俄文版),РДЛ 出版公司 2000 年版,第 209 页。
② 〔俄〕H.克列依:《竞争法与股份公司法的适用》(俄文版),载《法律与经济》2002 年第 5 期,第 79 页。
③ 〔俄〕K.图基耶夫:《竞争法》(俄文版),РДЛ 出版社 2000 年版,第 202~203 页。

或另一个管理机构50%以上的组成人员,或者两个以上经营主体的董事会(监事会)50%以上的组成人员是依据经营主体的意愿选举产生的。

(6) 在一个法人内或组成同一集团的若干法人内工作的自然人,同时也是另一个法人的唯一的执行机构;或者在一个法人内或组成同一集团的若干法人内工作的自然人,构成了另一个法人的执行机构和/或董事会(监事会)或者其他管理机构50%以上的人员。

(7) 同一自然人及其配偶、父母、子女、兄弟姐妹和/或法律实体有权利直接或通过代理人(律师)控制两个或两个以上法律实体中任何一个实体的50%以上附表决权的股份或法定资本或总资本。

(8) 自然人和/或法律实体有权利直接或通过代理人(律师),来控制总计50%以上的投票权,无论该权利是通过集合有投票权的股份获得的,还是通过组合一个法律实体的法定资本或总资本来实现的。同时,上述自然人及其配偶、父母、子女、兄弟姐妹和/或由其提议的人和同一个法律实体构成另一个法律实体的执行机构和/或董事会(监事会)或者其他的管理机构。

(9) 法人实体是一家金融工业集团的参与者。

(10) 自然人之间是配偶关系、父母与子女关系、兄弟姐妹关系。

反垄断法选择主体集团这个概念是基于法律的实用性和这个概念的工具性。因反垄断法所禁止的垄断行为之一——滥用市场支配地位——需要确定相关主体的市场份额,反垄断机构或司法机关只有在确定有关主体的范围的基础上才能判定该范围的主体所从事行为的法律性质。在判定主体集团时确定的标准是一个主体对另一个主体的管理和实施统一的经营目标。作为关系的基础,俄联邦《民法典》第105、106条确定的子公司和附属公司是最典型的主体集团形式。

当然,能够被列入主体集团的不仅仅是公司,也包括能够管理其他经营主体的国有(市属)企业,例如,根据1998年7月18日俄联邦第852号总统令,俄罗斯将所有酒精和白酒工业公司的股份列入联邦财产,由俄罗斯国有企业——俄罗斯酒业公司控制,这构成了一个典型的主体集团。

不仅控制执行机构的人数超过50%,控制只有一个人的执行机构的,主体间的关系也属于主体集团。此外,依据法人机构的意思构成和意思表示,也可以认定主体集团关系。实践中,诸多情况下,不同公司的董事会(监事会)成员多数是近亲属关系或者听命于一个法人的指示而形成主体集团。同事间的亲属关系,包括父母、子女、兄弟姐妹关系也是认定主体集团的基础。

显然,反垄断法规定的主体集团足够宽泛。主体集团被看作一个主体,并负有反垄断法上的义务。一旦被认定为主体集团,其结论将作为包括垄断协议豁免、滥用市场支配地位行为的依据(不是证据),对当事人生产经营行为影响很大。因此,如果当事人对反垄断机构的认定结论不服,可以向仲裁法院提起诉讼。

2006年《竞争保护法》的颁布,关于主体集团的规定发生了重大的变化。具体体现在如下两方面。

首先是细化了主体关系的类型。与之前相比,法律对主体集团的类型规定更加细致。按照现行俄联邦《竞争保护法》第9条的规定,这部分内容涉及13个款项。主体集团,是符合下列一项或几项条件的自然人和(或)法人的总称:(1) 公司(合作企业)与自然人或法人,如果该自然人或法人凭借其直接参与该公司(合作企业),或因他人的委托获取在该公司(合作企业)注册(认缴)资本50%的表决权股票(股份);(2) 两个以上公司(合作企业)中,同一自然人或同一法人因直接参与该公司(合作企业),或因他人的委托持有在该公司(合作企业)的注册(认缴)资本50%以上的表决权股份(份额);(3) 公司与自然人或法人,如果自然人或法人单独履行该公司执行机构的职能;(4) 两个以上的公司,如果一个自然人或一个法人单独履行该公司执行机构的职能;(5) 公司(合作企业)与自然人或法人,如果该自然人或法人依据该公司(合作企业)的组织文件或与该公司签订的合同有权对该公司(合作企业)发布有约束力的指令的;(6) 两个以上的公司(合作企业)中,同一个自然人或同一个法人依这些公司(合作企业)的组织文件或与这些公司(合伙)签订的合同有权对该公司发布有约束力的指令的;(7) 公司与自然人或法人,如果按照该自然人或法人的建议被任命或选举为该公司的唯一执行机构;(8) 两个以上的公司,其唯一执行机构是按照同一自然人或法人的建议任命或选举的;(9) 公司与自然人或法人,如果按照该自然人或法人建议,被选举为联合执行机构成员或该公司董事会(监事会)成员,且人数超过50%的比例;(10) 两个以上公司,如果其联合执行机构和(或)董事会(监事会)中超过50%的人员是按照同一自然人或同一法人的建议选出的;(11) 两个以上公司中联合执行机构和(或)董事会(监事会)成员人数的50%以上属于同一组自然人的;(12) 作为同一个金融工业集团成员的人;(13) 自然人及其配偶、父母(包括养父母)、子女(包括养子女)、血亲和非血亲兄弟姐妹。

其次,增设了一个一般条款。相比之前的版本,现行法最本质的变化是规定了一般条款,即"任何一个按本条(第9条)第1—13款归入同一团体的人,以及按照本条第1—13款规定的条件与单个类似主体共同归入一个团体的第三人"。2009年7月21日俄罗斯发布了《〈反垄断法〉第二次解释》①,将2006年《竞争保护法》中的"每一个类似主体"(с каждым из таких лиц)改为"任何一个类似主体"(с любым из таких лиц),这一改变带来了很大的争议。有人认为,根据集团构成主体的必要条件,确定主体集团的标准要求是"同一团体"。关于"任一类似主体",这一概念应被理解为集团成员被归入一个联合集团。只有符合这两个条件的主体其关系才是主体集团。② 有人认为,从反垄断法的立法目的上讲,这种理解是狭隘的。同时,也有人认为,这种理解太过宽泛③。还有人认为,这一规定没有明确在法律上将独立的主体联合起来归入一个团体的客体是什么,这种情况下,主体集团的构成变成某种"几何"模式。④ 其实,这一细微的改变在经济集中问题上没有特别的意义,在滥用市场支配地位的认定上意义更加明显,因为成员多少直接决定主体集团的市场份额。

二、经济集中的事前监管与事后监管

经济集中可以根据不同的标准进行划分。除了上述横向、纵向、混合三种最基本的分类外,依据导致经济集中的工具不同,可以分为增强经济集中度的组织性集中和导致经济力增强的交易型集中。依据经济集中的环境不同,可以分为商品市场的经济集中和金融市场的经济集中。依据监管的时间要求不同,可以分为事前监管的经济集中和事后监管的经济集中,等等。

这里,将按照经济集中的环境和监管时间的不同,分别阐述商品市场的经营集中和金融市场的经济集中。不论事前监管还是事后监管,针对的对象均是两个:交易、其他行为。对于后者主要是指没有签订正式合同的行为,如在证券交易所购买股票、设立新公司等。

---

① 该文件被称为"第二反垄断法包"(второй антимонопольный пакет),是俄罗斯反垄断局与相关联邦行政机关共同编写的,旨在完善反垄断法。解释需经议会批准,并由俄罗斯联邦总统签署后生效。
② 参见〔俄〕B. A. 别洛夫:《新竞争法中的主体集团》(俄文版),载《公司法学家》2006年第8期。
③ 参见〔俄〕A. T. 柏格:《在确定关联主体时主体集团概念的使用》(俄文版),载《公司法学家》2007年第12期。
④ 参见〔俄〕A. B. 艾格路斯金、E. A. 普利亚柯娃、E. C. 哈赫罗夫:《反垄断法:变革秩序》(俄文版),沃尔特斯·克鲁尔出版公司2010年版,第26页。

(一) 预先批准及事前监管

预先批准是商业组织提出申请,反垄断监管机构依据职权对合并事项进行监管的活动。监管的客体有两种:一是商业组织的合并,即按照法律规定的条件,资产达到一定数额的商业组织结合成一个新的商业组织;二是商业组织的归并,即资产达到一定数额的商业组织归入另一个商业组织之中。形式上,经济集中监管的是商业组织的组织变更,但本质上,监管的是资本流动中的权力状态。

1. 商品市场经济集中的申请条件及预先批准

按照俄罗斯《竞争保护法》第27、28条的规定,特殊情况下,商业组织的设立和合并需经反垄断机构的预先批准。商品市场上预先批准的经济集中的类型及其申报条件分别如下。

(1) 吸收合并

商业组织并购(金融机构除外),如果在提交并购申请日前最近财务报告期的资产负债表资产总值,合计超过70亿卢布或合并方(含关联人)合并前的上一会计年度销售收入合计超过100亿卢布,须预先申请批准。

应该指出的是,这个"最近"日期的确定不同于俄联邦《股份公司法》第78条规定的大额交易账面价值的最后报告日期①,最近资产负债表是以提交税务机关备案的资产负债表为准。在计算最后报告日期的账面价值时,公司的资产价值以该交易前的最近的会计年度财务报告来确定。俄罗斯联邦反垄断局在2007年2月27日第A72-1323号文件即《关于股份公司的资产和价值属性的联邦法律第83条账面价值第4部分的主席团令》中明确指出,其账户结束最后报告的日期为最近资产负债表日期。

提出申请之日前的最近财务报告期的资产负债表,也被称为最新资产负债表,它是以向反垄断机构提交申请日前的最近财务报告来认定。这里的登记名册,即上文具有支配地位的经营主体登记名册。

相比1995年版的俄罗斯反垄断法,现行反垄断法有三点重要变化:一是计算标准的变化。原来以工资单位(оплаты труда)为标准来确定提交审批的条件,现在以最近资产负债表为标准。二是监管机构管理规则的变化。原来

---

① 俄罗斯联邦《股份公司法》第78条规定的是大额交易制度,即在贷款、信贷、抵押、担保的交易中,涉及公司的直接或间接资产收购、转让或可能转让以最近的财务报表计算的账面资产价值达到25%以上的,交易的实现必须由公司按照俄联邦法律和(或)其他俄联邦的法规确认的程序和价格计算公司资产。这个最近财务报表以公司股东大会或公司公报时间为准。

监管的范围包括商业组织联合体（联合会或协会）的设立、合并、归并，其与经营主体的集中放在一起以同一个标准来审查。现在的监管措施是单独设定条件，分别审查。三是监管门槛（数额）的改变。1995 年版俄联邦《反垄断法》第 17 条规定，账面资产额超过 10 万工资单位的商业性组织的合并需要预先批准；2005 年版《反垄断法》第 17 条的规定提高到"超过 30 万工资单位"；2010 年规定的申报指标是：最近财务报告期的资产负债表的总值超过 30 亿卢布，或该组织（及其关联主体）在合并前上一会计年度的销售收入总额超过 60 亿卢布。预先批准的额度标准不断提高的原因，主要是通货膨胀因素。①

（2）新设合并

同上述合并形式一样，新设合并的预先申请标准也由 2010 年的"30 亿""60 亿"提高到"70 亿""100 亿"。具体要求如下：一个或数个经营主体（金融机构除外）合并到另一商业组织（金融机构除外），且其最后的资产负债表资产价值超过 70 亿卢布，或这些经营主体（含这些组织的关联主体）合并前上一会计年度的销售收入总额合计超过 100 亿卢布。

（3）商业组织设立

设立商业组织，其注册资本由其他商业组织（金融机构除外）以股份（份额）和（或）资产为出资形式，或所设立的商业组织根据转让文件或资产负债分割文件，获得另一商业组织（金融机构除外）的股份（份额）和（或）资产，并依据这些股份（份额）和（或）资产（货币资产除外）获得《竞争保护法》第 28 条规定的权利的，并且新设立商业组织的注册人（含关联主体）和提供股份（份额）和（或）资产（货币资产除外）用于新设立商业组织注册资本的人（含关联主体）的最后资产负债表资产总值超过 70 亿卢布，或新商业组织（含关联主体）和提供股份（份额）和（或）资产用于新建商业组织注册资本的人（含关联主体）的最近一个会计年度销售收入超过 100 亿卢布的。

（4）股份转让或增持

如果取得股票（股份）、权利和（或）资产的一方及关联主体，和作为经济集中对象的一方及主体集团的最近资产负债表的资产总值超过 70 亿卢布；或者其上一会计年度的销售总收入超过 100 亿卢布，并且经济集中客体的一方及主体集团的上一次资产负债表的资产总值超过 8 亿卢布，股票（股份）、权利和（或）资产的交易应获得反垄断机构的事先批准。

具体而言，包括的情形如下：

---

① 参见〔俄〕图基耶夫：《竞争法》（俄文版），РДЛ 出版公司 2000 年版，第 344 页。

① 收购俄罗斯联邦注册的股份公司股份时,如果法人或自然人(包括关联主体)获得超过 25% 股份的支配权,且在此前并不拥有该股份公司普通股,或拥有不超过 25% 的普通股的。本项规定不适用于股份公司成立时的发起人增持股份的交易。

② 法人或自然人(包括关联主体)收购有限责任公司注册资本的份额,如果获取该有限责任公司超过 1/3 份额的支配权,且此前并不持有该有限责任公司的注册资本份额,或持有比例不超过 1/3 的。本项规定不适用于有限责任公司成立时的注册人增持份额的交易。

③ 法人或自然人(包括关联主体)获得有限责任公司注册资本份额不少于 1/3,但不超过注册资本的 50%,且获得的份额总支配权超过 50% 的交易。

④ 已拥有超过 25%,且不超过 50% 股份公司普通股的法人或自然人(包括关联主体)增持普通股,且交易后持有的普通股比例超过 50% 的交易。

⑤ 持有有限责任公司不少于 50% 股份,但不超过 2/3 注册资本份额的法人或自然人增持份额,且增持后持有的份额比例超过 2/3 的交易。

⑥ 持有股份公司不少于 50% 股份,且不超过 75% 普通股的法人或自然人(包括关联主体)增持股份,且增持后持有的普通股比例超过 75% 的交易。

以上股份中,只有收购有表决权股份的交易才需要批准,收购无表决权股无需批准。

(5) 收购资产

这里的资产包括两个方面:生产资料,包括机器设备、厂房等,但土地、非工业用建筑、设备、设施、未竣工建筑除外;无形资产,包括非物质成果的所有权、使用权或占有权等权益。如果作为单独交易或关联交易标的物的账面价值超过出让方的固定生产资料和非物质财产账面价值的 20% 的,则该交易需要经过反垄断机构的预先批准。

(6) 协议管理

经过一次或数次交易(包括通过资产委托管理协议、共同经营协议或授权协议),法人或自然人(包括关联主体)获得的权利能够影响经营主体(金融机构除外)的经营条件或影响经营主体的管理机构履行管理职能的,需要经过反垄断机构的预先批准。

2. 金融市场经济集中的申请条件及预先批准

金融市场经济集中标准由俄罗斯联邦政府制定。因金融组织类型多样,俄罗斯联邦政府将信贷机构单独剥离出来,作为特殊的金融机构。信贷机构股份(份额)交易、信贷机构资产和权利交易,由俄罗斯联邦政府与俄罗斯联邦中央银行协商制定交易金额限制。在此基础上，俄罗斯联邦政府颁布了《关于确定金融机构资产价值的第334号法令》，对金融机构的交易实施反垄断控制。

(1) 吸收合并与归并

金融机构的合并，或者一个或数个金融机构归并到另一个金融机构，如果最新资产负债表的总资产值超过俄罗斯联邦政府(在信贷机构合并或归并的情况下，其数额由俄罗斯联邦政府与俄罗斯联邦中央银行协商确定)规定的数额，须预先申请反垄断机构批准。

(2) 涉及金融机构投资的商业组织的设立

商业组织的建立，如果其注册资本是以金融机构的股票(股份)和(或)资产出资构成的，设立的商业组织按照俄联邦《竞争保护法》第29条之规定获得该股票(股份)和(或)资产的权利的，且按金融机构最近资产负债表及列入注册资本的股票(股份)和财产总值超过联邦中央银行确定的数额(信贷机构的数额由俄罗斯联邦政府和中央银行协商确定)，须预先申请反垄断机构批准。

(3) 金融机构的股票(股份)、资产和权利交易

作为交易一方的金融机构的最近资产负债表中的资产价值，如果超过俄罗斯联邦政府规定的限额(信贷机构除外)，须经反垄断机构预先批准。包括金融机构的下列股票(股份)、资产和权利交易：

① 获得股份公司的表决权股的，如果收购人(关联主体)获得的控制权超过25%，且在此之前该主体不持有该公司的表决权股，或持有该股份公司不超过25%的表决权股份的。本规定不适用于金融机构发起人创立股份公司之时。

② 收购有限责任公司注册资本的份额，如果收购人(关联主体)获得控制权超过公司注册资本的1/3，且在收购前该主体(控制主体)不持有本公司股份或持有的股份少于本公司注册资本的1/3。本规定不适用于金融机构发起人创立有限公司之时。

③ 持有不少于1/3股份，但不超过本公司注册资本的50%股份的主体(关联主体)，获得的控制权超过50%的。

④ 持有不少于25%股份，但不超过50%股份的主体(关联主体)收购股份公司表决权股份，获得的控制权超过50%的。

⑤ 持有不少于50%股份，但不超过2/3股份的主体(关联主体)收购有限公司注册资本，获得的控制权超过2/3的。

⑥ 持有不少于50%股份，但不超过75%股份的主体(关联主体)收购股份公司表决权股份，获得的控制权超过75%的。

(4) 收购资产

主体（关联主体）一次或多次交易金融机构的资产，其幅度超过俄罗斯联邦政府规定的数额的，须预先申请反垄断机构批准。

(5) 协议管理

因一次或多次交易（包括委托管理协议、共同经营协议或授权协议）收购人（关联主体）取得的权利能够对金融机构的经营活动或者管理机构的职能施加决定性影响的，须预先申请反垄断机构批准。

由于本法调整的金融活动的范围很大，类别多样，不同金融类别特性差异很大，这要求对不同的金融行业实施不同的类别性监管。例如，在证券交易所或其他证券交易机构的股票市场的资产总值超过10亿卢布，则对这些交易的合并进行事前监管。如果此类交易所的资产总值少于10亿卢布，或合并后产生一定后果的，则进行事后监管。

3. 经济集中的申请人

2007年9月20日俄罗斯联邦反垄断局发布第293号令，详细解释了申请人如何确定、向反垄断机构提交的文件和资料类型、反垄断机构作出相应的决定等内容。

为了实施对经济集中的事前监管，需要确定申请人及其应当履行的义务。申请人是向反垄断机构提交材料并与管理机构沟通的人，该义务人不是由经济集中的当事人协商确定的，而是法定的。

具体而言，在事前监管的情况下，以下不同情形的申请人分别是：在吸收合并情况下，因合并而停止经营活动的人（因合并而停止经营活动的签署协议书的人）；在新设合并情况下，因加入而停止其经营活动的人，或其他将被归入其中的人；新商业组织的设立，作出设立商业组织决定的人（包括所有签署设立协议的人）；在股票交易的情况下，申请人是一个商业组织的股票（股份）、财产或资产的收购方。

（二）事后监管

俄联邦《竞争保护法》确立了控制经济集中交易的简易程序，例如，一个集团内成员间的行为。在单个的主体集团中，由于经济集中可以在组织结构上加强经济共同体紧密关系。在集团内进行反竞争合并的可能性极低，当经营主体属于同一集团，尽管彼此独立，它们之间发生合并就属于这种合并。这种情形不转移控制权，对此进行的事后控制，本质上没有实质内容，只是形式上的合并后的备案，而不是严格意义上的监管。

当然,如果集中导致控股股东所控制的公司在组织上高度集中和经济共性的强化,则执法机构可以撤销对经营主体和控股股东的所有交易和其他行为的事前批准,而进行事后审查。这种情形对合并企业的影响较大,具有明显的结构主义的色彩。

俄联邦《竞争保护法》第 27—29 条涉及的不需反垄断机构预先批准的交易和其他行为,如果符合下列条件,按照相关程序向反垄断机构备案即可。

(1) 涉及两个以上的主体归入一个主体集团的交易和其他行为。即属于同一集团的成员,在交易上或其他性质上不改变从属于本集团的关系性质。

(2) 归入一个主体集团的任何一方(申请人),在交易和其他行为实施前一个月按照联邦反垄断机关制订的格式向反垄断机构提交归入主体集团的成员名单、归入依据;应由本集团(申请人)中的任何人以经批准的形式向联邦反垄断机关提交报备申请,最迟在交易或其他行动后一个月内完成。

(3) 反垄断局在收到属于同一集团的成员名单后 14 天内,根据不同情况,向申请人发送通知。如果申请人提交的申请符合规定的形式要求且内容全面,反垄断机构将集团成员清单公布于其官方网站(fas.gov.ru)上;如果违反此类形式规定或实体内容不合格,则要求重新提交。如果有人质疑发布的关于属于同一集团的成员的信息是不可靠的,经核实后,反垄断局将从网站列表中将其删除。

(4) 涉及本法第 28 条和第 29 条的交易和其他行为,或者涉及本法第 27 条规定的交易和其他行为,如果符合本条规定的要求,反垄断机构应当在交易完成日后 45 天内备案有关交易的情况。

(5) 在实施交易和其他行为时,向反垄断机构提交的主体集团的成员名单不得改变;反垄断机构制订归入主体集团的成员名单、归入理由的格式文件。必须按照格式填写相关内容。

附:

一个主体集团的加入者名单

No	名称	组织类型	法定地址	实际地址	居民纳税人号码	归入主体集团的理由			
						理由项	在注册资本中拥有表决权的成员数量,占总份额的比例	法人在本部分中的序号,在本部分第2项中的序号。	自然人在本部分中的序号,在本部分第2项中的序号
1	2	3	4	5	6	7	8	9	10

(续表)

No	姓名、父姓	自然人人身材料(名称、身份号码、出生日期和地点)、居民纳税人号码(如果有)				归入主体集团的理由		
		名称和号码	出生日期	出生地	居民纳税人号码	理由项	本人在注册资本中拥有表决权的数量,占总份额的比例	自然人在本部分中的序号,在此按照第7项将其列为一个主体集团的理由	法人在本部分中的序号,在此按照第7项将其列为一个主体集团的理由
1	2	3	4	5	6	7	8	9	10

说明

1. 表中的第一部分和第二部分1—7项是必填的事项。

2. 对法人和自然人的编号在每部分中,数字应连续、无间隙,且不得重复,其中每个部分都有一个单独的编号。

3. 如果法人的名称是拉丁字母表示的,其同时应该用西里尔文表示。

4. 第6项是俄罗斯联邦居民的纳税人号码,对非俄罗斯居民,按照其在国家登记或相当于国家登记(如果有)的非居民纳税人代码。

5. 第7项所说的理由项,用代码表示,代码为"1—13",基本意思分别代表《竞争保护法》第9条第1款第1项至第13项。

6. 不允许另行指明在说明5中没有指明的理由项。

7. 每个自然人和法人各自提出的加入主体集团的理由,每项理由单独列明。

8. 如果第7项涉及的理由项是"1",则要填写第8项。此时,在注册资本中占有的表决权数,有表决权股份(股份)的票数可能向上舍入,到第二个小数位。在框中8是不改变控制关系性的指标,例如"50%"以上。

9. 加入主体集团的夫妻、父母(包括养父母)、子女(包括养子女)、半系或同系兄弟姐妹,如果和经济公司(合作企业)列为一个主体集团,其理由是1、3、5、7、9。

从表格中可以清晰确定主体集团和成员的关系,控制与被控制主体之间构成"单一经济体"。这为确定是否达到申报标准及构成违法时计算罚款数额提供了基础条件。

(三) 审查决定与救济

俄罗斯反垄断局对于收到的申请,根据《实施反垄断法程序条例》(俄罗斯联邦反垄断局2012年第345号令)的相关规定进行处理。

1. 审查及深度审查

在符合俄联邦《竞争保护法》第33条第2款第3项规定的条件后,申请人向反垄断机构提交符合要求的材料。反垄断机构自收到材料之日起30日内作出决定,对经营主体之间的收购、合并或新建商业组织的各方或者合作企业的申请予以批准。如果没有收到相关文件,则作出拒绝批准申请的决定。

如果申请的行为可能导致限制竞争,包括出现或者加强了申请人(为关联方的一组申请人)的支配地位而导致的限制竞争,如果有必要进行附加审查,或就申请审查结果作出决定需补充资料,则可决定延长申请审查期。一般情况下决定延长的期限不超过两个月。

特殊情况下,如果在《竞争保护法》第27条规定的情况下建立商业组织,或在第28条或第29条规定的交易中,因反垄断主管部门需要考查申请人是否满足相关条件才能决定是否批准,反垄断机构可决定延长审查批准商业组织与(或)非商业组织之间收购、合并的请求的期限。最长不得超过9个月的期限。

如果作出此类决定,反垄断机构在其官方网站上发布有关报批申请的交易和其他行为的相关信息。利害关系人有权向反垄断机构提交有关该交易或其他行为对竞争产生影响的信息。

此外,根据2008年4月29日的第57-FZ号联邦法律《关于外国投资俄罗斯对国防和国家安全有战略重要性经营主体的管理办法》的规定,申请书中规定的交易、其他行为涉及国防或国家安全的,可将审查申请的期限延长至针对该交易作出决定之日为止。

2. 计算工具及审查决定

反垄断机构对经济集中的审查,主要考查交易或其他行为对商品市场竞争状态的影响。基础性关系是市场竞争状态。分析市场竞争状态主要是对市场结构的分析。对市场结构的分析不仅要考虑市场上企业的数量,而且还要分析它们的大小。为了描述和评估市场结构,需要分析市场销售商的集中度及其背景资料,包括基础性数据。一般条件下,不同行业市场需求与供给不同,进而决定了该行业具有不同的市场集中度。在经济理论上和实践中,按照俄罗斯联邦反垄断局《关于商品市场竞争状态分析程序的规定》(2010

年4月28日FAS第220号令)[①],俄罗斯反垄断机构常用的测定市场集中度指标的工具有:集中率、赫希曼—赫芬达尔指数(以下简称赫芬达尔指数)、琳达系数、相对浓度系数、熵系数、企业市场份额的平方差系数、罗森布鲁斯系数、勒纳系数。

(1) 集中率(CRx)

集中率是计算商品销售额与产品供应市场中最大的销售商的供应量的比例关系方法。卖方的市场份额比例不仅可以通过资产规模计算,也可以通过雇员数量、公司价值和整个市场价值的指标等得出。

在大多数工业化国家,集中率是常用的市场统计数据检测方法,不同国家以不同数量的企业作为计算参考。美国和法国的份额为4,8,20,50,100家公司。德国、英国、加拿大通常采取3,6,10家公司作为参考数据。自1992年以来,俄罗斯在官方统计中,按照如下方式计算并公布三家(CR_3)、四家(CR_4)、六家(CR_6)、八家(CR_8)最大销售商的数据信息。

集中率定义为 n 个市场最大卖方的市场份额总和:

$$CR_k = \sum_{i=1}^{k} S_i$$

其中 CR_k 是卖家的集中指数;S_i 表示第 i 个销售者在市场销售量中的销售份额;k 是市场中经营主体(企业)的数量,用来计算浓度系数。

这个系数不仅可以比较不同行业或市场的集中度,还可以用以评价大企业,分析它们的市场结构状态。

(2) 赫芬达尔指数(HHI)

这是市场上最流行的测评方法,反映垄断水平、企业数量减少的指标。在分析市场份额时,该系数给予大企业比小企业更高的权重。这意味着如果市场份额没有确切的数据,那么最终的误差不会很大。

赫芬达尔指数的计算方法:所有在市场上经营主体市场份额的平方和乘以一万,并用分数或百分比来衡量:

$$HHI = \sum_{i=1}^{n} S_i^2 \times 100\%$$

其中 S_i 是指企业销售额与总销售额的百分比;n 是指在市场上的企业数量。

HHI越小,浓度越低,企业份额越相同。对于竞争激烈的市场,HHI趋于统一,形成垄断市场时数值可以达到10,000。

---

① Об утверждении Порядка проведения анализа состояния конкуренции на товарном рынке.

结合集中率和赫芬达尔指数,可以区分出三种集中度的市场类型:

高度集中的市场	$70\%<CR_3<100\%$ $2000<HHI<10000$	$80\%<CR_4<100\%$ $1800<HHI<10000$
适度集中的市场	$45\%<CR_3<70\%$ $1000<HHI<2000$	$45\%<CR_4<80\%$ $1000<HHI<1800$
低度集中的市场	$CR_3<45\%$ $HHI<1000$	$CR_4<45\%$ $HHI<1000$

(3) 琳达系数(L)

琳达系数(L)是用来确定市场份额领先的商品供应商之间的不平等程度。

$$L = \frac{1}{k(k-1)}\sum_{i=1}^{k}Q_i$$

其中 k 是大型供应商的数量(至少两个);

$$Q_i = \frac{A_i}{i} \Big/ \frac{A_k - A_i}{k - i}$$

Q_i 表示第 i 个供应商的平均市场份额与 $k-i$ 供应商份额的比率;i 表示 k 个大型供应商中的主要供应商数量;A_i 是指 i 个供应商应占的总市场份额;A_k 是 k 个主要供应商的市场份额。

琳达系数用以考察以下条件下寡头垄断的"边界"的决定因素:只要 $L_{k+1} > L_k$,即对于 $k=2, k=3$ 等,计算 L,直到获得 L 指示符的第一次中断。当 L_k 值小于 L_{k+1} 时,认为"边界"被建立。界定的边界可以表征市场垄断化或分散的寡头垄断。

(4) 相对浓度系数(K)

相对浓度系数描述了市场上最大的企业数量与其控制的销售商品的比例:

$$K = (20 + 3\beta)/\alpha$$

β 是市场中最大企业所占的比重。

在 $K>1$ 时,没有垄断,市场具有竞争力。在 $K \leqslant 1$ 时,市场高度集中,企业的市场力量很大。最大的企业对市场的影响是市场容量的 20%。

当 $K=1$ 时,股份之间存在线性关系:企业的 $1/30-3/10$ 和销售总量的 $1/10-1/2$。

(5) 熵系数(E)

熵系数代表在市场上经营的企业的平均份额。一种公式是:

$$E_1 = \frac{1}{n}\sum_{i=1}^{n} S_i \ln \frac{1}{S_i}$$

其中 E 是熵系数；S_i 是第 i 家公司在所考虑的商品市场上的销售份额；n 是市场上经营主体的数量。

另一种计算公式是：

$$E_2 = 100 \sum_{i=1}^{n} (S_i \ln S_i)$$

用不同的计算方法获得的熵系数的绝对值不会改变经济意义，并且允许不同类型的市场进行比较。

熵系数表征了市场的分散程度，并且允许对浓度水平和动态进行更深入的研究；E 越大，经济不确定性越大，卖方在市场上的集中度越低。

(6) 企业市场份额的平方差系数(Q_2)

企业市场份额的平方差系数可以反映企业间销售量的分布情况。

$$Q_2 = \frac{1}{n}\sum_{i=1}^{n}(\ln S_i - \ln \overline{S})^2$$

其中 S_i 是第 i 家企业在市场上的销售份额；S 是一个企业在市场上的平均份额，等于 $1/n$；n 是市场上经营主体的数量。

通过分散其规模所带来的不平等来分析企业可能的市场力量。差异越大，市场越不平衡，集中度越高，竞争越弱，大型企业在市场上的市场支配力越强。

企业间股票分配越不均衡，两种集中选择之间的差异就越显著。在分析这些波动和研究创造竞争的环境条件时，一个重要的因素是变异系数。

$$v = \frac{Q}{S} 100$$

$$Q = \sqrt{\frac{1}{n}\sum_{i=1}^{n}(S_i - S)^2}$$

变异系数越低，生产或销售的分布越均匀，变化和集中程度越低。

但是，平方差系数并不能反映企业的平均规模。对于有两个相同规模企业的两个市场，方差相同将等于零，但浓度水平会有所不同。因此，这些指标只能用于评估企业规模的不平等而不是测定集中程度。

(7) 罗森布鲁斯系数

它是在比较市场上的公司和它们的市场份额的基础上计算的。公式如下：

$$\text{IR} = 1 \Big/ \Big(2\sum_{i=1}^{n} R_i S_i - 1 \Big)$$

其中 R_i 是市场上第 i 个企业的排名(按降序排列,最大的企业排名为 1); S_i 是指第 i 个企业在市场中的销售份额。

该指数的最大值为 1(在垄断条件下),最小值为 $1/n$ (n 是该行业中的企业数量)。在经济方面,这个指标类似于赫希曼—赫芬达尔指数,但本系数的优点是:考虑了企业的规模(大卖家),这有助于深入分析该行业的市场结构。

(8) 勒纳系数(L)

勒纳系数被定义为产品价格与其生产边际成本之间的差额,即参考价格。公式如下:

$$L = [P - \mathrm{MC}]/P$$

其中 P 是货物的销售价格;MC 是生产成本。

该指标反映价格与垄断条件下资源低效配置相关的边际成本偏差。企业的销售价格越偏离竞争价格,勒纳系数越高。这个系数为零,则没有市场支配力;垄断竞争市场在 0.3—0.5 之间;对于寡头垄断市场而言,在 0.6—0.8 之间。企业的数量越少,勒纳系数就可能越高;对于占主导地位的企业市场,它可以达到 0.8—0.9,而垄断市场则接近于 1。

上述方法的运用,得出的计算数据从不同侧面反映经济组织的市场特殊结构性。依赖单一指标往往不能准确反映企业市场状态的全貌。

3. 审查决定

反垄断机构有义务审查符合法律规定的申请,并在收到申请之日起 30 天内以书面形式通知申请人所作出的决定,并说明理由。根据收到的申请,反垄断机构作出的决定为如下三种之一。

(1) 批准申请

如果申请的集中不会导致限制竞争,则批准申请。批准的申请大都是按照一般程序审查得出的结论。对于深度审查的,可能的结论是附条件批准。

(2) 附条件批准

虽然附条件批准也是批准,但在反垄断法上,附条件意味着义务的产生。由此生成了一系列新制度——救济制度。故附条件批准与不附条件批准有本质的区别。

对俄联邦《竞争保护法》第 27—29 条规定的申请,以及其他行为的申请,依照本法第 23 条第 1 款第 2 项的规定,同时附加向申请人和(或)被列入申请人名单的人以及(或)其股票(股份)、财产、资产和所获得权利的经营主体,和(或)既定人员发出规定的指令,则上述人员对其申请的交易或其他行为必须采取保护竞争的必要措施。

(3) 不予批准

如果申请的交易或其他行为,根据《关于外国投资俄罗斯对国防和国家安全有战略重要性商业实体的管理办法》在事前的申请中被拒绝的,则可以直接决定不批准该经济集中申请。

如果申请的交易或其他行为导致或可能导致限制竞争(特别是申请的交易或其他行为将导致该申请人的支配地位的产生或加强),或者如果在审查所提交的文件过程中,反垄断机构发现文件中对决策具有重要影响的信息不真实,或者申请人未能提交反垄断机构要求提供的资料,而没有这些资料反垄断机构无法就申请的事项是否限制竞争作出决定,则拒绝批准申请的交易。

4. 救济

如果申请的交易或其他行为导致或可能导致限制竞争,反垄断机构根据《竞争保护法》第 23 条第 2 款第 4 项的规定,作出批准申请的决定,同时附加相关约束性的条件。

(1) 转让资产。即要求申请人和(或)其他参与并购、合并或成立新商业组织的各方向其他非关联方转让有形资产、无形资产,以降低商品市场的集中度,将资产转让给不是同一集团成员的第三人。

(2) 开放基础设施。即要求直接参与交易的一方终止独家交易,获得申请人管理的生产能力、基础设施、关键技术或信息,以保证第三人参与研究开发的需求,对知识产权许可的要求,和在并购中与直接参与者的竞争,以保持产品市场的潜在竞争为目的,及防止纵向或企业集团合并的反竞争效应。

(3) 知识产权使用维持。即允许他人使用申请者和其他参与商业组织之间的收购、合并或新建商业组织的人员使用的知识产权信息并维持现状。

(4) 组织成分限制(防火墙)。即对申请人及其他参与商业组织并购、合并或新建商业组织的各方的关联人的组成的要求。

为消除或尽量减少横向集中、纵向集中或混合集中的反竞争效应,反垄断局发布审查附加限制性条件的决定,应当告知当事人在一定期间内有权提起诉讼。在俄罗斯法上,对经济集中的行政决定的司法审查,没有规定行政前置程序。

三、经济集中监管的特则

经济集中涉及国家安全,关涉民众生活和企业生产经营的稳定。各国反垄断法都对特殊的经济集中颁布特殊的规则,并赋予特殊的权力。广义上,俄罗斯反垄断法将金融机构的合并、外资并购和自然垄断纳入特殊处理;由于金融市场反垄断法的废止,金融机构的合并只是在门槛上有所特殊,故狭义上,只是后两者还保留着特殊的处理规则。

(一) 对外资并购的国家安全审查

对于外资并购,各国都采取特殊的标准和程序。在俄罗斯,外资并购过程中的国家安全审查是反垄断法中的一个部分,但只是一个过程性的部分。俄罗斯《竞争保护法》第33条规定了此问题的基本流程。如果根据2008年4月29日的第57号联邦法律《关于外国投资俄罗斯对国防和国家安全有战略意义的商业实体的管理办法》(以下简称《外国投资管理办法》)的规定,申请书中规定的交易、其他行动需要经过初步批准的,可将审查申请的期限延长至该交易作出决定之日为止。这意味着,俄罗斯联邦反垄断局是被授权对外国直接投资实行过程性审查(初步审查)的政府机构。

从法律规范的名称上看,国家安全审查的范围包括两个方面:国防、国家战略安全。

"国防"是个特定的概念,有特殊含义。"国家战略安全"是个模糊的概念,在《外国投资管理办法》中没有给予定义。立法采取了列举方式来确定国家战略安全的行业和产业的范围。列举的内容共42项。在列举的内容中有些表述是清晰的,如"安装和使用核装置、放射源、核物质,存储放射材料和核废料";有的规定相对模糊,如"对水文气象有重要影响的行业";也有些是以定量来定性,如"覆盖俄联邦主体50%及以上居民地区的电视广播","编辑或出版每期发行量超过100万册的定期出版物"。对所列举的行业,外资准入管理上实行绝对禁止。

当然,上述列举的内容会随着经济社会环境的变化进行相应的调整。2011年11月16日通过了《外国投资管理办法》的修正案(俄联邦第322号法令,2011年12月18日生效)。修正案缩小了对俄罗斯国防和国家安全具有重要战略性意义的活动的类型、范围。战略安全清单中将俄罗斯联邦在信息加密领域、没有银行参与的民间部门的探索放射源的活动、由俄罗斯业主控制的组织之间的交易以及与国际金融组织的交易(其中一个参与者是俄罗斯联邦经营主体)等排除在控制范围之外。被俄罗斯联邦政府批准的国际组织的名单包括国际复兴开发银行、欧洲复兴开发银行、世界银行等。为了吸引外资,修正案放弃了原来的绝对控制,增加了对在外国投资者有10%至25%的表决权股份,并由其控制的具有联邦地位的地区性从事开发(内河、内海和大陆架)矿产的经营主体的指标。但关于具有联邦价值的底土开发领域的战略主体的交易仍属于严格控制的范围之内。①

外资并购的审查包括两个程序:反垄断审查和外资并购的专门审查。两个不同的审查程序均包括初步审查和复审两个阶段。

俄联邦反垄断局在收到外资并购申请后14天内,进行初步审查。初步审查内容包括文件的形式是否符合规定,是否齐备,如果不合格或欠缺,则退回申请。在内容上,审查投资人是否对俄罗斯战略重要性企业形成了控制。如果审查的结论是不会对俄罗斯战略重要性企业形成控制,则作出核准的决定。在内部程序上,反垄断局对所有的申请进行复核,之后才能将决议副本报俄罗斯政府外资并购监管委员会。如果外资并购可能对俄罗斯战略重要性企业形成控制,则联邦反垄断局应咨询俄联邦安全局,请求俄联邦安全局提供该投资是否对俄罗斯国家安全构成威胁的鉴定意见。后者应在20天内以书面形式提供鉴定结论。情况复杂的,可以要求延长审核时间。

有关俄罗斯政府外资并购监管委员会的初审和终审程序,限于其主题已经不完全是反垄断的内容,以及本书的篇幅,在此不赘述。

(二) 自然垄断企业的合并

"自然垄断"是指商品市场的一种状况,在这种状况下的商品市场中,由于工业技术特性,生产中不存在竞争,需求能够被有效满足,且由自然垄断实体生产的商品不能被市场上的其他商品替代,导致在商品供给市场上其需求受价格影响的幅度小于其他类型的商品。

对于自然垄断行业的经济集中问题,连同其行业管理,全部归属自然垄断监管机构管理。自然垄断监管机构的基本职能包括:建立和维护自然垄断主体的特别登记册;确定自然垄断的管理方法,例如,价格管制——指令性价格或指导性价格;确定在无法满足所生产(销售)自然垄断的产品的需求的情况下的最低安全级别,等等。

自然垄断经营者参与的集中由自然垄断监管机构管理,而不是由反垄断监管机构管理。这种安排的原因是:自然垄断的身份是确定的,俄联邦《自然垄断法》明确规定了自然垄断经营者对外投资限额的监管。严格来说,对自然垄断的监管是对其"忠实性"的监管。因为转化或部分转化为非自然垄断可能损害消费者利益。

---

① 按照《俄联邦矿产法》的规定,联邦级矿产地根据矿产的性质和储量不同标准来确定其对国家的安全价值的。例如,铀矿、砖石矿;储量超过7000万吨的油田属于具有更加安全价值的矿产。

俄联邦《自然垄断法》第 7 条规定："为了国家政策在自然垄断实体的活动领域有效实施，自然垄断实体实施或参与的活动依本法规定可能导致损害消费者利益或在经济上证明限制相关商品市场从自然垄断市场转变为竞争性市场的，自然垄断监管机关应当对该活动实施控制。"

限额监管不是绝对禁止。任何交易的结果为自然垄断实体获得固定资产的所有权或使用该固定资产的权利，其中该固定资产并非用于现行联邦法律所规定的商品生产和销售，依据最新资产负债表的显示，该固定资产的价值超过自然垄断实体资本价值的10％的，应当对该交易实施监管。

自然垄断实体在非自然垄断法调整的范围内、针对商品生产或销售进行资本投资，依据最新资产负债表的显示该投资超过自然垄断实体资产价值的10％的，应当对该投资实施监管。

如果经营主体通过出售、租赁或其他交易方式，获得自然垄断实体用于生产或销售由本法规定调整的商品的固定资产的一部分，且上述固定资产的账面价值超过自然垄断实体资产价值的10％的，那么应当对该出售、租赁或其他交易实施监管。

如果经营主体或实体集团，通过市场收购的方式或者其他交易方式（包括签订信托合同、抵押合同的方式），取得某自然垄断实体的章程（总）资本的10％以上有表决权的股份（预期利益），有义务在取得上述权利30日内向相关自然垄断监管机构申报该事项及导致上述实体股权结构变化的所有相关事项。自然垄断实体获得另一商业实体章程（总）资本的10％以上有表决权的股份（预期利益）的，应当承担相同的义务。

程序上，《自然垄断法》对自然垄断实体合并的监管有自己的特殊规定：自然垄断监管机关应当在接到申请后 30 日内向申请人就其决定（同意或拒绝）提供书面的通知。拒绝决定应说明理由。如果申请中提及的活动可能导致本法第 1 条所列消极后果，或者该申请未能提交要求的全部文件，或者根据对上述文件的审查发现其中为通过交易而提交的信息是不可信的，那么自然垄断监管机关可以拒绝其申请。

四、启示与借鉴

（一）生产体制与市场结构控制

在西方，结构主义代表着一个时代的精神。20 世纪 90 年代后，结构主义在新经济时代逐渐衰落下来。同样，在俄罗斯，结构主义曾作为经济转型的最合适的法律手段被广泛运用,原来主要针对国内垄断企业,以此激发市场的活力,引入外资或民营企业进入相关市场。现在其仍是一柄悬在空中的"达摩克利斯之剑"。

对结构主义的态度取决于生产体制的变化,因为体制决定主体的行为方式,进而决定对行为的规制形式。

生产体制由其初始的经济环境决定,不同社会制度的社会生产体制和同一社会不同时期的社会生产体制是不同的。自19世纪末期至今,主要经济国家的生产体制发生了两次明显的转化,即19世纪末的标准化的批量生产体制转向20世纪70年代的灵活多变的生产体制,再到20世纪末期开始的混合生产体制。这种体制上的变化改变了竞争企业之间的关系结构,相应地扭转了竞争执法态度和度量尺度。

标准化的批量生产体制是以企业规模和产品市场投入量决定的生产关系和社会关系。它大约存在于两个社会发展阶段。工业革命以后,技术在生产上的利用极大地促进了生产力的发展,前所未有地开发出了市场的潜能。第二次世界大战以后,被战争破坏的经济需要迅速恢复,市场处于待开发状态。特殊的市场环境和市场环境下的企业组织结构成就了这种体制。市场环境上,未开发的产品市场很大,市场需求大于供给。企业竞争是产量的竞争,获得更多利润的方法就是大量生产产品。由此决定的企业技术投入和创新追求动力不强,现有的生产技术稳定且相对简单。企业组织结构上,所有者有高度的产权意识,并力争扩大组织规模。

灵活多变的生产体制是企业适应需求偏好增大而采取增加或变换产品种类方式形成的生产关系和社会关系。有别于标准化批量生产体制,这种体制下的市场环境由产量竞争转变为产品的功能和质量竞争。企业生产的产品类别具有相对稳定性,类别产品为适应市场要求需不断更新。由此,企业需要高技能的劳动力和承受一定市场剩余风险的能力。增强风险承受能力的方式,一种是壮大经济规模,一种是将同类企业联合起来(而前一种方式已经受到上一个阶段形成的结构主义法律规范的限制)。前者以资本集中为前提,后者以社会分工为条件。企业的内部生产关系变为企业外部的委托加工、技术协作、产品运输等关系,单个的生产单位变为以核心生产单位为中心的生产团体。20世纪80年代,较大程度上,自20世纪70年代后期以来,在这一生产体制的作用下,西方国家出现了大公司和小公司结构的"双向趋同"。即受大公司的启发,中小公司建立"工业区"模式,将服务于生产的一系列服务如培训、研究、市场预测、信贷、质量控制集中起来,这种模式使公司有条件通过改进产品或生产过程进行竞争,而不是通过降低工资和劳动条件获得市场。大公司也在它们的分公司和转包公司之间建立了具有工业区特色的长期合作关系。

上一阶段的发展奠定了两个混合体制得以产生和运行的基础——技术创新动力和市场的扩张观念。混合生产体制吸收了以上两种体制的优点,将传统的多种企业竞争力因素汇集在一起。首先,多方面降低成本。标准化生产体制的劳动技能要求不高,即劳动力成本低,加上灵活生产体制的委托加工的时间成本降低,产品的总成本大大降低。其次,创新竞争力。技术进步与创新客观上增强了企业的竞争力。当创新力使利润的均等化过程不可能迅速实现时,企业需要辅之以标准化大批量生产方式;当创新产品利润趋向均等化或均等化后,则需要灵活多变的生产方式。

在任何一种生产体制里,各种制度性规范、规则或松或紧的结合程度对经济主体行为的走向都是相当重要的变量。三种不同的生产体制对国民经济运行的影响各不相同,进而法律对体制下的企业行为规制的态度也各有侧重。

标准化批量生产体制不能解决国民经济生产与需求之间的平衡,正如20世纪30年代大萧条所揭示的,企业本身受初始惯性的影响,生产盲目扩大的危险如果不加以控制,迟早会爆发出来。企业规模大小直接影响获利水平,为了加速获利,每个企业都努力追求扩大组织规模。迅速扩大企业组织规模的方法是"横向一体化"和"纵向一体化"。前者降低企业的整体生产成本,扩大生产量;后者尤其是"向后一体化"保障了生产或供应的稳定。由于市场风险较小,企业无需作混合一体化投入。大规模企业间的"横向一体化"和"纵向一体化"的直接后果就是限制竞争。因此,这种体制下,维护市场竞争秩序的反垄断法的任务是集中控制、削弱企业市场力量。在反托拉斯执法历史上,这一段为强执法过程、结构主义实施的过程。"美国60年代是反托拉斯专注于集中程度和进入壁垒度量的十年。这样一种狭隘的结构使得(法律的)实施更为容易——直到斯图尔特法官得到观察结论'我在第7条下能够发现的唯一一致性是政府总是赢'——但(这种)优势是以问题的有效福利评价为代价。"①

灵活生产体制下的企业竞争力来自专业化分工基础上的定做产品成本的降低,以及适应市场需要的经营方向的灵活转变。先前独立企业间的竞争关系被现在以大企业为中心的经营合作关系替代。虽然构成竞争关系的成员企业总量上减少了,但竞争力度并未因此而降低。中心企业的出现改变了

---

① 〔美〕奥利弗·E. 威廉姆森:《反托拉斯经济学——兼并、协约与策略行为》,张群群、黄涛译,经济科学出版社1999年版,第418页。

企业的竞争结构,原先无所不在的竞争转变成现在的有针对性的中心企业间的竞争和针对性不强的其他未加入中心的中小企业之间的竞争。这样,灵活生产体制总体上对各种形式的集体活动比较宽容,典型的反托拉斯行为不是企业非法合并和市场支配力,而是大企业间的明示或默示限制竞争协议和大企业对中小企业的滥用优势地位。

混合生产体制下实现了分散生产和集中生产、短期生产和长期生产、量的生产和质的生产的有机结合。为了进一步降低委托成本,核心生产商按照产品的类型至少保持两个以上供应商以使它们之间形成竞争关系。这加剧了供应商之间的竞争进而使供应商出现了集中化趋势。一个国家的国际竞争力的标准是产业集群数量的多少及其深化的程度。集群产业竞争力的标志是产品出口能力。在经济全球化下,产业集群所面向的是世界市场,国家鼓励集群中的产业主体占有更大的全球市场份额,由此,这类主体实施的跨国垄断行为或跨国垄断现象被重新定位。由于发达国家企业产品出口、产业外移,减少了在本国形成垄断的可能性,行业或产业在他国形成垄断状态或实施垄断行为,本国在所不问甚至采取保护措施。因此,以发达国家为代表的混合生产体制下,反垄断法结构主义进一步放松执法的趋势非常明显。

俄罗斯国民经济的体制处于第一阶段和第二阶段,或两者间的过渡阶段。由于地广人稀,许多城市里只有一两家面包厂或肉食品加工厂,由于消费能力不足,生产环节的竞争不够充分,在相关地域市场和相关商品市场上,企业的垄断性较高。案件的数量也反映了市场的相对封闭性。在此情况下,将市场进一步拆细基本不可能,只能实行严格的市场监督。

(二) 国家安全政策、竞争政策与产业政策

在反垄断法中,经济集中可能涉及国家安全。在不涉及国家安全的情况下,还存在竞争政策和产业政策的矛盾与协调。

1. 外商投资的国家安全审查

值得关注的是俄罗斯立法上对外国投资的监管和控制。2011年俄罗斯修改《俄罗斯联邦国防和国家战略安全企业外商投资管理办法》的同时,颁布了《外国经营主体投资俄罗斯国防和国家安全战略重要性产业程序法》。两部法律共同针对的对象有两个:主体和行为,目标是维护国家安全。

迄今为止,我国尚未颁布类似的实体法和程序法。2014年,为取代"外资三法",我国商务部启动了新的外商投资法的起草工作,2015年1月公布的《外商投资法(草案征求意见稿)》中的第4章曾对国家安全审查制度作出

了详细规定。然而,2019年3月全国人大正式通过的《外商投资法》仅在第35条就国家安全审查制度作出了原则性规定。2019年4月30日,国家发改委发布公告,表示由于"部门职责调整",自即日起负责接收外商投资国家安全审查材料。

在制度上,我国只有《商务部实施外国投资者并购境内企业安全审查制度的规定》,规定了与外商投资安全审查相关的商谈、受理申请、提交审查、反馈审查决定等内容。国家安全审查的范围是:(1)关系国防安全的外国投资并购。即外国投资并购境内军工及军工配套企业,重点、敏感军事设施周边企业,以及关系国防安全的其他单位。(2)涉及国内重要行业、关键技术的外国投资并购,并且并购后实际控制权可能被外国投资取得的。包括外国投资并购境内关系国家安全的重要农产品、重要能源和资源、重要基础设施、重要运输服务、关键技术、重大装备制造等企业,且实际控制权可能被外国投资者取得的。① 这些规定还不够细致。

2. 竞争政策的实施

俄罗斯的竞争政策一直处于不断上升的地位,传统的垄断行业,如石油、电力等不断开放,开放的范围随着时间的推移不断扩大。2017年俄联邦总统发布了《发展国家竞争政策基本方略》②(第618号令),将健康保健行业纳入竞争范围,包括保障医药市场上药品和医疗设施的价格,保障非歧视分配国家财政资源以保障健康医疗服务,为公民提供免费医疗帮助等。为了促进健康保健行业的竞争发展,2018年1月1日发布了第1380号政府令——《关于特殊诊疗性体检的国家采购和公共采购事项》,打破了原来的按照不同医疗适用技术类型划分市场的限制竞争的状况,进行竞争性采购。

再如,在学龄前教育市场上,继续支持私人投资的社会机构创立幼稚园。俄联邦反垄断局向政府提出建议,以国家支持实现学龄前教育的合理结构,并保障中小型投资者的基本利益。从企业家精神和国家鼓励认真从事经济活动的实践者的角度观察,联邦反垄断局发现,幼稚园的培训设备的供应对社会市场参与者开放的条件并不平等,包括教育部门对不同性质学前教育机

---

① "外国投资者取得实际控制权"是指外国投资者通过并购成为境内企业的控股股东或实际控制人。包括下列情形:(1)外国投资者及其控股母公司、控股子公司在并购后持有的股份总额在50%以上;(2)数个外国投资者在并购后持有的股份总额合计在50%以上;(3)外国投资者在并购后所持有的股份总额不足50%,但依其持有的股份所享有的表决权已足以对股东会或股东大会、董事会的决议产生重大影响;(4)其他导致境内企业的经营决策、财务、人事、技术等实际控制权转移给外国投资者的情形。
② «Об основных направлениях государственной политики по развитию конкуренции».

构要求的提供登记表等事项也存在不平等待遇。2012年12月29日俄联邦通过了《关于俄罗斯联邦教育第273-FZ号联邦法》,该法律的内容涉及发展教育竞争的内容。例如,第11条第1款第3项规定,教育领域的国家政策和法律规章的原则之一,是禁止在这方面限制或消除竞争。根据这一原则,必须保障非国家教育组织享有国家和市政资助以及参与国家和市政方案和项目的平等权利。禁止限制或消除教育竞争的原则在具体内容上也有明确的体现:"教育机构"的概念被"教育组织"的概念取代;教育方面的信息开放性,将教育服务市场参与者和教育服务消费者所需的所有信息放在互联网;私营和州(市)学前和一般教育组织的融资标准平等;对父母照料其子女参加包括私立教育组织在内的教育组织给予的补偿一致;如果消费者愿意,可在非教育机构注册地实施国家义务教育;在教育机构被清算后,有针对性地使用教育领域的财产。

在反垄断局的提议下,俄罗斯竞争政策规划了基础设施部门的竞争路线图,包括在自然垄断行业中发展竞争的措施。这些措施是逐步完成的。例如,在一些行业的国家监管制度中引入经济上合理的投资回报方法、比较分析方法和其他"准竞争"机制,规定设定长期关税,确保可接受的投资回报率,以及刺激成本降低和维持特定服务质量的机制;通过对竞争性投标的组织设置强制性要求,确保自然垄断的采购活动的效率;强化在邻近自然垄断行业发展竞争,特别是分离从事竞争性和自然垄断活动的实体。

路线图规定了一些措施,这些措施将为发展自然垄断(或分离竞争性类型的活动)和相邻市场的竞争创造条件,改善国家对自然垄断的监管。相关措施特别体现在:制定各领域发展竞争的方案;引入市场交易所交易系统;控制自然垄断的投资计划;引入长期刺激性调节;适应和控制非歧视性准入的规则;建立监测、分析和评估国家经济部门的自然垄断和组织采购规定的制度,等等。这些措施保障了垄断行业逐步开放。

3. 产业政策功能的发挥

传统观点认为,政府角色就是政府利用政治权力维持国营独占、固定价格等。但在市场条件下,如果不加区别地施以政府封闭式保护,对提升经济竞争力非但没有帮助,相反会窒息竞争和创新。承认政府的积极保护作用,不是没有范围和标准地保护行业和产业。美国著名的研究国家竞争力的学者迈克尔·波特认为,当一个产业刚刚萌芽,还处于缺乏竞争状态,而国外已有强有力的对手时,保护政策是有效的。如果能延缓外国竞争者进入国内市场的时间,本地业者可能通过内部竞争而壮大,启动自我强化机能,这成为萌芽期产业必须保护的理由。实施萌芽期产业保护还需要选择恰当的保护方法。制定一整套有利于提高产业竞争力的法律法规、政策制度,修正或废止现行法律法规、政策制度中不利于甚至阻碍自主创新的内容。政府还必须根据国情,制定合理的产业政策,对不同的产业进行有所区分的扶持、保护或限制。①

　　俄罗斯没有单独的产业政策法,产业政策的实施以反垄断法中的国家援助的方式实现。具体方式包括两个方面:一是经济集中度的放宽,这表明市场的包容性增强;二是国家援助制度,即对于政府给予行业或产业以财政补贴逐步实现了法治化。对于中国而言,公平竞争审查制度是一种程序控制,不是实体制度,需要建立程序和实体相结合的制度体系,才能解决市场竞争的长效机制。

---

① 参见〔美〕迈克尔·波特:《国家竞争优势》,李明轩、邱如美译,华夏出版社2002年版,第647—648页。

第六章 滥用权力限制竞争的规制

规制权力限制竞争是俄罗斯反垄断法区别于美国、德国、欧盟等先竞争立法国家和地区的一大特色。这开创了转型国家竞争立法的新格局,改变了先立法国家所谓的"三大支柱",广义上,形成了"四大支柱"的立法框架。

自俄罗斯反垄断法创建伊始,立法者就将权力机关和地方自治管理机关破坏商品市场竞争的情况作为一种独立的限制竞争形式。在俄罗斯反垄断法的立法目的上,始终突出强调规制这种阻碍、限制竞争的情形,并把它作为一种独特的调整对象予以明确(《竞争保护法》第1条)。这种模式对白俄罗斯、哈萨克斯坦、乌克兰等国反垄断立法的结构均有重要影响。

一、调整的范围

法律调整的范围不仅涉及客体的类型,也涉及主体的形式。俄罗斯反垄断法在这两个方面的相关规定具有鲜明的本土特色。

(一)客体范围

1991年俄联邦《反垄断法》将权力主体的垄断活动列为垄断行为的范畴。在概念上,垄断行为被界定为,经营主体或联邦权力执行机关、联邦主体权力执行机关和各市政当局所从事的与反垄断法相抵触的行为,以及会产生阻碍、限制和排除竞争之后果的行为。1991年俄联邦《反垄断法》不仅在内涵上明确了权力限制竞争行为的属性,而且在外延上同时将滥用市场支配地位、垄断协议和权力限制竞争行为列作该法第二章规定的垄断行为。2002年10月以后,俄联邦《反垄断法》重新确定了垄断行为的概念,即删掉了上述概念中的"联邦权力执行机关、联邦主体权力执行机关和各市政当局",将垄断行为界定为,经营主体所从事的与反垄断法抵触的行动(无论是否实施),该行为目的在于阻止、限制和排除竞争。不仅垄断行为的概念内涵有如此变化,而且条文的章节结构也发生了很大变化,权力限制竞争行为和垄断行为从原来的从属关系变成并列关系,即"第二章之一"和"第二章之二"。2006年以后,分别变成了"第二章"(垄断协议、滥用市场支配地位、不正当竞争行为)和"第三章"——"禁止各联邦行政机关、联邦各部门行政机关、地方市政当局、其他执行政府职能的机关或组织、政府预算外基金、俄罗斯联邦中央银行以法令、行为(不作为)、协议、协同行为限制竞争"。

这种垄断类型逐渐从垄断行为中独立出来的理由,或许可以从名称的表述上一窥全豹。在俄罗斯反垄断法的诸多版本中,其他行为都有缩略用语,如第二章"垄断行为、不正当竞争",唯独这种垄断类型一直使用的是全称。任何一个版本在表述此类垄断时均使用了"法令"与"行为",并将两者并列。

"法令"不属于"行为",这是权力限制竞争从垄断行为中独立出来的主要原因。虽然在理论上,我们习惯将法令称为抽象行政行为。事实上,抽象行政行为概念指涉的是制定法令的活动。通常,一个法令包括目的、原则、规范、责任等,最高立法机关基于职权的专业性,即使制定的法律会限制竞争,通常也不认为违反反垄断法。可能产生阻碍、限制竞争影响的主要是"规范"的部分。另外,一个法令中有阻碍、限制竞争影响的,通常只是部分条文,而不是抽象行政行为本身。再者,来自权力运用产生的垄断与市场规模、市场份额、市场结构等无直接关联。在一个分散的市场上,因权力的不当介入仍可以产生限制竞争行为。所以,权力限制竞争规制的重点是权力,而不是市场结构。实践表明,利用权力设置不公平条件对中小企业发展影响巨大。

权力限制竞争是俄罗斯私有化改革以来亟需解决的问题,尤其是改革初期阶段,它是俄罗斯市场经济发展中最典型的也是危害最大的限制竞争形式,每年处理的行政垄断案件数量都位居前列。2002年以前,滥用市场支配地位的案件数量是第一位的,2002年以后,滥用权力的案件一跃成为反垄断案件中数量最多的类型。这表明,2002年修改反垄断法后规制权力限制竞争取得了较明显的效果。

(二) 主 体 范 围

关于权力限制竞争行为的实施主体,1991年俄联邦《反垄断法》规定的违法主体为权力执行机关,也规定了"权力代表机关"。实践中,反垄断机构针对代表机关的违法行为规制的方法有限,没有发挥应有的实际效果。因此,1995年修改法律时,把代表机关从法律中删除了。但是,这一行动招致很多学者的指责,认为没有经过理论界的重复讨论,"把可能的权力主体悄悄地删除了,它正是宪法上的代表主体"。[①] 于是,2002年修改反垄断法时,重新恢复了代表机构。而且列举了代表机构的具体形式——俄联邦主体的国

---

① 〔俄〕A.T.达乌洛娃:《垄断行为:概念、分类、责任》(俄文版),载《法律》1996年第3期。

家权力机构、地方自治主体。此外,本次修改法律,在原有的基础上又增加了两个主体:受委托或授权的权力机关或组织。

自 2006 年至今,俄联邦《竞争保护法》规定的滥用权力限制竞争的主体为:联邦权力执行机关、联邦主体的国家权力机关、地方自治机关、其他执行政府职能的机关或组织、政府预算外基金、俄联邦中央银行。

(1) 联邦权力执行机关。联邦权力执行机关即联邦行政机关。俄罗斯有 20 个部级机关及与其同级的总局,其中 5 个部的权力比较特殊,由总统直接领导,称为强力部门,其余 15 个部(如财政部)则直属于总理。

权力执行机关不同于立法机关和司法机关。由此,被反垄断法排除在外的联邦国家机构有:① 联邦议会,即下议院(也称国家杜马,代表联邦各主体)和上议院(也称联邦委员会,代表联邦)。② 法院系统。俄罗斯的司法机构,包括联邦宪法法院、联邦最高法院、联邦最高仲裁法院及仲裁法庭系统、各级其他地方司法机关(联邦主体、州、地区和市级的司法机关)。俄罗斯宪法、民法和刑法是俄罗斯司法机关的审判依据。③ 检察院系统。联邦检察院系统是下级机关服从上一级及联邦总检察院的集中统一体制。俄罗斯检察院系统包括联邦总检察院、联邦各主体检察院以及各个城市和区级的检察院。

(2) 联邦各主体的国家权力机关。联邦主体是俄罗斯的一级行政区的统称。这一概念是 1993 年俄罗斯联邦宪法规定的。截至 2020 年,有 85 个联邦主体,包括共和国(республика)、边疆区(край)、州(область)、联邦直辖市(自治市)(город)、自治州(автономная область)、自治区(автономный округ)。各联邦主体一律平等。各联邦主体内的区划设置由联邦主体自行确定,其和联邦之间是上下级关系。联邦主体的国家权力机关主要是立法机关。人民代表会议是联邦主体立法机关(议会)的常设机构,享有在联邦宪法和法律规定的权限范围内的立法和监督的职能。立法的范围包括从生产到消费的各个方面。

(3) 地方自治机关。俄罗斯确立地方自治的法律是俄联邦《地方自治组织基本法》。该法第 1 条第 2 款对俄罗斯的地方自治定义为:"在宪法、联邦法律以及在联邦法律授权规定的情况下,在联邦主体法律规定的区域内实现自治的形式。居民从自身的利益出发,考虑历史传统和其他地方传统,独立地直接和/或通过地方自治机关决定本地问题。"俄联邦《宪法》第 12 条和俄联邦《地方自治组织基本法》第 34 条第 4 款都明确规定:地方自治机关不列入国家权力机关体系。在关系上,地方自治机关不属于国家权力机关体系,但需要接受俄联邦国家权力机关和俄联邦主体国家权力机关的监督。即联邦国家权力机关在联邦法律规定的情况下,联邦主体国家权力机关在联邦法律或联邦主体法律规定的情况下,对地方自治机关行使管理权和监督权。

地方自治机关由当地居民民主选举产生,对选民负责。地方自治机关享有立法、财税、执行、制裁等广泛职权。具体而言,包括自治地方立法机关、行政机关和自治地方的首脑。显然,可能限制竞争的地方自治机关也包括立法层面和执法层面两类机构。

(4) 预算外基金。这是2012年俄联邦总统发布的第636号令中增加的一个主体。预算外基金是为实现宪法上公民在社会保险、养老、健康和医疗方面的援助组建的联邦预算和联邦主体预算之外的货币基金。其收入和支出按照俄联邦《预算法》和有关具体年份的预算法案执行。在俄罗斯,有三十多种预算外基金,汇集了超过国家的60%以上的收入。

(5) 俄联邦中央银行。这是个特殊的主体。其特殊性有二。一方面,其具有金融市场的宏观调控专属性职能。按照俄联邦《宪法》第71至75条的规定,俄联邦中央银行具有发行银行的地位。此外,俄联邦《中央银行法》确定了中央银行的政策目标和职能。另一方面,在审理银行、其他金融机构涉及的反垄断案件时,在审理案件的反垄断机构委员会的组成中,需要有一半以上的代表来自银行界。

(6) 其他被授权履行上述机构职能的机构和组织。这个主体是基于法律的授权而成为本法主体的。按照2008年联邦最高仲裁法院发布的《关于仲裁法院反垄断司法实践中的问题》的相关解释,被授权的主体是具有一定的管理能力和具有一定代表性的地方自治主体。另按照俄联邦《地方自治组织一般原则》第34条的规定,地方自治机构包括市政管理代表机构、市政组织的首脑、地方行政机构、市政监督机构、地方自治规范规定的其他被选出的履行地方自治特殊职责的机构或人员。

值得关注的是,俄联邦《第三次竞争法一揽子修正案》进一步将授权主体扩大到参与国家或市政服务的有关组织上。按照俄联邦《为国家或市政提供服务的组织资格认定》的规定,从属于联邦机构或地方自治机构的组织才能参与到国家或市政服务中。这种服务一般具有基础性、单一性、持续性,往往都是较为固定的为国家或市政管理公共事务的组织。例如,莫斯科政府发布指令,需要将城市地上运输工具上的到期广告和信息替换和消除,该工作直接授予一个商业组织,该商业组织将此项职能承包给其他主体。这里不仅涉及具有公共管理职能的机构对城市运输工具广告业务的垄断性,被指定的经营主体在执行其业务的过程中也存在滥用权力的行为。①

二、行 为 类 型

权力机关单独和联合以颁布文件或实施某种行为限制商品市场竞争的这一类型被列入法律中一个特别部分——俄联邦《竞争保护法》第三章。依第三章的标题——"以法规或行为(不作为)、协议、协同行为限制竞争",权力限制竞争的行为可以从不同的标准进行不同的分类。依据相关市场类型的不同,可以分为金融市场的权力限制竞争和商品市场的权力限制竞争。依据行为是积极实施的还是消极怠行的,可以把权力限制竞争分成作为型的和不作为型的。不作为型的权力限制竞争在1991年俄联邦《反垄断法》中并没有规定,当时的第4条所界定的垄断行为仅指作为型的垄断活动。2006年俄联邦《竞争保护法》增加了不作为型的垄断行为。此外,从实施主体的人数不同展开分析,可以分出单独实施的垄断行为和联合实施的垄断行为。

从限制竞争所凭借的手段上,第三章列举了四种权力限制竞争的形式。在具体的列举条款中,又将四种手段归为两类:"以法规、行为限制竞争"(第15条)、"协议、协同行为"(第16条),每条在内容上都呈现不断细化的趋势。

(一) 单独实施的垄断行为

俄罗斯法与我国法最大的不同在于,俄罗斯法上不强调"行政",而是突出限制竞争的工具——权力。之所以将法令和行为糅合到一起,是因为国家权力机关在此两种类型中都可能处于经营主体的对立面,即权力直接约束经营主体形成限制竞争的结果。按照俄联邦《竞争保护法》第三章的规定,行为主体中的联邦权力执行机关相当于联邦各部,属于行政机关。而联邦主体的国家权力机关、自治地方机关层面包括但已不强调"行政",这些主体在形态上包括立法机关和行政机关,所以它们制定的规范性文件,不限于部委规章、行政法规,也包括地方议会制定的类似我国宪法规定的地方性法规、自治条例和综合条例等。

其他执行政府职能的机关或组织、政府预算外基金不是政府机关,而是自治管理者或政府委托的社会公益主体,其可能产生的权力限制竞争来自相应的管理权的滥用。在俄罗斯反垄断制度中,被排除在外的权力主体只有依俄联邦《宪法》(第10条)规定享有国家立法权的联邦立法机关和享有司法权

---

① 〔俄〕B. Ф. 雅克夫列夫:《司法仲裁实践评论》(第11期)(俄文版),法律文献出版社2004年版,第167页。

(全部)的司法机关,这两类国家权力机关独立行使自己的职能,反垄断机构不享有对这两个机关的行为进行监督、检查的职权。此外还包括国家总统和政府总理发布的总统令或政府令。

俄罗斯反垄断法对行政垄断的规制采取列举的立法技术,详细列举了权力限制竞争的表现形式。依据主体权力的自有性还是外来性之不同,可以将单独实施的垄断再分为两种:经营限制、组织职能混同。

1. 经营限制

经营限制即限制经营主体自主权。限制自主权又包括组织上的非法限制、行为上的非法限制、地域上的非法限制、不公平优惠待遇等。

(1) 组织上的限制。凡在某些行业或产业中,上述有关主体发布的法规或采取的行动限制创建新的经营主体(包括一般经济组织和金融组织)都属于此。例如俄联邦《竞争保护法》第15条第1款第1项、第2项规定的对经营主体设置准入限制;不合理地限制经营主体的经营活动,包括在俄罗斯联邦法律规定之外设置对商品或对经营主体的限制条件。俄联邦《民法典》中包含一系列禁止非法限制法人或非法人组织创立的规定,在进行法人或非法人组织的国家登记时无合理理由拒绝登记的,申请人可以向法院起诉。按照民法典的规定,所谓合理的理由,指不按照法人设立的程序设立、提交的文件不合法。在特殊行业中,如金融行业或国家特许的行业中,基于行业特点由联邦法律规定相应的限制条件。

(2) 行为上的限制。即以发布法令或实施行政行为的形式无正当理由阻碍经营主体的活动。和组织上的限制相比较,此种针对经营主体的生产经营活动包括各个环节:生产产品、销售或提供服务等。此外,针对的限制对象或开放的对象不是所有同类主体,如禁止或限制个别主体的经营活动;对采购商品限定供货方等。若行为上的禁止或限制有法律上的依据的,除外。例如,俄联邦《环境保护法》第66条第1款规定,环境保护监督人员有权责令环境违法行为的法人、自然人实施经济的或其他的行为。另按该法第70条第2款的规定,环境检查人员依据法律规定的权力和程序,可以限制经营主体停止生产某种产品、全部停产,或强制经营主体实施特殊的环境保护措施。

(3) 设置障碍限制商品在地区间流转。即"禁止或限制商品在俄罗斯联邦自由流通,实施对经营主体的销售权、采购权以及商品的采购和交易的其他限制"。形式上看,限制的是商品从俄联邦的一个区域(共和国、边区、地区、城市或市区)到另一个区域进行交易(取得、购买、交换)或提供服务,实质上是限制经营主体的经营空间或发展空间。"其他限制"是更加隐晦的限制方式,如设置有关交易标准、交易数量等。这一规定的上位阶制度渊源是俄联邦《宪法》第 74 条第 2 款。例外的情形一般是为了保护生命安全与健康、保护自然环境和文化价值等。

(4) 不公平待遇。1991 年俄联邦《反垄断法》的文本中,规定了不公平优惠待遇问题。这一行为在 2009 年修改俄联邦《竞争保护法》时被独立出来,作为单独的一章(第五章)。同时,在第 15 条中,还保留着一个转致条文:"违反本法第五章规定的条件提供国家和自治地方的特惠"。所以,有关不公平的特惠问题被分成了两个部分,不合法的留在这里,构成了不公平待遇;合法的特惠上升为第五章中的国家或市政援助。

不公平待遇即以法令或行为方式无正当理由给予特别主体以不同的经济上的优惠。如违反俄联邦法律或法令的规定,指令经营主体为特别经营主体(客户)优先供给商品(完成工作、提供服务),或者优先签订契约。法理上,给予个别经营主体优惠待遇打破了一般市场秩序,无正当理由给予特定经营主体或某些经营主体以优惠,会使在市场上从事同类产业的经营主体处于不利地位。"优惠"包括提供优惠交易价格、交易条件、优先确定供货者等。第 15 条涉及的不公平待遇有如下三种:① 要求经营主体向指定的采购者(订货者)优先供货,或优先与其签署合同;② 优先向经营主体提供信息(本项是 2009 年增加的内容);③ 违反本法第五章规定的条件提供国家和自治地方的特惠(本项是 2011 年增加的内容)。

在规则的变动中,2002 年俄联邦《反垄断法》第 7 条规定:联邦行政机关、俄联邦各部门的行政权力机关、各市政当局,其他被授权行使上述机构职能或权力的机构或组织,决定授予一个或若干经营主体的特权的方案,必须经过反垄断机构的批准。这一规定增加了反垄断机构的认定负担,在 2009 年修改法律时被删除。现行法坚持的是"原则上禁止+有限的例外"的规制方法。

如果有现行法律依据,"优惠"是合法的。例如,根据俄联邦《国家需要产品供应法》第 5 条第 2 款的规定,"(国家机构)可以强令在特定商品市场上具有优先地位的供应者为了国家的需要,与供应者签订优先供应产品或提供优惠条件的合同,只要履行此种特殊合同不至于导致供应者亏损"。各国法律制度体系中,都会存在中小企业基本法。该法的主要目的是给中小企业以特殊的优惠待遇,包括税收、金融等方面。当然,这种优惠不仅要有法律依据,而且针对的是非特定主体。中小企业是接受特惠的常规主体。俄联邦《中小企业扶持法》第 6 条和第 9 条规定可以进行税收特殊处理,以实现扶持中小企业发展的特殊调整目的。另在俄联邦《税法》第 56 条第 1 款中,也明确就此进行了规定。行政机构给予特殊经营主体或某些经营主体以优惠待遇是否属于例外应经过俄联邦反垄断机关的认定。

上述分类只是为了理解的需要而进行的大致划分。一些行为之间会存在分类标准不同的问题。例如,俄联邦《竞争保护法》第15条第1款第1项规定:"对经营主体设置准入限制,以及禁止或限制某些经营活动或某些商品的生产",该项规定的前半句是从组织设立的角度展开的,后半句是指申请者设立之时的采购行为、安装行为等。第2项中规定的"不合理地限制经营主体的经营活动"是补充第1项的规定,是在经营主体成立后,对经营行为的限制。第3项规定也是行为限制,但特别指向具有跨区域性:"禁止或限制商品在俄罗斯联邦自由流通",当然,这必然涉及对"经营主体的销售权、采购权"的限制。故尽管上述分类有各自独立的视角,但在相关行为的内涵上,还是存在一定的交叉。

2. 职能混同

俄联邦《竞争保护法》第15条第1款第3项规定:禁止联邦权力执行机关、联邦主体国家权力机关、其他权力机关和地方自治机构的职能与经营主体的职能重合,联邦法律、联邦总统令和联邦政府决议另有规定的除外。禁止将特定机关的职能和权力委托给经营主体,包括国家机关的监督检查的职能和权力。理论上,这种行为也被称为职能混同(совмещение функция),即权力机构的职能和经营主体的职能混同。

如何理解"职能混同"及如何判断"职能混同"是规制该种垄断行为的关键。在法学理论上,"职能"被理解为主体实现行为目标的方式,这种方式由法律所确定。法律允许的行为方式,意味着主体享有某种确定的权力(权利)和承担相应的义务。对于商业组织而言,除了国有企业外,可以享有进行非为法律明确禁止的任何活动的民事权利并承担民事义务(俄联邦《民法典》第49条第1款)。司法实践中,职能混同包括:权力机关获得了经营主体职能;经营主体享有权力机关的职能和权力。

职能混同的判定建立在双向考查的基础上,主要包括经营主体的法律性质、权力机关的职能。经营主体的权利能力是否包含有权力机关的职能,即资本权力化。反过来,国家机关的权力行使是否包含有经营主体的获利性质,即权力商业化。例如,经政府认可的某煤气股份公司提供的供应格式合同中确定了这样的规则:煤气供应系统中的各独立经营单位有义务接受煤气股份公司的关于煤气供应、设施建设、改造和使用方面的监督。这里的监督已经不是技术检查的业务能力,而是具有了某种强制性。这种监督权只有权力机构才享有,它违反了俄联邦《民法典》第 66 条、第 96 条的规定,也违反了俄联邦《股份公司法》第 2—7 条的规定,有违股份公司的法律和经济属性。由此在经营管理上可能获取特殊利益,违反俄联邦《竞争保护法》第 15 条第 3 款的规定。职能混同只要求经营主体拥有不应有的职能,不包括企业的经营活动中实施了超出权利能力范围的经营活动。有关权力资本化问题,如某自治地方建设部门,发布了一份组建有关监管教育设施建设机构的文件,按照这个文件"建设机构"拥有地方教育设施的设计、建造职能和监管职能。而依照俄联邦《地方自治法》第 20 条第 1 款的规定,地方自治机关不属于国家权力机关系统,是独立的法人。按照俄联邦《民法典》第 120 条第 3 款的规定,国家或其他机关的法律性质由法律和其他法规确定。那么,确定其行为性质的法律是地方自治管理法和竞争保护法。但市政建设部门属于地方自治机关,有关市政建设部的条例表明:该主体具有行政职能,同时承担经营主体具有商业性的设计工作,这使得地方自治管理职能和经营主体职能混同。①

在早期俄罗斯反垄断案件中,职能混同行为占案件总数的 11%(2001 年),现在已大大减少,仲裁法庭积累了判定职能混同的一般经验和方法。案件的类型中,资本权力化问题明显比权力资本化的问题突出。在资本和权力的结合中,资本攀附或捕获权力创造利益的动机远远大于权力对资本的依赖。在方式上,前者往往不惜代价,后者由于存在民众的社会监督,在依法行政的前提下,不得不谨小慎微。

职能混同在联邦法律有特殊规定时除外。例如,俄联邦《国家需求产品供应法》第 3 条第 1 款规定,联邦国家行政机关、国家机关或经营主体(包括联邦国有企业)作为采购者为国家实现联邦特定任务和保障联邦国家需要供应产品。2007 年颁布了第 238 号联邦法律——《关于奥林匹克建设项目和索契建成山地疗养区国家公司》。同年,颁布了第 317 号联邦法律——《关于俄罗斯原子能国家公司》。2015 年设立了一个主联邦商业活动公司——拉斯科斯茂思。这些情况下,成立的主体或权力主体在活动中所同时享有的权利和权力是合法的。

最高仲裁法院在 2008 年发布的解释——《关于审理反垄断仲裁案件相关问题的解释》中,明确指出,只有联邦法律明确规定的,才能够被排除适用。其他规范性文件所设置的例外无效。实践中,仲裁法庭对职能混同的经验,常常出现的是依经营主体内部章程或权力机构的规范性文件来确定其法律

---

① 《俄联邦最高仲裁法院公报》,1998 年 3 月 30 日,第 32 号。

地位。例如,对于公司而言,公司章程就是它的机关文件,公司章程中目的、任务和经营范围等栏目中会揭示其权利和能力。当然,也存在在公司章程中没有规定,而实际上行使权利的情况。还存在相反的情况,即行政机关法律文件或地方自治机关法律文件中规定,行使职权之外的经营(商业)活动。这种情况下,仲裁法院的判断标准是,若权力运行兑取了具有经营性的利益即为经营活动。

为了消除职能混同的违法性,反垄断机构根据主体的性质不同,采取不同的方法。如果是公司为主体形成的职能混同,反垄断机构不能直接干涉公司的自治活动,即其无权替换或改变经营主体的章程文件中的相关内容。依据俄联邦《竞争保护法》第 23 条的规定,反垄断机构有权责令停止混同行为,或请求仲裁法院确认章程的内容违法。如果权力机关通过发布文件的形式构成权力和资本(权利)的混同,反垄断机构有权撤销或变更该违法的决定,若行政机关不执行该撤销或变更违法决定,俄联邦反垄断机关(包括区域派出机构)有权向仲裁法院起诉,要求确认作出的违法决定或违法决定依据的规章无效或部分无效。

(二) 联合实施的垄断行为

这是一种特殊的垄断行为。它发生在经营主体和权力机关之间。除了主体特性外,这种行为的方式也是联合完成的。可能是签订书面协议或者达成口头协议,也可能通过发布共同协作的决定或者召开合作会议等方式来实现协作。因此,这类行为具有复合性,是经营主体和权力主体之间以协议或者协同行为的方式联合实施。同时,这类行为具有吸收的特性,因为权力滥用损害国家管理秩序同时损害市场竞争秩序,以前者吸收后者来定性。

按照俄联邦《竞争保护法》第 16 条规定,禁止联邦权力执行机构、联邦主体国家权力机构、地方自治机关、参与提供国家或地方服务职能的其他机构和组织、国家预算外基金、联邦中央银行之间,以及上述机构与经营主体之间的协议,或机构或组织之间实施协同行为,如果这些协议或行为导致或可能导致阻碍、限制和排除竞争。其中包括:(1) 提高、降低或维持价格(收费),但联邦法律或联邦总统或总理发布的规范性文件另有规定的除外;(2) 没有经济、技术或其他方面的合理理由,对同一商品设置不同价格(价目表);(3) 按照地域原则、商品销售或采购量、商品种类或者卖方或买方(购买者)划分商品市场;(4) 对进入或退出商品市场设置限制,或者将经营主体排除出商品市场。

依上述规定,这种行为的载体是协议或协同行为。表面上,这和《竞争保护法》第 11 条规定的经营主体之间的协议或协同行为是一致的。但这里的协议或协同行为不完全等同于第 11 条之处,是权力主体处于协调者的地位。在 2006 年修订法律时,有学者建议详细解释这里的协议或协同行为。这个建议得到了认同,并最终在第 4 条中增加了一个概念——"经济协调行为",是指由与被协调主体和市场不存在关联关系的第三方协调经营主体的活动。经营主体为履行纵向协议而实施的活动不属于经济协调行为。

权力机构的管辖范围及法律地位是以规范性法律文件来确定的。它们有权以俄联邦的名义、俄联邦各主体的名义或地方自治机构的名义参与到民事法律关系中。通常,参与都是以权力限制权利的形式体现出来。基于权力机构人员的独立性和代表性之间的矛盾,以及权力的易被捕获性,可能产生对权利的不当干预。

在所有权层面,俄罗斯法律承认多种所有权形式:私有、国有、自治地方所有、其他形式的所有。在所有者或财产权的代表上,有私人、法人、俄罗斯联邦、俄罗斯联邦各主体、地方自治组织。俄联邦《民法典》第 214 条规定,国家所有的财产依照本法划拨给国有企业和机构,归其占有、使用和处分。相应的预算资金以及未划拨给国有企业和机构的其他国有财产,构成俄罗斯联邦国库财产、俄罗斯联邦各共和国国库财产和边疆区、州、联邦直辖市、自治州、自治专区国库的财产。由于各财产主体的多样性和独立性(或相对独立性),主体利益就具有独立性。另外,按照俄联邦《民法典》第 125 条的规定,国家权力机关在法律规定的权限范围内,以俄罗斯联邦和俄罗斯联邦各主体的名义通过自己的行为取得和行使财产权和人身非财产权利,产生并履行财产义务和人身非财产义务。

通常,国家机关与经营主体联合实施垄断行为都以合法的身份介入。如国家机关以所有者代表的名义占有、使用财产。再如,以国有资产代表的名义参与到特定的国有企业改组过程中。也有一些联合实施的垄断行为发生在国家机关作为商品采购人的情况下,如参与到俄联邦《国家需要产品供应法》所规定的事项中。

权力主体依职权参与商业活动时,不得有下列行为:(1)创造优越条件参与竞争,包括给予某些竞争参与者以秘密信息,减少合同支付等。(2)作为竞争组织者、合作者参与竞争。(3)为竞争组织者协调合同参加人。(4)没有根据参与到竞争关系中。

在法理层面,依据上述俄联邦《民法典》第 214 条的规定,特殊情况下,国有财产的经营不强调"收益",即企业的性质是政策性的,而不仅仅是商业性质。在进行政府采购时,国家采购者在运用政府资金时有义务维护公共利益和保障俄联邦消费者的利益。因此,签订采购合同应该符合竞争规则。《竞争保护法》第16条规定的目的是维护竞争规则。

形式上看,协议或协同行为可能发生在两个权力机关之间,也可能发生在权力机关和经营主体之间。协议或协同行为内容是否违反竞争规则,主要以行为的结果是否有阻碍、限制和排除竞争的影响来判断。这种抽象的标准既包括目的判断,也包括结果分析。具体而言,协议或协同行为的参加者具有明确分工并有一致的目标,包括:(1)价格目标和结果(提高、降低或者维持价格或折扣)。(2)经营程序目标和结果(划分地域市场、划分销售市场、按照商品级别划分市场或者按照销售者、购买者和采购人划分市场)。(3)组织经营目标和结果(阻碍新经营主体的产生或将经营主体排挤出市场)。

现举一例加以说明。为解决项目投资和利用其他资源,奥列布尔克州政府和"Агроимпульс"银行签订了一份协议。协议第3.2条规定,银行以自己的资金参与到本州的商业项目,具体包括参与培训、筹备、开展业务、提供贷款。第3.3条规定,本协议中政府职责:第一,委托银行设计符合联邦与州预算的项目并提供投资服务;第二,为银行组织的本州内的投资活动提供支持;第三,提供必要的条件和机制保障落实和实现设计方案,按照相关程序准备相关法律文件和其他材料。对此,反垄断机构认定,州政府签订的协议为银行在区域银行服务市场单方面实施项目创造了提供投资的条件。此外,作为唯一的计划设计者,在提供本投资的银行服务中,限制了服务市场的范围。由此,州政府和商业银行之间签订的协议,违反反垄断法。[①]

俄联邦《竞争保护法》第16条没有规定协议或协同行为的合法及例外情况,但实际上本条仍存在一些豁免。2007年俄联邦发布过类似的政府令(第769号),该政府令授权联邦主体权力机关和特种产品的生产者之间签订协议,该授权的有效期截止到2008年。2010年3月5日俄联邦发布第129号政府令,特别允许联邦主体国家权力机关、地方自治机构和作为经营主体的某原燃料的生产经营者直接签订降低或维持提供农业生产的特殊燃油的协议。政府令明确了用于农业生产燃油价格的确定程序,即按照市场平均批发价格20%折扣比例来销售产品。此外,还明确允许燃油提供者和农业生产者之间直接签订协议,只要协议的内容符合下列条件:协议的客体是提供用于农业生产的特殊燃油;协议客体的价格执行联邦政府令所确立的价格比例;不得限制农业生产者选择燃油供货商,也不得包含有特种燃油之外的客

[①] 案例号:№ 07-16-10/2007。

体;协议中农业生产者所使用的特种燃油只能用于农业机械;农业生产者不得将协议客体再行转让。该政府令于2012年12月1日失效。此后,在很长一段时间里,俄联邦没有再发布过类似的政府令。因此,这种豁免是临时性的,是以政府令形式发布的,而不是法律规定的。

综上所述,可以认为,没有政府令的明确规定,凡权力机关签订的协议有阻碍、限制竞争效果的,该协议即本身违法。

(三) 金融市场的一般规定

俄罗斯反垄断制度早期,市场被划分为商品市场和金融市场。在俄联邦《金融市场竞争保护法》有效期间,该法第12条规定了权力机关在金融市场上的反竞争行为,即以颁布法规和其他行为(例如给予个别主体以优惠、设置市场进入障碍等)限制竞争。例如,联邦权力机关和地方自治机关以及联邦中央银行不得设置金融市场准入或退出障碍,不得限制消费者选择金融组织。专业化行政机关——俄联邦中央银行有义务为执行资金结算的金融机构创造公平竞争的环境。禁止给予某些组织以优惠,以使其在与同一市场的其他金融机构相比较时产生优势地位。

随着金融市场竞争法并入反垄断法,相关特殊规则被一般规则吸收。现行俄联邦《竞争保护法》第18条保留了一个原则性的规定,联邦权力执行机构、联邦主体权力执行机关、地方自治机关、国家预算外基金和自然垄断企业应按照联邦关于国家采购的法律,通过公开招标或公开拍卖的方式选择提供金融服务。涉及的金融业务包括:吸收法人存款;开立和管理法人银行账户,及通过账户进行结算业务;提供贷款;保管现金、票据、支付凭证,以及对法人的现金服务;发放银行担保;证券市场服务;租赁合同服务;资产保险;个人保险,其中包括医疗保险;非国营养老保险;责任保险。

三、认定标准和规制方法

(一) 认 定 标 准

1991年俄联邦《反垄断法》按照下列结构展开对权力限制竞争行为的规制。首先是一般性的禁止规定,其后列举了被禁止的行为的类型,再后阐述了结果要件,即行为的后果是,"阻碍、限制、消除竞争和损害经营者的利益"。后两个条件是并列关系,也就意味着,必须同时满足这两个条件才能构成违反反垄断法。

事实上,阻碍、限制、消除竞争是对垄断行为的性质的总的概括,也是判断是否属于垄断行为的公共标准,其不单独指向权力限制竞争这一种行为。如果在此基础上再辅助另外一个标准,意味着,对行为判断的标准更加苛刻了。因为标准的苛刻,自然也会导致很多行为无法认定为垄断行为。因此,这个判断标准备受指责,甚至有学者将反垄断私人诉讼能力不足的原因也归咎于此。

在如何完善认定标准的问题上,出现了几种不同的观点。一种意见认为,司法实践中的诸多案例已经表明,在商品市场上,对竞争规则的改变必然导致损害该商品市场上的广大经营主体的利益,所以应当以第二个标准为中心。另一种意见认为,上述两个标准应该是选择性的,中间加个连词"和"是多余的。第三种意见认为,应当着重分析相关主体发布有碍商品市场竞争的法规、实施行为和侵害经营主体权利之间的因果关系。

2006年的俄联邦《竞争保护法》部分融合了上述观念。形式上,第16条和第11条的文本表述模式大致相同:概括加列举式。第16条抽象地确立禁止的原则和标准,再以列举的方式确定行为的类型。第11条也是两个层面的表述:"禁止经营主体签订限制竞争的协议或实施协同行为;商品市场上经营主体间的协议或协同行为,如果导致或可能导致以下后果的将被禁止:(1)制定或维持价格、折扣、加价和销售加价;(2)抬高、降低或维持交易价格……"但仔细分析,内容有本质的差异。前者的概括性规定包含有标准,后者则没有。换言之,前者的协议或协同行为若违反反垄断法,则需要具有阻碍、限制、消除竞争的效果;后者的协议或协同行为若违反反垄断法,则需要符合行为属于"制定或维持价格、折扣、加价和销售加价……"所以,本质的差异在于,权力限制竞争的联合行为需要进行事实证明和效果证明,经营者之间的联合行为只需要进行事实证明。有学者对此提出了质疑:"在不同的法律条款中使用不同的立法技术,并不是总是正确的。"①

实践中,在证据义务上不同行为有不同的要求。涉及垄断高价的,需要证明涉案价格是否属于垄断性价格,但无需证明对竞争的危害性。如果拒绝交易(拒绝签订协议),则需要考察对竞争是否有危害。俄罗斯反垄断法对权力限制竞争的态度类似欧盟法上的"原则禁止加例外"。

(二) 规制方法

从规制手段的性质出发,反垄断法的实施可以分为行政方法和司法方

---

① 〔俄〕A. H. 瓦尔拉莫娃:《俄罗斯竞争法》(俄文版),法镜出版公司2008年版,第337页。

法。多年的法律实施经验表明,俄罗斯建立的是以反垄断执法机关为主导的规制程序和方法(公共执行)。在规制权力限制竞争问题上尤其明显。

1. 行政方法

行政方法的启动原因包括接受社会民众的检举揭发、反垄断执法机构基于自身掌握的信息主动进行调查处理。

对于权力限制竞争问题,除金融市场的特殊规定情形外,反垄断执法机关可以直接向联邦权力执行机关、联邦主体权力执行机关、地方自治机关、其他履行上述机构职能的机关或组织,以及国家预算外基金及上述所有机关的领导人发出具有结论性的认定或决定。这些认定和决定具有约束力。具体而言,包括以下措施:

(1) 警告令

警告令即对权力机关的行为作出警告。一般而言,警告适用于行为的指向已经明确但损害尚未发生之情形,为了防止行为进一步延续可能带来的反竞争性危害,反垄断机构可以发布警告令。

这种措施是 2015 年 10 月 5 日发布的俄联邦《第四次反垄断一揽子修改建议》中增加的。警告令是一种提示整顿措施,即提示权力机关自行消除反垄断机构指出的行为所具有或可能具有的危险性。它是一种相对轻微的约束措施,或者说是一种替代责任。在实施中,如果政策制定主体对提示执行的决定不服,意欲继续实施自己的行为,可以采取救济性措施——提请法院进行司法审查。

在就"Cardio Clinic"公司所举报的反垄断案件进行调查的过程中,俄罗斯联邦反垄断局发现了圣彼得堡政府的涉嫌违法行为,即其采取有效措施保障圣彼得堡区域强制性医疗保险计划制度之下医疗护理的非歧视性分配。俄罗斯联邦反垄断局决定对其作出警告。

按照该警告的内容,圣彼得堡政府须在 2016 年 4 月 25 日前制定和落实区域强制性医疗保险方案下的医疗护理分配机制,为医疗护理的非歧视性分配环境提供客观标准。但是,圣彼得堡政府并未主动采取措施消除反垄断当局认定的违法行为所带来的影响,而是就该警告向仲裁庭提起了诉讼。2016 年 9 月 28 日,莫斯科仲裁庭认定俄罗斯联邦反垄断局"要求圣彼得堡政府停止违反联邦竞争保护法第一部分第 15 条规定之行为"的警告合法。

通过警告令处理的案件更加柔和,如果涉嫌违法者履行了警告令的相关内容,则案件结束。自该制度实施以来,每年处理的案件几乎等于原来的处罚案件,且在行政处理案件中结案率达到 80% 以上。

(2) 发布撤销、终止、修改令

对于权力机关发布的违反反垄断法的法规,反垄断执法机构有权撤销或修改。对于以协议或协同行为联合实施的垄断行为,反垄断机构有权终止或修改违反反垄断法的协议或协同行为。对于单独实施的权力限制竞争,反垄断机构有权终止相关行为,包括采取措施退返作为国家或地方自治体特惠提供的资产及其他民事权利客体。

撤销、终止、修改并不是确认行为无效,而是反垄断机构所作的初步认定,当事人不服,可以向法院起诉反垄断机构,请求确认行为合法。因此,俄罗斯规制权力限制竞争建立的是"行政(反垄断局)—行政(政策主体)—司法(法院)"的监督体系。在这个体系中,形成二元监督机制:反垄断机构直接监督权力机关,司法机构监督反垄断机构。

(3) 追究相应的法律责任

依据俄罗斯联邦法律规定,反垄断机构有权追究商业组织和非商业组织及其领导人、联邦权力执行机构、联邦主体权力执行机构、地方自治机构、参与提供国家或地方服务职能的其他机构和组织的领导人,以及国家预算基金领导人,自然人及个体经营主体违反反垄断法的行政责任。这个法律责任是按照俄联邦《行政法典》应承担的行政责任。

(4) 提出建议

涉及金融市场垄断行为时,由于涉及金融行业的专业性和体系性,法律规定,反垄断机构不能直接作出相关认定或撤销,只能向负责证券市场管理的联邦权力执行机构和联邦中央银行提出建议,指出其制定的法规不符合反垄断法,和(或)在其法规和(或)行为违反反垄断法时,建议停止法规的效力及纠正相关行为。广义上,还概括涉及其他责任的建议,如提出按照俄联邦《刑法典》应承担的刑事责任的建议,按照俄联邦《公务员法》承担责任的建议等。

2. 司法程序

俄罗斯反垄断机构可以就权力限制竞争的案件向仲裁法院提出有关违反反垄断法的诉讼和申请。提起的诉讼是确认无效之诉。由反垄断机构提起的确认无效之诉涉及的主要是有关权力机关发布的已经生效的法律规范,且反垄断机构认为联邦权力执行机构、联邦主体国家权力机构、地方自治机构、参与提供国家或地方服务职能的其他机构和组织以及国家预算外基金、联邦中央银行发布的法规与反垄断法相矛盾。无效包括对企业开展经营活动造成不合理阻碍的法规文件或非法规文件完全无效或部分无效。

例如,在彼尔姆地区政府非法处置国有财产案中,联邦反垄断局发现彼尔姆地区政府违反俄联邦《竞争保护法》第 15 条的规定,颁布了以"非依竞争程序转让国家财产"为内容的命令(2015 年 6 月 30 日颁布的第 207 号令和 2015 年 9 月 16 日颁布的第 303 号令)。彼尔姆地区政府因未能执行联邦反垄断局关于停止违反反垄断法行为的指令而被处罚。彼尔姆地区政府不服,向法院提起了诉讼。经调查,原告在增加彼尔姆养猪场股份公司的核定资本时,通过额外发行未经认证的普通股,非经法定程序(投标、拍卖)使 Sinergia 集团股份公司成为私人认股受益人。由于彼尔姆养猪场的 100%表决权股份是彼尔姆地区的国有财产,其必须依照关于国家和市政财产私有化的联邦法律的有关规定进行转让。按照俄联邦《私有化法》第 13 条的规定,股份制公司的股份要通过特定拍卖程序交易。获得商品、工程、服务的经营权必须通过竞争程序。另外,彼尔姆养猪场股份公司的财产与股份并未包含在彼尔姆地区 2013—2015 年国有财产私有化的预算方案中,这同样违反了《私有化法》的相关规定。

(三) 违法行为的特别豁免——国家或市政援助

俄罗斯 1991 年反垄断法中并没有规定国家特惠,2006 年修订俄联邦《竞争保护法》时单独增设一章来规定此问题,使用的名称是国家特惠和市政特惠。理论上,此种行为也称为国家援助或市政援助。为了表述方便,以下如无特别说明,将简称为国家援助。

国家援助所涉及的核心问题主要包括以下几个:第一,如何理解国家援助,它是何种性质的活动?第二,在什么条件下,向谁提供援助?第三,提供国家援助的程序是什么?第四,违反提供国家援助程序的后果是什么?

1. 国家援助的概念与特点

国家援助,是指由联邦权力执行机构、联邦主体权力机构、地方自治机构、其他具有公共职能的机构或者组织通过特殊的程序转移财产、民事客体,提供信息来保障特定经营者比其他市场参与主体(潜在的市场主体)具有更优惠的在相关市场活动的条件。

其特点如下:

(1) 主体上,国家的代表是联邦权力执行机构、联邦主体权力机构;地方市政的代表是地方自治机构、其他具有公共职能的机构或者组织。这里不包括最高国家权力执行机关,所以其不存在滥用国家援助破坏竞争的问题。

(2) 客体上,援助的客体是可流转的财产或民事客体、无形财产权。

2007年俄联邦反垄断局发布了俄联邦《提供国家（市政）援助的程序》（2007年7月2日第10806号），进一步解释了上述客体和权利形态，包括（由政府提供的）土地、房屋、设施、设备、器材、产品等，以及资金、有价证券、资产权益、服务、信息、知识产权、优先获得信息的权利等。

（3）程序上，按照俄联邦《竞争保护法》第19条的规定，国家或地方自治体的特惠可以按照联邦权力执行机构、联邦主体国家权力机构、地方自治机构及其他履行上述机构职能的机构或组织的规范性文件进行。另按照俄联邦《提供国家（市政）援助的程序》的解释，程序上未经过公开竞争程序（招投标）向企业提供财产或权利，将受反垄断机构的监督。

（4）结果上，保障获得国家援助的特定经营者比其他市场参与主体（潜在的市场主体）具有更优惠的在相关市场活动的条件。

国家援助本身是合法的。现代市场经济国家都承认，市场本身具有某些自身无法克服的缺陷。国家不是国民经济外部的一个主体，而是国民经济发展中的一个内在变量。在这个前提下，各国需要对一些特定的行业或产业给予特殊政策扶持。只是由于各国经济发展状况、历史原因等不同，"国家之手"触及的范围、深度有所不同。国家援助具有双重性。就积极方面而言，通过国家援助可能打破某一行业的垄断并促进行业的发展，尤其是朝阳行业和产业。就消极方面来说，"国家之手"介入到经济关系中会可能产生限制竞争的问题。

并非所有国家在反垄断法中都规定了国家援助制度，甚至大部分国家都没有在反垄断法中规定这个制度。许是两个主要原因导致这种现象：一个是唯名论决定的名实不符问题，另一个是唯实论产生的与产业政策的关系。

一般而言，反垄断法由于名称上有"反"字，立法技术上大都从否定的方面来禁止或限制有关行为，在关注的主体上是经营者而不是国家。这种倾向性的关注视角使得国家援助问题被剥离出来。所以，如德国《反限制竞争法》、日本《禁止垄断法》等都无此类规范。但是，如欧盟法、俄罗斯法等，名称上使用的是中性的概念——竞争法、竞争保护法。在这个名称下，既可容纳从消极方面入手来禁止某些行为，也可以包含从积极方面切入、实施促进竞争的手段。俄联邦《竞争保护法》中，国家援助制度指向在于，通过严格限制国家援助的范围、设置相应严格的程序来控制并尽可能消减"国家之手"对竞争可能产生的危害，促进竞争的发展。或者从技术角度说，在保护竞争的前提下，国家援助属于被禁止的行为的例外，但属于政府行为的例外，不是经营主体行为的例外。

国家援助和国家的产业政策有紧密的关系，都是以国家为主体介入经济关系，都可能对市场竞争形成制约。没有在反垄断法中规定国家援助制度的一些国家或地区，将此放置于产业政策（法）上来解决了。实际上，产业政策和国家援助二者关注问题的角度和实施手段是有很大区别的。产业政策更多的是从扶持整个产业发展的角度来提供国家支持的，其手段具有多样性。放置于竞争保护法中的国家援助，因总体上受不能危害竞争或促进竞争这两个条件的约束，政策的指向在于保护竞争环境，防止设置歧视性条件危害竞争，由此允许使用的手段相对较少。国家税收优惠、国家投资、国家借贷等不属于国家援助。

相比较，欧盟法上的国家援助制度最为发达。按照《欧盟运作模式条约》第 107 条第 1 款的规定，"除与本条约相反的规定外，国家给予或者利用国家财力给予的援助，不论方式如何，优惠某些企业或某些生产部门，以至于破坏竞争或对竞争产生威胁，从而对成员国间的贸易有不利影响时，则被视为与内部市场相抵触"。这是从禁止的方面（反面）进行规定的。俄联邦《竞争保护法》主要是从允许（正面）方面予以规定。另外，在手段上，欧盟法院从更宽泛的角度来解释"优惠"这个概念，包括给予特定企业或普遍性地给予某类企业以任何优惠待遇，如此，税收、国家补贴等都被纳入国家援助的范畴。

在性质上，国家援助属于国家义务的范畴。为了避免经济发展的大起大落，国家开始从强调经济安全和社会安全的角度关注政治安全。20 世纪 30 年代"福利国家"的兴起，标志着国家集体的责任有了新变化。政府有义务保证公民享有最低标准的收入、营养、健康、教育、住房、就业机会。这些保障是以法律形式而不是采取慈善的形式确定下来，成为政府的职责。在具体的制度实施中，国家需要以国库的财产承担一定的经济法律义务，如社会保险费的支付中国家"出大头"、免费义务教育、对失业者实行普遍社会救济，等等。

随着经济垄断化的发展，要求立法反映"社会公共利益""社会福利""社会经济的健全稳定发展""社会责任""社会经济秩序"等价值，同时也要防止国家动用财产手段破坏竞争环境。国家需要为经济稳定发展创造积极的外部条件：投资于作为经济发展基础的公共产业；建立和维护竞争制度等。所以，国家援助的难点在于，如何防止政府履行国家义务的时候滥用权力。

2. 国家援助的范围

俄罗斯法律对国家援助的规定既有正面列举，也有负面清单。

按照俄联邦《竞争保护法》第 19 条的规定，国家援助只能用于下述目的：(1) 保障极北地区及邻近地区居民的正常生活需要；(2) 发展教育和科学；(3) 进行科学研究；(4) 保护环境；(5) 保护、利用、宣传俄罗斯联邦各族人民文化遗产设施(历史和文化遗迹);(6)发展文化、艺术和保护文物;(7)发展体育和运动;(8)保障国防和国家安全;(9)生产农产品;(10)对居民的社会保障;(11)劳动就业保护;(12)保护居民健康;(13)支持发展中小企业;(14)按照1996年1月12日第7号联邦法律《非商业组织法》的规定,支持非商业的社会公益组织;(15)联邦法律、联邦总统和联邦政府制定的法规规定的其他目的。

法律文本的表述是以目的性为基础,事实上它也圈定了可享受国家援助的范围。历史性比较,这个范围在不断扩大。2006年的《竞争保护法》只规定了8种目的,上述(2)(7)(12)(14)(15)均是后来增加的。现行法律确定上述范围采取的是明确列举和兜底相结合的方法,即(15)项作了一个补充,它可能进一步扩展允许国家援助的范围。这种开放的结构也招致了学者的质疑:如果按照俄罗斯联邦总统和俄罗斯联邦政府制定的法规规定的其他目的,这是否会背离法治目标。这个范围扩展得越大,竞争的空间就变得越小。还有学者从目的统领的角度来分析上述条文,认为它们都应该受保护竞争的目的的约束,范围具有动态性。例如,"保障极北地区及邻近地区居民的正常生活需要"这个目的涉及道路、交通、服务等,如果公共设施已经基本完善了,有关"居民的正常生活需要"的产品或服务应该进行市场化竞争。甚至有人认为,上述(1)中的问题可以用竞争的方法解决,列入国家援助难以理解。中小企业的问题也可以用国家采购的方法解决。① 从所列举的名目出发,不同的内容有自己的性质,如果完全按照一个观念,包括经济性或竞争性的视角来评价国家援助则过于狭隘了。上述(1)项应该从政治的角度来理解,中小企业具有政治性和经济性,教育、体育等的价值在于文化性。

需要注意的是,上述列举确定的只是一个可能的国家援助的范围,并不意味着上述范围内的项目全部都能够获得批准。在管理上,首先强调目的性,其次在这些方面也会根据资金的情况、申请的情况、已援助项目实施的状况等进行灵活机动的调整。已有的上述范围的申请,获得批准的比例不超过50%。②

国家援助允许的范围是一个立法上的导引,真正在审查中决定是否给予国家援助,还需要有更细致的操作规范。所以,在上述每一个列举项目后面都有相关法律(最后一个项目包括总统令或政府令)相辅佐,进而形成了本法的原则性规定和有关法律的具体规定的转致结构。很多具体制度在反垄断法原则性规定之前就已经存在。例如,1991年颁布了俄联邦《促进就业法》,

---

① 参见〔俄〕巴拉莫娃:《俄罗斯竞争法》(俄文版),法镜出版公司2008年版,第241页。
② 参见李福川:《俄罗斯反垄断政策》,社会科学文献出版社2010年版,第236页。

解决就业问题上的国家援助问题。再如,为保障北极地区及邻近地区居民的正常生活需要,1993年俄联邦颁布了《关于极北地区及邻近地区居民生活和工作国家保障和补贴办法》,1995年颁布了《为老人和残疾人提供社会服务的办法》。调整上述范围中的绝大部分内容的法律都发布在2006年《竞争保护法》之前。这也意味着,原本它是作为一个孤立的政府行为,基于建立统一的国家竞争市场的需要,而将其纳入反垄断法的范畴。这种观念非常重要,它将政府行为纳入竞争审查的范畴,防止权力滥用。同时,这样一种转致结构也较为合理、便于操作,尤其是原则不变的情况下通过具体制度的修改可以实现法律的灵活调整。例如,俄联邦《关于极北地区及邻近地区居民生活和工作国家保障和补贴办法》自颁布以来,经过8次修改:(分别发生在)1998年、2000年、2001年、2003年、2004年、2009年、2013年、2014年,内容涉及教育、生活品、劳动工资、休假等多方面。

3. 国家援助的申请和例外

例外包括一般例外和申请除外。

按照俄联邦《竞争保护法》第19条第4款的规定,下述情形不属于国家或地方自治体特惠:

(1) 按照俄联邦法律规定,并按照俄联邦《国家采购法》规定的程序进行的招投标结果提供的资产和其他民法权利客体的使用权利;

(2) 为消除特殊灾害、战争行为和反恐行动造成的后果,向部分对象转交、划拨和分配的国家或地方自治体资产;

(3) 规定由经营主体获得国家或地方自治体资产的经营性占有或经营性管理的权利;

(4) 根据联邦法律或根据有效法院裁决,提供资产和(或)其他民事权利客体。

按照俄联邦《竞争保护法》第20条的规定,联邦权力执行机构、联邦主体国家权力机构、地方自治机构及其他履行上述机构职能的机构或组织,如计划提供国家或地方自治体特惠,要按照联邦反垄断机关规定的程序,向反垄断机构提出相应书面申请。

申请文件包括:

(1) 关于提供国家或地方自治体特惠的决议草案,应注明提供特惠的目的,如以资产形式提供特惠,应注明特惠规模;

(2) 提交申请前2年内,作为计划提供国家或地方自治体特惠接受对象的经营内容清单;如经营主体设立不到2年,则提供其全部经营活动清单;按

照俄联邦法律规定,经营主体的经营活动需要特别批准的,则附相应经营权许可文件的复印件;

(3) 如果计划以商品形式提供国家或地方自治体特惠,则附商品清单,以及生产和销售该商品的经营主体提交申请前2年的商品生产规模,并注明商品代码;如果相关经营主体设立不足2年,则提供其全部商品生产规模的信息;

(4) 计划向经营主体提供国家或地方自治体特惠的,应附提交申请前2年该经营主体的资产负债表;如果该经营主体属于不需要向税务机构提供资产负债表的,则附俄罗斯联邦税法规定该经营主体应向税务机构提交的文件;

(5) 计划向经营主体提供国家或地方自治体特惠的,应附该经营主体关联人清单,并注明关联关系基础;

(6) 经公证的经营主体注册文件复印件。

提供用于第19条第1部分规定目的的国家或地方自治体特惠,须事先以书面形式向反垄断机构申请批准,但在下述情形下可以例外:

(1) 按照联邦预算法、联邦主体预算法、地方自治体预算法规规定的国家或地方自治体特惠规模提供的特惠;

(2) 按照联邦预算法的要求,通过向储备基金提供资金以补充不可预见资金支出的形式提供的国家或地方自治体特惠;

(3) 对同一对象1年内提供的国家或地方自治体特惠不超过1次,且价值不超过联邦中央银行规定的法人间单笔现金结算限额。

4. 审查和决议

反垄断机构负责审议上述相关机构提交的关于提供国家或地方自治体特惠的申请文件,并在受理申请文件的1个月内作出相关决议。如果提交的文件不符合法律的规定,则反垄断机构在受理申请文件后10日内,按照联邦反垄断机关规定的程序,对所提交的申请文件作出不符合规定的决议,将申请书以挂号邮件退返申请机构,并要求签署收件回执。申请人收到反垄断机构以挂号邮件退返的申请书后的14天内,反垄断机构负责保留申请文件。申请人在此期间有权对申请书文件进行修改。如果在审议过程中,反垄断机构认定申请批准的事项不属于国家或地方自治体特惠范畴,则要在受理申请后10日内,按照联邦反垄断机关规定的程序制定决议,认定所申请事项不需获得反垄断机构批准,于决议当日以挂号邮件通知申请人,并要求签署收件回执。

根据对提供国家或地方自治体特惠申请的审议结果,反垄断机构要按照联邦反垄断机关规定的程序,作出以下几种决议,于决议当日以挂号邮件通知申请人决议内容,并要求签署收件回执:

(1) 同意符合本法(指俄联邦《竞争保护法》,下同)第 19 条第 1 部分规定目的的提供国家或地方自治体特惠的计划,且提供特惠不会导致排除或禁止竞争;如果反垄断机构作出同意提供国家或地方自治体特惠的决议,申请人须自开始提供特惠日后 1 个月内,向反垄断机构提交遵守反垄断机构限制性规定的保证函;

(2) 如果反垄断机构在审议过程中认定,提供申请中的特惠可能导致排除或禁止竞争,或认定所申请提供的特惠可能不符合本法第 19 条第 1 部分规定的目的,且必须获得相关补充信息才能作出决议,则可决定延长对申请的审议时间,但不得超过 2 个月;

(3) 如果申请提供的国家或地方自治体特惠不符合本法第 19 条第 1 部分规定的目的,或提供该项特惠会导致排除或禁止竞争,则可作出不同意提供国家或地方自治体特惠的决议;

(4) 同意提供国家或地方自治体特惠,同时作出限制性规定的决议。决议中要说明作出限制性规定的原因,即为了使提供国家或地方自治体特惠符合第 19 条第 1 部分规定的目的,且为了减少提供此类特惠对竞争的消极影响。这些限制性规定可以是:① 提供国家或地方自治体特惠的限定期限;② 国家或地方自治体特惠的受惠者详细清单;③ 国家或地方自治体特惠规模;④ 提供国家或地方自治体特惠的目的;⑤ 可对竞争产生影响的其他限制性规定。

5. 法律责任

按照俄联邦《竞争保护法》第 21 条的规定,违反本法关于提供国家或地方自治体特惠有关规定应承担的后果主要是恢复原状或停止侵害。

按照联邦反垄断机关规定的方法,如反垄断机构在对提供国家或地方自治体特惠工作实行监督过程中发现提供特惠不符合申请的目的,反垄断机构将向接受特惠的经营主体、向提供特惠的联邦权力执行机构、联邦主体权力执行机构、地方自治机构及其他履行上述机构职能的机构或组织发出指令。如果这些机构已经把国有或地方自治体所有的资产作为特惠转让,则要求采取措施退回相应资产以及其他作为民事权利的客体。如果以其他方式提供了国家或地方自治体特惠,则指令应要求采取措施终止向已经得到国家或地方自治体特惠的经营主体提供特惠。

四、借　　鉴

俄中两国反垄断法确定以"法令"限制竞争的方法大致相同,都使用了高度抽象的语汇——俄罗斯法使用的是"акт"(法令);中国法使用的是"规定"或"办法",再辅之以主体来限定,形成了表述上的"主—客"结构,并由主体的职权属性确定制定的规范性文件的类型。

(一) 主体范围比较

一些人认为,权力滥用形成的垄断是计划经济的产物,具有一时性,随着经济和政治体制改革,行政垄断会逐渐消失;也有些人认为,美国、德国等先立法国家也存在行政垄断现象,但均未将其纳入反垄断法中规制,因此,反权力滥用是一个宪法、行政法上的问题,不是反垄断法的应有之义。其实,权力不当介入经济破坏竞争不完全是一时性的现象,俄罗斯及东欧一些国家非常重视此类型的反垄断法规制,在它们的立法中对此作了明确的规定。

从权力主体的性质上看,俄罗斯法律规定的权力主体可以分为两类:一类是行政机关,一类是立法机关。

从权力主体的级别上看,有的机构有多个层级,有的只有一个主体,不分层级。前者如联邦权力执行机关、联邦主体的国家权力机构、地方自治机构;后者如政府预算外基金、俄罗斯联邦中央银行。对于有多个层级的机构,被排除在外的是联邦最高权力执行机关。从行政类别上看,包括一般行政机关和金融类行政机关。由此,用我国学术界对我国《反垄断法》第五章的概括——"行政垄断"来解释和说明俄罗斯反垄断法是不正确的。规制行政垄断只是俄罗斯反垄断法中的一种情形。在俄罗斯理论界通常将第三章概括为"权力阻碍或限制竞争"。

与俄罗斯反垄断法相比较,中国反垄断法中关于滥用权力限制竞争涉及的主体范围要窄得多,我国《反垄断法》第五章规定的主体是"行政机关和法律、法规授权的具有管理公共事务职能的组织"。这里的"行政机关"如同俄罗斯法上的联邦或地方"权力执行机构","法律、法规授权的具有管理公共事务职能的组织"相当于俄罗斯法上的"其他执行政府职能的组织"。限于政治体制的不同,我国的民族自治地区本质上不同于俄罗斯的自治地方。

从主体的角度比较,中俄两国反垄断法规制"法令"限制竞争制度的最大区别在于,俄罗斯法上规制的主体包括地方立法机关,中国法上不包括。另外,中国法上未规定作为行政机关的或法律授权的金融主体,对于金融市场的垄断行为是否适用反垄断法,以及如何适用。实践中,也没有出现金融领域的相关案件。

从客体的角度分析,我国反垄断法规制的"规定"仅限于一般行政机关制定的规定。按照我国《反垄断法》第45条的规定,"行政机关和法律、法规授权的管理公共事务职能的组织不得滥用行政权力,制定含有排除、限制竞争内容的规定",依据主体即"行政机关"来解释,"规定"仅指由其制定的规范性文件,不包括地方立法机关制定的地方性法规、自治条例和单行条例等。此外,中国人民银行和其他金融监管机构制定的文件也应该不在规制的范畴之列,是否包括最高国家行政机关(国务院)发布的行政法规,也不明确。

同为以法令形式限制竞争问题,俄罗斯将其纳入统一的制度规范中来解决,金融市场也不例外,只是技术上需要特殊的手段。相比之下,我国反垄断法没有将可能阻碍竞争的"规定"问题全部纳入进来。这种规制上的"分立"结构如果能够实现制度运行的效率,也不妨成为一种制度模式。这需要进一步分析,立法上所形成的具有一定内在联系但属性不同的三条路径(立法、司法、行政)各自的方法是什么,相互关系如何?

(二) 规制方法分析

制度和方法紧密相关,在立法技术上,制度包含方法。制度的效果很大程度上也取决于方法的针对性和有效性。

俄罗斯反垄断法将"法令"作为一类问题,在方法上采取的是以反垄断执法机构为中心的外部监督的规制程序和方法。从规制程序的性质出发,这种外部监督可以分为行政程序和司法程序。

与俄罗斯法相比较,我国现行《反垄断法》中,规制抽象行政行为性质的行政垄断包括立法监督、行政监督、司法监督三种程序。

(1) 立法监督方法——改变或撤销。按照《立法法》第96条的规定,超越权限的,下位法违反上位法规定的,规章之间对同一事项的规定不一致且经裁决应当改变或者撤销一方的规定的,规章的规定被认为不适当且应当予以改变或者撤销的,违背法定程序的法律、行政法规、地方性法规、自治条例和单行条例都可以由有关机关依照《立法法》第97条规定的权限予以改变或者撤销。《立法法》中规定的"冲突或不适当",自然也包括反垄断法所言的"规定"中存在阻碍、限制竞争内容而产生的冲突或不适当。此外,《地方各级人民代表大会和地方各级人民政府组织法》(以下简称《地方人大和政府组织法》)第59条第3项规定了对所属各工作部门的不适当的命令、指示和下级人民政府的不适当的决定、命令可以"改变或撤销"。

(2) 行政监督方法——责令改正、行政建议、自我纠正。《反垄断法》第61条建立了两条监督轨道：一是由上级机关责令下级机关改正。这种监督形式来自行政法，属于系统内的上下级监督。二是作为外部主体，反垄断执法机构可以向政策制定机关的上级机关提出依法处理的建议。此外，按照2016年国务院颁布的《关于在市场体系建设中建立公平竞争审查制度的意见》（以下简称《意见》），为规范政府有关行为，防止出台排除、限制竞争的政策措施，逐步清理废除妨碍全国统一市场和公平竞争的规定和做法，建立公平竞争审查制度。公平竞争审查主要是自我审查。

(3) 司法监督方法——司法建议。按照我国《行政诉讼法》第2条的规定，公民、法人或者其他组织认为行政机关和行政机关工作人员的行政行为侵犯其合法权益，有权依照本法向人民法院提起诉讼。这里的行政行为，包括抽象行政行为。另按照最高人民法院《关于适用〈中华人民共和国行政诉讼法〉的解释》第149条的规定，规范性文件不合法的，人民法院不作为认定行政行为合法的依据，并在裁判理由中予以阐明。作出生效裁判的人民法院应当向规范性文件的制定机关提出处理建议，并可以抄送制定机关的同级人民政府、上一级行政机关、监察机关以及规范性文件的备案机关。可见，我国法院尚未建立规范性文件违法审查的机制，其只有启动规范性文件违法审查的程序性权利和义务——建议。

上述三种监督渠道中原有方法的实施效果难以令人满意，新的方法效果如何有待观察。

首先，《立法法》和《地方人大和政府组织法》更多地是在发挥事前和事中的"反照镜"作用。按照制度的创设程序，地方性法规、政府规章、其他规范性文件的制定机关需要在公布之后及时向地方人大常委会备案。地方人大常委会对规范性文件的审查方式一般包括主动审查与被动审查，实践中，以被动审查为主，主动审查为辅。而被动审查需要有外部启动程序。由于利益上的非直接性、范围上的不特定性等因素决定了外部启动机制很难奏效，这导致《立法法》和《地方人大和政府组织法》对已经颁布的法令，几乎没有发挥事后的规制作用——鲜有法令被"改变或撤销"的案例。

其次，系统内上级对下级的监督也难以发挥制度预设的规制效果。原因有三：一是一般，政策制定主体在政策制定之前或过程中会和上级机关进行充分的沟通，发布的文件大都是在上级机关指导下制定的；二是上级机关同意制定和发布相关文件，是基于共同的发展地方经济的利益；三是基于以上两个因素，上级机关不认为下级机关制定的政策中包含有阻碍、限制竞争的要素。

再次，司法监督尚未发挥作用。截至2021年，涉及《反垄断法》第45条的案件只有两件:一件是魏艳兵与天门市安全生产监督管理局行政处罚及行政赔偿抗诉案①;另一件是斯维尔诉广东省教育厅案②。两个案件的共同点是:当事人均以具体行政行为和抽象行政行为为依据提起诉讼,但法院的判决,均以具体行政行为为依据,抛开了抽象行政行为的问题。另外,在开庭审理时诉讼双方并未针对该规定的合法性展开辩论,同样抛开了规范性文件讨论行政行为的合法性。形式上,这类案件包含着抽象行政行为,但实质上最终的结论都是以具体行政行为来处理的。换言之,判决书表述的问题均局限在行政法的范畴,而不在反垄断法的视域内。

复次,相比较,反垄断执法机构依建议权"处理"的案件逐年增多。近两年来,我国反垄断执法机构查处的案件每年均在四件以上,包括行政机关单独实施的,也包括联合实施的。不过,按照《反垄断法》第61条的规定,对行政垄断行为,反垄断执法机构"可以向有关上级机关提出依法处理的建议"。正是因为有其他的纠错方法,这里表述为"可以",即在技术上设置的是授权性职责,而不是强制性义务。从权力内容上看,反垄断执法机构只有"建议权"。从已有的案件处理来看,有的在建议后撤销了有关规定,有的则改变了相关内容。③

最后,自我审查被倚重,其效果有待观望。在上述基础上,《意见》进一步强化了政策制定者的自我审查义务。从与其他方式的关系上理解,似乎是,《反垄断法》设置的两种监督模式均忽略了政策制定主体自身的能动性,作为当事方的政策制定主体充分掌握制定政策的目标、预设目标的实现手段等,需要发挥这个主体的初步审查的职能。以此为中心,《意见》将自我审查作为必经程序:"没有进行公平竞争审查的,不得出台"。由此,建立了程序性和实体性的双重约束,以期实现法的预防性调整功能。

上述多种方法并存的制度现象颇值得玩味。很大程度上,这个事实本身就意味着,如果前面的制度发挥了良好的实施效果,就没必要另辟蹊径。

(三) 中国以规定限制竞争规制制度的完善

我国法对滥用权力的规制制度自成一个系统。形式上看,系统基本结构要素和俄罗斯法大致相同,均设置了行政途径和司法途径,但有所区别的是系统的协调性及其功能。

---

① (2014)鄂汉江中行再终字第00002号。
② (2014)穗中法行初字第149号。
③ 后者如河北省交通厅、物价局、财政厅联合发布的《关于统一全省收费公路客运班车通行费车型分类标准的通知》,改为路过河北的车辆收费全部统一。

1. 系统的协调性及其借鉴

系统功能和系统结构密不可分。系统的整体功能是由系统结构即系统内部各要素的相互关系、相互作用的形式决定的。而系统内部诸要素之间的作用形式又取决于系统的特征即系统的本质属性。① 所以,我国上述规制制度的整体性功能如何,需要从内构的系统结构及其协调性上进行分析。

"系统保持整体性和使系统具备整体性功能的内部依据,是反映系统内部要素之间相互关系、相互作用形式的形态化,是系统中要素秩序的稳定化和规范化。"②系统整体功能源于但优于它的各个组成部分的功能的总和。

系统的功能强调"相互作用形式的形态化"。从"形态上"分析,我国的制度系统结构是设置了五道防线:自我审查、行政系统监督、反垄断执法机构监督、司法监督、人大监督。由于它们之间是各自独立运作的,呈现"波纹状"作用形式。"波纹"形态的特点是按照同一个方向各自向外推进,不存在力量的回转和"相互作用"。这明显区别于俄罗斯法同类制度体系作用形态所呈现的网状结构及交互作用。这一点,在俄罗斯反垄断法规制的核心结构——行政与司法的关系中得以明确体现。俄罗斯法建立起了"行政(反垄断局)—权力主体(政策制定主体)"直接监督体制和"行政(反垄断机构)—司法(法院)—行政(政策制定主体)"交互式监督机制。直接监督体制即反垄断机构可以通过行政程序直接监督政策制定主体。交互式监督机制即反垄断机构可以通过司法程序监督政策制定主体;另一方面政策制定主体可以通过司法程序监督反垄断机构。相比较,我国反垄断法中的行政途径是间接的监督,即通过上级机关对政策制定主体进行监督。另外,现行的司法路径在程序上也是特殊的——实质上和反垄断机构的行政监督性质相同,即不是对政策制定主体的监督,而是对上级机关不行使或怠于行使监督权的再监督。

因缺少行政—司法的互助协调性,自然在作用形式上也就缺少行政—司法间的交互效率。系统整体功能是系统各部分功能及各部分联动表现出来的效率。有必要在制度的设计上强化子系统间的相互作用,尤其是行政和司法之间。

2. 确立行政规制系统中的核心主体

规制以规定限制竞争的多元审查制度中,各审查主体均有义务审查但均存在可能怠于或无法(启动)审查的不效率。事实上,这种结构形态本身就包

---

① 刘军、张方风、朱杰编:《系统工程》,机械工业出版社 2014 年版,第 146 页。
② 同上。

含着一定的矛盾:如果其中的一种或两种方式能够发挥制度效率,则不需要创制更多的方式;如果多种不同性质的方式为制度所需要,则它们相互之间应具有补充性作用,但在上述方式中难言这种作用。

由于各规制形式均可能存在一定的制度实施的"惰性",且同种性质的制度结构上有叠床架屋之繁杂,需要对规制制度进行系统性的重整。

重整的思路可以是确立一个核心审查主体,使其发挥主导性的审查功能,同时增加这个主体的外部协调效应。在俄罗斯法中,制度的核心系统是司法—行政。这值得我们借鉴,因为行政具有主动性、专业高效性,司法具有公正性。所以,构建我国制度上的核心主体应在行政机关范围内确定。

目前的行政规制路径就有三条——自我审查、上级监督和反垄断执法机构监督,相应地主体也有三个。自 2016 年国务院发布 34 号文以来,呈现一个明显的倾向——将公平竞争审查作为解决以规定限制竞争问题的主要方向。从近期出台的有关细化的公平竞争审查制度上看①,公平竞争审查主体正被塑造成解决上述问题的核心主体。其能否担当此任呢?

很大程度上,这种塑造是由于另外两条规制手段的无力、无奈而寄希望于"解铃还须系铃人"。在制度实施中,以下程序上和(或)实体上的障碍会直接影响"系铃人"能否成功"解铃":

一是监管能力上的障碍。公平竞争审查的实体是判断制定的政策中是否包含有阻碍、限制竞争的因素。但是,判断是否阻碍、限制竞争是一项专业性很强的工作。反垄断执法机构的行政级别为省级以上。这意味着,反垄断执法机构系统内省级以下的地方性行政机构和其他行政机构均无权管辖反垄断案件。这样"高标"执法权的原因之一便是执法的专业性。现在的问题是:实践中存在的具有阻碍、限制竞争效果的规范性文件大都是级别相对较低(一般是市县居多)的地方行政机关制定的。公平竞争审查的程序性,要求政策制定主体必须进行"自我审查"。而能够在自我审查时"过滤"出相关阻碍、限制竞争的"杂质",既需要审查机关能够准确理解《反垄断法》主旨,又需要其能够掌握相关垄断行为的认定标准及其背后的原理。这种要求和现实状况显然有一定的距离。很大程度上,自我审查时能不能过滤出相关违法性要素不是审查者的主观愿望问题,而是识别能力的问题。有理由相信,未来一段时期内这种程序和实体间的矛盾仍难以很好地解决。

二是程序本身的灵活性可能导致公平竞争审查形式化。目前,明确了严格审查程序性要求的规范有两类。第一类是有关价格听证的相关规定。例

---

① 包括各省发布的公平竞争审查制度规则,也包括构建联席会议,市场监管总局、国家发改委等五部门发布《公平竞争审查制度实施细则》等一系列的政策措施。

如,有关政府价格方面的决策,应按照国家发展和改革委员会制定的《政府制定价格听证办法》进行。第二类是非价格的抽象行政行为的程序规定。如按照深圳市《行政听证办法》第 2 条的规定:"本市行政机关、法律法规授权的组织和行政机关依法委托的组织(以下简称行政机关)拟作出下列行政行为而需要组织听证的,适用本办法:……制定地方性法规草案、规章及规范性文件等抽象行政行为"。当然,类似深圳市的《行政听证办法》在大部分省份都没有。这样,政策制定主体在聘请人员、相关意见的处理等方面就具有很大的主动性,进而可能形成审查主体既是"运动员"又是"裁判员"的身份混同,导致公平竞争审查程序形式化。

三是结论表述的规范性不够将导致审查的实质性作用降低。自我审查是将问题消灭在萌芽状态的一种机制,即期望公布出来的政策文件不存在阻碍、限制竞争的因素。而手段着重在过程的控制上,即公平竞争审查具有不可跨越的程序性和强制性。具体要求为:(1)国务院制定的行政法规和国务院制定的其他政策措施、地方性法规,起草部门应当在起草过程中进行公平竞争审查。未进行自我审查的,不得提交审议;(2)对于其他的政策文件,没有进行公平竞争审查的,不得出台。如果反推这个过程:从结果回溯到程序,再到程序启动,公平竞争审查都可在"自我操作"的情况下完成,由此便大大地在审查的程序中涂抹上了形式化的色彩。

由此,政策制定主体成为解决以规定阻碍或限制竞争问题的主要主体,即在自我审查中被推至第一顺位,在自我审查主体能力不足和程序灵活的情况下,会产生弱化《反垄断法》中规定的审查机制的作用效果——自我审查是基本审查,似乎反垄断监督发挥的只是第二顺位的补充监督作用。

应该说,在实体能力上,反垄断执法机构是最专业的行政机构,其专业能力远超过其他行政机构,甚至地方人大,因此,核心监督主体只能是反垄断执法机构。

3. 构建核心监督主体的监督权

按照我国《反垄断法》第 61 条的规定,反垄断执法机构可以向有关上级机关提出依法处理的建议。这种规定隔离了反垄断机构和政策制定主体的关系,建立的是反垄断执法机构和"上级机关"的直接关系。反垄断执法机构从外部提出的建议只是一种沟通机制,而不是监督机制。建立反垄断执法机构的监督机制,就是建立起反垄断执法机构和政策制定主体的直接联系,具体包括实体性权力和程序性权力两个方面。就实体性权力而言,对进行了公平竞争审查但没有排除阻碍、限制竞争要素的政策制定主体,反垄断执法机构有权对其直接提出纠正建议。就程序性权力而言,赋予反垄断执法机构对应当进行公平竞争审查而不审查的主体进行提示告诫的权力。

之所以如此拉近反垄断执法机构和政策制定主体间的距离,截弯取直,是因为上级部门对是否构成危害竞争的判断不会强于反垄断执法机构。同时,特殊情况下还会出现制度循环:如果省级政府发布的政府令存在阻碍、限制竞争的因素,那只能向国务院提出相关建议,这其实又回到了国务院反垄断委员会对其进行判断的轨道。

当然,上述的直接建议权仅针对行政机关制定的规定而言,涉及人大制定的规范性文件或国务院制定的行政法规,则仍依据《立法法》《地方人大和政府组织法》和公平竞争审查制度进行监督。

4. 建立行政垄断的司法审查制度

基于上文分析,还有必要构建"行政—司法—行政"的交互监督机制,以提升制度的整体效率。如果反垄断执法机关的建议有约束力,则对政策制定主体就具有了强制性,政策制定主体主动纠正了其中包含的问题,则相关政策可以进一步实施;如果不进行纠正,反垄断执法机构可以向人民法院提请司法审查。反过来,如果政策制定主体认为有关修改或删除的建议不合理,也可以请求法院进行司法审查。

当然,这需要系统性的制度相协调。经过理论界十几年的呼吁,对抽象行政行为的司法审查在现行《行政诉讼法》中有了不断明显的进步,改变了以往司法审查的事后性、间接性、附带性等特性。司法审查的基本条件已经具备。首先,第1条明确"解决行政争议"作为行政诉讼法的目的,为抽象行政行为司法审查的试点扩张提供了可行性。其次,将原法律第2条规定的"具体行政行为"改为"行政行为"。这解决了抽象行政行为的可诉性问题。再次,第12条第8项增加了"认为行政机关滥用行政权力排除或者限制竞争的",这将反垄断法和行政诉讼法直接关联起来。最后,审查内容是规范性文件的合法性和合理性。既包括抽象行政行为的依据是否符合反垄断法的规定,也包括内容是否合理。所以,合理性审查的担心已无必要。实践中,最高人民法院发布的第二批指导性案例[1]对此已经有了开拓性的进展。

---

[1] 鲁潍(福建)盐业进出口有限公司苏州分公司诉江苏省苏州市盐务管理局盐业行政处罚案,(2009)金行初字第0027号。该案的判决书指出:法律及《盐业管理条例》没有设定工业盐准运证这一行政许可,地方政府规章不能设定工业盐准运证制度。盐业管理的法律、行政法规对盐业公司之外的其他企业经营盐的批发业务没有设定行政处罚,地方政府规章不能对该行为设定行政处罚。

第七章 反垄断法的实施

一、俄罗斯反垄断机构

为履行宪法赋予的权力和扶持竞争,俄联邦设立了反垄断机构。其创建和行动的目标是为了执行国家促进商品市场发展和有效竞争的政策,预防和消除垄断行为、不正当竞争行为和其他限制竞争的现象。

(一) 基本情况

1990年联邦反垄断机关创立,其基本的法律依据是《宪法》第10条,此外,还有1990年颁布的苏维埃联邦共和国部长会议令第344号(《苏维埃联邦国家委员会有关反垄断政策和促进新经济结构问题》)。反垄断机构的最初名称被确立为"俄联邦反垄断政策和促进新经济结构国家委员会"(以下简称"委员会")。成立之初,委员会被赋予执行与反垄断政策无直接关系的任务,包括对自由经济区的监管、对商品市场行为的监督、对知识产权侵权的监测等。[①] 1991年俄联邦《反垄断法》第4条第12款规定了该机构的执法职能。1992年,《消费者权益保护法》生效,该法赋予委员会以保护消费者的职能。1995年,《广告法》颁布,同样也将权力赋予委员会。由此,它的职能才基本确定下来。具体划分为四个方面:在不同经济领域促进和发展竞争;监督反垄断法的实施;监督广告法的实施;监督消费者权益保护法的实施。可以看出,建立初期的反垄断机构职能的重心并不在反垄断执法和经营者行为监督上。1997年它的名称改为"俄联邦反垄断委员会"。很大程度上这一称谓是借鉴西方同类机构设置的经验。[②] 毕竟,在俄罗斯,反垄断业务是历史上从未有过的一个新事物。

由于当时俄罗斯的市场成熟度很低,民营经济发育迟缓,"反垄断"针对

[①] 〔俄〕А. Г. 采达诺夫、Л. Е. 达维达娃:《俄罗斯竞争机构体制的转变》(俄文版),载《俄罗斯竞争法律与经济》2015年第1期。
[②] 美国反垄断执法机构的称谓是"联邦贸易委员会",日本的反垄断执法机构是"公平贸易委员会",欧盟竞争法的执法机构是"欧盟委员会"。

的对象主要是国有企业(国有单一制企业或市属单一制企业)或由其转化而来的一般市场主体(公司)。如果不进行结构性改革,仅仅针对这类主体的垄断行为进行"一事一议式"的处理,对于市场竞争不会有明显的促进效果。所以,在这个特殊的经济转型时期,其主要任务并不是为了反垄断,而是通过促进竞争和打破垄断来改善经济环境,激发竞争活力。为此,1995年修改《反垄断法》时增加了一个条款——"为了达到促进商品市场和竞争的发展、支持企业家精神和推动非垄断化的目的,联邦反垄断委员会可以向有关联邦行政权力机构、俄联邦各部门的行政权力机构、各市政当局对下列问题提出建议:分配优惠贷款和税收减免,或者援助经营主体首次进入一特定商品市场"。但是,这一规定一直没有很好地实施。为了进一步增强该机构促进竞争的业务职能,自1999年起俄联邦反垄断机关名称再次更改为"俄联邦反垄断政策和促进企业发展部"(Министерство Российской Федерации по антимонопольной политике и поддержке предпринимательства МАП)。在业务上,除了保留以往的职能外,增加了对俄联邦《商品交易所法》执行情况的监管,和对俄联邦《自然垄断法》实施的监管。同时,强化了正面促进竞争的职能。

随着欧盟强化反垄断执法的效果、对美国反托拉斯经验的关注,以及国内市场化改革的成效不断显现,塑造一个更加综合、强大的反垄断机构成了新的目标。2004年,俄联邦反垄断机关的名称再次变更为"联邦反垄断局"(Федеральная антимонопольная служба,俄文简称ФАС,英文简称FAS)。其职能包括:(1)监管经济性垄断(反垄断法所规定的协议、滥用市场支配地位、不公平竞争行为);(2)监督经济集中(度);(3)防止滥用国家权力;(4)审查外国投资;(5)监督国家或市政采购法律制度的实施;(6)监督自然垄断行业(尤其是以前不属于反垄断监管范畴的石油行业)。

在结构上,联邦反垄断局实行派出制,在俄罗斯联邦83个地方设立了地区性反垄断机构。在结构体系上,联邦和地方反垄断机构是一个统一的系统。联邦反垄断局实行局长负责制,设有11个副署长分管33个处室,员工总数为3014人(截至2018年1月)。其中,在联邦反垄断局办公的人员有578人,在地方机构工作的人员为2436人。人员的成分大致是:(1)经济学家692人(这个数字不完全准确,因为一些FAS官员是律师和经济学家),其中51人拥有经济学博士学位;(2)律师736人(同上),其中24人拥有法学博士学位;(3)其他职业人员397人(具有技术和其他接受过大学教育的人)。

比较重要的处室有反卡特尔处、国家秘密保护处、工业监管处、天然气网络监管处等。以反卡特尔处为例,该处的基本职能是发现和制止有关反垄断法规定的协议和协调一致的行动;采取保障措施为俄罗斯联邦地区反垄断机构揭露和打击卡特尔服务;为法院审理地方反垄断机构认定构成垄断协议的案件提供相关帮助;就发现和消除卡特尔行为与法律实施机构协调。

(二) 俄罗斯反垄断机构的基本职能

从上述俄罗斯反垄断机构职能的变化过程可以看出,虽然名称上带有明显的倾向性——"反垄断",但实质上反垄断机构的职能是综合性的。诸多职能可以被分成正反两类:就正向促进或保护的角度而言,反垄断机构的基本职能包括执行国家竞争政策、促进商品市场的发展和公平竞争、保护消费者利益;从反向规制的角度而言,反垄断机构的职能主要是预防、制止和消除违反反垄断法的行为、规制不正当竞争行为、调整自然垄断和政府采购中的反竞争行为。

1. 职权的划分

俄联邦《宪法》第 8 条第 1 款规定了经营主体活动的自由和商品、劳务的自由流动。宪法规定的上述内容既是反垄断机构职权的基础、权力的来源,也划定了其权力行使的界限。在反垄断机构的职权上,存在系统内机构关系和系统外机构关系的问题。

首先,联邦反垄断机关和地方反垄断机构的关系。联邦反垄断机关和地方反垄断机构属于系统内的上下级关系,即联邦反垄断机关对地方反垄断机构拥有业务上的监管职责。按照联邦反垄断机关发布的规范性文件,对于地方反垄断机构及其人员的处理决定不服,可以向联邦反垄断机关提起申诉(复议)。在俄联邦《行政违法法典》第 30 条中还规定了,地方反垄断机构人员对自身违反反垄断法承担的行政责任不服时,可以向联邦反垄断机关提起申诉。

按照 2011 年 1 月 26 日联邦反垄断局第 30 号令:《俄联邦反垄断局地方机构的地位》,在职能上联邦反垄断机关和地方反垄断机构大致相同。细微不同之处在于,对商品市场和特殊经济领域的竞争状况的监督权上,地方反垄断机构不享有此权力(后文详述)。另外,在管辖案件的影响力上有所不同。例如,在经营者集中的监管上,如果参与集中的经营主体的资产额(吸收合并或新设合并)不超过 150 亿卢布,则经营者集中申请提交给新设立的经营主体所在地的地方反垄断机构;在终止和创建新法人的情况下,如果出售资产总额(包括参与购买并组建一个新实体)不超过 300 亿卢布,则经营者集中申请提交给新设立的经营主体所在地的地方反垄断机构。类似的执法法律标准上的差异,在对自然垄断主体的行为监管上也存在。

其次,联邦反垄断机关和其他权力主体之间的关系。俄罗斯反垄断机构和其他行业管理机构之间的关系越来越松散,反垄断机构设有石油、天然气、教育等专业管理部门,从职权上已经将有关特殊行业的竞争问题的专业监管纳入统一的监管体系下,这使得反垄断机构具有了较强的业务独立性。当然,这种独立性也是随着相关行业引入竞争而逐步形成的。迄今,在俄联邦《竞争保护法》中只保留了极少数与其他行业监管机构共同协商监管的情形。该法第40条第3款规定,涉及金融服务市场上的金融机构、支付结算系统组织、按照俄联邦《国家支付系统法》实现支付业务设施的提供者,以及其他受俄联邦中央银行监管的金融组织违反反垄断法行为的认定,审查委员会的组成应包括俄罗斯联邦中央银行的代表,且代表总数应占委员会成员半数以上(本条是2013年修改法律时增设的内容)。作为非银行金融业,如证券市场,曾经也有类似的规定(涉及在对由联邦政府证券市场管理机构发放经营许可的金融机构违反反垄断法的行为审查过程中,委员会中应有来自相应联邦政府机构的代表,且代表总数占委员会成员半数以上),但从2013年9月1日起该条文被联邦法律2013年7月23日第251号法令废止。金融业仅仅保留了银行业务中共同监管的特例。同样,涉及反垄断机构制定有关银行业竞争的规范性文件,也需要和俄联邦中央银行协商制定。再如,涉及吊销许可形式的处罚,反垄断机构应向经营许可管理机构提出吊销或收回违反反垄断法的经营主体的部分经营活动许可,或停止相关许可的效力的建议,并征询其意见。

2. 反垄断机构的基本职能和辅助性职能

在俄罗斯反垄断法中,规定了反垄断机构的职能范围和职权:以高度概括的方式表述了管辖范围,同时在管辖范围的基础上列举了反垄断机构的具体权力。

按照俄联邦《竞争保护法》第22条的规定,反垄断机构的基本职能包括如下四个方面:

(1)监督社会主体遵守反垄断法的职能。即对联邦权力执行机构、联邦主体国家权力机构、地方自治机构、其他履行上述机构职能的机构或组织,以及国家预算外基金、经营主体、自然人遵守反垄断法的情况实行国家监督,其中包括土地、矿产、水资源和其他自然资源使用和开发领域的反垄断法遵守情况的国家监督。

(2)追责的职能。发现违反反垄断法的事实,采取措施制止违反反垄断法的现象,并追究违法行为的责任。

(3) 预防的职能。防止联邦权力执行机构、联邦主体国家权力机构、地方自治机构、其他履行上述机构职能的机构或组织,以及国家预算外基金、经营主体和自然人从事垄断行为、不正当竞争行为和其他违反反垄断法的行为。

(4) 对经济结构进行监督的职能。对经济集中实行国家监督,其中包括对利用土地、矿产、水资源和其他自然资源领域的经济集中的国家监督,以及对按照联邦法律规定举行的招投标活动的国家监督。

如果从职能发挥作用的时间上分析,上述第(1)(3)是事前(预防性)监督,第(2)是事后救济,第(4)是事中监管。

辅助性职能是为了保障上述事前和事中监督职能的实现而完成的辅助性工作。通常,这种职能的工作效果不是确定经营主体的行为违法,而是提示其行为或地位具有违法的风险。辅助性职能具体体现在:

(1) 认定经营主体具有市场支配地位。反垄断机构是联邦权力执行机构体系中唯一一个有权认定在商品市场上经营主体具有市场支配地位的权力主体。了解商品市场以及把握商品市场的竞争状况需要有特殊的方法。俄罗斯反垄断法将这一专业职能交由反垄断机构来完成。这是判断是否违反反垄断法构成滥用市场支配地位的基础性问题,它直接决定案件的走向。之所以将其权力专有化,主要因为反垄断机构掌握相关的统计数据和信息。换言之,如果法院审理的案件中,原告因被告滥用市场支配地位行为受到了损害,提出损害赔偿诉讼,法院应当将被告是否构成市场支配地位的问题交由反垄断机构认定。法院只有在反垄断机构违反认定程序的情况下才会裁定反垄断机构的认定结果无效。此外,市场支配地位的认定还直接服务于对经营主体集中的监督。

(2) 对超过相关市场份额35%的经营主体进行登记。按照反垄断机构对商品市场的评估,对于市场份额超过35%的经营主体,需要办理登记手续。反垄断机构认定的市场份额超过35%的结论意味着经营主体需要负担一定的登记义务。如果经营主体对认定结论不服,可以向法院提出申请,由法院决定经营主体是否需要登记。通常,登记的结果可以直接用于下列情况:① 判断违反反垄断法的行为时,登记的有关数据可以作为认定是否具有市场支配地位的结论;② 审查利害关系人向反垄断机构提出的违反俄联邦《竞争保护法》第7条规定(垄断高价)的申请时;③ 反垄断机构主动进行相关商品市场的竞争状况分析时。

3. 一般监管职能和特殊监管职能

这是从监管手段的不同而得出的分类。一般监管的程序和手段主要包括：立案和审议违反反垄断法的案件；向经营主体发出具有约束力的指令；向俄罗斯联邦中央银行提出建议；追究商业组织和非商业组织及其领导人、联邦权力执行机构、联邦主体权力执行机构、地方自治机构、参与提供国家或地方服务职能的其他机构和组织的领导人，以及国家预算基金领导人，自然人及经营主体违反反垄断法的责任等。特殊监管手段是上述手段之外的手段。一般，对于特殊行业才采取特殊监管手段。例如，在电力（电能）销售中，首先采取的是价格管制的手段，即通过确定价格或价目表的方式对电力行业进行监督。

4. 行政性立法职能、准司法职能

反垄断执法机关是行政机关，除了一般行政职能外，还负有特殊的行政职能，体现为准立法、准司法职能。

（1）一般行政职能。行政职能包括调查案件、审查案件、确定行政责任等方面。按照俄联邦《竞争保护法》第25.3条的规定，调查案件时，反垄断机构的人员有权检查嫌疑人的区域、设施、文件和物品（被检查人生活居住区除外）。在实施检查过程中，可进行拍照、摄像，以及复印文件。在审查案件时，对涉嫌违反反垄断法的行为（不作为）发出停止行为的警告。如果认定行为构成违反反垄断法，按照俄联邦《竞争保护法》第8章的规定给予行政处罚。

（2）准立法职能。按照俄联邦《竞争保护法》第23条的规定，反垄断机构有权制定用于认定经营主体的市场支配地位的对竞争状况进行评估的方法；根据本法的规定，制定和发布规章或指南；对反垄断法的适用情况作出解释；按照规定的程序，为调整海关进出口税率对专项市场保护措施、反倾销措施和补贴措施所可能造成的结果进行评估和提供结论性意见。

（3）准司法职能。这主要体现在立案、对案件的审查和参与案件的诉讼上。俄联邦《竞争保护法》设专章（第9章）规定立案的条件和审查的程序。在此基础上，俄联邦反垄断局于2012年5月25日颁布第339号令《联邦反垄断局职能中有关起诉和审理违反反垄断法案件的行政程序》（2016年2月15日第145号令修改），详细规定了立案和审查的程序。在程序上，反垄断局对案件的审理设置了和法院对案件的审理几乎相同的程序：包括时效制度、回避制度、质证程序、表决程序、结果公示制度等。按照俄联邦《竞争保护法》第23条的规定，反垄断机构有权参与法院和仲裁法院关于实施反垄断法及违反反垄断法案件的审理。这里，既包括反垄断机构作为原告就反垄断案件提起的诉讼，也包括相对人对反垄断机构作出的决定不服时提起的诉讼。但不论是作为原告还是被告，都属于对反垄断机构的行为的司法监督。

(三) 俄罗斯反垄断机构的权力

一个国家反垄断机构的权力是规制垄断行为的过程和方法的集合。俄罗斯反垄断法是从介入垄断关系、规制垄断行为的方式方法的角度揭示反垄断机构的权力的。换言之,俄罗斯法是将具体的权力按一定的范畴加以统合,形成了一个个的权力束。

按照俄联邦《竞争保护法》第23条的规定,反垄断机构拥有下列权力:

1. 立案和审查违反反垄断法的案件

这是规制垄断行为的主要方式方法。大部分案件由此过程得出结论。为此,俄联邦反垄断局于2013年发布了专门调整这个过程的部门规章——《联邦反垄断局立案和审理反垄断案件的行政规则》,将立案和审查案件定性为执行俄联邦反垄断法的国家职能,并详细规定了一般原则、针对对象、立案过程、审查过程等,还附加了相关立案文书的格式文本。立案是前提,审案是核心。立案是将检举揭发、自主获取的事实材料上升为法律案件的过程,即经过对事实材料的初步认定,将事实关系上升为法律关系的过程。

2. 向经营主体发出具有约束力的指令

俄联邦《竞争保护法》第50条明确规定了发出有约束力的指令的适用阶段、主体、具体内容、送达方式等。它适用于立案后至结论得出的整个过程,主要内容包括案件的审查、结论的形成、处理结论的制作等。这里的主体是案件审查委员会,形成机制是委员会的投票表决。指令的目标是通过一定的手段纠正对相关利益主体和市场造成的不利影响。实际上,它是一种处罚措施,属于行为罚。指令是案件的最终决定(认定结论)的一部分,并与之同时发出。

违反反垄断法的指令需要有明确的要求。针对不同的案件类型,具体要求也有所不同。从形式上看,指令类似于我国《反垄断法》第56、57、58条规定的"停止违法行为",但实际上,指令的内容比"停止违法行为"丰富,不仅包括消极的不作为,还包括积极的行为,如强制签订合同、改变合同;不仅包括救济性的手段,还包括预防性的措施,如消除歧视条件和防止出现歧视;不仅针对经济性垄断,还涉及权力性垄断;不仅适用于垄断行为,也适用于不正当竞争行为。指令针对的是所有竞争法法律关系主体及其行为,不限于一般意义上的反垄断法的"三大支柱"。由于俄罗斯反垄断法的正式名称为《竞争保护法》,这是一个趋近于中性的立法,针对的对象就不仅仅是被"反"的那些行为,还包括如国家特惠、政府管制商品的价格、数量等方面。广义上,指令还包括类似我国反垄断法中的建议令。

3. 在可能危害反垄断法指定条款的情况下发布停止行为(不作为)的警告令

这是"第三个反垄断法一揽子计划"中设置的一项新内容,是主要针对滥用市场支配地位关系的不平衡而设计的一种新法律方法,即要求具有支配地位的主体停止从事侵害竞争者权利和利益的行为(不作为)。这种方法针对的行为是单一侵害型——侵害竞争者的权利。如果按照俄联邦《行政违法法典》规定的处罚措施,此类行为没有侵害社会利益,适用行政处罚与之后果不相称。故此,创设了这种非行政法上的权力。为了规范这种权力的行使,2011年俄联邦反垄断局发布了《对涉嫌违反反垄断法行为(不作为)发布停止警告的程序》(2015年修改)①,详细规定了有关条件和程序。

警告令的目的是为了预防出现反垄断违法行为,警告令的基础是经营主体公布的有关商品市场的经营计划、方案,这些计划或方案可能导致阻碍、限制竞争的后果且缺少按照违反反垄断法进行立案、审查的基础。

这种手段适用于立案和审查之前。如果这种措施被履行,则无需立案且不承担法律责任。在司法实践中出现的问题是,警告的法律性质是什么? 其是否可以被提起诉讼? 按照俄联邦《竞争保护法》第41条第1款的规定,反垄断机构发出警告,与裁定、决议、指令这些非规范性法律文件是平行的。但警告具有强制性,包含经营主体必须执行的义务性内容。它作为《行政违法法典》之外的特殊的处理方式,具有可诉性。

按照俄联邦《竞争保护法》第25条第7款和第39条第1款的规定,警告令的适用条件如下:第一,警告无需利害关系人申请,可以由反垄断机构依职权作出;第二,警告只针对违反《竞争保护法》第10条第1款第3、5、6、8项,第14.1、14.2、14.3、14.7、14.8条,第15条规定的情形;第三,作出警告的依据是有关经营主体的经营计划、方案或行动。

在范围上,发出警告令的适用范围逐渐扩大,原来(2011年)只适用于滥用市场支配地位之拒绝交易和强制交易行为,2015年扩大到四种滥用市场支配地位行为、不正当竞争行为和滥用权力限制竞争行为。

在程序上,发布指令不需要经营主体参加,只需反垄断机构书面审查即可。通常,在接收材料后10天内制作警告令草案,并报送反垄断机构负责人,其在1天之内签署意见。如果警告成立即以通知的方式送达经营主体。

---

① 该文件于2015年被修改。现行有效的文件是2016年12月28日发布的第1318/15号令。

按照《竞争保护法》第 39 条第 1 款第 4 项的规定,警告令应当包括:发出警告的依据;被给予警告的当事人的行为(不作为)所违反的反垄断法的具体规范;停止违反反垄断法的行为、解除引发违法的基础和条件,或采取措施消除违法后果,并在合理的期间内完成。2017 年 2 月 10 日俄联邦政府发布了第 166 号政府令——《有关制作和发布禁止违反警告义务要求的法人、个体经营主体不同意、不执行警告的审查、通知的确认规则》,它针对的是所有类型的警告。该政府令规定,警告执行的期间不少于 60 天。经营主体完成了警告的内容后,应在自完成之日起 3 天内向反垄断机构汇报。

图 7.1 行政处理的违法案件与警告令处理的案件对比
资料来源于俄联邦反垄断局:《俄联邦竞争状况报告(2018 年)》(俄文版)。

这种方法能在较短的时间内消除违法的不利影响,规制效果明显。如果能够确定经营主体的市场支配地位,警告可以在短期内制作完成并发布执行。但是,有些情况下,在收到材料与发出警告之间需要分析相关市场,并确定经营主体的市场支配地位,这些复杂的基础工作往往在两天内难以完成。此种情况下,按照规定的时间作出的警告可能因仓促而不准确、不公正。为了防止不公正的警告约束,对警告可以进行司法审查。在经营主体不同意警告时其可以不履行并针对反垄断机构作出的警告令向仲裁法院提起诉讼。例如,在萨马拉州仲裁法院受理的"萨马拉电网股份有限公司请求确认反垄断机构作出该公司不得拒绝交易的警告令无效的案件"中,当事人请求确认反垄断机构要求申请人和经营商用住房的有意愿的任一经营主体签订技术服务合同而发布警告的规范性文件无效。一审法院认为该警告有效[①],二审法院维持了一审法院的判决。

---

① 萨马拉州仲裁法院第 A55-5939/2012.

4. 向证券和银行管理机构提出政策建议

这是从俄联邦《金融市场竞争保护法》中的相关规定转移过来的。在该法中,反垄断机构的建议权有三个:(1) 向俄联邦政府、俄联邦中央银行就撤销或暂停联邦行政权力机构、俄联邦中央银行制定的行政规章性法规(令),就废除或修正其签署的协议或与反垄断法律和其他保护金融服务市场的行政规章性法规(令)不一致的协同行为提出建议;(2) 就改进关于保护金融市场竞争的反垄断法律和其他行政规章性法规(令)及其实际操作的事项向俄联邦政府提交建议;就关于金融市场运行和该市场竞争发展事项的联邦法案和其他行政规章性法规(令)草案向俄联邦政府陈述意见;(3) 向俄联邦中央银行、联邦行政权力机构、俄联邦各部门行政权力机构和当地自治机构提出有关采取措施促进金融市场发展竞争的建议。

俄联邦《金融市场竞争保护法》与俄联邦《反垄断法》合并后,只保留了一项建议权:向负责证券市场管理的联邦权力执行机构和联邦中央银行提出建议,要求其制定的法规符合反垄断法,和(或)在其法规和(或)行为违反反垄断法时停止法规的效力及其相关行为。

5. 追究法律责任

依据俄罗斯联邦法律规定的情形和程序,追究商业组织和非商业组织及其领导人、联邦权力执行机构、联邦主体权力执行机构、地方自治机构、参与提供国家或地方服务职能的其他机构和组织的领导人,以及国家预算基金领导人,自然人及个体经营主体违反反垄断法的责任。由于反垄断法与民法典的特殊定位,反垄断机构可追究上述单位和个人的法律责任包括民事责任(具有社会公益性的诉讼)和行政责任。后文将详述。

6. 向仲裁法院提出有关违反反垄断法的诉讼和参与相关案件的审理

俄联邦《竞争保护法》第23条第7款规定:反垄断机构有权参与到法院和仲裁法院关于实施反垄断法及违反反垄断法的案件的审理之中。其既可以以原告身份参与,也可能以被告身份参与。

7. 对支配地位主体的登记和认定

即对在商品市场份额超过35%的经营主体,或符合其他联邦法律关于商品市场规定的支配地位标准的经营主体(金融机构除外)进行注册登记(简称垄断企业登记)。在法院审理涉嫌违反反垄断法的案件过程中,以及在实施对经济集中的国家监督的过程中,由反垄断机构认定经营主体的支配地位。

8. 对遵守反垄断法情况的监督检查

此种权力类似我国《反垄断法》第六章"对涉嫌垄断行为的调查"。反垄断机构的监督检查包括对一般市场的监督检查和对特殊市场的监督检查。前者的主体范围和监督的主要内容是:对商业组织、非商业组织、联邦权力执行机构、联邦主体国家权力机构、地方自治机构、参与提供国家或地方服务职能的其他机构和组织,以及国家预算外基金和自然人对反垄断法的遵守情况进行检查。后者是对特殊行业的监督,如对电力交易市场组织者的工作监督。在监督检查的手段上,分为一般手段和特殊手段。前者如从被调查机构和人员处调取必要文件、信息及书面或口头说明资料,后者如"突击检查"。2012年俄罗斯联邦执法机构扩大了对涉嫌垄断行为的"突袭检查",仅联邦反垄断局中的反卡特尔部便组织了二十多次[①]。特殊手段需按照俄罗斯联邦法律规定的程序,向侦查机构提出采取特殊侦查手段的请求。有时,还涉及联合执法,联合机构包括检察机构、内政部各机构和联邦安全局等。

9. 制定并发布规范性文件或报告

规范性文件或报告包括规范性法律文件、操作方法,也包括作为案件认定参考依据的有关报告,或就有关问题提供的专项意见。具体而言,包括以下内容:(1)根据《竞争保护法》的规定,制定和发布规范性法律文件;(2)对反垄断法的条文作出司法解释;(3)制定《竞争保护法》第32条规定的应向反垄断机构提供交易或行为的报告形式;(4)制定对竞争进行分析评估的方法,用于认定经营主体支配地位(认定信贷企业支配地位所进行的竞争分析评估的方法,由联邦反垄断机关与联邦中央银行协商制定);(5)按照规定的程序,评估实施对专项市场的保护措施、反倾销措施和补贴措施可能造成的结果,以及调整海关进出口税率对俄罗斯商品市场竞争造成的后果提供结论性意见;(6)向经营许可管理机构提出吊销或收回违反反垄断法的经营主体的部分经营活动许可,或停止相关许可的效力;(7)总结并分析反垄断法的实施情况,提出完善反垄断法实施工作的建议;(8)每年向联邦政府提交竞争报告,并在反垄断机构的互联网站上公布报告。

---

① 资料来源于俄联邦反垄断局:《俄联邦竞争状况报告(2012年)》(俄文版)。

10. 协助有关部门制定、修改和废除有关文件

一般而言,制定或发布规范性文件或报告由反垄断机构独立完成,但涉及特殊行业的,反垄断法规定了协商机制,或要求联合制定,不能由反垄断机构单独制定。如涉及金融业务的,与俄罗斯联邦中央银行磋商,制定认定信贷机构服务不合理高价或不合理低价的方法,以及认定占支配地位的信贷机构提供的其他金融机构无法提供的服务的不合理价格的方法。

对于有关部门制定的规范性文件,如果有关部门提出协助的,俄罗斯联邦反垄断机关有协助的义务。例如,在俄罗斯联邦反垄断局协助下制定了以下关于规范外国资金参与俄罗斯联邦经济的联邦法律草案:《关于俄罗斯联邦对国家安全具有战略意义的外国商业组织投资程序的规定》、《关于修改俄罗斯联邦〈矿产资源法〉的决定》。

具体协助的方式包括提出指导意见。如俄罗斯联邦反垄断机关在国家优先项目——"俄罗斯公民一般居住和舒适型住房"框架内,对国家或地方所属土地上提供房屋建筑用地的程序的遵守情况进行监督指导。又如在居住房市场领域,俄罗斯联邦反垄断局协助俄罗斯联邦政府制定并发布了《关于批准公开招标公司房屋维修管理公司的决定》,该规定的目的是选择的公寓房维护业务管理公司为确保所有有能力的经营主体能够平等地进入该服务市场,促进该领域的竞争和公共住房领域的非垄断化,为此,该决定的内容包括初步资格审查、确定组织招标条件;明确规定投标获胜者的标准等。具体协助的方式也包括出具同意意见。如在海运运输领域,为确保联邦《关于海运港口的规定》修正案草案通过,在河流运输领域根据对港口处理作业市场的分析,俄罗斯联邦反垄断机关同意将河流运输与海运运输按两个市场分别进行监管。

二、反垄断机构的职责:促进竞争发展和改善竞争环境

俄罗斯反垄断机构负有积极促进竞争的职责。广义上,包括竞争倡导、竞争状况分析和有关信息的共享(协助)。

(一)竞 争 倡 导

反垄断机构除了俄联邦《竞争保护法》规定的定分止争的职能外,还须完成促进竞争、改善竞争环境的工作和任务。后者以工作计划的形式确立和发布,是一种竞争战略和竞争手段相结合的综合性报告。

1. 竞争扶持

1995 年的《反垄断法》规定："为了达到促进商品市场和竞争的发展、支持企业家精神和推动非垄断化的目的,联邦反垄断局可以向有关的联邦行政权力机构、俄联邦各部门的行政权力机构、各市政当局就下列问题提出建议:分配优惠贷款和税收减免,或者援助经营主体首次进入某一特定商品市场。"2006 年《竞争保护法》规定了较为系统的国家援助制度,对一些行业的扶持主要采取单独颁布法规的方式进行。以行业为基础进行竞争扶持的方式适合转型中的市场环境,通过行业的竞争扶持来促进行业竞争并为提升国家竞争力提供市场条件和法制经验。因此,尽管是分门别类进行的竞争推进,但仍然是在国家战略这种大竞争观念指导下的行为。

这里试列举一二,加以说明。

在 2006 年,俄罗斯联邦反垄断局与联邦房屋管理机构一起制定了《俄罗斯联邦政府关于 2006—2009 年俄罗斯联邦社区住房重组措施的决定(草案)》,其中,特别规定了采取旨在为公共住房领域促进竞争的措施:拟订国有或市政所有权的房屋设施转让或租赁(管理)经营的方案,通过公开招标获得公共住房的所有权和使用权。之后,反垄断局推动制定并通过了《关于公共住房交易草案》;引导对俄联邦《自然垄断法》(2006 年 12 月 29 日版)进行修改,要求自然垄断的主体在其采购时负有不超过特定金额的义务。

在铁路运输领域,俄罗斯联邦反垄断局协助俄罗斯联邦政府制定了《关于简化铁路运输某些类型活动批准许可的规定》(2006 年 3 月 20 日第 13 号文件),该文件简化了许可证发放程序,并从许可证的范围清单中排除了某些基础设施服务许可,从而扩大了铁路运输服务领域的竞争。另俄罗斯联邦政府(通过 2006 年 8 月 10 日第 1094 号令)采纳了联邦反垄断局《关于执行与俄罗斯联邦合作制定的铁路运输结构改革方案与措施》的建议,扩大了铁路机车车辆经营范围和方式的灵活性,推动铁路运输领域扩大竞争,促进该领域的竞争和发展。

在民用航空领域,俄罗斯联邦反垄断局协助联邦政府发布《航空运输许可及国家对运输活动监管的完善》(2007 年 6 月 23 日第 397 号令),将之前的有关许可限制予以排除。其中,联邦反垄断局考虑到了给予特定航空公司特殊运输活动的许可,可能限制航空公司运输的范围,并与联邦法律《关于特定类型活动许可法》第 7 条)相抵触——根据该项规定,经营行为类型和范围的许可证管辖适用于俄罗斯联邦全境,并且也违反了《竞争保护法》第 15 条所规定的禁止以许可的方式不正当地阻碍经营主体的活动。

在银行和金融系统领域,俄罗斯联邦反垄断局协助制定了联邦法律——《国家开发银行法》,旨在鼓励工业部门创新性发展经济。其中,提供国家资金进行信贷活动需使产业质量达到新水平,能够清除金融机构现有的赤字,以促进形成长期项目为基础和目标,为俄罗斯经济竞争、技术长期发展奠定基础。考虑到类似金融机构发展的国际经验,以及它们活动的目的不是为了获利,而是增加特定部门对私人资本的吸引力,俄罗斯联邦反垄断局提议在法律草案中确立以下开发银行的运作原则:(1)禁止超范围运营。即禁止开发银行从事融资服务市场上任何超出俄罗斯联邦政府法律或任何其他规范和法律行为规定的职能范围的交易。(2)非竞争原则。禁止开发银行与其他金融组织竞争。因为开发银行应按照其他组织不能提供的条件提供服务。

2012年,联邦反垄断局起草并由联邦政府通过了若干战略性文件,规范了一定时期内俄罗斯反垄断机构的工作计划,包括《促进竞争和完善反垄断政策的具体说明》和《促进相关特殊工业竞争的措施》。这些文件将法律上的国家援助和市级政府援助的内容细化,列举了禁止在相关商品市场上为单一的经营主体提供福利,提供比其他主体更有利于资产转移和(或)获得民事权利,和(或)其他客体,和(或)获得竞争优势的信息。另外,它完善了《竞争保护法》第19条关于国家援助的目的:保障远东北部和类似地区的人民的生计;开展基础科学研究;环境保护;文化发展和保护文化遗产;农产品的生产;在重点领域的小企业的支持;社会服务;劳动者的失业帮助和促进就业的支持。

2. 促进竞争计划

按照时间不同,促进竞争计划包括中期计划和长期计划两种。

(1)中期计划

以制订中期计划方式倡导竞争的做法是从2008年开始的。迄今俄联邦政府已经制定和实施了两个中期计划:《2008—2010年联邦反垄断局行动目标和基础报告》《2013—2015年联邦反垄断局行动目标和基础报告》。两个报告的共同目标均是改善竞争环境以及提高经营主体活动的竞争条件和水平。同时,增强反垄断机构调节行为的效率并提升在产业能力比较中的国际地位。例如在2008—2010年报告中,确立的调整目标是:① 预防和消除国家权力机关、地方自治机关的反垄断行为,提高国家和市政采购行为中利用预算资金的效率;② 保障平等进入自然垄断主体所占据的商品(劳务和服务)市场,并促进自然垄断主体活动的竞争范围;③ 创造条件实现针对外商投资与拥有战略意义的经济社会领域的监管,以保障国家安全。

执行中期计划,需要以年度计划来一步一步地完成。2009年5月19日通过的俄罗斯联邦政府法令第691号,确立了俄罗斯联邦竞争发展计划(以下简称"发展计划")。为配合政府的发展计划,俄罗斯联邦反垄断局2009年6月11日颁布第366号文件:《关于俄罗斯联邦反垄断局执行俄罗斯联邦2009年至2012年竞争发展计划的行动计划》(以下简称"行动计划")。俄罗斯联邦竞争发展计划包括一整套关于俄罗斯竞争发展重点的中期措施,还包括在一些经济部门引入竞争以及完善竞争法的建议。一方面发展计划具有广泛性和复杂性,涉及自然垄断行业和特许垄断行业等,也包括金融、航空等特殊产业;另一方面作为一项政府工作职责,它是自上而下推行的。在上述计划框架内,俄罗斯联邦所有地区的地方行政当局都有义务制定和通过关于竞争发展的区域计划,且要求计划的内容应该包含但不限于:便利创业活动的启动与运行方式;减少和消除货物流通的行政障碍;收集、分析和出版关于区域市场、货物与服务需求的信息,以吸引和扩展新业务;增加国家和地方当局活动的信息透明度,包括公布其活动的基本程序和结果;减少国家和地方当局直接参与经济活动;发展国家和市政公共采购,包括延伸社会采购(医疗、教育)服务;发展运输和能源基础设施建设。

行动计划由联邦反垄断当局和地方反垄断机构共同制定,包括的内容不仅涉及全国统一市场的竞争发展问题,还包括区域性竞争发展计划。执行区域性竞争发展计划的战略目标为俄罗斯联邦所有(市场)主体创造公平竞争的环境。区域性竞争发展计划包括旨在改善该区域和该部门竞争环境的所有一般性措施和某些市场的具体情况及问题。

2012年,俄罗斯中小型企业竞争发展委员会成立,职能是协调行政机关工作,影响商业团体,促进国家反垄断政策实施。同年,俄罗斯政府通过了"发展竞争和改进反垄断政策"路线图,以及若干行业特定的路线图,将促进竞争职能纳入执行机构优先事项并列举了措施清单,其中包含旨在发展特定行业竞争的措施;为促进竞争提供全系统措施,包括在特定行业(药品,医疗服务,航空运输,通讯服务,学前教育和石油产品)中促进竞争的措施清单;规定有关行政当局协调工作的方案,如与创业社区代表合作,制定国家竞争政策的建议;减少国民经济体系中的国有部门数量;发展基础设施行业的竞争,包括自然垄断行业;简化反垄断监管对象——企业活动——的内容。对于每个项目,"路线图"规定了执行期和执行者,还提出了监测拟议措施和效率基准的执行情况的检测系统,包括制定商品和服务市场竞争环境的指标(根据经合组织使用的PMR方法计算),每1000人新企业的数量(世界银行采用的指标)等。

(2) 长期计划

俄罗斯联邦反垄断局在 2013 年制定并通过了《俄罗斯联邦 2013 年至 2024 年反垄断发展战略》,这是第一次以长期计划的方式规划竞争问题。政策前提是:竞争政策的有效性一方面取决于法律质量、效率;另一方面也取决于经营主体经营活动的效率,在每一个经济发展阶段都有与当时的市场环境相匹配的确定的竞争政策,即经济发展的阶段性和竞争政策的阶段性。同时也需要规划下一个经济发展阶段的政策,尤其是大幅提高竞争措施的质量和效率,这是市场活力的基础。

俄罗斯联邦反垄断局优先考虑的事项和应确保实现的目标如下:① 为关键经济部门的竞争创造有利条件;② 提高反垄断决策机构的质量,确保整个俄联邦政府实施政策和方法的一致性;③ 通过提高俄联邦《行政违法法典》的预防性措施和执行效率来减少违反反垄断法的行为;④ 提高企业并购控制的质量;⑤ 加强反垄断机构作为经济宏观监管者的作用;⑥ 将俄罗斯联邦反垄断机关在世界竞争机构中的地位提高到十名以内;⑦ 塑造俄罗斯反垄断当局的正面形象。

在具体的工作方向上包括四个方面:第一,促进和发展对经营主体有利的竞争环境;第二,消除阻碍竞争发展的行政障碍;第三,确保消费者在接受自然垄断服务中不受歧视,并形成有效价格竞争机制;第四,运用公共和市政的采购以及国家财产交易为有效竞争创造条件。

3. 构建竞争文化

文化是一种社会认同。竞争法的实施需要竞争文化,竞争文化的形成是一个缓慢的过程。在俄罗斯已经有多种方式来普及竞争制度,并推进竞争价值的社会性认同。

(1) 举办"俄罗斯反垄断法"年会。2009 年 10 月召开了第一届"俄罗斯反垄断法大会",与会者来自各个权力部门,学术界和商界以及法律实务界的广泛代表参加了会议。自 2009 年以来,"俄罗斯反垄断法大会"一直是一个领先的信息平台,反垄断主管机构总结其年度工作的成果,并讨论潜在的竞争政策领域的问题。大会议程、与会者的代表性以及内容的吸引力确保了其在反垄断法实施中的巨大影响力。每次会议都侧重于商业界最感兴趣的具体问题,因此会议具有专业性和权威性,并广受欢迎,每年吸引越来越多的与会者。2012 年,在俄罗斯联邦反垄断局的支持下举办了第四届"俄罗斯反垄断法大会",400 多人参加了会议。本次会议讨论了竞争政策的现状,特别是考虑在共同经济市场内建立一个反垄断监管体系,并制定"发展竞争和改进反垄断政策"路线图。

(2) 设立"俄罗斯竞争日"。除了法律大会外,每年都确定一天为"俄罗斯竞争日"(类似中国的 3.15 消费者日)。设立竞争日的目的是倡导在俄罗斯国内商业主体间的竞争,吸引商家关注竞争发展的问题,制定解决制约竞争问题的办法,以便于相关问题的解决,扩大国家在全球经济空间的竞争力。

(3) 建立反垄断培训机构。2012 年的一个里程碑事件是在鞑靼斯坦共和国首都喀山开设了 FAS 资源培训中心。除了培训课程外,中心还主办国际会议、研讨会和交流会,目的是了解俄罗斯和其他国家的反垄断法律,以便在国家和国际两个层面的竞争政策方面取得更好的实际成果。

(4) 创建电子杂志。《俄罗斯竞争法与经济》电子研究实践杂志,是俄罗斯 FAS 主办的电子出版物。电子出版物的主要目的是促进俄罗斯以及白俄罗斯和哈萨克斯坦关税同盟的整个地区市场竞争的发展,交流和学习有关反垄断法律和执法实践的最新消息、有关法院处理的最典型和最复杂的案例。期刊的目标读者包括反垄断机构的官员,商业界的代表,专家,企业法律顾问和公众。

(5) 关于"俄罗斯竞争法"的大学教科书。《俄罗斯竞争法》高等教育教材于 2012 年出版。它致力于过去 20 年快速发展的竞争法律思想领域,由专家和反垄断法执法者共同撰写完成,详细描述了竞争保护法律规范的制度历史、框架和主要内容。教科书作为"开放文本"设计和完成,作为学术普及性读物鼓励民众扩大对这个新学科的了解,并掌握相关知识。这本教科书对于本科生和研究生以及经济和法律学院的老师、企业家、公司高层管理人员都很有用。

(二) 竞 争 分 析

这是一种咨询机制。即反垄断机构作为咨询机关接受委托提供咨询意见,并阻止出现限制竞争行为,或避免诉讼发生的机制。法国 1953 年 8 月 9 日颁布的政令增加了咨询业务并构成了法国竞争法长达 20 年的基本制度结构。在组织上,当时设立的合同技术委员会一直是咨询性机构,它的意见对案件的最终定性有重要的影响。这个委员会名称虽几经变化,但其咨询职能始终未变。直到 1986 年竞争审议委员会被授予部分实体性权力,拥有对某些调查案件的处罚权时,其职能才由单一咨询职能扩大为包括咨询在内的综合职能。

在法国,委员会的咨询包括任意咨询和强制咨询。任意咨询,是指在适用竞争制度方面向国会、政府、其他社会团体提供的咨询。就法律提案及任何有关竞争的问题，竞争审议委员会接受国会的咨询（法国《竞争法》第5条）；应政府的请求，竞争审议委员会对任何有关竞争的问题提供意见；应地方团体、职业及劳工组织、经认可的消费者团体、农会、手工业公会或商业及工业公会的请求，竞争审议委员会对有关竞争的问题提供意见，但仅以涉及上述团体或组织所维护的利益为限。强制咨询，是指对用于建立新制度而直接产生一定效果的行政命令草案，竞争审议委员会必须向政府提供的咨询。包括如下行政命令草案：(1) 对职业活动或进入市场为数量上之限制；(2) 在某些地区创设排他权利；(3) 强制实施统一价格或出售条件。不论任意咨询或强制咨询，竞争审议委员会的意见从法律效力上看仅具有参考性质，无法律约束力。但咨询意见的公布在客观上对企业行为具有监督作用——由主管部门监督转为社会监督。对申请企业而言，公布的信息也会给企业以一定程度的压力，尤其是咨询机关的特殊身份及身兼的调查和处罚权力，企业对其意见不能等闲视之。另外，对从事同类行为的企业具有警示作用。

早期，俄罗斯引入类似法国的制度，范围包括所有的反竞争行为。不久，出现了大量的案件，甚至远没有垄断危险的经营行为，为了心安而求诸反垄断机构给予一个结论，以至于反垄断机构应接不暇。为了减少这种开门指路的方式，反垄断局要求申请方提交专业的申请文件，并对特定行业进行定向指导。其结果一般以指导建议的形式发布，类似于向行业发布指南，但在内容上比指南更加灵活。现举一例加以说明。

《俄罗斯联邦反垄断局关于在制药和医疗器械市场中具有市场支配地位的经营主体的商业政策的开发和应用的建议》[①]

（2015年7月15日）

1. 一般规定

2006年7月26日第135-FZ号《俄联邦竞争保护法》（以下称为《竞争保护法》）规定了禁止经营主体滥用其支配地位。

《竞争保护法》第5条规定了市场支配地位的概念。当一个经营主体（一个集团）或若干经营主体（若干集团）在特定商品的市场上对某经营主体（一个集团）或若干经营主体（若干集团）拥有市场支配力，对相关商品市场的商

---

① 俄联邦反垄断局：《俄联邦竞争状况报告（2016年）》（俄文版）。

品流通的一般条件和(或)从该商品市场中转向其他经营主体和(或)阻碍其他经营主体进入该商品市场产生决定性影响,就被视为支配地位。

只要经营主体不滥用其支配地位,支配地位本身并不构成违反反垄断法。

滥用市场支配地位适用于占据支配地位的经营主体与合同相对方(潜在合同相对方)之间的关系,被规定在《竞争保护法》第10条中。俄罗斯联邦反垄断局提醒注意,被视为具有市场支配地位的主体有公开的经营主体清单。

在经营主体与合同相对方(潜在合同相对方)的关系中具有市场支配地位的风险由《竞争保护法》第10条所规定的一系列的垄断行为构成:

——适用于合同相对方的合同条款在实施后将会对对方施加不利影响,或者与合同的目的无关(经济上或者技术上)的正当理由,及(或)不是由联邦法律、俄罗斯联邦总统的规范性文件、俄罗斯联邦政府的规范性法令、俄罗斯联邦有权执行机关的规范性文件或者司法裁决直接豁免的条件,要求转移金融资产、其他资产,包括知识产权以及同意缔结包括合同相对方不感兴趣的商品的条款的合同(第3款);

——有生产和供货条件时,在联邦法律、俄罗斯联邦总统制定的法律、俄罗斯联邦政府制定的法律、被授权的联邦执行机构制定的规范性文件或司法裁决没有明确规定的情况下,无经济或技术上的正当理由,拒绝或回避与部分采购人(订货人)签署合同(第5项);

——没有经济、技术和其他正当理由,及法律另有规定外,对同一商品制定不同价格(第6项);

——设置歧视性经营条件(第8项);

——阻碍其他经营主体进入或退出商品市场(第9项)。

俄罗斯联邦反垄断局建议经营主体遵守反垄断法的标准,以内化为部门管理文件的形式(合规文件——作者注)确定潜在非竞争性产品市场的边界,开拓和选择合同相对方,以及与他们进行合作或终止合作(贸易政策)。

俄罗斯联邦反垄断局的立场是非歧视性地获得商品以及向买方(分销商)提出要求,这些要求若有正当理由,且合同相对方可以拒绝或解除。

2. 商品市场认定

经营主体确定其行为是否有违反《竞争保护法》第10条规定的风险是十分重要的。这需要确定经营主体经营商品的市场份额。

根据2010年4月28日俄罗斯联邦反垄断局批准的《商品市场竞争环境状况分析和评估程序》(No.220号令),以及俄罗斯联邦在2012年5月5日通过的《关于认定经营主体具有市场支配地位以及调查中违反反垄断法的相关规定》(No.345号令),由反垄断机构对商品市场竞争状况进行分析。

根据《竞争保护法》第4条,相关商品市场是商品(包括外国制造商品)的流通领域,由于经济、技术或其他可能性不能被另一种商品或替代商品(以下称为替代商品)在其地域(包括地理区域)内替代或者购买者可以便利性地获得商品而取代被替代商品,这种可能性或者便利性的范围即为相关商品市场。

经营主体经常错误地根据以实物形式出售的商品数量或以竞争对手的资本数量来计算其市场份额。

除此之外,俄罗斯联邦反垄断局会根据相关商品市场概念的特点将商品市场划分为某些类型相关市场。这些特点是:商品(多种商品)的流通领域、市场边界(包括地理),以及消费者购买商品的机会。

在确定商品市场时,有必要确定替代商品是可适用的还是不可适用的。根据《竞争保护法》第4条,可以通过比较商品功能、目的、用途、质量和技术特性、价格和其他参数,在这种情况下,买方通常会替代性购买或者准备在另一个消费过程中替换一种商品(包括为生产目的的消费)。

因此,商品市场可能不仅包括来自一个制造商(经销商)的商品,而且也包括来自竞争对手(制造商、经销商)的商品,如果这些商品是替代品,那么需要考查是否存在或缺乏其他市场参与者。

3. 合同相对方的选择与合作

对在某种商品市场中可能占据支配地位并且处于垄断风险中的经营主体而言,采用和实施的合同文件(交易策略)中包含有偏向性标准的,如进行影响决策的审查程序(过程描述)、官方机构的名单和权力、涉及批准或拒绝商业关系的程序、作出此类决定的个人名单、(潜在的)合同相对方的申请处理期限和要求,以及决定合作条件的产品成本、交货量、付款条件、折扣、奖励等,均是重要的内容。

除了上述标准外,任何交易策略都应包括构成合同(框架协议)的基本条件、合同的所有实质条件(标准合同可在互联网中供所有潜在和代理合同相对方免费下载)、(潜在)合同相对方的投标表格。但是,合同的条款一定不得存在违反贸易政策的内容。

3.1 选择标准

具有市场支配地位的经营主体选择合同相对方,是对符合文件中规定的要求的(潜在)合同相对方进行验证的过程。

这些要求的内容以及要求选择合同相对方的文件清单应当是详尽无遗的,标准必须明确、全面和清楚。

承包商选择标准可以包括:

——法律实体(个体工商业)注册材料;

——无拖欠税费;

——合同相对方没有经过清算或破产程序;

——合同相对方的经营未被停止;

——必要的执照;

——合同相对方的具有决策权的人或其共同创始人无犯罪记录或刑事起诉记录;

——无担任国家公职的个人,或者与具有决策权的个人具有利益冲突的情况;

——其他客观标准。

在商品市场具有市场支配地位的经营主体必须诚实地遵守其合同规范,而不是歧视合同相对方,或者在选择(潜在)合同相对方时滥用权利。

如果选择(潜在)合同相对方未在标准清单中,根据《竞争保护法》第10条,标准没有明确定义,不具有依据性或明确性时,可以对具有市场支配地位的经营主体的行为提出申请,由反垄断主管当局确定这种行为是否为滥用市场支配地位。

3.2 选择合同相对方的过程说明

合同相对方的选择过程描述的细致程度是影响反垄断局确定违反反垄断法可能性的一个重要因素。

选择合同相对方时应当详细解释选择过程:请求合作(签订合同)审查的所有可能的阶段、披露影响决策的与个人(高管人员)有关的信息、作出决定和成为请求审查委员会(如有)成员、审查此类请求的时间限制、每个筛选阶段的答复时间、可能延长每个阶段的答复时间的原因。

存在达成合作和产品购买的审查要求的详细过程,以及具有市场支配地位的企业履行合同,明显降低垄断风险的情况。

俄罗斯联邦反垄断局建议具有市场支配地位的经营主体,不要忽视遵守请求审查时间限制的作用。

(三) 信 息 共 享

信息共享即汇编并发布有关信息以供全社会查阅。在俄罗斯最重要的信息是《俄联邦竞争状况报告》。

自 1992 年开始《俄联邦竞争状况报告》每年发布一次,信息详尽,既包括有关类型案件的数据,也包括有关行业的竞争状况信息,还包括反垄断机构的立法走向。表述的方式既有数据,也有柱状图或线形图等立体鲜活的形式。可以说,这是反映俄罗斯反垄断法实施状况的系统性材料。

1997 年以前,反垄断机构使用多种工具反映市场集中度的指标,如赫芬达尔指数,基尼系数,霍尔系数,熵系数等,全面系统地从不同侧面反映市场的垄断状况,但由于各不同工具计算度量的指标过于复杂,市场集中度主要使用市场集中率(CR_3)和赫芬达尔指数(HHI)。

例如,以 CR_3 和 HHI 为标准的公路维修市场集中度状况和甜菜种子的市场集中度状况。

表 7.1 俄罗斯公路维修市场集中度状况①

指标	2015 年	2016 年
CR_3	49.07%	50.85%
HHI	1083.75	1034.23
集中度水平	适中	适中

表 7.2 甜菜种子的市场变化②

HHI			CR_3		
2013 年	2014 年	2015 年	2013 年	2014 年	2015 年
1494.41	1618.21	2079.49	66.9	69.1	77.3

信息发布的方式主要是互联网平台。俄联邦反垄断局的官方网站是 https://fas.gov.ru/。俄联邦《竞争保护法》规定了在下列三种情况下反垄断机构应当将有关信息发布到官方平台上。第一,有关经营者集中延长审理期限的案件;第二,作出的决定或发布的裁定涉及不特定关系人的利益;第三,每年提交给政府的《俄联邦竞争状况报告》。

此外,反垄断机构每年的工作计划和目标也会在网站上公示。例如,2016 年俄罗斯反垄断局发布了《实行信息开放计划(草案)》,包括八项内容:筹备和讨论反垄断局的竞争状况报告;召开地方反垄断局人员参加的实现俄罗斯开放性竞争的代表大会;代表机构活动信息的有效利用;反垄断局行为的网站发布;网站内容和形式的改进;印刷品(小册子)、视频的利用;"开门政

---

① 俄联邦反垄断局:《俄联邦竞争状况报告(2017 年)》(俄文版)。
② 俄联邦反垄断局:《俄联邦竞争状况报告(2018 年)》(俄文版)。

策"专家组代表进业务委员会、咨询委员会;完善信息工具,提升服务质量。

三、反垄断机构对违反反垄断法事件的立案及案件的审查

(一) 立案和对案件的预处理(警告令)

1. 立案和审查作为一种反垄断机构保护竞争中的经营主体利益的方法的重要性

俄联邦《竞争保护法》第22条规定了反垄断机构的职能,实现这些职能的手段之一是授权反垄断机构对违反反垄断法的行为予以立案和审查,以及在此过程中发出有约束力的决定或指令。这种方法是规制垄断行为的重要手段。

它的重要性主要源于以下几个方面:

一是它针对的是涉嫌侵害经营主体利益和社会公共利益的垄断行为,这些行为的危害性和社会影响较大。俄罗斯反垄断法规定了两种经济性垄断行为:垄断协议和滥用市场支配地位。滥用权力阻碍或限制竞争在行为的载体上与之有交叉,在手段上属于国家权力的滥用行为。从行为的危害性上看,这三种行为的数量最多、危害性最大。广义上,可以将俄联邦《竞争保护法》所调整的对象分为三个部分:从正面采取措施以促进竞争、从反面对反竞争行为进行规制、以中性的视角对经营者集中行为进行引导。这其中,对反竞争行为的规制是最核心的任务。

二是这种手段具有系统性,其包含行政程序和司法程序,且两者紧密关联。2006年以前版本的反垄断法重视方法适用中的实体性控制,之后更加重视程序性保障。尤其是2013年联邦反垄断局发布《立案和审查反垄断案件的行政规则》以后,吸收了法院审查案件的程序,使得案件的行政处理具有司法化的特性。另外,行政规则中要求的约束性的处理程序需接受司法的监督。这使得运用手段的规则具有系统性和严谨性。

三是这种手段的综合性。《立案和审查反垄断案件的行政规则》不仅仅规定了程序性控制手段,也包含一定的实体规则。反垄断机构在行使立案和审查案件的职能的同时,还可以对违反反垄断法和本程序规则的行为课以行政责任和民事责任。

虽然反垄断案件的立案和审查均需要遵循类似于法院审查案件的程序,但又有所不同,毕竟反垄断机构不是法院,有自己的法律定位和属性。反垄断机构审查案件是一种保护公共秩序和私人权利的行政程序。司法程序和

行政程序的差异主要在于法院和反垄断机构在国家机关体系中的地位不同，但这与授权给反垄断机构在立法和审查案件中采取类似司法的程序和方法行使职权并不冲突。

通常认为，司法程序优于行政程序，所以在制度上设立了行政司法审查。在俄罗斯，涉及垄断业务的行政司法审查开始于1980年，当时法院司法审查针对的是当事人对权力机关非法制定的规范提起的诉讼。在俄联邦《仲裁程序法典》和《民事诉讼法典》生效以后，司法管辖涉及的范围进一步拓宽，将有争议的国家机关和市政机关制定的规范性和非规范性法律文件、违法的决定、职务人员的行为均纳入其中。

仲裁法院审查的大量案件涉及行政关系和其他公共关系。这其中很大一部分是反垄断机构作出的有争议的决定和指令。

俄罗斯理论界认为，反垄断法保护公共秩序和竞争者的民事权利以及不特定主体的利益。市场经济中的民事权利和公共秩序紧密相关。危害公共秩序必然涉及侵害特定或不特定主体的民事权利。保护公共秩序需要用行政性的手段，保护民事权利需要采取民事救济的方法。故在违反反垄断法的前提下，不论是垄断协议、协同行为、滥用市场支配地位，还是反垄断机构采取的确认行为无效、损害赔偿等措施均被纳入俄联邦《民法典》第12条规定的民事权利保护的范畴。

2. 案件的来源

立案是反垄断机构对获取的材料进行初步认定并纳入正式日程的标志。自2013年起，俄罗斯反垄断法的修改很大程度上集中于完善立案和审查的内容。不仅完善了俄联邦《竞争保护法》的相关内容，还细化了2013年制定的《联邦反垄断局立案和审查反垄断案件的行政规则》（2016年修改）。

如果说俄罗斯反垄断法的实施以行政路径为主，司法为辅，那么，立案是一个案件走向行政过程的第一步。

违反反垄断法案件的立案开始于相关材料的收集，即案件的来源。大致的来源有如下几个方面：(1) 来自国家机关、地方自治机构认为存在违反反垄断法的特定材料（下称材料）；(2) 法人或自然人认为违反反垄断法的特别举报（下称举报）；(3) 反垄断机构发现的违反反垄断法的依据；(4) 媒体对存在违反反垄断法现象的报道；(5) 在检查工作中发现商业组织、非商业组织、联邦权力执行机构、联邦主体权力执行机构、地方自治机构、参与提供国家或地方服务职能的其他机构和组织、国家预算外基金有违反反垄断法的现象；(6) 反垄断机构在特定时期内作出的警告未停止和未执行；(7) 对商业组织、非商业组织、联邦权力执行机关、联邦主体国家权力机关、地方自治组织、其他履行上述机关职能的机关或组织、国家预算外基金指出的涉嫌违反反垄断法情形进行检查的结果。

举报以书面形式提交反垄断机构,可以通过电子邮件(delo@fas.gov.ru)方式,也可以通过传真、函件方式。举报应当包括如下信息:(1)举报人的信息(姓、名、父姓和自然人的居住地址;法人的名称和地址);(2)举报人所掌握的当事人的信息,并提供举报信;(3)违反反垄断法情况的表述;(4)举报人提出请求的性质;(5)附清单文件。

3. 对获取材料的初审

举报所附材料,应能够证明违反反垄断法。在不可能提供材料时,需指明不可能的原因,以及认为可能获得文件的人或机构。在举报书或材料中缺少上述第(1)(2)项信息的,反垄断机构对此无需审查,并自举报材料取得之日起10天内以书面形式通知举报人。

(1)初步审查的内容

反垄断机构在收到举报及其材料的一个月内进行审查。如果因为缺少证据或证据不足,不足以得出存在违反反垄断法的结论或未达到违法的标准,反垄断机构为收集和分析补充证据之需要,有权延长对举报申请及其材料的审查时间,但延长的时间不得超过2个月。延长对举报及其材料的审查时间的,反垄断机构应以书面形式通知举报人。

根据对举报及其材料的审查,反垄断机构应当确认是否属于其审查职权的范围;认定是否违反反垄断法和初步确认违反哪条法律规范。

在对举报及其材料进行审查的过程中,反垄断机构有权从商业组织、非商业组织或其从业人员,联邦国家权力执行机构或其工作人员、联邦主体国家权力机构或其工作人员、地方自治机构或其工作人员,其他享有特定职能的机关或组织及其工作人员,以及国家预算外基金及其工作人员,自然人处获取与举报或材料中内容相关的私人信息、书面或口头说明资料。对举报、材料的审查可以因在反垄断机构、法院、仲裁法院、法律保障机关审查的其他案件的结论对本举报、材料的审查具有影响而延迟作出决定,在作出本案的决定和发出相关有效决议前反垄断机构应以书面形式通知举报人。

(2)初步审查的结论

对举报和材料进行审查后,反垄断机构可以作出如下三种决定:

第一,按违反反垄断法立案。在反垄断机构决定按违反反垄断法立案的情况下,反垄断机构应发出立案确认书,确认书的复印件应在发布之日起3

日内送交举报人和案件被审查人，并在自发布立案令之日起 15 日内建立审查委员会。委员会主席确定对案件进行审查，并把确认书复印件交案件当事人。

立案确定书应当载明案件审查所包含的如下信息：案件的当事人信息；立案依据和理由；违反反垄断法的依据、证据和能够证明构成违法的其他情形；委员会召开会议的日期、时间、地点。

第二，拒绝按违反反垄断法立案。下列情况下，反垄断机构可以作出拒绝立案的决定：① 举报、材料中所列举的问题不属于反垄断机构管辖的范围；② 不存在违反反垄断法的情形；③ 举报、材料所陈述的事实之前已经立案；④ 虽依据提交的举证书、材料所列举的事实，反垄断机构确认其具有证据效力，但如果反垄断机构已经按照上述第 2 项拒绝立案或者按照《竞争保护法》第 48 条第 1 款第 2 项终止审查，且举报人提交的违反反垄断法的证据是反垄断机构在作出决定时没有掌握的；⑤ 提交的举报、材料所列举的事实，按照《竞争保护法》第 41.1 条规定的追诉期已经届满（违反反垄断法的行为已经超过 3 年的）；⑥ 法院或仲裁法院所认定的具有法律效力的举报、材料不构成违反反垄断法的要件；⑦ 因完成按照《竞争保护法》第 39.1 条规定的程序作出的警告事项而消除了违反反垄断法的危险的。反垄断机构决定拒绝立案的，须在 10 天内将拒绝的理由通知举报人。对于持续性的违反反垄断法的行为追诉期的计算，自违法行为终止日或违法行为发现日起算。

第三，作出停止行为的警告。这是一种预防性措施，即在立案前预先防范反竞争危险的延续。这种措施是 2015 年增加的，它具有结果的不确定性。如果经营主体履行了警告的事项，则案件即行终止；如果经营主体不履行警告的事项，反垄断机构将立案。

4. 发出警告令

按照俄联邦《竞争保护法》第 39.1 条的规定，警告的目的是为了消除行为（不作为）带来或可能带来的阻碍、限制和消除竞争和（或）侵害其他主体（经营主体）的商业利益或者侵害不特定消费者利益的情形。警告针对的主体包括经营主体、联邦权力执行机构、联邦主体权力执行机构、地方自治机构、参与提供国家或地方服务职能的其他机构和组织、参与国家采购或者市政服务的组织、国家预算外基金。警告针对的行为类型包括某些滥用市场支配地位的行为、不正当竞争行为、滥用权力限制竞争行为。即违反俄联邦《竞争保护法》第 10 条第 1 款第 3、5、6、8 项，第 14.1、14.2、14.3、14.7、14.8 条，第 15 条规定的情形。警告需以书面形式发布。书面形式的警告令应当包括如下内容:(1) 发出警告的依据;(2) 给予警告的当事人的行为(不作为)所违反的反垄断法规范;(3) 停止违反反垄断法的行为、解除引发违法的基础和条件,或采取措施消除违法后果,并在合理的期间内完成。给予完成警告内容的时间不少于 7 天。若当事人对于警告提出合理的理由说明在设定的时间内无法完成任务的,反垄断机构可以给予延长。

警告具有约束性。对于反垄断机构而言,对特定行为警告是必经程序。具体而言,对于违反《竞争保护法》第 10 条第 1 款第 3、5、6、8 项,第 14.1、14.2、14.3、14.7、14.8 条,第 15 条规定的主体在没有给予警告和在警告履行期限结束前不可作出立案的决定。当然,也包括立案后的新发现事项的警告,即在审查反垄断案件期间,案件审查委员会在下列情况下可发布警告令:如果审查的案件涉嫌违反《竞争保护法》第 10 条第 1 款第 3、5、6、8 项,第 14.1、14.2、14.3、14.7、14.8 条,第 15 条的规定,但在立案期间未被发现。对于当事人而言,警告令在发出后和警告期内具有强制性。反垄断机构应当在警告期结束之日起 3 天内公告完成警告的情况。在完成警告事项的情况下违反反垄断法的案件不予立案,因违反反垄断法但完成警告事项的当事人消除了其行为危险,将不承担行政责任。对于在规定的期限内未能完成警告事项,且存在违反反垄断法的依据的,反垄断机构应当在警告期届满不超过 10 个工作日内作出立案的决定。

立案前警告是一种很特殊的制度,它既不同于临时性禁令——目的不仅仅是停止行为,而是具有包括停止行为在内但又不限于此的多种具体灵活的处理措施;也不同于我国反垄断法中的承诺制度——它是反垄断机构单方面作出的,发出的是警告令,而不是要求经营主体提交承诺书,即它带有明显自上而下的监管色彩。当然,它们之间也有明显的共性,都是临时性的措施,在责任上具有替代性。

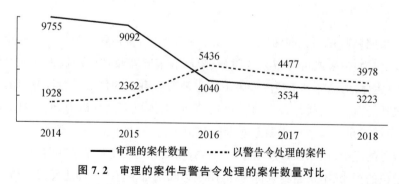

图 7.2 审理的案件与警告令处理的案件数量对比

由于它适用的灵活性,近些年来,俄罗斯反垄断机构大大增加了在涉嫌违反反垄断法相关案例中的警告的运用。从 2016 年开始,警告处理的案件就一直超过审理的案件的数量。反垄断局不仅对设立不公平的合同条件和不合理拒绝签署协议的行为发出警告,并且对设立歧视性条件和不正当价格等行为发出警告。如果地方当局的行动可能导致违反法律,反垄断机构能够向经营主体、国家机构官员和地方当局发出警告。

5. 立案程序的最终结果

经过立案程序,基于情况不同,最终结果无外乎以下三种结论:不予立案、待定立案与正式立案。

(1) 不予立案

不予立案的决定可能是因为证据不足、性质不构成违法、当事人履行了警告的事项等。按照《联邦反垄断局立案和审查反垄断案件的行政规则》,下列情况不予以立案:在证据不充分或者缺少证据的情况下,得出不构成违反反垄断法的结论;提交的报告缺少关于相关市场的竞争状况分析,且分析对确定违反反垄断法是必要的;在必要的情况下,给予经营主体涉嫌违反反垄断法以停止行为(不作为)的警告,消除促成违法的基础和条件,消除危害结果的方法;反垄断机构确定的涉嫌违反反垄断法的要求停止行为(不作为)的警告的有效期内,消除了促成违法的基础和条件,消除了危害和采取了消除危害结果的方法。

在得出关于不构成违反反垄断法的结论时,职能组织部门需要为申请人提供回复,包括说明不予立案的理由。同时,连同签署的报告、结论和其他有关证明违反反垄断法的事实证据报告一起送交反垄断机构负责人。

(2) 待定立案

待定立案是在立案期限内,案件的材料不充分,需要补充而暂时不作决定的情形。

反垄断机构内有关职能部门在认定结论上产生分歧时,职能部门应自作出结论之日起5天内将报告送交反垄断机构副职领导(以下简称副局长),由其协调和监督职能部门的工作。副局长为了得出结论可以就反对意见与职能部门的负责人和其他部门负责人进行探讨,依职权进行机关内法律认定。如果讨论的结果是反对意见不成立,副局长应将此结果通知反垄断局局长以作出最终决定。如果报告返回到职能部门,反垄断机构附加了警告并包含有涉嫌违反反垄断法标准的行为(不作为)、消除促成违法的基础和条件、消除危害结果的方法的,警告期未满,职能部门需在设置的警告期限内在机关内部对报告再次进行认定。

(3) 正式立案

在得出构成违反反垄断法的结论时,职能部门制作关于反垄断机构提起案件的处理计划和组建违法案件审查委员会,并将处理计划报告、证明存在违反反垄断法规定的结论和其他材料提交反垄断局局长以便其作出决定。反垄断局局长在收到证明存在违反反垄断法规定的初步结论和其他材料后5天内作出决定。立案决定需包括以下内容:存在违反反垄断法立案的基础;本案属于反垄断机构管辖;确定所违反的反垄断法和反垄断相关规范的引用准确;对属于应参与案件的主体范围确定准确;立案材料充分;为得出结论而进行准确判断和全面审查案件所需要的其他材料。立案决定的复本在发布相关书面决定后3天内送交申请人和案件被审查人。

(二) 案件的审查与指令发布

反垄断机构对案件的处理,在用语上使用的是"审理",显然,这里包含着的深层含义是适用与法院相近的处理过程。但它和法院对案件的审理还是有一定的区别。

1. 反垄断机构审查与法院庭审的关系

虽然反垄断机构在审理案件诸多程序上与法院庭审的程序类似,但毕竟两者的身份和职权存在本质的差异,因此为了体现两者的区别,此处仍然使用"审查"。

反垄断机构审查案件和法院审理案件存在的不同有:

首先,审查案件的原则不同。诉讼制度坚持的是当事人诉权平等、法庭论辩的原则。原告可以全部和部分拒绝诉讼,撤回诉讼请求;被告可以全部或部分承认诉讼请求。反垄断机构审查案件建立在不平等关系的基础上。反垄断机构在案件审查过程中始终居于主导地位,其不可以撤回案件,即使在申请人放弃自己要求的情况下,也不得终止案件的审查。

其次,工作内容不同。反垄断机构立案建立在之前对收集到若干证据进行仔细分析的基础上,且大致有了案件涉嫌违法的倾向性依据。此外,反垄断机构对案件的分析不限于案件本身,还需要分析有关市场结构、市场份额等案外的资料(在滥用市场支配地位案件中)。这些在一般民事案件的法院庭审中均不会涉及。

再次,大多数情况下无当事人在场。在卡特尔案件审查中,可以没有卡特尔成员及其相对人。类似这种适用本身违法原则的案件,可以不要求当事人参与案件审查。经济集中的案件,或者当事人提出正当理由的滥用市场支配地位的案件,当事人可能参加到审查过程中。

最后,反垄断机构审查案件不对争议进行调解,也不存在调解结案这种折中性结论。在分析案件事实的基础上判断是否存在危害涉及竞争的公共秩序,是否存在垄断协议、协同行为,如果存在上述情形则可按照俄联邦《行政违法法典》的规定给予罚款、消除违法行为等处罚。

当然,上述分析并不涉及孰优孰劣,只是为了确定它们之间的差异。在此基础上,所谓的准司法特性只是在部分程序内容相近的前提下得出的结论,而不是依据实体内容得出的。

2. 案件审查涉及的主体

反垄断案件的审查是确定行为是否违反反垄断法的核心环节,也是技术性和程序性颇强的重要制度。在俄罗斯反垄断法中,非常详细地规定了案件审查的各个环节和细节,包括审查主体,被审查主体、审查的程序、审查结论的得出、审查结论的送达等。

(1) 管辖机关。涉案主体及其行为涉及案件的管辖权。反垄断机构对违反反垄断法案件的审查可在违法行为发生地,或者举报人或资料提交人所在地和居住地进行。联邦反垄断机关有权审查特定违反反垄断法的案件,不受举报人或材料提交人所在地或居住地的限制。

(2) 案件审查委员会。从实际从事业务的主体角度,案件的审查是由为审查案件而组建的委员会来完成的。按照俄联邦《竞争保护法》第40条的规定,审查每一宗违反反垄断法的案件,反垄断机构都要按照本法规定的程序组建违反反垄断法案件审查委员会(下称委员会)。委员会代表反垄断机构。委员会人员构成及委员会主席由反垄断机构批准。委员会成员由反垄断机构工作人员组成。委员会主席可以由反垄断机关领导(局长)或其副职(副局长)或联邦反垄断机关部门领导担任。委员会成员不得少于3人。委员会成员的调整由反垄断机构的决议作出,并说明原因。涉及金融服务市场上的金融机构、支付结算系统组织、按照俄联邦《国家支付系统法》实现支付业务的提供者,以及其他受俄联邦中央银行监管的金融组织违反反垄断法需要审查的,其委员会的组成包括俄罗斯联邦中央银行的代表,且代表总数应占委员会成员半数以上。其他非中央银行监管的行业中出现的垄断问题的审查及委员会的组成同一般案件。涉及金融机构的案件审查委员会的组成,数量应为偶数。

(3) 案件的当事人。违反反垄断法的案件当事人具有特殊意义,不同于一般民事诉讼制度中的同一概念。以下人员属于当事人:① 举报人,即检举揭发案件的人。包括提供材料的国家机关、地方自治机关、其他社会组织或个人。② 案件的被审查人,指举报和材料所针对的主体,或反垄断机构在其行为(不作为)中发现涉嫌违反反垄断法的人。③ 利害关系人,指因被审查主体违反反垄断法的行为而受到权利侵害或其他合法利益受到不利影响的人。

在对违反反垄断法案件的审查过程中,如果委员会认定除被审查人以外的其他当事人的行为(不作为)中也存在违反反垄断法的情形(如纵向协议),委员会可把该主体作为案件的被审查人。如果委员会未发现被审查人中的任一方有违反反垄断法的事实,委员会应当作出裁决,终止该方继续作为案件的被审查人。

(4) 案件的参加人。在审查反垄断案件时委员会有权按照案件当事人的请求或者委员会的需要邀请鉴定人、翻译以及掌握案件信息的人员。鉴定人、翻译以及掌握案件信息的人员不是案件的当事人。在审查反垄断案件时被委员会邀请的鉴定人,是就案件专门问题拥有专业知识的人。为案件鉴定结论所需的鉴定候选人和鉴定问题由委员会确定。如果存在任何令人质疑的有失公平的因素,垄断案件的当事人有权对鉴定人提出异议。

3. 各主体的权利和义务

反垄断机构控制整个立案和审查的过程。这里既包含权力,也是它的义务。立案以后,代表反垄断机构从事具体业务的组织是案件审查委员会。委员会的工作机制是委员会会议,主导会议的是委员会主席。委员会主席主导委员会会议,保障全面、完整调查案件证据和事实。自主席宣布委员会会议开始,便开始行使其程序性的权力,包括介绍委员会组成人员、所要审查的案件、案件审查的延期等。按照《联邦反垄断局立案和审查反垄断案件的行政规则》第 3.91 条的规定,委员会审查案件需在确定的日期、时间、地点,由委员会和当事人、利害关系人共同进行。委员会的义务主要是程序性的,如将举行会议的日期、时间、地点以书面形式通知案件参加人;确认书或通知书应当载明会议的日期、时间、地点,以挂号信交付或通过直接交付案件当事人的方式送达;在不宜延迟的情况下,可以通过电报、电话、传真、电子邮件或者其他方式送达。另外,俄联邦《竞争保护法》第 26 条规定了反垄断机构保守商业秘密和其他应受法律保护的秘密的义务;反垄断机构在履行权限过程中获得的属于商业秘密和其他应受法律保护的秘密,除联邦法律另有规定外,不得公开;反垄断机构工作人员公开属于商业秘密、行政秘密和其他应受法律保护的秘密的行为,要承担民法、行政法和刑法责任;对反垄断机构或领导人公开商业秘密或其他应受法律保护的秘密并给自然人或法人造成损害的,应由俄罗斯联邦国库资金予以赔偿。

俄联邦《竞争保护法》第 43 条明确规定了反垄断案件当事人的权利和义务,主要有以下方面:自违反反垄断法的案件立案时起,案件当事人即有权了解案件材料,对材料做摘录,提交证据和了解证据,向其他案件当事人提出问题,向委员会提出有关请求,提供书面或口头解释,按照其参与审查过程形成自己的理由,了解其他案件当事人的请求,反对其他案件当事人的请求。案件的参加人有权以书面形式、速记方式记录其参与的审查过程。在审查案件中存在为法律所保护的秘密信息,由委员会主席决定是否将案件审查过程的速记资料给予案件当事人。有权就案件涉及的商业秘密申请不公开审查等。

鉴定人等案件参加人也有自己的权利和义务,如被委员会许可的鉴定人有权了解案件材料,参与委员会会议,申请为其提供补充材料。鉴定人有权拒绝就有关超出自己专业范围的问题提供结论,以及在为其提供的材料不充分的情况下拒绝提供鉴定结论。提供明显不真实结论的鉴定人需承担联邦法律规定的责任。

应该说,俄罗斯反垄断法中给了案件当事人以充分的权利保障,反垄断法特别强调了一点,即"案件参加人有义务善意利用自己在案件审查中的权利"。当然,法律上也设置了防范参加人滥用权利的机制,如案件当事人可以申请委员会会议休会,但是否休会由委员会决定;再如,案件审查中不论是书面形式还是口头形式的申请、异议、说明和当事人主动提交的其他材料,均不能设置商业秘密规则。案件审查中的当事人的诸多权利,不是完全孤立的权利形态,受到诸多行使中的限制或放弃可能产生不利影响的约束。由此,可以说,案件审查过程尽管形式上投射了浓重的司法过程的影子,但实质上,仍然是行政主导。

4. 对违反反垄断法案件的审查

(1) 审查的时间

自反垄断机构作出开始立案审查的决定之日起 3 个月内,由委员会对违反反垄断法案件进行审查。如果反垄断机构认为有必要获得补充信息,委员会可以延长规定的审查时间,但延长不得超过 6 个月。对此,委员会需作出延长审查时间的裁决,并将裁决的复印件送交案件当事人。

(2) 审查的方式

违反反垄断法案件的审查以委员会会议的形式进行。会议可以是现场会议方式:需要案件当事人、参加人到场,与委员会成员共同完成。也可以是网络视频方式:按照案件当事人的申请或者提议,委员会有权在技术能力能够实现的条件下对审查违反反垄断法的案件使用视频会议的形式,但使用该种形式审查反垄断案件的程序由联邦反垄断机关确认。

在案件当事人收到会议时间和地点的通知但不能出席委员会会议的情况下,委员会有权缺席审查,记录审查案件的过程,并由委员会主席签字。委员会可以对会议制作会议记录或录音资料,同时应在会议纪要中注明委员会会议采用了录音技术手段。

审查违反反垄断案件应公开进行。如果相关案件公开审查将导致泄露国家秘密,或者基于保护商业秘密、公务或其他秘密的需要,包括案件当事人提出的保密必要性,案件可以不公开审查。反垄断案件公开审查中有关资料涉及国家秘密的,其涉密情况由联邦反垄断机关与相关的涉密联邦权力执行机构协商确定。委员会以裁定方式确定案件是否以公开方式审查。

(3) 会议的基本程序

可以将委员会会议分为准备程序、开始程序、证明过程、延期审查、终止审查、会议决定等主要阶段。

① 准备程序

在准备程序中,首先要考查委员会的组成是否符合法律要求。按照反垄断法的规定,出席委员会会议的人数应不少于委员会成员总人数50%,同时也不少于3名委员会成员。在参加会议的委员会成员不足法定人数时,应当作出推迟审查的决定,确定新的审查时间,并办理确认手续。按照俄联邦《竞争保护法》第40条第3款和第4款规定,委员会成员的人数(包括主席)应当是偶数。双数的规定是由表决机制的特殊性决定的,后文详述。

其次是证据披露。案件当事人应在委员会确定的时间内披露证据,即案件当事人在规定的时限内相互提供或出示有关证据,否则在程序上将产生不利后果。证据开示制度是英美民事诉讼审前准备程序的一个重要方面。俄罗斯反垄断法吸收了这一制度,将证据的提交、查阅等作为案件审前程序,禁止案件当事人在审查过程中提交证据。这使得案件审查中针对问题的分析、证明准备充分,审查的效率更高。这种制度前提下,哪些证据属于证据材料非常重要,它直接决定案件关系人获取证据的范围。如案件当事人签订的商业秘密保密协议和其已知的涉案信息在审查前提交给委员会,并列入案件材料。按照俄联邦《行政违法法典》规定提出的免除应承担的行政责任的申请和(或)按照俄联邦《刑法典》规定免除刑事责任的申请均不属于案件材料。

② 开始程序

这个程序由委员会主席主持并完成如下工作:宣布委员会会议开始;介

绍委员会人员组成;介绍应审查的案件;检查委员会会议当事人的出席情况;确认当事人的权限;确定应出席但未出席会议的人员是否接到通知,是否有不出席会议的原因;说明与案件审查过程有关的规定事项;提示案件当事人其所享有的权利;决定在案件审查期间其行为是否可以继续。

如果委员会成员在履职中有个人关系导致利益冲突,则不能参加案件审查。回避可以由反垄断案件当事人提出,是否回避由委员会以裁定方式作出。如果对同一个成员提出的回避申请与之前被委员会驳回的申请有相同理由,则无需审查再次回避申请。

③ 证明过程

这是认定案件性质的核心过程,涉及案件证据和对证据的分析。这个阶段,要保障全面、充分地分析案件的证据和事实,保障审议案件当事人提出请求和意见的权利。具体包括如下过程:听取案件当事人的陈述;听取和讨论当事人的请求,就请求内容作出决议,并写入会议纪要;分析证据;听取案件当事人对自己提供的证据的意见和说明;听取和讨论被邀请参加会议的鉴定专家的意见;听取掌握被审查案件有关情况的人员的发言;根据案件当事人的请求或按照委员会的提议,宣布休会、会议延期或停止对案件进行审查的依据和必要性。

这个过程的重点是提交有关违反反垄断法的证据和证明。每个案件的当事人对自己提出的请求和所反对的案件其他当事人意见都应建立在证据的基础上。违反反垄断法的证据是按照本法程序取得的有关事实和在此基础上委员会认定存在或不存在违反反垄断法的依据,案件当事人的获利情况,以及其他有价值事实。证据可以是书证、物证、案件当事人的说明、掌握与委员会审查案件有关的信息的人的说明、鉴定结论、视听资料,或其他文件和材料。书面证据包括对于案件审查有价值的规范性文件、合同、咨询报告、往来书信,以及其他数字、图表形式的文件和材料,包括通过传真、电子邮件或其他通信方式获取的资料、网络信息平台制作的副本或者其他能够以一定方法确定其可靠性的文件。联邦反垄断机关按照法定程序制作的竞争状况的分析结论属于书面证据。

④ 延期审查

委员会有权依据下述情形延期审查违反反垄断法的案件:案件当事人或其代理人有正当理由无法出席委员会会议,并有相关证明文件;有必要获得补充证据;需要邀请有利于案件审查的人员以及委员会认为有必要参加案件审查工作的人员参加会议;按照已经立案的被审查人行为(不作为)进行审查的过程中,发现有违反反垄断法的其他行为;本案的被审查人被列入之前有关案件的涉案人(掌握案件的有关信息的人、检举人)中;案件事实情况的结论已经作出。

延期审查以裁定方式作出。在存在延迟审查反垄断案件条件的情况下,裁定应当包括发现违反反垄断法的情节、证据、事实和其他证明构成垄断违法情况的描述。在延期审查案件,不中断计算对该案审查的时间。

在下述情形下,委员会对案件审查的期间中断:反垄断机构、法院和侦查机构对另一案件的审查对于本违反反垄断法案件的审查有影响;需要进行鉴定。因停止对案件审查而中断计算案件审查的时间,重新开始审查时重新计算审查时间。

⑤ 终止审查

根据《竞争保护法》,在下述情形下,委员会可以终止对案件的审查:在审查的行为(不作为)中,没有违反反垄断法的事实;作为案件唯一被审查人的法人已经注销;行为人主动停止违反反垄断法的行为并主动消除违法造成的后果;作为案件唯一被审查人的自然人已经死亡;根据委员会审查的行为(不作为)所确定的违反反垄断法的事实,反垄断机构所作的决定已经生效;本法所规定的期限届满。终止审查由委员会按照本法第41条的规定作出决定。

⑥ 会议决定

在分析案件的证据、当事人陈述、鉴定人员的结论以及对掌握案件相关信息的人员进行问询后,委员会主席宣布结束对案件的审查,并请案件当事人及其他人员离场,以便于委员会作出决议。委员会决议采取多数表决票决定。由于委员会成员实行双数制,就可能会出现表决票数相同的情况。对此俄罗斯反垄断法采取了特殊的解决机制:如果表决票数相同,委员会主席的表决票为最后决议意见,且要求委员会主席最后投票。这进一步体现出委员会主席的主导地位:主席不仅仅主持审查的程序,主席的投票还在所有的投票中有特别审决作用。为了防止这种审决权的滥用,形成其他成员对审决权的制约,法律规定委员会成员不能投弃权票。委员会的决议以文件形式形成,由委员会主席和所有出席委员会会议的成员签署。不同意委员会决议的委员会成员,必须签署委员会通过的决议文件,并以书面形式说明对文件的不同意见,该意见装入打印的信封中归入案件卷宗,并不宣读。委员会决议文件一并归入案件卷宗。

违反反垄断法案件的决议应包括引言、事实、证据和结论四个部分。

引言包括反垄断机构的名称、委员会组成人员、审查的案件、案例号、宣布的日期。引言的结尾包括决定制作的完整日期、作出决议的地点、审查案件的客体、审查案件的当事人名称、参加委员会会议的人员姓名及其职权。

决议的事实部分包括:检举情况的简要说明(如果案件根据对检举的审查结论立案)、反对意见、理由、当事人的说明和代理意见。决议的证据部分包括:被委员会确认的案件的事实和其他情况,包括反垄断机构对竞争状况的分析、监督检查执行反垄断法规范的情况;委员会据以得出结论的证据和作出决议的依据,委员会认定某些证据的理由,参与案件审查的当事人提出请求的依据或反对的依据;委员会在作出决议时援引的法律和其他规范性法律文件。决议的结论部分包括:存在或缺少中止案件审查依据的结论;被审查人存在或缺少违反反垄断法行为(不作为)的结论;存在或缺少发出指令和完成指令的诸多行为的依据;存在或缺少反垄断机构采取的其他措施,如制止和(或)消除违反反垄断法的后果,保障竞争措施(包括向法院起诉的依据,向法律保障机构转交材料,向国家机构或地方自治机构提出采取保护竞争措施的建议)。

5. 采取预处理措施——发布指令

案件审查的结果涉及违法行为的初步处理措施,在方式上,主要是发布指令。指令的内涵很丰富,包括停止行为,也包括完成一定的行为;针对的不仅是一般民事主体,也包括权力主体。

指令针对的行为及要求如下:

(1) 针对协议行为采取指令措施是终止经营主体间限制竞争的协议和(或)协同行为,并采取实际措施保护竞争。

(2) 针对滥用市场支配地位行为,具体要求是停止经营主体滥用市场支配地位行为,并采取实际措施保护竞争;停止实施商品流通歧视性的行为;在有关交易中改进经济、技术、信息和其他内容,消除歧视条件和防止出现歧视。

(3) 针对经济集中,根据举报提出的请求,反垄断机构在审议案件过程中,或在对经济集中实行国家监督的过程中,可以指令签署合同、改变合同条款或终止合同。

(4) 针对权力限制竞争,要求采取保护竞争的实际措施,其中包括按照联邦法律或其他规范性法律文件规定的程序,保障提供生产能力或获取其他信息;要求按照联邦法律和其他规范性法律文件规定的程序,提供工业产权保护、转让或禁止转让财产权利;按照联邦政府规定在商品交易市场上就交易商品的初始价与反垄断机构事先磋商,出售确定数量的产品;撤销或修改违反反垄断法的法规;终止或修改违反反垄断法的协议。

(5) 终止其他违反反垄断法的行为,其中包括采取措施返还作为国家或地方自治体特惠提供的财产及其他民事权利客体。

(6) 其他补充性措施。采取保护竞争的实际措施,以禁止可能阻碍竞争的行为和(或)可能导致限制、排除竞争和违反反垄断法的行为;消除违反反垄断法所引起的后果;停止其他违反反垄断法的行为;恢复违反反垄断法前的状态;把违反反垄断法的非法所得上缴联邦预算;根据举报提出的请求,反垄断机构在审查案件过程中或在对经济集中实行国家监督的过程中可以指令改变或限制使用企业名称。

上述指令是一般性的规定,适用范围包括所有限制竞争的关系主体。此外,反垄断法中还规定了对特殊主体或特殊情况下发出的指令,具体如下:

(1) 向联邦权力执行机构、联邦主体权力执行机构、地方自治机构、其他履行上述机构职能的机构或组织,以及国家预算外基金及上述所有机构的领导人发出具有约束力的指令:① 撤销或修改违反反垄断法的法规;② 终止或修改违反反垄断法的协议;③ 终止其他违反反垄断法的行为,其中包括采取措施返还作为国家或地方自治体特惠提供的财产及其他民事权利客体。

(2) 向招标组织者、竞争或招标委员会的平台、国家或者市政物品的供应商、供应商组织者发布消除有关违反组织程序和招标程序、违反为国家或市政供应物品的程序、违反签订有关招标合同的程序或者认定招标失败程序的有约束力的实际措施,包括招投标过程中取消协议的指令、变更招标文件的指令、招标通知书、废除招标的指令。

(3) 向联邦权力执行机构、联邦主体权力执行机构、地方自治机构、参与提供国家或地方服务职能的其他机构和组织、为国家或市政提供服务的组织发布消除列入市政建设在册名单之中的法人和个体经营主体从事违反市政建设程序行为的有约束力的指令。

(4) 向建设领域在册的网络经营者发布消除列入市政建设在册名单之中的法人或个体经营主体从事违反市政建设程序行为的有约束力的指令,包括签订合同的指令、改变合同条件或者在当事人行使权利危害或可能危害相关法律保护情况下的合同无效的指令。

从上述指令涉及的内容上,可以看出,指令的适用范围很宽。这里有几个特殊关系需要理顺。

第一,指令是反垄断法上的手段还是来源于其他法律规定。按照反垄断法的理论,民法典是反垄断法的重要制度渊源,垄断关系被视为民事关系,调整垄断关系的反垄断法也被视为民法的特别法。

指令可以针对民事行为,按照俄联邦《民法典》第12条规定的民事权利保护的方式,针对民事行为的指令措施包含在民事权利保护方式之中。例如,"指令签署合同、改变合同条款或终止合同""指令改变或限制使用企业名称"都属于民事权利保护方式中的"终止或变更法律关系";"撤销或修改违反反垄断法的法规"属于民事责任中的"确认国家机关或地方自治机关的文件无效";"返还作为国家或地方自治体特惠提供的财产及其他民事权利客体"属于民事责任中的"恢复侵权前存在的状态,制止侵权行为或造成侵权威胁的行为",等等。似乎有一种行为不能准确对应,即"将非法所得上缴联邦预算",若将其归入"以实物履行义务"有扩大解释"实物"之嫌。即便如此,仍可以"对号入座",只是对应的是一个特殊的位置。在俄联邦《民法典》第 12 条的民事法律责任列举中,设置了一个兜底条款——"法律规定的其他方式"。这里的"法律"是泛指,包括但不限于俄联邦《民法典》。由此,具有财产移转性质的上缴财政也就被纳入其中了。

第二,行政机关如何适用民法对违法主体施以民事法律责任。一般而言,行政机关滥用行政权力应承担行政法律责任。民事责任是法院或仲裁机构适用的保护民事权利的手段,或当事人进行自我保护可以选择的措施。俄罗斯反垄断机构何以适用民事责任对垄断案件施以民事救济?俄联邦《民法典》第 11 条对此作出了一个特殊的授权:"在法律规定的情况下,民事权利的保护可以依照行政程序进行。对行政程序作出的裁决,可以向法院提出申诉。"由此,其关系便得以理顺。显然,这里也明确了反垄断机构实施的这些措施的性质是民事性质,但程序是行政程序。为了防止行政程序中出现权力滥用,保障的方式是"裁决可以向法院提出申诉"。当然,谁可以提出申诉?反垄断机构是否可以?这涉及下一个问题。

第三,不履行指令的救济手段。按照俄联邦《竞争保护法》第 51 条的规定,被审查人须在规定时间内执行指令。未执行指令,是指未在规定的时间执行指令、在指令规定时间内部分执行了这一指令或者没有执行指令。当然,委员会可以根据被审查人的合理请求延长指令执行时间,但最长不得超过 6 个月。关于延长指令执行时间的申请书应在指令规定的执行期届满前 20 个工作日内提出。反垄断机构对指令的执行情况实行监督。未在规定时间内执行指令的,将按照俄联邦《行政违法法典》第 19 条第 5 款的规定追加行政责任。即使对不按照规定时间执行指令的人追究行政责任,也不能免除指令的执行。委员会在作出进行行政处罚决议后的 5 个工作日内作出裁决,并规定新的执行时间。该裁决由委员会主席和委员会成员签署,以挂号信并要求签署收件回执的方式寄给被审查人,或直接交给被审查人签收。

此外,按照反垄断法规定的程序被认定为垄断行为或不正当竞争行为(不作为),被禁止行为的实施者,必须按照反垄断机构的指令向联邦预算上缴由于上述行为(不作为)产生的收入。如果不执行指令,垄断或不正当竞争收入将由反垄断机构提起诉讼,追缴收入上缴联邦预算。

总之,基于俄联邦《民法典》第11条第2款的授权,反垄断机构可以适用俄联邦《民法典》第12条规定的民事责任方式。反垄断法通过保护私人利益的管道将其与民法典连接起来。俄联邦《竞争保护法》第50条规定的发出指令,在第32条中细化了不同的指令类型,在第51条规定了执行指令的制度保障。由诸多制度之间的紧密连接,形成行政机关依行政程序实施民事权利保护的独特的制度形态。这不同于我国法律规定的严格的界限划分:民事责任只限于法院,行政机关实施行政处罚。

(三) 对预处理和审查结论不服的申诉

按照俄联邦《竞争保护法》第52条第2款的规定,只有对反垄断机构的决议和(或)指令才能提起申诉。事实上,决议和指令的范围和形式很宽泛。

1. 客体

自2012年开始,实行了对反垄断机构作出的处理决定可申诉的制度。申诉的客体是反垄断机构作出的决定。反垄断机构作出的决定类型有多种:指令、裁定、警告等。对这些文件是否都可提起申诉?仲裁法院曾遇到有公司提起的确认联邦反垄断局有关部门在立案中发布的裁定的申诉,一审法院认为,这样的裁定不属于申诉的范围。上诉法院维持了原判。2009年9月伏尔加瓦茨州反垄断机构审查的案件中明确了委员会发布的非法律赋予的命令也不属于独立的诉讼客体,因为这属于程序性决定,没有创设、变更、终止反垄断法律关系主体的权利、义务,不属于管理权的范畴。①

2. 管辖问题

反垄断法对反垄断机构作出的决定采取双轨制——法院诉讼和行政复议,既可以向仲裁法院提起,也可以向联邦反垄断机关提起。具体管辖机关,如果是走司法路径,则只能向仲裁法院提起。这不同于公民或法人所提起的一般民事诉讼。如果走行政路径,针对的须是地方反垄断机构的决议和(或)指令。

3. 申诉期

法律规定申诉期是"决定作出之日起三个月内"。这个期间和俄联邦《民

---

① 第A11-1869/2009号案例。

事诉讼法典》第198条第4项的规定是一致的。申诉期不中断。如果针对反垄断机构作出的违反反垄断法的决议和(或)指令向联邦反垄断机关内的同行机构提起申诉,自该机构作出的决议生效后一个月内仍可以向仲裁法院提起诉讼。

4. 行政复议的结果

对地区反垄断机构作出的决定或对联邦反垄断机关人员作出的决议、指令的复议由联邦反垄断机关完成。根据申诉的内容,申诉的结果如下:同意地方反垄断机构的决定,驳回申诉;确认地方反垄断机构或其工作人员的行为完全不符合或部分不符合反垄断法的要求,并完全或部分支持申诉意见。

(四) 参与法院庭审

按照可能进入到司法程序的反垄断案件是否有反垄断机构参与,可以将案件分为以下两种:无反垄断机构参与的诉讼案件和有反垄断机构参与的诉讼案件。后者又可以分为反垄断机构作为第三人参与的案件和反垄断机构作为当事人参与的案件。作为当事人的反垄断机构又有原告和被告之分。故总体上,反垄断机构参与的反垄断案件分为三种情况:

1. 反垄断机构作为案件的原告

反垄断机构基于公共职能,可作为原告对经营主体不执行其作出的决定中的行为而向法院提起强制执行申请,或向仲裁法院提出有关违反反垄断法的诉讼。这里既涉及权力机关制定的政策文件,也涉及经营主体不履行反垄断机构发布的指令、警告令等情况。按照俄联邦《竞争保护法》第23条的规定,反垄断机构作为原告的案件主要包括如下情形:(1)认定联邦权力执行机构、联邦主体国家权力机构、地方自治机构、参与提供国家或地方服务职能的其他机构和组织,以及国家预算外基金、联邦中央银行制定的与反垄断法相矛盾的法规,其中包括对企业开展经营活动造成不合理的阻碍的法规文件或非法规文件完全无效或部分无效;(2)认定不符合反垄断法律要求的合同完全或部分无效;(3)要求裁定强制签署合同;(4)要求裁定变更合同或解除合同;(5)要求裁定在反垄断法律规定范围内注销法人资格;(6)要求裁定把违反反垄断法的违法收入上缴联邦预算;(7)要求裁定追究违反反垄断法的个人的责任;(8)裁定招投标活动的结果无效;(9)裁定强制执行反垄断机构的决定和(或)指令。

除此之外,按照俄联邦《竞争保护法》第51条的规定,作为原告的反垄断机构还有权代国家提起追缴财产之诉;被认定为垄断行为或不正当竞争行为(不作为),必须按照反垄断机构的指令向联邦预算上缴由于上述行为(不作为)产生的收入。如果不执行指令,将由反垄断机构针对垄断或不正当竞争收入提起诉讼,追缴经营主体不当所得上缴联邦预算。

2. 反垄断机构作为案件的被告

这主要基于经营主体对反垄断机构作出的指令、警告令等不服而提起确认法律性质之诉。司法实践中,反垄断机构以这种身份参与到案件中是最常见的。

反垄断机构作为原告参与案件的审理是按照俄联邦《民事诉讼法典》;作为被告参与案件的审理适用的是俄联邦《仲裁诉讼法典》。前者针对的是民事行为,后者针对涉嫌行政违法法典的行为。在案件中,两种不同身份发挥的作用也是不同的。作为第三人的反垄断机构向法庭提供的是涉案的有关事实问题的结论,是协助法院解决专业问题;而作为当事人的反垄断机构需向法庭提出有关反垄断法解释和运用的正确性,为自己的结论提供合理性说明。

反垄断机构作出的结论包括处理决定和行为性质的确认。前者范围很广:认定构成违法的决定、警告、停止违法行为、罚款、强制签订合同、强制改变或废除合同等,后者包括确认规范性法律文件或非规范性法令无效等。经营主体对于反垄断机构在审查案件中作出的决定或确认结论不服,可以按照俄联邦《仲裁诉讼法典》提起诉讼,此时,反垄断机构的身份是被告。

3. 反垄断机构作为案件的参与人

按照俄联邦《仲裁诉讼法典》第51条的规定,基于当事人的请求或法院的要求反垄断机构可以参与到案件中。

一般而言,这类案件是按照民事诉讼法而不是仲裁诉讼法提起的。反垄断机构参与到此类案件中的法律身份是"参与人",体现的身份是无独立权力和义务的主体。在俄罗斯反垄断法理论界,对于反垄断机构在民诉法上的这种定位有很大的争议,一种意见认为,反垄断机构不能转化为仲裁诉讼法上的第三人,因案件不关涉其利益,其没有独立请求。参加到案件审理中是基于法院的要求,而不是自己的请求。另一种意见认为,既然上述俄联邦《仲裁诉讼法典》第51条规定,基于"法院的要求参与到案件中"是第三人身份的确认前提,在民事诉讼中,反垄断机构也应当是第三人,属无独立请求权的第三人。①

反垄断机构按照民事诉讼法参与审理过程的案件,主要涉及的是滥用市场支配地位的争议。反垄断机构作为参与人介入其中的案件被视为一般民事案件。② 由受害人对滥用市场支配地位的经营主体提起损害赔偿之诉。因认定此类行为需要一个特殊的程序:确认相关市场和认定特定经营主体是否具有支配地位。在俄罗斯反垄断法上,此种职能是反垄断机构的专有权力。

由此,同样是提供有关问题的认定结论,按照民事诉讼法,反垄断机构是参与人;按照仲裁诉讼法,反垄断机构是第三人。

此外,按照俄联邦《民事诉讼法典》第47条的规定,案件除了当事人和第三人外,还有案件的参与人——"第四人",即为了保护其他主体的权利、自由或公共利益而发表意见的人。在联邦法律有规定或其他必要的情况下,在涉及国家机关或市政机关案件中管辖法院提出要求,需要国家机关或市政机关参与到案件中,提出有关问题的认定结论。这是滥用权力限制竞争案件的一个特点,在其他案件中不存在这个"第四人"。

四、启示与借鉴

现代法治下,民事、行政和刑事责任本身已经不限于原初的部门法,被诸多法律、法规广泛吸收。在肯定违反义务需承担传统的法律后果——法定责任的同时,还存在另一种预期义务违反需承担的法律后果——商定责任,它是传统法律责任理论内涵上的扩展,也是一种特殊的预防性控制手段,其发挥的作用也非同寻常,实有研究的必要。

(一) 制度实施中的强制措施和柔性措施

反垄断法中的强制措施体现为法律责任,这是几乎所有法律制度的共有的制度保障。但是,在反垄断法中,由于规制的对象——垄断状态——的多样性及其社会风险的不确定性,采取的强制性措施即使是预防性的,也存在危害企业经营自主权的危险。由此,反垄断法中便产生了诸多柔性措施。笔

---

① 〔俄〕阿尔米耶夫等:《俄罗斯竞争法》(俄文版),高等经济院校出版社2014年版,第408页。
② 不同于我国法律上所称的民事案件。例如,在俄罗斯法上,公民诉经营者滥用市场支配地位,这属于民事案件,程序上按照俄联邦《民事诉讼法典》的规定审理。

者曾将其称为责任替代。① 意味着,只要按照反垄断机构提出的建议完成了相关内容,经营者便不承担强制性的法律责任。所以,责任替代本质是替代传统上的强制性的法律责任。

反垄断法中的责任替代包括和解、行政劝导和咨询三个方面。

和解,是指竞争司法机关或行政机关以签订和解协议来代替依据法律事实或法律关系应当承担相应法律责任的争议解决机制。依据签订协议时代表国家机关一方主体性质的不同,和解分为行政和解和司法和解。

行政和解介于民事和解和行政处分之间。准确地说,是民事和解机理移用到行政机关代替行政处分的机制。行政和解不是调解。调解是行政机关居中平衡当事人的权利义务关系的过程。行政和解中行政主体可以就有关和解的内容征询利害关系人的意见,或要求相对人与利害关系人达成和解或协议,但行政和解不受民事和解内容、协议内容或意见的约束。另外,调解是在确定法律责任的前提下,就承担赔偿责任的程度进行协商,而行政和解商谈的核心是承担义务和责任性质认定的关系。和解也不同于附变动条件的行政批准,后者的行政机关行使的是审查权,如企业合并。② 调解一般适用于违法行为并以相互出让或放弃自己的部分利益为成功调解的基本条件。行政和解主要适用于危险行为而不是危害行为;或者在调查后仍不能确定违法性,抑或是在调查后危害事实确证但有回复可能的情况下作出的,行政机关在和解中多以"如果……则不受(这样的)处罚"的模式化语言反映其立场。这种假言推理的合理性建立在对竞争关系所体现的多种利益充分平衡,即经营者利益或消费者利益的平衡的基础上。和解要体现矫正后的积极利益大于消极利益的原则。由此,行政和解中行政机关不以出让什么利益为条件,更不是出让行政责任。本质上,行政和解是行政自由裁量的结果,只是行使裁量权时,思维的起点建立在法律规范定性标准的模糊之处。这与行政机关对违法者处以"1万元以上3万元以下罚款"之类的法律规范定量标准上的自由裁量迥然有别。既然是自由裁量,就需要一种机制监督其裁量的合法性。监督机制有多种,常见的是,依法设定和解的条件以约束任意和解。另一种监督形式是将和解协议公示,听取公众意见,接受社会的监督。在任何情况下,美国联邦贸易委员会根据同意令公布后60天内的公众评论,来对同意令进行分析。如果评论的信件所揭露的情况表明,同意令是不合适或者不

---

① 刘继峰:《竞争法学原理》,中国政法大学出版社2006年版,第319页。
② 在企业合并是否构成市场限制的判断上,需要主管机关自由裁量,但仅在这一点上,两者有一致性。例如,1996年时代华纳和特纳有线电视的62亿美元合并案,联邦贸易委员会使特纳有线电视和电信公司(持有特纳有线电视21%的股份)作出让步,包括减少部分股份,取消一部分长期合同,对未来的产品定价作出限制等。

充分的,就必须对同意令作出修改。① 此外,如果和解协议涉及利害关系人,利害关系人也可以提出异议监督。

　　司法和解是司法机关(主要是检察机关)基于行为的危险性,平衡其预期应承担的法律责任与处罚后对社会利益的影响,认为变通处罚的后果大于正常处罚的消极后果,进而要求违者附条件承担另外一种法律责任,并接受法院监督的争议解决方法。微软案件是司法和解的典型。② 司法部原来起诉中要求的"拆解"微软的诉控目标变更为"停止"掠夺行为,但微软需向特定主体公开"视窗"源代码。尽管司法部和州政府的诉求没有完全实现,但和解符合消费者和目前美国的国家利益:因拆解微软将是推倒这个国家高新技术经济支柱的一次危险赌博。在美国,司法和解仅仅是案件处理的初步程序,司法部和被诉方达成协议后,协议的内容需接受两重监督,一是将双方协议在法院所在地和哥伦比亚特区的有关报纸上公布,且公布材料的内容有一定的限制,包括签订的协议对竞争影响的评价③、调查文件目录、公众评论以及这些材料的来源。二是协议应受法院的监督,即需得到法院的同意(法院基本上将这项实体权力程序化了,很少有不同意的)。法院同意后发布"同意令"(consent decree)。此种司法和解"同意令"与另一种由联邦贸易委员会和被调查企业签订的"同意令"(consent order)不同。后种同意令可以避免对所指控的违法行为进行正式诉讼。通常在调查完成的前后,联邦贸易委员会与被告可以就同意令进行谈判。此同意令无需法院协助。同意令往往不对行为性质进行认定,只注重确定双方权利义务的具体内容。因此,接受同意令并不等于被告承认违法。接受同意令的理由是被调查方同意承担一定义务,由此可以免除诉讼。同意令的内容具有与联邦贸易委员会根据正式程序而作出的其他行政处罚同样的法律效力。对于被调查者而言,同意令的程序不是一项法定必经程序,但如果根据公共利益原则,通过诉讼解决问题,那么,被调查人就被剥夺了和解的机会。

---

① 〔美〕马歇尔·C. 霍华德:《美国反托拉斯法与贸易法规》,孙南申译,中国社会科学出版社1991年版,第48—49页。
② 2001年11月微软公司与司法部就持续了3年的反垄断案签署和解协议。和解协议将对微软公司在今后5年内开发和许可软件、与独立软件开发商的合作、就其软件的内部工作运转与合作伙伴和竞争对手的交流进行限制和规范。微软公司主席兼首席软件设计师比尔·盖茨先生表示:和解协议是公平、合理的,尽管和解协议对公司的业务发展作出了一些非常严格的规定和限制,我们相信现在解决这一案件对于我们的消费者、对于整个科技行业乃至经济都是明智之举。
③ 法律所要求的对竞争影响的陈述包括以下内容:(1)这种程序的性质与目的;(2)所宣布的违反反托拉斯法的做法;(3)这种补救方法对竞争的预期影响;(4)对因受到宣布的违法行为损害而可能成为原告的私人补救措施;(5)修改这种协议的程序;(6)对选择这种协议的评价。但1974年以后,对私人三倍赔偿诉讼这种陈述不得作为证据使用。

综上,和解机制有比法院诉讼更为简单、更为快捷、成本更低廉的优点。同时,案件的处理过程更具有亲和力。这种亲和力或许是因为被处罚者的意见部分得到了尊重而减弱了其角色负担,也可能是取消了场所产生的威严,还有可能是学者所言的"气氛和谐"所致。

第二种责任替代机制是行政劝导机制。行政劝导,是指行政当局为了实现一定的行政目的,不以个别立法措施为依据而对产业、企业活动实施各种劝告性意见。行政劝导措施是因法律执行程序的繁琐和手段欠妥而产生。行政劝导不需要履行其他行政手段所要履行的法定程序,名义上也不存在所针对问题的范围限制,具有广泛性、适应性。

行政劝导体现了政府与企业之间的柔性结合,其实质是一种官商协调的运作方式。20世纪中期以前经历的政府与企业的游离与深度结合两种对立的制度开始各自吸收对方的优点,行政劝导就是相互吸收之后的创造性成果之一。这种成果得以创造并延续下来,一方面是由于之前的战争环境和经济危机给政府以介入经济成功的经验和信心;另一方面经济全球化需要政府以经济调解主体和活动主体的双重身份来控制国民经济运行的方向和速度。日本劝导机制的前身是协调恳谈会。最初的恳谈会是以产业界"自治"为基础的官民协商方式,协商的"互利互惠"色彩浓厚,产业界因受惠于政策而愿意接受或一定程度接受政府的意见。之后这种方式的作用渐渐扩大,成为一种机制和政府调控经济的手段。日本经济学者植草益认为:"民间企业发展与官僚干预之间所保持的平衡关系,使后发型经济的稳定发展成为可能。"①

行政劝导多在产业"机体"内发挥政策性协调作用。被劝导主体主要是大企业或企业集团。这自然可以在反垄断法中找到适于发挥作用的环境,因为反垄断政策作为一种竞争政策,其与产业政策具有内在统一性。在产业政策实施手段上,依是否以法律为依据可以将其分为基于酌情处理的政策和基于规范执行的政策;在反垄断法中,可以分为基于自由裁量认定的行为和基于规范认定的行为。劝导机制生发于可以行政"自由裁量"的法域中。

在反垄断法上根据行政劝导启动的原因不同,可以分为依专门行政机关的职务而劝导和依当事人征询意见而劝导两种。日本反垄断法在公正交易委员会下专门设置审查部掌管对违法措施的劝告和劝告审决事务。其事务范围涉及:实行私人垄断和不当交易限制、事业者不得签订以属于不当交易限制和不公正交易方法的事项为内容的国际协定或国际契约、公司股份保有的限制、金融公司的股份保有限制、干部兼任的限制、公司合并的限制、价格

---

① 〔日〕植草益:《日本的产业组织——理论与实证的前沿》,锁箭译,经济管理出版社2000年版,第323页。

上涨理由的报告等方面(见日本《反垄断法》第 48 条)。同样,劝告程序不是法律审判或承担法律责任的必经程序,但不听取劝告的则可能承担法律责任。日本劝导机制的替代性体现在该措施与法律责任的关系上,当审查部劝告违法行为人(包括该事业团体的干部、管理人及其事业者成员)采取适当的措施,被劝告者必须就是否应允该劝告的问题迅速通知公正交易委员会。被劝告者应允该劝告的,公正交易委员会可以不经过审判手续作出与该劝告相同内容的审决。因此,劝告程序具有提示危险和缓冲矛盾的双重职能。显然,这也不同于对违法行为采取的警告处分。虽然提示危险并不等于一定承担危险,但由于不允诺后案件交由同一机关审决,摆脱责任的可能性很小。这也就得出了劝导机制得以有效运行的机理,即劝导具有准强制性和充分的信息交换性。日本的劝导机制广泛适用于促进企业合并或合理化、自主出口管制、企业间的生产数量调整、不景气时期生产时间的缩短和产量控制等方面,并取得了良好的经济效果。

当然,任何一种制度都具有两面性,行政劝导机制的负面效果在于,一定程度上和市场的优胜劣汰机制背离。不景气时期较弱的企业因此而未能被淘汰出局,景气时期因此可能存在数量较多的企业,导致过度竞争。正因为具有两面性,该机制才不作为强制程序。是否适用该机制、何时适用、对谁适用等都需要实施机关认真考量。但不管怎样,在国民经济运行上,日本的市场经济被称为政府主导型是和劝导机制及其他行政指导机制共同发挥的显著作用分不开的。

第三种责任替代机制是咨询机制。咨询机制即咨询机关接受委托提供的咨询意见产生了阻止出现限制竞争行为或不正当竞争行为,并避免诉讼发生的机制。法国 1953 年 8 月 9 日颁布的政令增加了新的内容并构成了法国竞争法长达 20 年的基本制度结构。设立的合同技术委员会(Commission Technique des Ententes)一直是咨询性机构,但它的意见对案件的最终定性有重要的影响。这个委员会名称虽几经变化,但其咨询职能始终未变。直到 1986 年竞争审议委员会被授予部分实体性权力,拥有对某些调查案件的处罚权,其职能才由单一咨询职能扩大为包括咨询在内的综合职能。上文已述,此不赘述。

美国司法部反托拉斯局也具有法国竞争审议委员会的咨询职能。反托拉斯局可以根据请求,评估申请中的商业行为,若评估意见中声明申请评估行为具有限制竞争性质,则相当于给申请者一纸法律责任处罚书。因此,尽管评估意见中带有假设条件推定,申请人同样如临大敌。这一机制和法国竞争审议委员会的咨询机制有相同的运行机理。企业会本着遵守规则的精神自愿服从法律,以避免法律程序所导致的被动的信息公开。这个机制较之禁止和刑罚的做法,更易于被经营者接受。

不论任意咨询或强制咨询,竞争审议委员会的意见从法律效力上看仅具有参考性质,无法律约束力。但咨询意见的公布在客观上对企业行为具有监督作用——由主管部门监督转为社会监督。对申请企业而言,公布的信息不能不给企业以一定程度的压力,尤其是咨询机关的特殊身份及身兼的调查和处罚权力,企业对其意见不能等闲视之。另外,对从事同类行为的企业具有警示作用。

在俄罗斯,公共咨询的形式之一是在特别组织的工作组框架下与其他组织的代表直接互动,为商业界的利益发言。为了使公共协商正式化,在不久的将来还会通过一个特别的网站进行公共协商。使用公共协商机制的一个例子是在竞争政策和反垄断法规领域的授权机构成立的公共咨询和专家委员会的工作,除了当局代表外,还包括市场参与者和非政府协会代表。

为了公开讨论各个领域的反垄断监管问题,以及决策的客观性和透明度,以及吸引专业市场参与者解决发展市场竞争的问题,俄联邦反垄断局正在积极建设公共咨询系统和专家委员会(竞争理事会)。理事会的成员包括俄罗斯联邦公共商会,区域公共商会,两个非政府组织——"OPORA 俄罗斯"和"俄罗斯商业",俄罗斯联邦工商会,俄罗斯联邦的 730 多名企业家代表,其他组织和协会。为了邀请专业市场参与者解决商品市场竞争发展的问题,俄罗斯反垄断局成立了一些专家委员会。2012 年,反垄断局专家委员会的数量增加到 29 个,如防伪印刷产品制造和流通竞争发展专家委员会,化学工业专家委员会,医疗产品流通竞争发展专家委员会。2012 年,专家委员会举行了 250 多次会议,994 名专家委员会成员出席了会议。①

反垄断法中的责任替代机制已不单单是某一国的法律制度现象,而是具有一定的普遍实用性,这除了现代经济对国家调整手段有特殊而全面的要求外,竞争法本身的特点也需要这种特殊的调整方式,即秩序的易损性和秩序恢复的非同步性。

(二) 俄罗斯法上的警告令与中国法上的约谈

俄罗斯反垄断法上很有特色的制度是警告令。它和上述责任替代措施的差别在于是不是协商,共性是单方提出建议。相比和解制度,警告令因不必进行社会监督而相对简单。

---

① 俄联邦反垄断局:《俄联邦竞争状况报告(2012 年)》(俄文版)。

如果经营主体执行警告,则不立案,该经营主体不承担行政责任。2012年以来的警告实践表明,使用新的方式使反垄断局能够及时对反垄断行为作出反应,促进其迅速消除和解决争议。应用新方法使得涉及《竞争保护法》第3条和第5条第1款、第10条发起的案件几乎减少三分之一。2011年,反垄断局根据第3条和第5条第1款、第10条启动了952个案例。2012年反垄断局启动了366个案例,发布了1423个警告,尤其是相比上半年,下半年更积极地发布警告:增加近40%,大多数警告由地方反垄断局发布(98.7%),75%的警告已在适当时间由经营主体执行。①

俄罗斯的警告令的特点可以归纳如下:

第一,程序性的手段和制度。警告令具有非常鲜明的程序性特征,不是一种实体性的处罚措施,尤其不是一种行政处罚手段。在俄罗斯,反垄断法的制度体系是分散、有机的制度统合而成,其中保障性制度主要在《刑法典》和《行政违法法典》中。警告令不在《行政违法法典》中,而是在反垄断法上。如果将其理解为一种行政处罚手段,则会造成行政保障制度的分裂。换言之,放置于反垄断法上,也表明其不是行政处罚的一种手段。如此说来,它和我国行政处罚中的"警告""停止违法行为"等有明显的区别。

第二,远距离的责任替代。它是案件初始阶段的预处理,其后续阶段还有立案,立案后的行为定性——违法与不违法。所以,如果按照上述逻辑,强调手段功能的替代,那么它替代的不是责任,是进入法律程序。相当于将案件的预处理的链条拉长,远距离地对行为危险可能性作出特殊处理。

第三,单方实施的柔性手段。警告令不像和解那样,由双方商量(尽管事实上内容确定商量的因素不强,但承诺书是双方的权利和义务)确定行为的内容,它是反垄断机构单方决定的,省去了协商的过程、签订约束性文本的过程、后续执行监督的过程等,因没有这些过程的成本,警告令化解垄断危险的效率更高。同时,它具有弱强制性。对于经营主体而言,可以不执行警告令的内容,直接选择进入下一个程序。当然,由于不执行的后一过程存在被执法机构认定为违法的可能性,进行的选择已经不是一般民事法律主体的自由意思,存在一定的心理上的负担。

在中国反垄断法上没有俄罗斯反垄断法中的警告令制度,和其最接近的手段是约谈。约谈是指规制主体采取谈话、听取意见、提供信息等手段,对企业提出建议、指导、劝告、要求等,以对所涉事项中的问题予以规范纠正或加以预防的行为。约谈契合了社会治理由"反应型"向"预防型"转变的时代任

---

① 俄联邦反垄断局:《俄联邦竞争状况报告(2012年)》(俄文版)。

务,内化了服务行政的理念。规制主体和相对人在约谈行为中避免了对立和冲突,不仅有利于实现行政监管目标,提高行政效率,而且可以最大程度上获得相对人的认可和配合,从而减少社会监管的成本。

由于垄断行为外部效应较为明显,此时公众利益易受到损害。但竞争行为并未上升到违法的层级,规制主体若采用警告、罚款等手段不仅于法无据,而且有处罚过当之虞,此时需要一种柔性手段对企业加以引导,防止市场失灵的现象继续扩大,并回归到有序竞争上来。

作为规制手段,约谈的拘束力较弱,但可以起到督促整改的作用,因此其适用范围较广。根据我国《互联网新闻信息服务单位约谈工作规定》(业界简称为"约谈十条"),当发生严重违法违规情形时,国家互联网信息办公室、地方互联网信息办公室可以约见其相关负责人。约谈过程应当符合法定程序。

从现有的关于约谈的制度看,约谈制度属于近距离的责任替代制度。结束约谈之后网信办可以进行监督检查与综合评估,未按要求整改,或经综合评估未达到整改要求的,将依照《互联网信息服务管理办法》《互联网新闻信息服务管理规定》的有关规定给予警告、罚款、责令停业整顿、吊销许可证等处罚。

事实上,在2022年6月法律修正以前,我国《反垄断法》中并没有规定"约谈"制度。实务中,有将"调查"混同为"约谈",即基于职权而进入被调查的经营者的营业场所或者其他有关场所,询问被调查的经营者、利害关系人或者其他有关单位或者个人,要求其说明有关情况。这应该不是"约谈"制度,而属于获取证据的过程,离俄罗斯法中的警告令制度更远。更重要的区别是,约谈本身拘束性较弱,规制主体并不借此恐吓相对人,并且相对人有不接受约谈的权利。

在2022年6月修正的《反垄断法》第55条增加了约谈制度。

通常情况下,适用警告令制度比和解制度更为便捷。和解制度的启动主体是相对方,警告令的启动主体是反垄断机构。两者的结果类似,都是附条件不起诉。但后者比前者更简单,不需要持续性的监督,不需要签订书面文件。从制度的规范性和执行成本上看,警告令大致处于我国的约谈与和解制度的中间。很大程度上,它是约谈措施的改进。借鉴警告令不等于将其直接纳入我国制度中,而是可以借鉴其制度中的合理成分,完善我国的相关制度。警告令制度比约谈制度更规范,且有明确的内容。因此,可以在约谈制度的基础上,确定其执行约谈后的法律效果,使得约谈制度正式成为一种案件解决的方法。

第八章 违反反垄断法的法律责任

在俄联邦《竞争保护法》上，没有法律责任一章，也没有规定具体的法律责任形式。有关的法律责任无外乎三种：民事责任、行政责任、刑事责任。民事责任采取转致适用的方法，援引俄联邦《民法典》中的相关规定；行政责任和刑事责任分别在俄联邦《行政违法法典》《刑法典》上予以规定。

反垄断法责任既有传统法制度的援用性，也有自己的特殊性。当然，即使援引传统法上的责任，基于垄断行为的特性，其计算方法等也有鲜明的特殊性。

一、民 事 责 任

违反反垄断法而承担民事法律责任是一种特殊的调整方法。之所以说特殊，主要因为适用的前提条件要求高。要求必须发生在民事流转关系中；要有明确的行为针对的对象且造成了对方的损失；还要求造成的损失具有财产性或可计量的特性。另外，民事纠纷具有可协商的特性，而可协商的原因是双方的民事关系没有负外部性。

（一）依民事诉讼程序追究违法者的民事责任

违反反垄断法的行为造成了特定主体的利益损害，可要求损害赔偿。将违法主体纳入民事责任法范畴，意图在于通过民事责任的追究机制使财产关系恢复到违法行为产生以前的状态。

俄联邦《民法典》第12条规定了多种民事责任的类型，可以将其分为如下三类。一是保护财产权益的方式，主要有赔偿损失、补偿精神损失、承担违约金；二是以行为方式保护民事权利的方法，如实际履行、恢复原状；三是以确认权利或法律行为效果的方式保护民事权利。这些民事责任，反垄断法并非都予以援用。

1. 保护财产权的民事责任方式

垄断行为不同于不正当竞争行为。有些不正当竞争行为符合上述承担民事责任的条件,可以要求违法者作出精神损害赔偿,如商业诋毁行为。

大多数情况下,经营主体从事违反反垄断法的行为都侵害国家利益和社会公共利益。这种具有外部性的法律关系,针对的是不特定的主体的利益。由于主体不特定,产生的纠纷难以用私人救济的方法,通过授权代表民众利益的行政机关维护公共利益效果明显。

如果从对象的单一性和受害的财产性的角度分析,最适于适用民事救济的垄断行为应该是滥用市场支配地位。因该种行为是以合同(包括不交易)形式建立的,常常也是一对一的方式形成的。这种合同和一般民事合同的最重要区别在于关系建立基础的不平等性。市场支配地位打破了订立合同自由的前提条件,产生了合同过程和结果上的不公平。同时,这种合同具有一定的强制性,形成合同外义务。这违背了交易的自由、平等、公平的原则。强制性合同和合同外义务只有在法律有规定的情况下才有效,且不可以由当事人自由选择、改变和放弃。滥用市场支配地位的形成会对交易对方造成财产损失,受损的对方亦可以选择以保护民事权利的方法提起民事诉讼。在诉讼中,存在两个事实的证明,一是双方之间签订了合同(或拒绝了合同),即受损一方要证明其与致害方之间建立的关系是合同关系。这个证明的标准规定在俄联邦《民法典》第四编(有关债的种类);二是致害方之所以能够施加强力,源于其具有市场支配地位。在俄罗斯法上,这个证明责任不是由受害方承担(这一点不同于我国。我国的制度遵循"谁主张谁举证"原则),而是由反垄断机构协助完成的,且在俄罗斯法上这个工作属于反垄断机构的专有职能。所以,这类案件就变成了反垄断机构参与的案件,而不属于纯粹一般民事案件。

在卡特尔案件中,卡特尔是由两个或两个以上的经营主体组成的团体,它们之间的法律关系不同于合伙法律关系。对于卡特尔给交易人造成的损害,卡特尔成员间是承担连带责任还是按份责任?在俄罗斯《民法典》中没有规定,也不可能在《民法典》中予以规定。另外,受害的主体具有同质性、广泛性等特点,这类案件可以按照民事权利保护的方法进行救济。

经营者集中的案件、滥用权力限制竞争的案件偏离于民事法律关系,不适用民事权利保障的方式追究违法者的民事责任。

2. 关于承担停止侵害或恢复原状的民事责任

涉及私人诉讼的前提必须是垄断行为对私人造成了损害,进而私人提起诉讼。如果垄断行为针对的是不特定主体的利益,在数额较小、利益非直接性、未规定惩罚性赔偿等前提下,私人提起停止侵害之诉的动力明显不足。

与其进行私人执法,不如由公共执法更有效率。在俄罗斯法上规定了以警告令或指令方式实现民法停止侵害或恢复原状责任的实施方法。

另外,滥用市场支配地位行为的诉讼结果可能是签订合同、改变合同、终止合同。从民事权利保障的方式上看,它们应该属于确认权利或法律行为的效果,而不属于停止侵害或恢复原状。

滥用市场支配地位之外的案件,包括卡特尔协议、协同行为、经济集中、国家特惠和滥用权力限制竞争,可以适用停止侵害。在俄罗斯法上,这些行为只能进行行政处理,不服行政处理结果的,可以提起诉讼。这已经不属于依民事诉讼程序追究违法者的民事责任之列了。

3. 确认权利或法律行为的效果

在俄罗斯法上,涉及损害赔偿的反垄断案件主要是滥用市场支配地位的案件,即私人向法院提起的要求损害赔偿并同时要求确认合同、变更合同或废止合同之诉。法院将按照《民法典》第445条、446条的规定审理他们之间的争议。审理案件依照俄联邦《民事诉讼法典》规定的程序进行。在俄罗斯民法典上有强制缔约、拒绝合同、合同无效的规定,这些内容在条件具备(主体具有市场支配地位)的情况下,会和反垄断法的规定产生交叉。在诉讼程序和解决的方法上,确立了这类问题的综合解决方式,基本关系是民事关系,依据民法中的债的规定,特殊前提条件则由反垄断机构认定,按照反垄断法的相关市场和市场支配地位的相关规定认定。

(二) 反垄断机构要求违法者承担的民事责任

一般来说,行政机关不参与经营主体之间的民事纠纷的解决,除非法律有特别的规定。虽然俄罗斯反垄断法中的滥用市场支配地位行为被认为属于民事法律关系,但在争议解决能否适用损害赔偿的问题上,反垄断机构仍然没有权力。2008年6月3日俄联邦反垄断局发布了《仲裁法院适用反垄断法相关问题解释》,第5条明确规定,反垄断机构在监督检查遵守反垄断法的过程中,确认经营主体具有市场支配地位的事实(包括签订强迫价格的合同、不公平价格和价格折扣),适用终止有关违法行为保障竞争条件,以及对违法者处以行政法律责任。但是,必须明确的是,终止违法行为的同时反垄断机构无权解决经营主体的民事纠纷。包括反垄断机构不能给违法者发布包含损害赔偿的指令,以保护经营主体的民事求偿权。但反垄断机构可以确定债务的成立与否,即如果当事人将请求提交给反垄断机构,反垄断机构可以视情况责令停止违法行为,或按照民法的规定确定行为的方向:签订合同或变更合同、终止合同。根据俄罗斯联邦监管局汇总的对垄断行为投诉的统计数据:2017年的投诉比2016年增加了22.6%,2017年被证实的合理投诉比2016年增加了58.5%,2017年发布的确认签订合同(针对拒绝交易)的数量比2016年增加了40%。①

二、行政责任

反垄断法保护的法益主要是公共利益,以行政手段保障遵守反垄断法是有效的手段之一。纵观各国(地区)反垄断法的实施,大致呈现出以美国为代表的私人执法和以欧盟为代表的公共执法的两种路径。在俄罗斯反垄断法上,私人诉讼被限制在很狭小的范围内,没有类似美国的三倍惩罚性赔偿激励私人执法,且诉讼也是纯粹民事诉讼。这些特殊性使得俄罗斯反垄断机构代表民众维护竞争利益的公共执法成为反垄断法实施的主要方式。

(一) 反垄断行政责任的制度框架

俄联邦《行政违法法典》规定了一系列违反反垄断法的行政法律责任,它们构成了反垄断法中的行政法律责任制度体系。行政违法行为是承担行政法律责任的基础。俄联邦《行政违法法典》是按照反垄断法中的不同行为类型来设置行政法律责任的。

在俄联邦《行政违法法典》中有关垄断性违法的行政责任的法律条文共有七条:第14.9、14.31、14.32、14.33、14.40、19.5、19.8条。这些条文可以分为两大类:一是关于直接违反反垄断规范所禁止的反竞争行为:前五条;二是关于违反反垄断机构的监督检查而承受的结果:后两条。

1. 滥用市场支配地位的行政责任

俄联邦《行政违法法典》第14.31.1条规定了在商品市场上占有支配地位的经营主体滥用其支配地位而承担行政责任的情形,在责任的设置上按照行为的结果、经营主体的类型、行为的完成状况等进行了区分。

俄罗斯反垄断法对滥用市场支配地位行为的行政责任的规定非常细致,从多个角度、多个方面进行了综合规定。

在法律上,按照主体的支配地位确定方式的不同,展开两种不同类型的

---

① 俄罗斯联邦反垄断局:《俄联邦竞争状况报告(2018年)》(俄文版)。

行政责任。

(1) 类型

① 一般标准以下的支配地位的经营主体的行政责任

这是2016年1月5日俄联邦《行政违法法典》新增加的一种有关市场支配地位行政法律责任的规定。按照该法第14.31.1条(市场占有率低于35%的经营主体滥用市场支配地位)的规定,如果一个市场份额小于35%的经营主体,在商品市场上被确认为滥用市场支配地位,可以对经营主体的负责人处以从1.5万至2万卢布的行政罚款,对法人处以30万到100万卢布的行政罚款。

未达到相关商品市场35%份额而被认定为市场支配地位的,有两种情况:一种是按照反垄断法规定的其他条件综合认定主体具有市场支配地位;另一种情况是按照其他法律认定的支配地位,如俄联邦《电力法》《通信法》《热力供应法》等。

② 符合一般标准市场支配地位的经营主体的行政责任

《行政违法法典》第14.31条(商品市场中滥用市场支配地位)的行政责任包括以下情形:

在商品市场占有支配地位的一个经营主体(自然垄断除外)从事了为俄罗斯反垄断法所禁止的滥用市场支配地位的行为,如果其行为导致或可能导致他人利益受损,且这种行为不具有合理理由。在这种情况下,应对相关职务人员处以1.5万至2万卢布的罚款;对法人处以30万到100万卢布的罚款。

商品市场上占有支配地位的一个经营主体从事了为俄罗斯反垄断法所禁止的滥用市场支配地位行为,如果其行为存在或可能存在阻碍、限制和消除竞争的结果,或被认定为滥用市场支配地位的自然垄断主体从事的行为不符合反垄断法的规定,除《行政违法法典》第9.21条规定的情形外,将对相关职务人员处以2万至5万卢布的罚款或取消三年任职资格;对法人处以违法商品(劳务或服务)销售额的1%至15%的罚款或者处以为获取违法商品(劳务或服务)的支出额度但不得高于违法者所有商品(劳务或服务)销售总额的2%,且不得少于10万卢布的罚款。具体计算方法后文详述。

(2) 特点

俄罗斯《行政违法法典》规定的滥用市场支配地位的行政法律责任的制度从以下不同的维度展开。

一是不论经营主体是否达到法律规定的推定标准,都可能承担行政法律责任。一直以来,承担滥用市场支配地位的行政责任都按照法律上的统一推定标准来执行,但在特定的相关商品市场或地域市场,未达到35%市场份额的主体仍具有较强的市场力量限制交易对方,也构成滥用市场支配地位。从而形成了不论是否达到35%,都可能构成违法的制度状况。俄罗斯理论界将此称为"闭合式"罚款。①

二是不论行为是否真实产生阻碍、限制、消除竞争的后果,都可能承担行政法律责任。这是一种制度的扩展,在一些国家包括中国并没有类似的规定。之所以称为制度扩展,是因为如果没有或不可能有阻碍、限制、消除竞争后果的行为,就不是反竞争行为,应该无涉反垄断法。但是,在俄罗斯反垄断法的认识上,滥用市场支配地位行为具有双重性:侵害私人利益和社会公共利益。那种不具有阻碍、限制、消除竞争后果的行为可能侵害私人利益,如具有支配地位的经营主体只对某一个交易人实施了搭售。所以,在俄联邦《行政违法法典》上的滥用市场支配地位的责任设计中,后果因素不是决定性事项,对是否承担行政责任不发挥主要作用。自然垄断主体滥用支配地位也有此类规定。

有关国家没有类似的规定,俄罗斯法上的这种制度特色是双重性观念指导下产生的结果。可以看出,对行为认识不同,方法就不同,形成的制度亦有差异。

三是对深层违法性垄断的特别关注。大多数国家反垄断法只关注垄断的性质:合法抑或违法,对于违法性垄断的惩罚建立在持续的时间、产品的销售量等方面,而不关注垄断尤其是违法性垄断的程度。在俄罗斯法上,违法性垄断被划分为一般性垄断和深度垄断,并分别施以不同的惩罚。俄罗斯法上所关注的深度垄断体现为违法产品销量在总收入中的比例,或垄断价格的程度上。具体体现为:违法商品(劳务或服务)的销售额超过所有商品(劳务或服务)销售总额的75%或者超过按照俄罗斯联邦有关法律规定的价格的75%。如果是这样,即可以确定经营主体的经营建立在高度垄断的基础上。当然,这个结论还需要证明这种深度垄断是否有合理的经济、技术、法律理由,如高新技术企业开发出新产品,其市场的可替代性较小,即使收入占总收入的75%以上,也不能认定为垄断违法。在没有合理理由的前提下,对深度垄断的处罚将高于一般垄断,即在处以一般性垄断罚款的同时,还将处以违法商品(劳务或服务)销售额3‰到3%的罚款,或处以违法者为获取违法商品(劳务或服务)而支出的数额相同的罚款,但不得高于违法者所有商品(劳务或服务)销售总额的2%,且不得少于10万卢布。

---

① 〔俄〕卡夫里洛夫、布泽列夫斯基、谢尔盖:《竞争法》(俄文版),标准出版社2016年版,第359页。

(3) 内容

从上述规定中可以看出,滥用市场支配地位的行政责任主要是财产罚——罚款。此外,作为一种加重责任还规定了资格罚——限定从业资格及年限。对法人的处罚直接影响公司所有者(股东)的利益或投资者的利益,对公司高管没有直接的影响。但对个人施以处罚不仅涉及财产的直接减少,也限制了其从业或再创业的能力。后者是高管所在意的。在机理上,仅仅对法人施加处罚有扬汤止沸的效果,违法逐利的风险并未得到根本的控制;对高管个人施以处罚尤其是资格罚将产生控制风险的釜底抽薪的制度效果。公司的财产和信誉带有准公共性(集体性)的特征,而对个人处罚中剥夺的财产和资格(信誉)都是纯私人的物品。

(4) 方法

法律责任制度的难点是处罚的适当性和处罚方法的可操作性如何兼备。影响操作性的因素主要有违法所得的计算、从事违法行为的时间、违法行为和合法经营行为的界限等。俄联邦《行政违法法典》设置了诸多方法以解决上述影响操作性的障碍。

首先,额度方法与比例方法相结合。额度方法只需考查有关的情节及其影响,施以最终的定额处罚。额度方法有处罚的上下限,故其适用于没有危害后果或后果不严重的情形。比例方法是以违法销售额为基础,没有最终处罚额度上限,体现违法与处罚相适应的原则,甚至可以包容美国的惩罚性赔偿制度所具有的威慑性。例如如果是多次重复从事垄断行为,可以按照较高的比例施以处罚。

其次,采用以非法销售额为基础的浮动比例方法,并进行"上下、左右"平衡。非法销售额是销售违法产品的经营额,其可以在作出最终处罚时独立发挥作用。但非法销售额会存在计算上的难题,如做假账。或者正常做账情况下也存在商品范围、销售时间等模糊问题。对此,俄联邦《行政违法法典》采取了上下平衡的方法:不得高于违法者销售所有商品(劳务或服务)销售总额的2%,且不得少于10万卢布。为了防止处罚计算的结果不准确并由此对经营主体产生不当的破坏性,法律上增加了两个"左右"平衡因素:为获取违法商品(劳务或服务)的支出额度(即违法产品销售前的成本,这是一种保守的计算方法,因没有涉及社会性影响)和所有商品(劳务或服务)的销售总额(违法经营期间的所有的销售额,这是一种激进的方法,夸大了违法产品的社会影响力)。相比较,"左右"平衡所运用的方法更容易计算,因此在功能上,其具有平衡性、补充性。

最后,方法的辅助性。上述有关违法销售额、产品销售总额、限定价格、支出额等需要进一步细化解释。就违法销售额和支出额的计算,是以公历年的时间为计量单位。在司法实践中,一般以实施应承担行政责任的违法行为的上一年为单位①(同我国《反垄断法》第 56 条的规定)。另外,计算具体销售额的时候,需要借助俄联邦《税法》第 248 条和第 249 条的规定,尤其是计算支出额的问题。如果涉及国家限定价格,还需要有关国家限价的相关法律辅助,如俄联邦《热力供应法》规定了热力的国家指导价。

(5) 行政责任的减轻和加重

对俄联邦《行政违法法典》第 14.31.2 条或第 14.33 条所规定的行政违法行为,在确定行政处罚比例时,应考虑第 4.2 条第 1 部分第 2—7 条所述情况,减轻行政责任。后文详述。

2. 垄断协议的行政责任

俄联邦《行政违法法典》对协议和协同行为的行政责任按照协议的类型分别规定。

(1) 横向协议、协同行为和纵向协议的行政责任

横向协议、协同行为和纵向协议应承担的行政法律责任是一致的。按照《行政违法法典》第 14.32 条第 1 项的规定,经营主体缔结俄联邦反垄断立法不允许的协议,以及经营主体参与或从事俄联邦反垄断立法不允许的协同行为,对经营主体的负责人员处以 2 万至 5 万卢布的行政罚款或取消最高 3 年的任职资格;对法人处以市场上违法产品(工程或服务)销售额的 1% 至 15% 的罚款,且不得少于 10 万卢布。如果违法商品(劳务或服务)的销售额超过所有商品(劳务或服务)销售总额的 75%,还将被处以违法商品(劳务或服务)销售额 3‰ 到 3% 的罚款,且不得少于 10 万卢布。

这里,法人和法人内部的负责人是行政责任的主体。负责人包括但不限于法人法定代表人,也不限于一个人(实际负责人员)。组织、实施垄断协议的法人管理人员需承担行政责任。

(2) 权力机构间的协作行为

按照《行政违法法典》的规定,如果联邦权力执行机构、联邦主体的权力执行机构、地方自治机构、履行上述机构职能的机构或组织,或国家预算外基金签订反垄断法所禁止的协议,或者如果上述机构或组织作出了反垄断法所禁止实施的协同行为,应当对负责人员处以 2 万至 5 万卢布的行政罚款或取消最高 3 年的任职资格。

---

① 参见《联邦反垄断局主席团决定》(2011 年 12 月 13 日,No.11132)。

权力机构间协作行为的行政责任只由个人承担,机构本身不承担法律责任,这是由机构的性质决定的。按照机构决策的原则,集体讨论、共同表决是作出决定的基本方式、方法。这其中,负责人在决策中往往起主导性作用。负责人承担行政责任的含义同上述法人内部的负责人。对机构免除责任,不是不承受违法行为的任何不利影响,因为案件的公示,会对其产生相当于通知的效果。

(3) 行政责任的减免

行政责任的减免包括一般减免和特殊减免。一般减免,严格来说,只有减没有免,即根据具体列出的情节,减轻相应的处罚责任。后文详述。特殊减免专指宽免政策。由于内容庞杂,后文详述。

3. 违反经济集中的行政责任

在制度上经济集中的内容分为反垄断法和自然垄断法两条路径展开,包括确立各自的标准、实施各自的方法等,有关经济集中的法律责任也是分开规定的。

这里阐述的责任包括一般经济集中的法律责任和特殊情况下经济集中的行政法律责任。

关于一般经济集中的法律责任,根据《行政违法法典》第 19 条第 8 款第 3 项的规定,未向联邦反垄断机关、地方反垄断机构提出申请,或故意提供虚假资料的申请,或违反俄联邦反垄断法规定的秩序和时间提交申请的,对直接责任人员可处以 1500 至 2500 卢布的罚款,对不具备法人资格的违法经营主体处以 1.5 万至 2 万卢布的罚款,对法人实体处以 300 万到 500 万卢布的罚款。

关于特殊情况下经济集中的法律责任,可以从不同主体违反义务的角度分别展开。

首先,对直接责任人员且涉及有外国居留权的俄罗斯公民的法律责任。在外国有永久居留权的俄罗斯联邦公民的代理人违反法定程序提交外国或居住地的公民身份证明(国籍),或在延迟提交的此类证明有效文件或此类信息中应包含的信息不完整、故意提供虚假信息的,对该公民处以 500 至 1000 卢布的行政罚款。

其次,对自然垄断实体的法律责任。包括两个方面:第一,自然垄断实体未提供关于其活动的信息或提供虚假信息,以及(或)处置固体生活垃圾、固体城市废物的经营主体,以及公共领域的联邦价格监管机构官员、联邦各主体行政当局的国家价格(价格目录)监管官员或从事价格(价格目录)管制的地方政府官员,违反反垄断法的规定,需要强制性公布和(或)提供相关信息,违反相应的程序、时间和标准的,对个人处以5000至2万卢布的行政罚款;对法人处以10万到50万卢布的罚款(俄联邦2017年12月28日关于修订法律第437号令)。第二,经营主体的高管人员涉及上述第一部分规定的违法情形,剥夺其1至3年的从业资格。

最后,关于外国人的法律责任。根据俄联邦《行政违法法典》第19.8.2条的规定,在经济集中时,外国投资者未提交申请、请求(资料)、材料(信息)时应承担的法律责任包括如下方面:第一,未向授权履行监督俄罗斯联邦境内外国投资职能的联邦行政权力机构提交法律规定的申请而在俄罗斯联邦领土上进行的外国投资、故意提交含有虚假信息或违反俄罗斯联邦《外国投资法》的申请的,对公民处以3000至5000卢布的行政罚款;对高管处以3万到5万卢布的罚款;对法人处以50万到100万卢布的罚款。第二,未按程序和时间向有权履行法律规定的监督在俄罗斯联邦的外国投资职能的联邦执行机构提交在俄罗斯联邦领土上的外国投资的材料,或其中含有虚假信息的,对公民处以2000至3000卢布的行政罚款;对高管人员处以1.5万到3万卢布的罚款,对法人处以25万到50万卢布的罚款。第三,未向授权履行监督在俄罗斯联邦的外国投资职能的联邦执行机构提交《外国投资法》所提供的材料,包括未能在规定时限内提交申请应包括的材料,或在申请中故意提供不准确的材料的,对个人处以3000至5000卢布的行政罚款;对高管人员处以3万到5万卢布的罚款;对法人处以50万到100万卢布的罚款。

4. 不履行反垄断机构指令的行政责任

在反垄断法上,反垄断机构有权发布的指令或决定,未得到执行而应承担行政责任的情形有很多,主要包括《行政违法法典》第18条第1款第20项、第21条、第33条、第35条第7款、第39条第1款、第50条第1款规定。为此,需要承担的行政责任如下:

(1)未按期履行联邦反垄断机关或其地方机构发布的有关终止滥用市场支配地位的决定、指令并完成反垄断法规定的保障竞争的行为的,对负责人员处以1.6万至2万卢布的罚款或者取消其3年的任职资格;对法人处以30万至50万卢布的罚款。

(2)未按期履行联邦反垄断机关或其地方机构发布的有关终止违反歧视性市场准入或者实现国家对经济集中的监管规则的决定、指令,未履行联邦反垄断机关或其地方机构发布的完成反垄断法规定的保障竞争的行为的指令的,对负责人员处以1.2万至2万卢布的罚款或者取消其3年的任职资格;对法人处以 30 万至 50 万卢布的罚款。

(3) 未按期履行联邦反垄断机关或其地方机构发布的有关违反联邦反垄断法、联邦自然垄断法规定的决定,或联邦反垄断机关或其地方机构有关终止或禁止限制竞争行为的决定,或联邦反垄断机关或其地方机构有关履行联邦法律规定行为的指令的,对负责人员处以 8000 至 1.2 万卢布的罚款或者取消其 3 年的任职资格;对法人处以 10 万至 50 万卢布的罚款。

(4) 未按期履行联邦反垄断机关或其地方机构发布的有关撤销或改变违反关于国家调整商业活动基础的法令和(或)关于停止联邦权力执行机构、地方自治机构、其他执行上述职能的机构或组织实施的导致或可能导致违反国家调整商业活动基本原则的行为(不作为),对负责人员处以 1.5 万卢布的罚款或者取消其 1 至 3 年的任职资格。

(5) 未按期履行调整自然垄断的机构或其地方机构发出的指令、决定,对负责人员处以 5000 卢布至 1 万卢布的罚款或取消 3 年的任职资格;对法人处以 2 万至 5 万卢布的罚款。

俄罗斯反垄断立法中的违规行为主要针对经济和管理关系。经济垄断导致了价格机制失灵、阻碍创新、抑制市场活力,甚至对一些经营主体构成破产的威胁,对另一些主体构成支配地位,是一种市场力量的滥用,也是管理权的滥用。① 所以,俄罗斯反垄断法中的行政责任包括资格限制。

(二) 行政责任的减免与加重

这里的减免是排除不同类型的特殊减免之外的一般减免。特殊减免指宽免制度中的减免。

1. 一般性减免的条件

按照俄联邦《行政违法法典》第 4.2 条的规定,减轻行政责任的情况包括以下方面:

(1) 作出行政违法行为的人悔过;
(2) 作出行政违法行为的人自愿终止不法行为;
(3) 作出行政违法行为的人自愿向有权在行政违法案件中进行诉讼的机构提供关于行政违法的信息;
(4) 作出行政违法行为的人给有权在行政违法案件中进行诉讼的机构提供为确定行政违法案件的相关帮助;

---

① 〔俄〕H. A. 巴里莫夫、M. Ю. 科兹洛娃:《俄联邦反垄断法:理论与实践问题》(俄文版),伏尔加格勒大学出版社 2001 年版,第 134 页。

(5) 作出行政违法行为的人阻止行政违法的有害情况的发生;

(6) 作出行政违法行为的人自愿为造成的损害提供补偿或自愿消除造成的伤害;

(7) 在行政违法案件的裁决发布之前,作出行政违法行为的人自愿履行负责国家管理(监督)的机构发布的消除违法行为的命令;

(8) 在强烈的精神激动(激情)的状态下或严重的个人或家庭情况下实施行政违法行为;

(9) 未成年人实施行政违法行为;

(10) 怀孕妇女或有婴儿的妇女实施行政违法行为。

法官或反垄断机构的人员在审理关于行政违法的案件时,可以将上述未列明的其他情况视为减轻情节。

2. 加重处罚的一般条件

下列情况下,在行政处罚时,作为加重情节考虑:

(1) 尽管被管辖机构要求停止行为,但仍继续从事违法行为(《行政违法法典》第4.3条第1款第1项);

(2) 重复实施同一行政违法行为,即主体实施属于同一性质的应受行政处罚的行为(《行政违法法典》第4.3条第1款第2项);

(3) 诱使非行为人从事行政违法行为(《行政违法法典》第4.3条第1款第3项);

(4) 团伙实施行政违法行为(《行政违法法典》第4.3条第1款第4项);

(5) 在大灾难或其他特殊情况下实施的行政违法行为(《行政违法法典》第4.3条第1款第5项);

(6) 持续从事行政违法行为,持续的时间超过1年(《行政违法法典》第14.31条附注1项),包括滥用市场支配地位,实施持续性的行政违法,持续的时间超过一年;

(7) 行政违法造成公民、法人或国家的损失超过100万卢布或者违法行为人由此获得的收益超过500万卢布(《行政违法法典》第14.31条附注2项);

(8) 反垄断法规定以两人以上团体形式实施的行政违法(《行政违法法典》第14.31条附注3项);

(9) 限制竞争的协议或协同行为的组织行为(《行政违法法典》第14.32条附注4项之一);

(10) 强迫他人从事行政违法行为或者继续加入限制竞争的协议或协同

行为之中(《行政违法法典》第14.32条附注4项之二)。

(三) 行政罚款的计算及减免适用

归纳《行政违法法典》第14.31、14.31.1、14.31.2、14.32、14.33条的规定,对法人的处罚既有以额度为基础的罚款计算方法,如滥用市场支配地位的行为,导致或可能导致他人利益受损,……对法人处以30万到100万卢布的罚款;也有以销售额为基础施以一定幅度比例的计算方法,如处以"销售额的1%至15%的罚款"。此外,在具体计算的过程中,需要考虑减免、加重的不同情形进行不同的计算。

为了与《行政违法法典》的上述规定相适应,2010年俄联邦反垄断局发布了一个通知:《〈关于适用计算流动性罚款方法的推荐意见〉的通知》(No. A/21482),公布了《关于法人实施行政违法法第14.31和14.32条规定的行政违法行为流动性罚款计算方法的推荐意见》,规定了依据比例计算罚款的方法。

1. 适用比例计算罚款数额的方法

此种方法确定了《行政违法法典》第14.31和14.32条针对违法的法人所规定的罚款数额计算程序。该罚款数额是根据违法行为的上一年内的全部营业额来计算,如果上一年没有销售额,则以发现违法行为当日之前的本年度销售额计算。在此基础上,确定销售额的比例关系:上一年度的全部产品销售额、发现违法行为时违法者的会计年度全部产品销售额。如果上一年度没有销售的,则以发现违法行为当日之前的全部产品销售额与当年全部产品销售额为准。在上述原则指导下,计算的主要过程和方法如下:

第一步,计算可能最大罚款(максимальный штраф,简称 МШ)。可能最大罚款额等于上一年度年全部销售额乘以相应的比例。适用多大比例又分为以下情形:

(1) 适用15%。条件是:上一会计年度的全部产品销售额与发现违法行为时违法者的会计年度全部产品销售额之比小于75%,且① 如果实施的是滥用市场支配地位行为,其违法销售额占上一年度的全部产品销售额之比低于2%;② 如果实施了限制竞争协议或实施限制竞争的协同行为,违法销售额占上一年度全部产品销售额之比低于4%。

(2) 适用3%。条件是:发现违法行为时违法者的全部产品销售额与上一年度的全部产品销售额之比大于75%,且①如果实施的是滥用市场支配地位行为,其违法销售额占上一年度的全部产品销售额之比低于2%;② 如果实施了限制竞争协议或实施限制竞争的协同行为,违法销售额占上一年度全部产品销售额之比低于 4%。

（3）如果属于滥用市场支配地位的,上述(1)(2)条件都不符合的,适用 2%;如果属于垄断协议的,上述(1)(2)条件都不符合的,则适用 4%。

第二步,依据可能最大罚款,计算出基础罚款（Базовый штраф,简称 БШ)。

基础罚款是为了进一步计算加重或减轻罚款的基础数值。这个数值的计算是以相关幅度比例中的高值为依据计算得出的。

基础罚款 = 可能最大罚款乘以系数（Ктяж）乘以违法行为持续的时间（Ксрок）,再乘以 1/15。

$$БШ=(МШ×Ктяж×Ксрок)×1/15$$

如果违法行为持续的时间少于一年,按一年计算;如果违法行为持续的时间在一年以上,每个季度按照 0.25 来计算。

表 8-1　加重处罚的适用条件及加重系数

Nп/п	对系数产生影响的不同违法行为	加重系数
1.	签订《竞争保护法》第 11 条禁止的协议或从事协同行为导致或可能导致:(1) 固定价格或维持价格、折扣、加价、附加费用;(2) 提高、降低或维持交易价格;(3) 按照地域、销售数量或购买数量、商品品种或者买方或卖方的类别划分商品市场。	5
2.	签订《竞争保护法》第 11 条、第 16 条所禁止的协议或从事协同行为,上述一表所列情形除外。	4
3.	滥用市场支配地位导致禁止、限制或消除竞争;(1) 设置或维持商品的垄断高价或垄断低价;(2) 从流通中回撤商品,并导致商品价格上升;(3) 强制交易或搭售;(4) 拒绝交易;(5) 不合理地对同一商品（或服务）制定不同价格;(6) 金融组织的不当高价或低价;(7) 定价程序违反法律规定。	3
4.	滥用市场支配地位导致阻碍、限制和消除竞争的下列行为（不作为）:(1) 不合理减产或停产;(2) 设置歧视性条件;(3) 设置市场进入或退出障碍;(4) 其他行为(不作为)。	2
5.	其他滥用市场支配地位阻碍、限制、消除竞争的。	1

第三步,初步计算违法者应承担的行政罚款数额。这一步需要考虑加重或减轻的情况。

违法所得的数额（ПШ）等于基础罚款数额加上表 8-3 中计算得出的罚款数额,再减去表 8-2 中相关情形计算出的罚款数额。公式为：

$$ПШ=БШ+(БШ×x\%III)-(БШ×x\%II)$$

表 8-2 减少罚款的情形

序号/类别	减少罚款的情形	减少罚款的幅度（依据基础罚款）
1.	违法者未执行限制竞争的协议或未被强制参与执行协议。	10%
2.	违法者签订限制竞争协议,但其行为可以证明,未执行协议和其行为具有独立性和竞争性。	20%
3.	违反《竞争保护法》第10、11、16条的规定,反垄断机构确认已违法事实,并作出警告,行为人按照《行政违法法典》第14.31条或14.32条规定的期间执行了警告内容的。	40%
4.	违法者承认,实施了违反《竞争保护法》第10条规定的行为,其终止了违法行为并在反垄断机构审查违法行为时提供帮助的。	100%
5.	违法者承认,实施了违反《竞争保护法》第11、16条规定的行为,其终止了行为并在反垄断机构审查违法行为时提供帮助的(按照《行政违法法典》第14.32条规定向反垄断机构提出免除行政处罚除外)。	100%

注:在计算罚款数额时符合条件的,可以适用一个以上。

表 8-3 增加罚款的情形

序号/类别	增加罚款的情形	增加罚款的数额（依据基础罚款）
1.	违法者重复实施了《行政违法法典》第14.31条或第14.32条规定的行政违法行为。	100%
2.	团体实施违法行为的。	50%
3.	违法者是限制竞争协议或协同行为的组织者。	50%
4.	违法者强迫其他人从事违法行为或者继续加入限制竞争的协议或协同行为。	100%
5.	违法加重的程度符合表8-1中两个或两个以上的加重系数(例如,滥用市场支配地位设置歧视性条件,又为其他经营主体设置进入商品市场或退出商品市场的障碍。)	50%
6.	违法者阻碍反垄断机构审查违法行为。	50%

注:符合条件的,可以适用一个或以上的系数。

第四步,平衡计算出的罚款数额和总数额限制之间的关系,确定最终行政罚款数额。

当计算出的行政罚款的数额少于营业额的1%时,若发生在违法商品的销售额与全部商品的销售额之比少于 75% 的情况下,则以营业额的 1% 计算出的罚款数额为准。

当计算出的行政罚款的数额少于营业额的 1% 时,若此种情况发生在超过 75% 的深度垄断的情况下,而算出的罚款的数额少于按照 0.3% 计算出的结果,则以营业额的 0.3% 计算出的罚款数额为准。

案例与上述方法的应用

2016 年列宁格勒州反垄断局接受举报,发现"СЗИ-Комплекс"有限公司和"Стройтехноком"有限公司就天然气的销售价格实行协同行为(案例号 37-02-Ш/17),在确定有关事实和证据的基础上,反垄断局认定行为构成违反《竞争保护法》第 11 条第 1 款第 1 项的规定,于是,2017 年 5 月 23 日该反垄断局按照《行政违法法典》第 14.31、14.32 条的规定,对"СЗИ-Комплекс"给予处罚,计算过程如下:

因为案件是 2016 年发现的,基础罚款计算的销售额应是 2015 年一年的全部产品销售额。依据相关证据,2015 年的年销售额为 331743000 卢布。

初步最大罚款(МШ)=331743000×15%=4976145

因签订的是垄断协议,加成系数是 5。持续的时间不到一年。

基础罚款(БШ)=4976145×5×1×1/15=1658715

没有减轻处罚的情节,但存在加重处罚的因素——以团体实施垄断违法(50%)。

最后应处的行政罚款=1658715+1658715×50%=248807.25

这种方法关注的要素很多,计算程序复杂,在追求过罚相当的同时,也带来了一些计算程序的负担。

2. 适用额度计算罚款数额的方法

2012 年联邦反垄断局又发布了一个通知:《行政罚款数额计算的推荐意见》(No. A/1099),内附《关于法人实施行政违法法第 14.31、14.31.1、14.31.2(滥用市场支配地位行为)、14.32(垄断协议和协同行为)和 14.33(不正当竞争行为)条规定的行政违法行为依违法者销售额计算行政罚款数额的推荐意见》,明确了以额度为基础的具体罚款数额的计算方法。

该罚款数额计算的基础是发现违法行为之日的上一年内的全部营业额；如果上一年没有营业额，则以发现违法行为当日之前的本会计年度营业额计算，《行政违法法典》第14.31条附注4规定的情形除外。在此基础上，违法销售额的比例是上年度全部销售额与发现违法行为之前的本年度的销售额之比；如果上年度没有销售的，则以发现违法行为当日之前的违法销售额占本年度之前的全部营业额之比为准。

第一步，计算可能最大罚款（МаксШ）和可能最小罚款（МинШ）。

最大罚款额等于全部销售额乘以相应的比例。比例适用分为以下情况：

（1）适用15%。条件是：上一年度的全部产品销售额与发现违法行为当年违法者的全部产品销售额之比小于75%，且①如果实施的是滥用市场支配地位行为，其违法销售额与上一年度的全部产品销售额之比低于2%；②如果实施了限制竞争协议或实施限制竞争的协同行为，违法销售额与上一年度全部产品销售额之比低于4%。

（2）适用3%。条件是：上一年度的全部产品销售额与发现违法行为时违法者的全部产品销售额之比大于75%，且①如果实施的是滥用市场支配地位行为，其违法销售额与上一年度的全部产品销售额之比低于2%；②如果实施了限制竞争协议或实施限制竞争的协同行为，违法销售额与上一年度全部产品销售额之比低于4%。

上述条件中，当年的全部销售额是推定的，即将停止违法行为时的全部销售额按月平均，再扩大到12个月。例如，去年的全部销售额为80万，今年的推定全部销售额为100万，则垄断利润之比为80%；如去年的全部销售额为80万，今年的推定全部销售额为110万，则垄断利润之比为72.7%。相比较后者垄断利润增加，适用15%的比例计算最大可能罚款额度。

计算可能最小罚款具体适用的比例的情形为：

（1）适用1%。条件是：发现违法行为时违法者的全部产品销售额与上一年度的全部产品销售额之比小于75%。

（2）适用0.3%。条件是：发现违法行为时违法者的全部产品销售额与上一年度的全部产品销售额之比大于75%。另外，违反国家关于产品限制价格规定的亦适用此比例。

（3）在上述（1）（2）都不符合的情况下，适用2%。

第二步，依据可能最大罚款和可能最小罚款，计算出基础罚款（БШ）。

基础罚款是为了进一步计算加重或减轻罚款的基础数值。这个数值的计算是以可能最大罚款减去可能最小罚款的一半，再加上可能最小罚款得出的。

$$БШ = (МаксШ - МинШ)/2 + МинШ$$

第三步，减免或加重处罚的计算。

在减免和加重的项目上，不是像比例罚款中的因数方式施加影响那样，而是采取增减公式基础上的项目数评判的方法。增减公式为可能最大罚款减去可能最小罚款之后的八分之一。公式表达为：

$$OO(OC) = (МаксШ - МинШ)/8$$

OO 即加重罚款的情况，OC 即减少罚款的情况。

第四步，计算最终罚款数额。计算方法是以基础罚款加上加重罚款乘以符合列表中项目数量再减去减少罚款乘以符合列表中项目数量。公式表达为：

$$ПШ = БШ + (OO \times n) - (OC \times n)$$

见表 8-4、8-5，表中 N 即为符合条件的项目数量。

表 8-4 减轻处罚的情形

Nп/п	减轻处罚的情形
1.	主动停止违法行为（《行政违法法典》第 4.2 条第 1 款第 2 项）
2.	主动向有管辖权的反垄断机构报告其违法行为（《行政违法法典》第 4.2 条第 1 款第 3 项）
3.	作出行政违法行为的人给有权在行政违法案件中进行诉讼的机构提供关于确定行政违法案件中应确定的情况的帮助（《行政违法法典》第 4.2 条第 1 款第 4 项）
4.	作出行政违法行为的人阻止行政违法的有害情况的发生（《行政违法法典》第 4.2 条第 1 款第 5 项）
5.	作出行政违法行为的人自愿为造成的损害提供补偿或自愿消除造成的伤害（《行政违法法典》第 4.2 条第 1 款第 6 项）
6.	在行政违法案件的裁决发布之前，作出行政违法行为的人自愿履行负责国家管理（监督）的机构发布的消除违法行为的命令（《行政违法法典》第 4.2 条第 1 款第 7 项）
7.	不是违法的垄断协议或协同行为的组织者或被强制加入协议或协同行为中的（《行政违法法典》第 14.32 条附注第 1 项）
8.	违法者未履行其签订的限制竞争的垄断协议（《行政违法法典》第 14.32 条附注第 2 项）

表 8-5　加重处罚情节

Nп/п	加重处罚情节
1.	尽管被管辖机构要求停止行为,但仍继续从事违法行为(《行政违法法典》第 4.3 条第 1 款第 1 项)
2.	重复实施同一行政违法行为,即主体实施属于本法第 4.6 条规定的同一性质的应受行政处罚的行为(《行政违法法典》第 4.3 条第 1 款第 2 项)
3.	持续从事行政违法行为,持续的时间超过 1 年(《行政违法法典》第 14.31 条附注 1 项)
4.	行政违法造成公民、法人或国家的损失超过 100 万卢布或者违法行为人由此获得的收益超过 500 万卢布(《行政违法法典》第 14.31 条附注 2 项)
5.	反垄断法规定的两人以上团体形式实施的行政违法(《行政违法法典》第 14.31 条附注 3 项)
6.	限制竞争的协议或协同行为的组织行为(《行政违法法典》第 14.32 条附注第 4 项之一)
7.	强迫他人从事行政违法行为或者继续加入限制竞争的协议或协同行为之中(《行政违法法典》第 14.32 条附注 4 项之二)

第五步是与限制罚款额平衡,得出最终罚款数。即上述计算所得的数额和法律规定的最低或最高的限制条件的再把握。具体需要平衡的情况包括以下几种:当计算所得的罚款数额少于可能最小罚款时,以可能最小罚款为准;当计算所得的罚款数额少于 10 万卢布时,以 10 万卢布为准;当计算所得的罚款数额超过可能最大罚款数额时,以可能最大罚款数额为最终罚款数额。

案例与上述方法的运用

2014 年年底有检举揭发,"Росгосстрах"有限责任公司强制经营主体加入垄断协议(案例号No 1877/05)。联邦反垄断局确认,违法行为发现时在本年度已经持续了 10 个月。2013 年在保险市场上提供服务的营业额为 732117000 卢布,产品销售额与上一年销售额的比例大于 75%,且违法行为涉及产品的销售额占 1.65%。

按照上述比例条件,本案应适用 3% 的比例。

由此,可能最大罚款 $МаксШ = 732117000 \times 3\% = 21963510$ 卢布;可能最小罚款 $МинШ = 732117000 \times 0.3\% = 2196351$ 卢布。

第二步,依据可能最大罚款和可能最小罚款,计算出基础罚款(БШ)。

基础罚款的计算公式为：БШ＝（МаксШ－МинШ）/2＋МинШ

换算为：БШ＝2196351＋（21963510－2196351）/2＝12079930.50卢布

第三步,减免或加重处罚的计算。

辅助的公式为：ПШ＝БШ＋（OO×n）－（OC×n）。

这里的OC（OO）＝（МаксШ－МинШ）/8

换算为：OC＝（21963510－2196351）/8＝2470894.88卢布

另外,n在加重处罚情形中：无；n在减轻处罚情节中：1项。

第四步,计算最终罚款数额。计算方法是以基础罚款加上加重罚款乘以符合列表中项目数量减去减少罚款乘以符合列表中项目数。公式表达为：

ПШ＝БШ＋（OO×n）－（OC×n）

由此,ПШ＝12079930.50－2470894.88＝9609035.62卢布

上述两种方法,在计算上都较为复杂,涉及的不同要素在计算中发挥的功能不完全一致。相比较后者的制度指向更透明,诸多情节的功能都格式化。第二种方法是第一种的补充。在要素不具备、无法适用第一种方法的情况下,适用第二种。

三、刑事责任

在最初一段时间里俄罗斯反垄断法都没有这种责任形式。经过两次较大的修订,反垄断的刑事责任逐步完善。

（一）基本规定

反垄断法对刑事责任进行规定,有两种原因,一种是以此表达严厉的态度并形成威慑力,如美国；另一种是技术上的要求,即配合宽免制度的实施而产生。俄罗斯在1996年通过了联邦刑法修正案,在《刑法典》第178条规定了"禁止、限制或消除竞争罪"。当时规定的主要内容是：通过建立或维持垄断价格,限制市场准入,与其他经营主体建立或维持统一价格。如果这些行为已经造成重大损害——损失额在100万卢布以上,将处以20万卢布罚金,或对直接责任人员拘役4至6个月或监禁2年。

从1997年至2003年期间,有287件违反《刑法典》第178条的案件。《刑法典》第178条第1部分规定了垄断行为的刑事责任,根据违反反垄断法的行为类型和后果严重程度确定这类犯罪标准。由于最初规定的入罪起点

比较低,会产生大量的犯罪行为。同时,一些犯罪嫌疑人通过宽免制度得到了豁免。未被免除刑事责任的共有31人。2004年有10人,2005年有4人,2006年启动了18个刑事案件。

2009年俄罗斯修订《刑法典》第178条。犯罪行为指向的对象是垄断协议或者达成限制竞争的协同行为,多次实施滥用市场支配地位之设立和(或)维持垄断高价或垄断低价,无理拒绝或规避签订合同,限制市场准入。如果这些行为给公民、组织或国家造成巨大损害,或者失去巨大利益,罚金为30万卢布到50万卢布,或1至2年的工资或其他收入,或者处以3年以下监禁并处剥夺1年从事某一特定职位或从事某一特定活动的权利,或者单处。

2011年12月6日"第三反垄断法包"——《关于"保护竞争"和俄罗斯联邦的特定立法法案的修订说明》(No.401-РФ),其基本的主导因素是:俄罗斯经济调节的方向集中同市场经济最危险的垄断现象——卡特尔进行斗争,并把行政和刑事法律责任作为解决问题的主要工具提上日程。此外,与另一个制度的有效实施也具有紧密的关系,即宽免制度。因为如果没有严厉的惩罚以及对应的宽免制度,不会有人积极主动投案自首。2011年12月7日修订《刑法典》时,在第187条中用三个条文规定垄断行为的刑事责任。该次修订后犯罪行为指向的范围进一步缩小,仅包括卡特尔和多次滥用支配地位行为,排除了纵向垄断协议和协同行为。

对上述行为,如果是利用公务职务完成的,或者强制损毁或破坏他人的财产或以强制相威胁,或者造成特别巨大损失或造成特别巨大收入的减少,最高可判处6年监禁,并处100万卢布或5年的工资或其他收入的罚金或剥夺1年至3年担任某些职务或从事某些活动的权利,或单处。

如果上述行为是使用暴力或威胁使用暴力,最高监禁7年,并剥夺1年到3年不等的从事某些职位或从事特定活动的权利。

如协助破案、赔偿或将第178条所规定的行为所得收入转入联邦预算,且其行为没有其他构成犯罪的成分,则应免除刑事责任。

(二) 构 成 要 件

按照刑事责任的认定,垄断犯罪的构成要件包括如下方面及内容。

1. 犯罪客体

在客体上,垄断犯罪行为针对的是经济竞争关系(竞争秩序)。直接的客体——本法所保护的社会关系可以包括如下方面:(1) 国家的经济利益;(2) 竞争者从合法竞争活动中可获得的预期利益;(3) 消费者的选择和成本福利。上述第1项还涉及国家管理秩序。至于可能涉及他人的行为自由、身体健康或生命安全,如施以暴力或暴力相威胁,在本罪中属于犯罪情节。

此种犯罪行为的工具不同于其他如盗窃、重伤害等犯罪,没有单独的辅助实施犯罪的工具。本罪的手段,即签订卡特尔方式或胁迫交易。

2. 犯罪的客观方面

按照上述规定,犯罪的客观方面是行为(不作为)。

这里的行为(不作为)包括以下几种:

(1) 签订限制竞争的协议。相比早期刑法典上的规定,2011年《刑法典》修改后协议的范围有所改变。即"第三反垄断法包"对刑事责任条例的修正案废除了协调行动和纵向协议的刑事责任。只有在特定商品市场上竞争者签订卡特尔时,才需要承担刑事责任。虽然刑法上表述为"签订限制竞争的协议",但和《竞争保护法》第11条规定的有一定的差异,不包括纵向协议、协同行为。

(2) 多次实施滥用市场支配地位行为,并导致垄断高价或垄断低价,无合理理由拒绝交易,限制市场准入。这里的滥用市场支配地位行为的范围也小于《竞争保护法》的规定,不包括排挤出市场、歧视行为、搭售或附加不合理交易条件等,也不包括国家机关、地方自治组织、执行上述职能的机构或组织在提供市政服务等方面违反反垄断法的行为。

在《刑法典》第178条下的注释4中解释了"多次"的含义,即一个主体在三年内犯了两次以上本条所规定的行为,则构成重复滥用市场支配地位。

3. 行为的结果

上述两种不同的行为都规定了行为的结果。

《刑法典》第178条规定的行为结果是,给公民、经营主体或国家造成重大损害或获得大额收入,或者特别重大损害或巨额收入。"大额收入"是指超过500百万卢布的收入,"巨额收入"是指超过2500万卢布的收入。"重大损害"是指超过100万卢布的损失,"特别重大损害"是指超过300万卢布的损失。

4. 犯罪主体

俄联邦《刑法典》没有规定法人犯罪,理由更多是法理上的,而不是现实需要。因为刑事责任主要针对卡特尔行为中的经营主体的负责人,且是年满16岁具有刑事责任能力的个人。同时,需满足以法人的名义签订限制竞争协议的条件。没有这样的能力或超出这种能力的都不是"利用自己的职权行使",例如非在公司中工作的总经理的亲属。

法律上和有关解释上均没有提到国家机构、市政管理机构、地方自治组织等这类特殊主体,它们虽然不是签订限制竞争协议、从事滥用市场支配地位的常规主体,但可以以其特殊身份介入经济活动中,成就联合实施的横向协议,如以法令限制地域间竞争。理解上,这类主体可以构成国家公务人员的职务犯罪行为,不承担垄断行为的刑事责任。

5. 主观方面

对于妨碍、限制或排除竞争的行为的认知,即主观状态,一般推定为故意,包括直接故意和间接故意。多次实施的滥用市场支配地位行为,在第一次行为发生以后,行为主体再从事此类行为的主观认识应当是故意。针对卡特尔行为,可能存在经营主体主观上并未完全认知此种行为的社会危害性,法律上的规定是行为人知道或应当知道。

6. 责任的免除

在免除犯罪责任的问题上,《刑法典》规定,犯本条罪责的主体,如果第一个主动报告其犯罪行为,协助有关部门披露和调查犯罪,用其他任何方式补偿损害或者纠正本条所列举的行为造成的损害,且此人无其他任何犯罪的,将免除刑事处罚。这属于宽免制度的内容。

修订后的法律条文缩小了构成犯罪的范围和刑事责任的处罚力度。垄断行为可能找不出犯罪的任何实质受害者,以及确定的损失金额。损失是一些大型企业造成社会危险的后果,对典型犯罪行为需评价违反反垄断法的犯罪动机和结果。垄断行为给竞争对手及不特定的消费者造成损害,或获得垄断收入。损失或收益的形式需要由反垄断局进行结果证明,包括两次以上滥用市场支配地位的行为,也包括滥用市场支配地位是否滥用行政权力等。这些难题导致了在实践中有一些案件虽然启动了刑事程序,但由于刑法条件无法全部满足而撤销刑事申请。

四、宽 免 政 策

宽免政策不是俄罗斯的创造。世界上最早的宽免政策是美国1978年开始实施的,经过20世纪90年代的相关制度的改革,美国的宽免政策效果非常明显,进而被欧盟、日本等国(地区)法律借鉴。

（一）制度的建立

转型国家反垄断法大都设置了宽免制度，但从披露的相关信息看，实施效果并不理想。对国家执法机构的不信任、对社会负面评价的恐惧，是实施效果不好的主要原因。另外，由于制度实施时间不长，处罚的案件不多，卡特尔成员无法预知竞争主管机构在从宽处理程序应用中能否真的对背叛者提供充分的保护。在这种环境下，促使卡特尔成员主动申请宽免处理，往往非常困难。相反，上述诸多因素促使价格卡特尔成员更加团结，并相信他们能共同维护达成的秘密协议。

在我国，同样存在类似的阻碍宽免制度实施效率的社会认知，但相比较而言，克服我国反垄断法律制度上的障碍更为重要。

我国并非必然要在刑法中增加有关垄断的刑事责任，从宽免政策的配套措施上加大行政责任以提高该制度的效率亦是一种选择。但行政责任和增加刑事责任相比，两者运行的机理不同：前者更多的是公司的财产代价；而后者既包括公司的财产代价，也包括对高管人员的人身限制。两种不同的选择输出的制度效率也不一样，依靠加大行政责任以提高宽免制度的效率是一种替代性选择。

俄罗斯反垄断法中没有专门的宽免制度或单独制定的宽免制度的指南。宽免制度融于俄联邦《行政违法法典》（第14.32条）中，名称上也不叫"宽免"，而是叫"行政责任减免"。俄罗斯在完善了相关配套法律制度的基础上形成了自己的宽免政策。

自2007年5月上述第14.32条生效引入宽免政策之日起五年内，反垄断机构每年收到的宽免申请数量都不到十件。而且呈现出卡特尔成员越多，申请的积极性越高的趋势。曾发生过36家保险公司达成的垄断协议因申请宽免而被揭示的案件。该案中，信用组织和保险公司之间存在关于保险公司行动的一致性的协议，约定对消费者的车辆和抵押贷款、信用贷款统一收费，这将导致或可能导致设立或维持保险服务的价格。案件启动的理由是银行和保险公司自愿申请拒绝进一步参与其间订立的协议。

2012年，FAS收到了13份关于参加卡特尔的宽免申请[1]。涉及的主要市场包括公证服务市场、药品市场。

（二）申请宽免的条件

2007年俄罗斯修改《行政违法法典》时，增加了附注条件，专门设立反垄

---

[1] 俄罗斯联邦反垄断局：《俄联邦竞争状况报告（2012年）》（俄文版）。

断法上的宽免政策。按照该附注,具体宽免政策如下:

1. 自愿申请

在俄罗斯《行政违法法典》上,只有消极的宽免,没有积极的宽免。后者指反垄断机构主动接触涉嫌违法者,因涉嫌违法者积极配合提交相关材料而给予其宽免的待遇。只有当事人(根据俄联邦反垄断法确定的人)主动向联邦反垄断机关或其地方反垄断机构申请报告他/她/它已经缔结一项根据俄联邦反垄断法禁止的垄断协议或协同行为或滥用市场支配地位行为,并在整体上符合以下条件才可能被宽免。

2. 宽免主体的范围和条件

俄罗斯《行政违法法典》未规定基于其他位序而给予的宽免,只规定了第一申请人获得完全宽免的可能性。另外,成为宽免政策受益人的只有个人,对于企业,只能得到行政违法法典上的减轻处罚的待遇。

(1) 高管个人

获得宽免的对价既包括提交相关资料,也包括承担一定的义务。具体而言包括:① 提供信息的新鲜性。一般,对提出申请的条件约束多局限于调查开始前或开始后,严厉的宽免政策是不接受反垄断机构调查开始后提出的申请的。俄罗斯的宽免政策不从反垄断机构是否介入调查的角度展开,而是以提交材料的新鲜为基础,即提供的材料是反垄断机构没有掌握的关于所犯行政违法行为的相关信息和文件。② 行为终止。申请人拒绝参加垄断协议,已经参加了的,应当终止参加,并停止实施协议或协同行为。③ 提供信息的质量。要求申请人提供的信息或文件足以确定涉嫌行为具有行政违法性。

(2) 企业或法人

对于违反《行政违法法典》第14.32条第1款和第3款规定的违法行为,如果法人自愿向联邦反垄断机关、其地方机构报告签订了俄联邦反垄断法禁止的协议(卡特尔)并在总体上满足以下条件,该法人将被处以等同于这类行政违法行为的最低行政罚款数额:① 法人承认有行政违法行为的事实;② 法人拒绝参加或继续参与协议(卡特尔);③ 提供的信息和文件足以确定行政违法事件。

此外,还规定了两种特殊情况的处理规则。第一,多人同时申请的宽免问题。对于代表多个人同时提出的申请,即这些人已经缔结了不被俄联邦反垄断法允许的协议的多人,或已进行了为俄联邦反垄断法禁止的协同行为的多人,均不给予宽免。第二,组织者的宽免问题。构成行政违法行为的人是限制竞争协议或协同行为的组织者,并且/或者对参与其中的他人实施了胁迫(有约束力的指示),则不给予宽免。

3. 方式和步骤

申请宽免,可以通过电话或书面形式提出申请,通过邮寄提交的申请应用俄文以自由形式提出(网址为:http://fas.gov.ru/reform/regulations/16538.shtml)。申请人在申请减免行政责任时会收到一个接收申请的证明。这只是一个初步启动程序,之后在一定的时间内营业额罚款委员会将作出决定确认是否给予减免及给予多少减免。

4. 其他问题

机构需要对受益人的身份进行保密。另外,对于机构驳回宽免申请的决定不可以提起复议或诉讼。宽免的待遇实行就事论事的原则,宽免申请人为了在特定案件中获得尽可能宽松的待遇而提供参与另一个卡特尔的信息,这个卡特尔不同于宽免申请的事项,也不能得到任何额外奖励。

提出了宽免申请是否可以撤回,理论上有宽免申请被撤回的可能性,因为如果申请人没有满足上述宽免的条件,那么有可能撤回宽免。但是在实践中基本不会出现,因为序位第一的人提供的信息或文件质量基本能够满足宽免的条件。

五、反垄断法行政罚款制度的借鉴与我国制度的优化

我国反垄断法律上规定的财产罚有自身的特点,包括没收违法所得和罚款两种,且两者可以并用。这种特殊性为研究者提供了多种视角:有强调两者的统合效应的①,有以没收违法所得为中心发挥行政处罚功能的②,还有单独分析罚款制度的问题的③。反垄断法实施十几年来,处以没收违法所得的

---

① 冯博:《没收违法所得与罚款在反垄断执法中的组合适用》,载《法商研究》2018年第3期;王贵:《反垄断执法中的没收违法所得与罚款关系研究——基于411起案例的实证分析》,载《经济法论坛》2017年第1期。
② 蒋岩波:《反垄断没收违法所得处罚问题研究——基于法经济学的视角》,载《经济法论丛》2018年第2期。
③ 王健:《追寻反垄断罚款的确定性——基于我国反垄断典型罚款案例的分析》,载《法学》2016年第12期。

案件比例不高。① 这种现象背后的原因有多种。理由包括有关国家或地区没有此类处罚,去掉之可以与国际接轨。另去掉后在具体案件中的罚款比例可以将没收财产的部分纳入进来,等等。相比较,没收违法所得指向单一——违法所得;而罚款的参考要素和约束条件众多,技术性强,国际通用性明显。于是,越来越多的学者转向单一制下罚款制度的研究。

(一) 我国反垄断行政罚款制度结构上的问题

我国《反垄断法》第 56 条、第 57 条针对两种主要的垄断行为——垄断协议和滥用市场支配地位,采取了两种处罚方法:没收违法所得、罚款。但这种"组合拳"的实施效果并不理想。原因既涉及罚款制度的目标,也涉及罚款制度的结构。

1. 功能和原则关系的错位

首先,罚款制度功能的偏移。在"组合拳"下,行政罚款的功能是罚款和没收违法所得两种处罚方式共同作用的效果。在我国反垄断法的实施中,罚款的数额和罚款的功能存在一定的错位。理论上,没收违法所得的功能,从致害人的角度,剥夺其不应具有所有权的财产,因"任何人不得从违法中受益"。从受害人的角度,违法所得侵害的利益具有双重性:私人利益的损害和公共利益的损害。由于后者无法计算,还需要增加罚款处罚。但理论界的倾向性认识却是罚款的功能在于"威慑"。这种认识在《关于认定经营者垄断行为违法所得和确定罚款的指南(征求意见稿)》(以下简称《指南征求意见稿》)中也得到了肯定:"保证反垄断执法的威慑效果"。基于上述,在功能上,罚款是对于未造成的损害予以预防与遏止和对已经造成公共利益损害的行为的一种惩罚。正如学者所言,反垄断行政罚款的功能,一方面是将罚款作为一种威慑手段,以预防和减少违法行为,另一方面是对已实施垄断行为的经营者进行惩罚。② 我国《反垄断法》第 56 条规定的"尚未实施所达成的垄断协议的,可以处三百万元以下的罚款",体现的是罚款制度的第一种功能。但是,未实施的垄断行为在实践中是少数,是非常态,实施了的垄断行为是多数和常态。惩罚性具有双重意义:在一般法律义务之外承担额外的义务③,和

---

① 根据学者的统计数据,在 49 个典型案件中,只有 10 个案件适用了没收违法所得(约占 20%)。其中,价格垄断案件中适用的有 1 件,非价格垄断案件中适用的有 9 件。参见王健:《追寻反垄断罚款的确定性——基于我国反垄断典型罚款案例的分析》,载《法学》2016 年第 12 期。
② 王晓晔:《反垄断法》,法律出版社 2011 年版,第 358 页。
③ 李孝猛:《责令改正的法律属性及其适用》,载《法学》2005 年第 2 期。

"当事人必须为其违法行为付出比补偿(或修复行为)更多的代价"。① 两者是统一的,前者是法律关系的质,后者是法律关系的量。即承担高出违法所得之"超额性"财产负担义务。如此,罚款作为事后处罚的主要手段,威慑、教育功能已经不是其主要功能了。

其次,适用原则的模糊。实践中,没收违法所得不是所有的案件都被适用。没收违法所得的核定很难,需要专业人士的介入,也需要违法者的积极配合等。在我国,这些障碍是客观的,一时难以克服。理论界提出了取消没收违法所得,该建议支持者众多,且呼声越来越高。理由包括有关国家或地区没有此类处罚,去掉可以与国际接轨;去掉后在具体案件中的罚款比例可以将没收财产的部分纳入进来。实践中,单处罚款的适用比例高于并处罚款的比例,基本体现了罚款对违法行为的惩罚功能。但是,基于案件的具体情形,应该施以多大的惩罚力度,并不明确。换言之,确定的罚款比例是在什么原则指导下的结果,不得而知。

最后,适用罚款比例的差异及其理由不清楚。孤立地理解,就单个案件的处罚,单处罚款的适用比例应当高于并处罚款的比例。同理,同一类型的案件中,单处罚款的比例应高于并处罚款的比例。在以往的案件中,存在并处罚款的比例高于单处罚款的比例之情形并不少见。如同样是附加不合理条件的行为,在内蒙古给排水公司垄断案中,并处 2% 的罚款②;在抚顺烟草垄断案中,单处 1% 的罚款③。另外,比较适用没收违法所得和未适用没收违法所得的案件适用罚款的比例,也很难看到规律性的差别。均有顶格执法的(适用 10%),也有底线适用的(1%)。通常,处罚决定书会格式化地表述:根据违法行为的性质、程度和持续的时间,处以 x% 的罚款。但同样是转售价格维持案,"茅台"持续的时间是 1 年,"五粮液"持续的时间是 4 年,但最终的处罚均是 1%④。同样是固定价格垄断行为,上海黄金垄断案中行为持续 6 年,广东海沙案中,行为持续的时间是 1 年零 3 个月,但处罚上,前者是 1%,后者是 10%⑤。如此等等,这种差异至少意味着处罚上存在的某种不规范,因为不规范,便可以质疑处罚是否合理。

综上,优化我国反垄断罚款制度,需要扶正罚款的惩罚功能、确立计算罚

---

① 胡建淼:《"其他行政处罚"若干问题研究》,载《法学研究》2005 年第 1 期。
② 内蒙古自治区工商行政管理局行政处罚决定书:内工商处字[2016]1 号。
③ 辽宁省工商行政管理局行政处罚决定书:辽工商处字[2015]2 号。
④ "茅台案"请参见贵州物价局《关于"茅台价格垄断罚款"公告》(2013 年第 1 号)。
⑤ "五粮液案"请参见四川省发展和改革委员会行政处罚决定书:川发改价检处[2013]1 号。"上海黄金案"和"广东海沙案"没有发布行政处罚决定书原稿,上述信息分别来自 https://ishare.iask.sina.com.cn/f/351DRRPIgPe.html,访问日期 2020-12-20;https://news.163.com/12/1106/17/8FL3MOJG00014JB5.html,访问日期 2020-12-20。

款的原则,并澄清罚款比例的理由。

2. 制度的结构问题

我国《反垄断法》除了规定"上一年度""销售额""百分之一以上百分之十以下"这三个核心要素外,在第 59 条还规定了"违法行为的性质、程度、持续的时间和消除违法行为后果的情况"。同时,也表达了要素的开放性——列举之后加了"等因素"。另外,在反垄断委员会颁布的《指南征求意见稿》中,共列举了十项从重、从轻的要素。应当说,上述国家或地区立法中影响罚款的主要要素在我国基本上都有所涉及。虽然个别差异没有提到,如俄罗斯的垄断利润率,但这不影响罚款制度体系的建构能力和建构形态。制度间的差异不在于解构出的可运用要素的数量,而在于我国这些要素排列、组合形成的结构关系。

我国《反垄断法》第 56 条规定了三个核心要素,第 59 条规定了三个辅助要素。重要的是,两者的关系如何。按照第 59 条的规定:"反垄断执法机构确定具体罚款数额时,应当考虑违法行为的性质、程度和持续的时间等因素。"这意味着,辅助要素是为确定基础罚款的比例而存在的。相比俄罗斯的反垄断罚款制度,本质差异在于,辅助性要素发挥的功能不是辅助性的,而是基础性的,即为确定基础罚款比例这一核心功能而存在。这种关系和地位在《指南征求意见稿》第三章第三节、第四节中被进一步确认。换言之,违法性质、违法时间、从重情节、从轻情节等诸多要素被统一打包,共同作用于基础罚款比例的确定。此种情况下,各要素发挥的作用不同于上述前提平衡,因为前提平衡是基础罚款比例已经确定的前提下适用另外的比例对基础罚款的数额进行调整。当然,更不同于过程平衡和结果平衡。这样,在结构上,我国反垄断罚款制度只有一元结构,即将上一年销售额与由其他诸多要素统合起来在 1%—10% 间确立的具体比例之乘积。

程序上的"几步走"仍改变不了我国罚款制度的一元结构状态。《指南征求意见稿》第 16 条规定了"三步计算法":第一步,确定违法经营者的上一年度销售额;第二步,考虑违法行为性质和持续时间确定基础罚款比例;第三步,考虑其他从重、从轻、减轻因素对基础罚款比例进行调整,并根据违法行为的程度进行调整,确定最终罚款比例,据此计算出罚款数额。事实上,上述罚款额的计算步骤是一种内化程序。

我国法律与其他国家立法在结构上的差异,源于结构要素配置上的差异,我国将其他国家法律中的辅助要素列为核心要素,建立了一套复杂的"基础性工程",辅助要素内置于基础性工程。这种不设外部平衡措施的一次性统算会产生如下问题：

第一，罚款的功能指向不明。如欧盟法上的行为性质加重、垄断行为持续的时间等是在计算出基础罚款后进行特别处理，意在体现不同辅助要素的特定指向意义。在确定行政罚款时只有将单独要素的功能指向展现出来才能体现其制度的功能和价值。这也是欧盟、美国、俄罗斯等国家或地区的法律计算罚款时除了设置基础罚款外，还需要辅之以第二步、第三步等过程的基本理由。计算的过程是展现不同要素地位及其组合功能的过程。但在我国因为没有外置平衡的过程，无法确知相关要素的独立或组合功能，由此模糊了"罚"的具体指向，甚至力度。

第二，无法体现"过罚相当"。由于垄断行为的复杂性和危害的特殊性，确定罚款时考虑的多种要素会分别指向"过""罚""相当"。在我国反垄断行政罚款计算上，最终罚款的计算"一步到位"，过罚是否相当无法显现，也难以在处罚结果上确认。

相比较来看，不是我国反垄断罚款的计算不进行平衡，而是平衡前置了。几乎所有的要素都参与到基础罚款比例的确定过程中。要素作用于比例和作用于罚款是两个不同性质的功能。

（二）结构主义视角下的反垄断罚款制度的优化

罚款属于行政处罚的一种，因此，制度优化需要结合行政处罚法的规定，构建内外关系结构，以清晰反垄断罚款制度的原则和目标，并在此基础上完善行政罚款内部结构，重新组合相关要素，形成合理的计算方式及程序。

1. 明确惩罚功能下的原则结构

理论上，学者更多予以关注的是反垄断罚款的功能，而少有关注罚款制度的原则的。法律原则是辅助法律制度实现立法目的的指导思想，通过指导制度使其发挥相应的功能。所以，制度实施是否达到了立法目的，需要考查是否遵循了法律原则。

在我国，行政罚款的基本规则体现在《行政处罚法》上。该法第 5 条要求行政处罚遵循三个原则：公正原则、公开原则，和"过罚相当"原则——设定和实施行政处罚必须以事实为依据，与违法行为的事实、性质、情节以及社会危害程度相当。

在反垄断处罚上，这三个原则相互依存。其中，"过罚相当"是核心。做到过罚相当，处罚的结果就是公正的；同时，程序上公开，才可能做到过罚相当。但目前存在垄断行为的行政罚款无法适用"过罚相当"原则的观念。这种观念认为,"过罚相当"原则主要适用于违法行为的损失已经发生的场合,而垄断行为的损失可能一时难以显现。基于损失的难以计算,过罚便难以"相当"。

在垄断行为罚款制度上,"过罚相当"原则中的"过"不仅仅指主观过错。它是个大概念,既包括主观之过错,更主要的是指行为性质,如价格卡特尔,也包括行为的结果。由于垄断行为的上述两个盖然性问题的存在,损害的结果很难完全揭示出来。按照"汉德公式",在垄断损害中,P 和 L 都具有不确定性[1]。所以,反垄断罚款计算的核心要素都包含有拟定成分。于是,罚款的技术问题就转化为,在惩罚功能的前提下,"罚"首先以模拟推定得出可能的基础罚款,之后再确定"过",即进行前提平衡和(或)过程平衡,最后再确定"相当",即结果平衡。

2. 我国反垄断罚款制度的重构

反垄断罚款制度具有鲜明的政策指向功能,包括是否处以罚款、处多少罚款、处以罚款的环节等。

在我国反垄断行政罚款制度的设计上,同样需要体现政策的指向性。优化我国反垄断罚款制度,即是在《行政处罚法》第 5 条规定的公平原则、"过罚相当"原则和公开原则的指导下明确相关政策指向。具体的方案如下:

首先,基础罚款比例的固定。即使将中国反垄断法中的最高罚款比例 10% 视为基础罚款比例,横向比较,这个比例也低于美国法;从销售额的计算角度,处罚力度也弱于欧盟法。基础罚款比例的设计涉及市场的成熟度和对企业生存的影响。越成熟的市场,对市场信号的灵敏度越强,资源配置的合理性越充分,基于垄断行为产生的资源误置越高或社会的成本越大。很大程度上,反垄断罚款的威慑力来自基础罚款的比例,美国法在确定损失额为销售额 10% 的基础上,又拟制了 10%;欧盟法拟制了全球市场的销售额;俄罗斯法拟制了最高罚款比例 15%。对于企业尤其是中小企业生存的问题,可以通过后续的平衡完成。因此,应当优化我国反垄断罚款制度:将基础罚款比例确定为一个固定的比例,而不是现在的比例幅度;在确定基础罚款的比例的多少时,将惩罚目标纳入其中。

---

[1] 在美国政府诉卡罗尔拖轮公司一案中,汉德(Learned Hand)法官提出了著名的汉德公式: $B<PL$;B:预防事故的成本;L:一旦发生所造成的实际损失;P:事故发生的概率;PL:(事先来看)事故的预先损失。即只有在潜在的致害者预防未来事故的成本小于预期事故的可能性乘预期事故损失时,行为人才负过失侵权责任。

总结过往的经验,确定比例的前提是要体现惩罚功能。即以销售额为基础,确定一个比例,适用比例后的数额要超过违法所得,但超过多少是一个技术问题。"超额"是一种数量判断,其能否顺利计量取决于用于比较的两个事物是否可以量化或者是否具有同质性。① 反垄断违法所致的公益损害往往不仅仅是一种有形的损害,也包括无形损害,如竞争秩序。但后者在很多情况下难以金钱计量。"超额"是针对可计量的有形损害而言,递延性的有形损害和无形损害只能通过拟制表达。根据我国现行制度和执法经验,可以将10%作为基础罚款的固定比例。

其次,增加前提平衡。具体设置前提平衡还是过程平衡,抑或两个过程全部设置,涉及的不仅仅是计算工作的繁复程度,更重要的是对不同性质行为的加重系数(或比例)的设计是否合理。建议在目前情况下,将两个平衡整合,在性质上按照前提平衡对待。因为前提平衡是一种"大块"平衡,针对特殊的行为和主体给予的特殊对待,可另在技术上加重或减轻,如对价格卡特尔的加重处罚,以及对中小企业设置减轻的处罚比例。另外,其政策的指向性明确。尽管就一个案件而言,现在的统合处理方法和未来的前提平衡方式在计算结果上可能是一致的,但(前者)作为思维过程的类别处理和(后者)作为计算过程的类别处理,因类别的特别宣示会产生溢出明显的政策指向效果,即分项要素的罚款加重或减轻(分类比例)会清晰地提示违法者哪种行为的危害性更大或更小。在价值上,如果将公平狭义地定义为不同情况不同对待,那么,前提平衡可以体现公平原则。

再次,确定结果平衡。在我国,影响"过罚相当"的主要原因是辅助要素的错位适用。辅助要素体现在《反垄断法》第59条的规定上。解铃还须系铃人,落实"过罚相当"原则的工具也是辅助要素。具体而言,需要完成两项任务。一是改变现在的辅助要素发挥的核心功能,使其独立发挥辅助性功能。即从现行参与基础罚款的计算过程转移到对已经计算出的基础罚款结果的修正上来。例如,按照现行的辅助要素的核心功能作用形式,不论其发挥的减轻能力如何,最终确定的罚款比例只有1%或0.5%两个级差。如果辅助要素发挥结果平衡的功能,不论基础罚款的比例是多少,最终的处罚比例会在整数比例(x%)之后形成更细微的调整,如4.8%。调整的级差间距缩小——在0.1%—0.9%之间,即可以体现和全面落实"过罚相当"原则。二是细化辅助要素的类型。我国现行《反垄断法》第59条只列举了3种要素,并加了一个兜底表述"等";《指南征求意见稿》中列举了10项,另加上了"其

---

① 陈太清、徐泽萍:《行政处罚功能定位之检讨》,载《中南大学学报(社会科学版)》2015年第4期。

他"。这远不能揭示垄断行为和结果关系的复杂性质。俄罗斯法上列举的辅助要素共 15 项(加重和减轻的辅助要素分别为 7 项和 8 项)。这里宜适用完全列举的方法,列举越清晰,政策指向性越明确,越有利于实现"过罚相当"。既要将减轻处罚的"正面清单"列举出来,也要细化加重处罚的"负面清单"。只有充分列举辅助要素并使其发挥各自的作用,才能产生缩小级差间距的效果。

最后,将反垄断罚款的过程制度化。目前反垄断处罚程序属于"一步到位",基本程式为:考虑"违法行为的性质、程度、持续的时间和消除违法行为后果的情况等因素",决定对违法者的罚款比例乘以上一年销售额。不仅辅助要素发挥的作用不合理,其发挥作用的程度也不透明、不公开。罚款程序制度的法治化,前提是罚款计算程序制度的法制化。结合中国执法机构的人力状况和执法经验,及在明晰上述类别比例和细化辅助要素清单的基础上,优化现行反垄断罚款制度的方案及运用过程可以是:第一步,计算基础罚款;第二步,类别比例的前提平衡;第三步,减轻和加重处罚的结果平衡。

反垄断罚款制度不仅仅是为了惩罚违法者,还需要使计算罚款的相关要素及其组合具有明确的政策指向,也需要保证处理结果公平、公正。程序正义是实体正义的保障。正如马克斯·韦伯所言,"法律形式主义可以让法律机制像一种技术合理性的机器那样来运作,并且以此保证各个法利害关系者在行动自由上、尤其是对本身的目的行动的法律效果与机会加以理性计算这方面,拥有相对最大限度的活动空间。"[1]

---

[1] 〔德〕马克斯·韦伯:《法律社会学·非正当性的支配》,康乐、简惠美译,广西师范大学出版社 2011 年版,第 222 页。

参考文献

一、著作类

（一）俄文著作

1. 〔俄〕别列赫:《俄罗斯商业活动的法律调整》,莫斯科出版社2009年版。
2. 〔俄〕巴拉舒克:《俄罗斯竞争法:关于经济危机时期俄罗斯和德国法律和商业的经验》,莫斯科出版社2010年版。
3. 〔俄〕叶列枚科:《竞争关系的法律调整之俄罗斯与外国比较》,莫斯科出版社2001年版。
4. 〔俄〕科聂耶夫:《反垄断政策》,莫斯科出版社2006年版。
5. 〔俄〕科兹洛娃:《关于"竞争法"的名称》,莫斯科出版社2010年版。
6. 〔俄〕阿尔杰米耶夫、苏斯科维奇:《俄罗斯竞争法》,莫斯科出版社2012年版。
7. 〔俄〕舒米洛夫:《世界经济全球化背景下的国际经济法:理论与实践问题》,法律科学出版社2001年版。
8. 〔俄〕克拉夫契诃夫:《民法学中的法律事实》,莫斯科出版社2005年版。
9. 〔俄〕卢卡申科:《在现代经济条件下反垄断政策向竞争政策的过渡》,托木斯克出版社2011年版。
10. 〔俄〕别特洛夫:《竞争法:应用中的理论与实践》,莫斯科出版社2013年版。
11. 〔俄〕扎波尔斯基:《俄罗斯联邦竞争和垄断的法律规范(讲义)》,莫斯科出版社2010年版。
12. 〔俄〕图基耶夫:《竞争法》,РДЛ出版公司2000年版。
13. 〔俄〕希什金:《国家经济监管的企业法律基础》,法律科学出版社2012年版。
14. 〔俄〕斯特劳宁:《民事权利抗辩》,法律科学出版社1999年版。
15. 〔俄〕阿列克谢耶夫:《国家与法的理论问题》,莫斯科出版社1987年版。
16. 〔俄〕卡巴诺夫:《竞争法论文集》,圣彼得堡出版社2014年版。
17. 〔俄〕沙里曼:《反垄断法在创建和发展市场中的功能》,圣彼得堡出版社2002年版。
18. 〔俄〕巴里诺夫、卡兹洛娃:《俄罗斯反垄断法》,伏尔加格勒出版社2001年版。
19. 〔俄〕阿特列耶夫:《国家参与的民事法律关系》,圣彼得堡出版社2005年版。
20. 〔俄〕阿法纳耶娃、别利兹卡雅、瓦班:《俄罗斯企业法》,标准出版社2017年版。
21. 〔俄〕瓦尔拉莫娃:《俄罗斯竞争法》,法镜出版公司2008年版。

22.〔俄〕阿尔基米耶夫、布泽列夫斯基、舒式克耶夫:《俄罗斯竞争法》,高等经济院校出版社2014年版。

23.〔俄〕巴拉苏克:《竞争法》,格罗杰茨出版公司2002年版。

24.〔俄〕巴里莫夫、科兹洛娃:《俄联邦反垄断法:理论与实践问题》,伏尔加格勒大学出版社2001年版。

25.〔俄〕艾格路斯金、普利亚柯娃、哈赫罗夫:《反垄断法:变革时序》,威科(俄罗斯)出版商2010年版。

26.〔俄〕斯莫林:《俄罗斯反垄断政策现代化走向》,圣彼得堡出版公司2005年版。

27.〔俄〕雅克夫列夫:《司法仲裁实践评论》(第11期),法律文献出版社2004年版。

28.〔俄〕沙斯基卡:《生产的集中化:条件、事实和政策》,杰伊斯出版公司2002年版。

29.〔俄〕尼亚耶娃:《俄罗斯反垄断政策》,沃梅格尔出版公司2006年版。

30.〔俄〕巴尔基洛:《滥用市场支配地位问题:俄罗斯与外国的态度》,标准出版公司2009年版。

31.〔俄〕克列因:《俄罗斯民法典(第一部分)评述》,因弗拉出版社1997年版。

32.〔俄〕特拉费莫夫、克鲁维尔:《反垄断法实施:法院案例集》,俄罗斯国立图书馆出版社2006年版。

33.〔俄〕俄罗斯联邦反垄断局:《俄联邦竞争状况报告》(2009—2018年)。

34.〔俄〕教科书编写组:《竞争与反垄断法调整》,逻各斯出版公司1999年版。

35.〔俄〕俄罗斯联邦反垄断局:《1992—2005俄罗斯反垄断机构的执法统计》。

(二)中文著作

1.〔俄〕A. 布兹加林、B. 拉达耶夫:《俄罗斯过渡时期经济学》,佟刚译,中国经济出版社1999年版。

2.〔德〕沃尔夫冈·查普夫:《现代化与社会转型》,陆宏成、陈黎译,社会科学文献出版社2000年版。

3.〔挪威〕A. J. 伊萨克森、〔瑞典〕C. B. 汉密尔顿、〔冰岛〕吉尔法松:《理解市场经济》,张胜纪、肖岩译,商务印书馆1996年版。

4.〔美〕奥利弗·E. 威廉姆森:《反托拉斯经济学》,张群群、黄涛译,经济科学出版社1999年版。

5.〔美〕迈克尔·波特:《国家竞争优势》,李明轩、邱如美译,华夏出版社2002年版。

6.〔法〕卢梭:《社会契约论》,何兆武译,商务印书馆1980年版。

7.〔美〕熊彼特:《资本主义、社会主义与民主》,吴良健译,商务印书馆1999年版。

8.〔英〕戴维·W. 皮尔斯:《现代经济学词典》,宋承先等译,上海译文出版社1988年版。

9.〔美〕霍伊:《自由主义政治哲学》,刘锋译,三联书店1992年版。

10.〔美〕马歇尔·C. 霍华德:《美国反托拉斯法与贸易法规》,孙南申译,中国社会科学出版社1991年版。

11.〔日〕植草益:《日本的产业组织——理论与实证的前沿》,锁箭译,经济管理出版社 2000 年版。

12. 〔德〕马克斯·韦伯:《法律社会学:非正当性的支配》,康乐、简惠美译,广西师范大学出版社 2011 年版。

13. 〔法〕弗朗索瓦·多斯:《结构主义史》,季广茂译,金城出版社 2012 年版。

14. 《俄罗斯联邦民法典》,黄道秀译,北京大学出版社 2007 年版。

15. 王晓晔:《反垄断法》,法律出版社 2011 年版。

16. 时建中主编:《三十一国竞争法典》,中国政法大学出版社 2009 年版。

17. 江平:《西方国家民商法概要》,法律出版社 1984 年版。

18. 沈宗灵主编:《法理学》,高等教育出版社 2004 年版。

19. 张文显:《法理学》,法律出版社 2007 年版。

20. 冯友兰:《中国哲学之精神》,江苏文艺出版社 2014 年版。

21. 王先林:《竞争法律与政策评论》,上海交通大学出版社 2016 年版。

22. 何之迈:《公平交易法专论》,中国政法大学出版社 2004 年版。

23. 李福川:《俄罗斯反垄断政策》,社会科学文献出版社 2010 年版。

24. 杨一平:《司法正义论》,法律出版社 1999 年版。

25. 《元照英美法词典》,法律出版社 2003 年版。

26. 朱新力、金伟峰、唐明良:《行政法学》,清华大学出版社 2005 年版。

27. 苏永钦:《走向新世纪的私法自治》,中国政法大学出版社 2002 年版。

28. 刘孔中、欧阳正:《公平交易法》,台湾空中大学 2003 年印行。

29. 谢庆奎、佟福玲主编:《政治改革与政府转型》,社会科学文献出版社 2009 年版。

30. 万鄂湘、张军主编:《最新商事法律文件解读》,人民法院出版社 2007 年版。

31. 刘军、张方风、朱杰编:《系统工程》,机械工业出版社 2014 年版。

32. 刘兆兴主编:《比较法学》,中国政法大学出版社 2013 年版。

二、期刊类

(一)俄文期刊

1. 〔俄〕恰尔诺瓦尔:《竞争法的概念与法律性质》,载《私法实践问题》2010 年第 4 期。

2. 〔俄〕沙哈耶夫:《竞争(反垄断)法的类型》,载《现代竞争》2012 年第 3 期。

3. 〔俄〕茨卡诺夫、达威达娃、缔念卡娃:《俄罗斯竞争机构的变革》,载《俄罗斯竞争法与经济》2015 年第 1 期。

4. 〔俄〕巴斯拉科夫:《竞争保护中的公法与私法冲突的解决》,载《俄罗斯竞争法与经济》2015 年第 1 期。

5. 〔俄〕萨依哈耶夫:《竞争(反垄断)法的性质》,载《现代竞争》2012 年第 3 期。

6. 〔俄〕巴拉舒克:《俄罗斯竞争立法》,载《立法》1999 年第 3 期。

7. 〔俄〕苏哈鲁科夫:《俄罗斯和德国竞争(反垄断)法律体系》,载《俄罗斯法学杂志》2010 年第 1 期。

8. 〔俄〕阿博良米托夫:《竞争法:问题理解与法律性质》,载《俄罗斯法律实践问题》2014 年第 8 期。

9. 〔俄〕扎拉塔耶娃、克列耶娃:《集团和单一组织合理性划分问题》,载《司法》2015 年第 15 期。

10. 〔俄〕巴尔雷列夫:《论单一制企业创建的目的》,载《法律与经济》2011 年第 7 期。

11. 〔俄〕卡西诺夫:《论消除单一制企业与提升竞争水平》,载《行政与市政法》2014 年第 12 期。

12. 〔俄〕邦达连科:《俄罗斯各地区竞争强度评级与方法论》,载《现代竞争》2015 年第 1 期。

13. 〔俄〕哈穆科夫:《卡特尔和其他反竞争协议的识别》,载《国家审计·法律·经济》2016 年第 2 期。

14. 〔俄〕特尼舍夫、哈穆科夫、达兹马洛夫:《调查反竞争协议、协同行时计量经济学方法的运用》,载《俄罗斯竞争法与经济》2016 年第 3 期。

15. 〔俄〕阿卜杜勒梅诺夫、普鲁赞斯基:《价格制定的合规程序与实践》,载《竞争与法律》2015 年第 5 期。

16. 〔俄〕罗加切夫斯基:《关于经济实体实施合规程序的实践分析》,载《俄罗斯竞争法律与经济》2016 年第 3 期。

17. 〔俄〕比格巴耶夫:《竞争法的非对称性》,载《竞争与法律》2012 年第 4 期。

18. 〔俄〕采达诺夫、达维达娃:《俄罗斯竞争机构体制的转变》,载《俄罗斯竞争法与经济》2015 年第 1 期。

19. 〔俄〕达乌洛娃:《垄断行为:概念、分类、责任》,载《法律》1996 年第 3 期。

20. 〔俄〕柏格:《在确定关联主体时主体集团概念的使用》,载《公司法学家》2007 年第 12 期。

21. 〔俄〕叶列明科:《竞争法的理论检视》,载《国家与法》2002 年第 2 期。

22. 〔俄〕尼古拉耶夫:《竞争法的降低公权和私权滥用风险》,载《俄罗斯竞争法与经济》2015 年第 1 期。

23. 〔俄〕彼克巴耶夫:《竞争法的非对称性》,载《竞争与法律》2012 年第 4 期。

24. 〔俄〕别洛夫:《新竞争法中的主体集团》,载《公司法学家》2006 年第 8 期。

25. 〔俄〕阿卡尔科夫:《苏联民法中的滥用权利问题》,载《苏联消息》1946 年第 6 期。

26. 〔俄〕阿伯拉米托夫:《竞争法:问题理解与法律性质》,载《当代俄罗斯法律问题》2014 年第 8 期。

27. 〔俄〕叶米里亚诺夫:《民事权利行使的界限》,载《司法》1999 年第 6 期。

28. 《俄联邦最高仲裁法院公报》,1998 年 3 月 30 日,第 32 号。

(二)中文期刊

1. 黄勇:《价格转售维持协议的执法分析路径探讨》,载《价格理论与实践》2012 年第 12 期。

2. 陈瑞华:《司法权的性质》,载《法学研究》2000 年第 5 期。

3. 王健:《追寻反垄断罚款的确定性——基于我国反垄断典型罚款案例的分析》,载《法学》2016 年第 12 期。

4. 王健、张靖:《威慑理论与我国反垄断罚款制度的完善——法经济学的研究进路》,载《法律科学》2016 年第 4 期。

5. 胡建淼:《"其他行政处罚"若干问题研究》,载《法学研究》2005 年第 1 期。

6. 许传玺:《行政罚款的确定标准:寻求一种新的思路》,载《中国法学》2003 年第 4 期。

7. 黄勇、刘燕南:《垄断违法行为行政罚款计算标准研究》,载《价格理论与实践》2013 年第 8 期。

8. 冯博:《没收违法所得与罚款在反垄断执法中的组合适用》,载《法商研究》2018 年第 3 期。

9. 王贵:《反垄断执法中的没收违法所得与罚款关系研究——基于 411 起案例的实证分析》,载《经济法论坛》2017 第 1 期。

10. 蒋岩波:《反垄断没收违法所得处罚问题研究——基于法经济学的视角》,载《经济法论丛》2018 年第 2 期。

11. 肖江平:《滥用市场支配地位行为认定中的"正当理由"》,载《法商研究》2009 年第 4 期。

12. 孟雁北:《我国垄断行业规制行为之公平竞争审查问题研究》,载《价格理论与实践》2018 年第 5 期。

13. 何国华:《俄罗斯企业立法转向及启示》,载《北京政法职业学院学报》2005 年第 4 期。

14. 陈太清、徐泽萍:《行政处罚功能定位之检讨》,载《中南大学学报(社会科学版)》2015 年第 4 期。

15. 于连平、于小琴:《俄罗斯联邦消费者权利保护法》(一、二),载《西伯利亚研究》2003 年第 5、6 期。

16. 刺森:《反垄断执行中罚款与损害赔偿的协调机制——我国与欧盟的比较分析》,载《法律适用》2016 年第 4 期。

17. 李孝猛:《责令改正的法律属性及其适用》,载《法学》2005 年第 2 期。

附录　俄联邦《竞争保护法》

(2019年7月18日修订)

第1章　总　则

第1条　本联邦法的调整对象和目的

1. 本联邦法规定了保护竞争的组织和法律基础,其中包括预防和制止:

(1) 垄断行为、不正当竞争;

(2) 联邦权力执行机关、联邦主体国家权力机关、地方自治机构和履行上述机构职能的机构和组织,以及国家预算外基金、俄罗斯联邦中央银行禁止、限制和消除竞争。

2. 本联邦法的目的是保障俄罗斯联邦境内经济的统一、商品的自由流通、经济活动的自由,保护竞争并为商品市场有效运行创造条件。

第2条　俄罗斯联邦反垄断法和其他保护竞争的规范性法律文件

1. 俄罗斯联邦反垄断法(下称"反垄断法")根据俄罗斯联邦宪法和俄罗斯联邦民法典制定,由本联邦法及调整本联邦法第3条所述法律关系的其他联邦法律组成。

2. 在反垄断法直接规定的情况下,本联邦法第3条所述法律关系可以由俄罗斯联邦政府法规、俄罗斯联邦反垄断机关的规范性法律文件予以调整。

3. 俄罗斯联邦缔结的国际条约与本联邦法不一致的,适用国际条约。

第3条　本联邦法的适用范围

1. 与保护竞争相关的法律关系,包括预防和制止由俄罗斯或外国法人和组织、俄罗斯联邦权力执行机关、联邦主体国家权力机关、地方自治机构及履行上述机构职能的机构和组织、国家预算外基金、俄罗斯联邦中央银行、自然人、个体经营者等主体实施的垄断行为和不正当竞争行为,适用本联邦法之规定。

2. 俄罗斯自然人、法人和(或)外国自然人、法人或组织之间在俄罗斯联邦境外达成的协议或实施的行为,影响到俄罗斯联邦境内竞争状况的,适用本联邦法之规定。

3. 根据俄罗斯联邦缔结的国际条约，由欧亚经济委员会控制的跨境市场统一竞争规范所调整的法律关系，不适用本联邦法之规定。跨境市场标准由俄罗斯联邦缔结的国际条约加以明确。

第 4 条　本联邦法使用的基础概念

本联邦法使用以下基础概念：

1) 商品，是指用于销售、交换或其他交易形式的民事权利客体（包括产品、服务和金融服务）。

2) 金融服务，是指银行服务、保险服务、证券市场服务、租赁服务，以及由金融机构向自然人和法人提供的吸收资金和发放贷款服务。

3) 可替代商品，是指在功能、用途、质量、性能、价格或其他类似指标上具有可比较性，从而使得购买者在消费（包括生产性消费）过程中替代或能够替代另一种商品的商品。

4) 商品市场，是指不会被其他商品或替代品（下称"某种商品"）所代替的商品（包括国外生产的商品）流通领域。在该领域内（含地域范围），受到经济、技术或者其他可能的、合理的因素影响，购买者能够获得该种商品，而在该领域外，购买者不能获得该种商品。

5) 经营主体，是指商业组织、从事营利活动的非商业组织、个体经营者以及虽未登记为个体经营者，但根据联邦法律进行了国家登记并（或）取得许可从事专业性营利活动、作为自律组织成员的自然人。

6) 金融组织，是指提供金融服务的经营主体，包括信贷机构、小额信贷组织、信贷消费合作社、保险公司、保险经纪机构、相互保险机构、证券交易场所、外汇市场机构、典当公司、租赁公司、非国营养老基金、投资基金管理公司、共同投资基金管理公司、投资基金专业托管机构、共同投资基金专业托管机构、非国营养老基金专业托管机构、证券市场专业从业者。

7) 竞争，是指发生在经营主体间的对抗，且任一主体均无法通过单独行动排除或限制相关商品市场的一般交易条件。

8) 歧视性条件，是指在商品市场准入、生产、交换、消费、购买、销售以及其他商品交换领域，由一个或多个经营主体设置的，旨在对其他一个或多个经营主体施加不利竞争影响的条件。

9) 不正当竞争，是指由经营主体（集团）实施的，以在商业活动中获利为目的而从事的，有损俄罗斯联邦法律、商业惯例、自律规范、经营上的合理性和公平性要求的，并对其他存在竞争关系的经营主体造成或可能造成经济损失，或对其商誉造成或可能造成损害的行为。

10) 垄断行为,是指经营主体实施的滥用市场支配地位、垄断协议或协同行为等反垄断法禁止的行为,以及其他被联邦法律认定为具有垄断性的作为(不作为)。

11) 系统性垄断行为,是指经营主体三年内实施两次以上被联邦法律认定为具有垄断性的行为。

12) 金融服务不合理高价或低价,是指一个或多个具有市场支配地位的金融机构所制定的、显著偏离金融服务市场竞争价格,和(或)阻碍其他金融机构进入市场,和(或)对金融市场竞争产生消极影响的价格。

13) 金融服务竞争价格,是指在竞争条件下形成的金融服务市场的价格。

14) 经济协调活动,是指独立于相关市场经营主体且不从事商品市场活动的第三方,对市场经营主体进行的经济协调行为。经营主体为履行纵向协议而实施的活动不属于经济协调活动。

15) 反垄断机构,是指联邦反垄断机关及其地方机构。

16) 获得企业股份(注册资本中的份额),是指通过指购买股份(份额)或者以信托管理协议、共同经营协议、代理协议以及其他交易取得能够取得具有表决权的企业份额的行为。

17) 限制竞争的标志,是指具有竞争关系的其他经营主体数量减少;非因市场上一般交易条件改变而造成的商品价格上涨或下降;限制具有竞争关系的经营主体在商品市场上的自主经营行为;通过经营主体之间达成的协议,或根据对他们有约束力的指示,或通过与其他具有竞争关系的经营主体的协同行为等方式控制市场一般交易条件;其他可能存在一个或多个经营主体单方面控制市场一般交易条件的情形;在无法律规定情形下,国家机构、地方自治机构以及提供公共服务的组织参与市场活动,提供相关服务时,针对有关商品或经营主体设置的条件。

18) 协议,指一个或多个文件中的书面文件或口头形式达成的一致意见。

19) 纵向协议,是指在销售和购买商品的经营主体间达成的协议。

20) 国家或地方特惠,是指联邦权力执行机关、联邦主体国家权力机关、地方自治机构以及其余履行上述职能的组织或机构以提供国家或地方财产、其他民事权利或资产、国家或地方的担保优惠方式向部分经营主体提供的,使之在经营活动中获得更有利条件的优惠。

21) 经济集中,是指能对竞争条件产生影响的交易或其他行为。

22) 经济集中的对象主体,是指获取股份(份额)、资产、固定生产资本和

(或)无形资产被收购或纳入授权资本的人,或其依据联邦法第七章所规定的程序获得权利的人。

23) 消费者,是指购买商品的自然人或法人。

第 5 条　支配地位

1. 支配地位是指一个经营主体(集团)或若干经营主体(若干集团)在某种商品市场上的地位,能使其对相应商品市场的一般交易条件产生决定性影响,和(或)有能力把其他经营主体排挤出商品市场,和(或)有能力限制其他经营主体进入这一商品市场。下述经营主体的地位可以认定为支配地位(金融机构除外):

1) 经营主体占某种商品的市场份额超过50%,且在审理反垄断案件或实施经济集中的国家监管过程中,未对该经营主体作出不具有市场支配地位的认定的;

2) 经营主体占某种商品的市场份额低于50%,但反垄断机构可根据下述情形认定该经营主体占有支配地位:该经营主体所占市场份额没有变化或只有相较于其他经营主体的市场份额微小变化、新竞争者进入该市场的可能性,以及其他反映商品市场集中度的指标。

2. 经营主体(金融机构除外)占某种商品的市场份额不超过35%的,除本条 3 和 6 款规定之情形,不被认定为具有市场支配地位。

2.1 经营主体为法人,且其创始人(成员)是单一自然人(包括一个注册的独资企业)或若干自然人的,如果该经营主体上一会计年度的商品销售收入不超过 8 亿卢布,不被认定为具有市场支配地位。以下情形除外:

1) 依据本联邦法第 9 条第 1 款的规定,与另一经营主体或其他若干经营主体同属于一个集团。依据本联邦法第 9 条第 1 款第 7 项的规定与另一经营主体同属于一个集团的,或者所属的集团仅由依据本联邦法第 9 条第 1 款第 7 项的规定从属于该集团的自然人或实体组成的,或者该经营主体为独资经营者的,均不适用本例外;

2) 金融机构;

3) 在自然垄断条件下的商品市场上的自然垄断实体;

4) 创始人或成员是法人的经营主体;

5) 注册资本包含俄罗斯联邦份额、俄罗斯联邦机构份额以及市政部门份额的。

2.2 具有以下情形的独资经营者不被认定为具有支配地位:依据本联邦法第 9 条第 1 款的规定,不属于另一经营主体或其他若干经营主体在内的集团的独资经营者,其上一个会计年度的销售收入不超过 8 亿卢布的;或者依据本联邦法第9条第1款第7项的规定与另一经营主体同属于一个集团的独资经营者;或者该独资经营者与另一经营主体或者其他若干经营主体同属于一个集团,该集团由依据本联邦法第9条第1款第7项规定的若干自然人或经营主体组成,且这些经营主体上一会计年度的商品销售总收入不超过8亿卢布。

3. 如果同时具有下述情形,每个经营主体都可被认定具有支配地位:

1) 在相关商品市场上,3个及以内经营主体所占市场份额合计超过50%,且其中任一家所占份额都超过上述3家以外的经营主体;或5个及以内经营主体所占市场份额合计超过70%,且其中任一家所占份额都超过上述5家以外的经营主体(若上述3家或5家经营主体中的任何一家所占市场份额不超过8%,则不适用本规定);

2) 在较长时间内(该期间不少于一年,但如果商品市场存在时间不足一年,该期间为该商品市场存续期间)经营主体所占相应市场的份额没有变化,或者只有微小变化,同时新竞争者很难进入该商品市场;

3) 上述多家经营主体销售或采购的商品在使用中不能为其他商品替代(含生产性消费品),且该商品价格上涨不会导致对该商品需求相应下降,只有特定的集团成员才能获得该商品在相关商品市场中的价格、销售和采购信息。

4. 经营主体有权向反垄断机构或者法院提供证据,证明其在商品市场的地位不应被认定为具有市场支配地位。

5. 商品市场上处于自然垄断地位的自然垄断企业,是具有支配地位的经营主体。

6. 经营主体占相关商品市场份额不超过35%的,联邦法律可规定一定的条件,认定其具有市场支配地位。

6.1.—6.2 废除(2015年)

7. 结合本联邦法规定之内容,俄罗斯联邦政府负责制定对金融机构市场支配地位的认定标准(信贷机构除外)。结合本联邦法规定之内容,由俄罗斯联邦政府与俄罗斯联邦中央银行协商制定对信贷机构市场支配地位的认定标准。反垄断机构按照俄罗斯联邦政府规定的方法认定金融机构市场支配地位(信贷机构除外)。对信贷机构市场支配地位认定的方法,由俄罗斯联邦政府与俄罗斯联邦中央银行协商制定。在俄罗斯联邦唯一商品的市场上,商事合伙占市场份额不超过10%,或在俄罗斯非唯一商品的市场(同一商品同时也在俄罗斯联邦的其他商品市场交易)占份额不超过20%的,不应被认定为市场支配地位。

8. 按照本联邦法第 23 条第 2 款第 3 项之规定,反垄断机构在进行市场竞争分析时,要评估对市场竞争的影响因素,其中包括进入商品市场的条件、特定商品市场上经营主体所占份额、买卖双方所占市场份额之间的比例、对商品市场的一般交易条件产生决定性影响所持续的时间。

9. 分析市场竞争的时间要素取决于研究目的、商品市场的具体情况和可获取的信息。为认定经营主体的市场支配地位而分析市场竞争状况的最短时间应为一年或该商品市场存在期(存在期少于一年的)。

第 6 条　商品垄断高价

1. 商品垄断高价是指由具有市场支配地位的经营主体制定的价格,且该价格超过生产和(或)销售该商品的必要成本和利润之和,以及在具有良好竞争环境的市场下所形成的价格。该市场为在俄罗斯联邦境内外存在的具有类似供需关系条件、商品流通条件、商品市场进入条件、国家对市场的调节政策(含税收与关税政策)等条件的商品市场(下称"类比商品市场")。确定商品垄断高价的方式可以是:

1) 通过提高以前制定的商品价格,且同时符合下述情形:

a) 用于生产和销售商品的必要支出保持相同,或改变的程度与商品价格变化程度不相符;

b) 供求关系没有改变,或没有明显变化;

c) 商品市场的商品交易条件,其中包括国家调节政策如税收政策、价格政策所决定的交易条件没有变化,或者变化程度与商品价格变化程度不相符。

2) 通过维持或不降低以前制定的商品价格,并同时符合下述情形:

a) 生产和销售商品的必要成本已经大幅降低;

b) 供求关系的变化使商品价格的下降具有可能性;

c) 商品市场的商品交易条件,其中包括国家调节政策如税收政策、价格政策所决定的交易条件,提供了商品价格向下调节的可能性。

2. 在符合本联邦法第 13 条第 1 款规定情形的同时,如果商品为创新活动的产物,即创新活动创造出了新的不可替代的商品,或者创造出了新的可替代的商品,但生产成本降低且(或)质量有所提高,则该商品价格不被认定为商品垄断高价。

3. 自然垄断经营主体在按照俄罗斯联邦法律规定的商品价格范围内制定的价格,不被认定为商品垄断高价。

4. 如果商品价格不超过在可比较商品市场竞争条件下形成的价格,则不被认定为商品垄断高价。

5. 在交易中确定且同时符合下述情形的商品价格,不被认定为商品垄断高价:

1) 在交易中销售的商品数量,由在相关商品市场中占支配地位的经营主体生产和(或)销售,且不应少于联邦反垄断机关和联邦监管相关商品生产活动领域的执法机构设定的数量;

2) 交易由在相关商品市场中具有支配地位的经营主体达成,交易过程符合由联邦反垄断机关和联邦监管相关商品生产活动领域的执法机构决定的要求,尤其满足在交易期间最低参与交易人数的要求;

3) 在相关商品市场中具有支配地位的经营主体,被确认和(或)参与竞标时(尤其在向经纪人或经纪人群体报价时),应当按照联邦反垄断机关明确的程序提交交易关联人名单;

4) 在相关商品市场中具有支配地位的经营主体和(或)该经营主体关联人的行为并非为了市场操纵;

5) 在相关商品市场中具有支配地位的经营主体应当有稳定合理的商品销售,且在一个会计月度中的交易商品的销售数量稳定合理,俄罗斯联邦政府有权决定特定商品市场中的稳定合理销售标准;

6) 在相关商品市场中占支配地位的经营主体应当根据俄罗斯联邦政府要求的流程,在该商品市场上提供场外交易货物的流通记录;

7) 交易的最小规模不会妨碍进入相关商品市场;

8) 在相关商品市场中占支配地位的经营主体在交易中销售商品时,应当符合俄罗斯联邦法律规定交易的约束,包括提交投标人信息的机密性,尤其在向经纪人或经纪人群体报价时。

6. 如果在交易中确定的商品价格是被反垄断机构按照条件和程序确定的,则不被认定为商品垄断高价。

7. 如果在交易中制定的价格并未超过本条第5款和第6款设定的价格,且与用于此类交易上的典型交易的经济(商业)条款与数量和(或)供应量,履行义务的最后期限,付款条件及其他条件决定的价格是合理的可比较价格,则不被认定为商品垄断高价。

8. 根据本条第1款认定商品垄断高价时,应当将国际市场上类似商品的本土交易与外汇交易价格指标纳入考量。

第7条 商品垄断低价

1. 商品垄断低价,是指占支配地位的经营主体制定的商品价格低于生产和销售该商品的必要成本和利润,也低于俄罗斯联邦境内或境外可比较商品市场上竞争条件下形成的价格。确定商品垄断低价的方式可以是:

1) 降低以前制定的商品价格,且同时符合下述情形:

a) 生产和销售该商品的必要成本没有明显变化,或者成本变化与商品价格变化程度不符;

b) 供需关系没有变化,或变化不明显;

c) 商品市场的商品交易条件,其中包括国家调节政策如税收、价格政策影响的交易条件,没有发生变化,或变化程度与商品价格变化程度不符;

2) 维持或固定以前制定的商品价格,且同时符合下述情形:

a) 生产和销售该商品的必要成本已经明显增加;

b) 商品销售方或采购方组成情况的变化决定商品价格可能上升;

c) 商品市场的商品交易条件,其中包括国家调节政策如税收和价格政策影响的交易条件,决定商品价格有可能上升。

2. 在下述情形下,不被认定为商品垄断低价:

1) 由自然垄断的经营主体在俄罗斯联邦法律对该商品规定的价格范围内制定的价格;

2) 商品价格不低于可比较商品市场上竞争条件下形成的价格;

3) 由于在可比较商品市场上非销售方或者采购方的集团的数量减少,商品销售方制定的价格没有或者不可能导致限制竞争。

第 8 条　经营主体协同行为

1. 经营主体协同行为是指商品市场经营主体在没有达成协议的情况下行使并满足以下全部条件的行为:

1) 行为结果符合上述每个相关经营主体的利益;

2) 每个参与经营主体都已通过其中一个经营主体的公开陈述事先知道其行动;

3) 上述每个经营主体的行为均由其他参与协同行为的经营主体的行为引起,而不是由对相关商品市场上所有经营主体产生共同影响的因素所导致。上述因素包括管制关税波动、商品原料价格变化、全球商品市场商品价格变化,以及在不少于一年或者与该商品市场存在期间相同(该商品市场存在期间少于一年),商品需求的明显改变。

2. 经营主体根据协议实施的行为不属于前款所述协同行为。

第 9 条　主体集团

1. 主体集团是对符合下述一个或数个特征的自然人和(或)法人的总称:

1) 经营公司(合伙企业、经营性合作)与自然人或法人,其中自然人或法人由于直接参与经营公司(合伙企业、经营性合作),或依据获得的授权,尤其是基于书面协议从他人处获得的授权,从而持有该经营公司(合伙企业、经营性合作)相当于注册(合股)资本50%股份(份额)以上表决权的;

2) 法人与行使该法人唯一执行机构职能的自然人或法人;

3) 经营公司(合伙企业、经营性合作)与自然人或法人,如果该自然人或该法人按该经营公司(合伙企业、经营性合作)的章程,或按与该经营公司(合伙企业、经营性合作)的合同,有权向该经营公司(合伙企业、经营性合作)发出有约束力的指令的;

4) 两个及以上商业实体,如果集体负责制管理机构人员和(或)董事会(监事会、基金理事会)成员超过50%是同一部分自然人的;

5) 经营公司(合伙企业、经营性合作)与自然人或法人,如果经营公司(合伙企业、经营性合作)唯一的执行机构是由同一自然人或同一法人任命或按同一自然人或同一法人选举出的;

6) 经营公司与自然人或法人,如果该公司中集体执行机构人员或董事会(监事会)成员超过50%是由同一自然人或法人决定的。

7) 自然人及其配偶、父母(含养父母)、子女(含养子女)、同血缘或非完全同一血缘的兄弟姐妹;

8) 自然人或法人,如果其中每一自然人或法人按照本款第1—7项的情形与同一个自然人或法人组成同一团体,或其他自然人或法人按与符合本款第1—7项情形中的自然人或法人组成同一团体;

9) 经营公司(合伙企业、经营性合作)与自然人或法人,按照本款第1—8项的情形组成主体集团,且这些自然人或法人由于共同持有该实体(合伙企业、经营性合作)股份,或按照其他自然人或法人的授权,拥有与该实体(合伙企业、经营性合作)注册资本股份(份额)比例相当的超过50%表决权的。

2. 除联邦法律另有规定外,反垄断机构对经营主体在商品市场的行为(不作为)所作的限制性规定同样适用于主体集团的行为(不作为)。

第2章 垄断行为及不正当竞争

第10条 禁止经营主体滥用支配地位

1. 禁止具有支配地位的经营主体实施导致或可能导致阻碍、限制或排除竞争以及在企业活动或不特定消费者范围内损害他方(经营主体)的行为(不作为):

1) 制定、维持商品垄断高价或垄断低价;

2) 从流通中回收商品,并导致商品价格上升;

3) 向客户强加对其不利或与合同标的无关的合同条款(在无经济或技

术上合理理由,且(或)无联邦法律、俄联邦总统发布的规范性文件、俄联邦政府发布的政令、被授权的联邦权力执行机关制定的法规或司法裁决的明确规定的情况下,要求转移资金及其他财产,包括财产权益,要求以接受含有客户不感兴趣的商品为前提条件以及缔结合同的其他要求);

4) 在无经济或技术上的合理理由,以及无联邦法律、俄联邦总统发布的规范性文件、俄联邦政府发布的政令、被授权的联邦权力执行机关制定的法规或司法裁决的明确规定的情况下,商品仍有市场需求或有订单尚待供货、生产某商品仍可获利而减少生产或停止生产该商品;

5) 无技术上或经济上的合理理由,以及无联邦法律、俄联邦总统发布的规范性文件、俄联邦政府发布的政令、被授权的联邦权力执行机关制定的法规或司法裁决的明确规定的情况下,有商品生产或供应能力而拒绝或排除与个别买方(客户)签订合同;

6) 无经济、技术和其他正当理由,无相关法律的规定,对同一商品实施不同价格(价目表);

7) 金融机构制定的金融服务的不合理高价或低价;

8) 设置歧视性条件;

9) 阻碍其他经营主体进入或退出商品市场;

10) 违反法律规定的定价程序;

11) 操纵电力(电能)批发和零售市场的价格。

2. 经营主体有权提供证据,证明根据本条第1款的规定(本条第1款第1、2、3、5、6、7、10项除外)中的行为(不作为)符合本联邦法第13条第1款的要求。

3. 为了规制歧视性行为,可以制定联邦法律或者俄联邦政府制定规范性法律文件可以设立无歧视进入商品市场的规则和(或)按照1995年8月17日第147号俄联邦《自然垄断法》制定自然垄断企业生产或销售商品及其在自然垄断领域提供服务所需使用的基础设施的规则。规则内容应包括:

1) 无歧视准入的商品、基础设施清单;

2) 可用于商品市场参与者对商品市场上商品交易条件和(或)对进入商品市场的条件进行比较的信息,以及其他对进入商品市场和(或)在商品市场进行商品交易所必需的重要信息;

3) 有关本款第2项规定的信息公开制度,其中包括本款第1项中涉及经营主体生产或销售的商品的信息、商品价格、进入商品市场的成本、商品生产或销售预期规模,以及相关商品的技术和工艺要求;

4) 本款第1项的经营主体生产和(或)销售商品和(或)进入商品市场产

生的合理经济费用的补偿程序;

5) 在有经济、技术条件和其他可能性,以及缺少俄罗斯联邦法律对准入市场作出规定的情况下,制定涉及本款第 1 部分所列举的经营主体在商品市场公开竞争的条件;

6) 关于进入商品市场和(或)获得本款第 1 部分中经营主体生产和销售商品的合同和(或)格式合同的主要条款;

7) 根据保障居民权利和合法利益、保障国家安全、保护生态环境和文化价值的需要,在不能全部满足本款第 1 部分中经营主体生产和(或)销售商品的需求时,为保障对居民提供必要服务的程序,确定最低保障水平以及获得商品的优先顺序;

8) 进入本款第 1 部分中经营主体的商品市场和(或)获得相关产品和(或)获得相应基础设施的条件,以及在规定情形下,执行相关工艺和(或)技术设计/措施的要求(尤其是技术和设备接入);

9) 在联邦法律没有其他规定的情形下,制定相关产品性能的标准。

4. 本条规定不适用于对智力成果行使专有权的行为,也不适用于与之类似的法人的个性化手段,以及产品、作品、服务的个性化手段。

5. 为防止经营主体滥用支配地位实施歧视性条件,和为反垄断机构认定歧视待遇行为,授权俄罗斯联邦政府制定自然垄断者之外的具有超过70%市场份额的占有支配地位的经营主体生产和(或)销售的商品的无歧视规则(经联邦反垄断机关与俄罗斯联邦中央银行协调批准的无歧视获得俄罗斯联邦中央银行下属金融机构的服务的规则),该规则应包含:

1) 无歧视准入商品清单;

2) 可用于相关商品市场参与者对商品市场上商品交易条件和(或)对进入商品市场的条件进行比较的信息清单,以及其他对进入商品市场和(或)在商品市场进行商品交易所必需的重要信息清单;

3) 本条第 2 款规定的信息披露程序,特别是有关商品的信息、商品成本或决定商品价格与支付的原则、商品生产或销售预计规模以及对提供相关商品的技术和工艺要求;

4) 获得商品的合同和(或)格式合同的主要条款;

5) 根据保障居民权利和合法利益、保障国家安全、保护生态环境和文化价值的需要,在商品不能满足全部需求时,必须保障对居民提供必要服务的程序、确定最低保障水平以及获得商品的优先顺序。

6. 第 10 条第 5 款的规定包括在交易中强制销售货物的条件。

7. 依联邦法律《国家支付系统法》的程序性规定,对国家支付卡系统、国家支付卡系统支付基础设施服务、俄罗斯联邦中央银行支付系统、俄罗斯联邦中央银行支付系统支付基础设施服务的经营者提供的服务,应当无歧视地获取。

8. 俄罗斯联邦政府根据1995年8月17日第147号联邦法律《自然垄断法》以及2010年7月27日第190号联邦法律《供热法》的规定,制定关于自然垄断主体不得设定歧视性获取供热、冷却剂传输服务的条件,以及提供该服务的主体数量的规定。

第11条 禁止经营主体之间限制竞争的协议

1. 具有竞争关系的经营主体之间的协议——在同一市场上竞争者之间为销售或者购买商品而达成的协议,如果此类协议导致或可能导致以下后果的,应被认定为卡特尔并且应该被禁止:

1)固定或维持价格(价目表)、折扣、加价(附加费)和(或)增加价格;

2)在竞标过程中增加、减少或维持价格;

3)按地域、销售或购买规模、商品品种或供需主体划分商品市场;

4)减少或终止商品的生产;

5)拒绝与特定卖方或买方(消费者)签订合同。

2. 禁止经营主体之间的"纵向"协议(本联邦法第12条允许的"纵向"协议除外),如果:

1)此类协议导致或可能导致维持固定商品的转售价格,除非卖方为买方确定商品的最高转售价;

2)此类协议规定买方不得出售卖方竞争对手的商品。该禁令不适用于买方根据商标或者买方或生产商的其他个性化方式组织销售商品的协议。

3. 禁止从事电力(电能)批发和(或)零售的经营主体、商业基础设施组织、技术基础设施组织、网络组织的参与者间签订协议,如果此类协议导致电力(电能)批发和(或)零售价格被操纵。

4. 禁止经营主体之间的其他协议(本联邦法第12条允许的"纵向"协议除外),如果此类协议导致或可能导致限制竞争。特别是包括以下协议:

1)向合同主体强加对其不利的或与合同标的无关的条件(不合理地要求转移财务资金和其他财产,其中包括财产权利,以及签订合同时接受合同主体不感兴趣的商品和其他要求);

2)在没有经济、技术和其他合理理由的情况下,对同类商品的经营主体实施不同价格(价目表);

3)阻止其他经营主体进出商品市场;

4)设定加入(参与)行业协会和其他协会的条款和条件。

5. 禁止自然人、商业组织和非商业组织协调经营主体的经济活动,如果这种协调导致本条第 1 至 3 项规定的任何后果,且不属于本联邦法第 12 条、第 13 条规定的允许事项或无其他联邦法律的另行规定。

6. 经营主体可以提供证据证明其涉及本条第 2 至 4 款规定的协议,是可根据本联邦法第 12 条或第 13 条第 1 款的规定被允许的。

7. 本条规定不适用于同一集团的经营主体之间的协议,如果其中一个经营主体形成对另一经营主体的控制权,或此类经营主体共同受另一主体控制。但各经营主体同时从事一个经营主体安排的活动是俄罗斯联邦法律所不允许的。

8. 本联邦法本条、第 11.1 条和 32 条中,控制是指自然人或法人直接或间接(通过一个法人或多个法人)通过单一行为或多个行为,影响其他法人作出决定的可能性:

1) 管理法人股本 50% 以上有表决权的股份(份额);

2) 行使法人执行机构的职能。

9. 本条不适用于取得和(或)排除使用知识产权权利的协议或法人个性化方法生产产品、作品或服务的协议。

10. 本条不适用于根据本联邦法第 7 章规定获得的反垄断机构事先同意的合资协议。

第 11.1 条　禁止经营主体间限制竞争的协同行为

1. 禁止具有竞争关系的经营主体共同从事将导致如下结果的协同行为:

1) 固定或维持价格(价目表)、折扣、加价(附加费)和(或)增加价格;

2) 在竞标过程中增加、减少或维持价格;

3) 按地域、销售或购买规模、商品品种或供需主体划分商品市场;

4) 减少或终止商品的生产;

5) 无联邦法律的明确规定拒绝与特定的卖家或买家(客户)签订合同。

2. 禁止从事电力(电能)批发和(或)零售的经营主体、商业基础设施组织、技术基础设施组织、网络组织的参与者间实施协同行为,如果这种协同行为导致电力(电能)批发和(或)零售价格被操纵。

3. 禁止具有竞争关系的经营主体从事本条第 1 款、第 2 款中未规定的协同行为,如果此类协同行为导致限制竞争。包括以下的协同行为:

1) 向合同主体强加对其不利的或与合同标的无关的条件(不合理地要求转移财务资金和其他财产,其中包括财产权利,以及签订合同时接受合同主体不感兴趣的商品和其他要求);

2) 在没有经济、技术和其他合理理由的情况下,对同类商品的经营主体实施不同价格(价目表);

3) 阻止其他经营主体进出商品市场。

4. 经营主体可以提供证据证明其涉及本条第 1 至 3 款规定的协同行为是可根据本联邦法第 13 条第 1 款的规定被允许的。

5. 如果经营主体在商品市场份额总和不超过 20%,且其中每个经营主体在商品市场上的份额不超过 8%,则不适用本条规定所禁止的协同行为。

6. 本条规定不适用于同一集团的经营主体之间的协同行为,如果其中一个经营主体已对另一经营主体确立控制权,或经营主体共同受另一主体控制。

第 12 条　协议的豁免

1. 如果这些协议是商业特许协议,则允许采用书面形式的"纵向"协议(金融机构之间的"纵向"协议除外)。

2. 如果受"纵向协议"约束的商品市场上每个经营主体的份额不超过 20%,则允许经营主体之间的"纵向"协议(金融机构之间的"纵向"协议除外)。

3. 如果经营主体在过去一个会计年度内的商品销售总收入不超过 8 亿卢布,或根据本联邦法第 5 条第 2 款第 2.1 项和第 2.2 项的规定不被认为具有支配地位,这类经营主体间所达成的本联邦法第 11 条第 4 款规定的协议被允许。

第 13 条　行为(不作为)、协议、协同行为、交易和其他行为的豁免

1. 本联邦法第 10 条第 1 款规定的经营主体的行为(不作为)[本联邦法第 10 条第 1 款第 1 项(固定或维持创新活动产品价格的情形除外),以及第 2、3、5、6、7、10 项规定的行为(不作为)除外],第 11 条第 2 至 4 款、第 11.1 条规定的协议和协同行动,本联邦法第 27—30 条规定的其他行动以及经营主体竞争者之间签订的合资协议,都可以被认为是允许的,如果此类行为(不作为)、协议和协同行为、交易、其他行为不会对特定的人产生排除相关商品市场竞争的可能性,不对从事这些行为(不作为)、协议和协同行为、交易的参与者或第三方的目标实现施加限制,以及如果上述行为是或可能是:

1) 完善生产条件,促进商品销售或技术进步,经济发展或提高俄罗斯商品在世界市场上的竞争力;

2) 消费者获得与经营主体在行为(不作为)、协议和协同行为、交易、其他行动中获得的利益(优势)比例相称的利益(优势)。

2. 俄罗斯联邦政府有权决定对符合本条第 1 款第 1 项和第 2 项所述条

件的协议与协同行为的许可(一般豁免)。关于本联邦法第11条第2至4款、第11.1条以及第16条所述的协议和协同行为的一般豁免,由俄罗斯联邦政府根据特定时期的联邦反垄断机关的建议确定,并且在内容上包含:

1) 协议的类型;

2) 协议不被允许的条件;

3) 协议促进竞争的必要条件;

4) 已废止(2011年)。

3. 除本条第2款规定的条件外,一般豁免还可以规定协议应当符合的其他条件。

第14条　已废止(2015年)

第2.1章　不正当竞争

第14.1条　禁止以诋毁方式进行不正当竞争

禁止以诋毁方式进行不正当竞争,即传播可对竞争者造成亏损或损害其商业名誉的虚假的、错误的或扭曲的信息,包括以下方面:

1) 竞争者出售的商品质量、消费特征,商品的用途,制作或使用商品的方法与条件,使用商品的预期效果以及特定用途的适用性;

2) 在相关商品市场上竞争者出售商品的数量,在确定条件下获得商品的可能性,商品的实际需求程度;

3) 竞争者出售商品的条件,其中包括价格。

第14.2条　禁止通过误导性方式进行不正当竞争

禁止通过误导性方式进行不正当竞争,特别是在以下方面:

1) 出售的商品质量、消费特征,商品的用途,制作或使用商品的方法与条件,使用商品的预期效果以及特定用途的适用性;

2) 在相关商品市场上竞争者出售商品的数量,在确定条件下获得商品的可能性,商品的实际需求程度;

3) 出售商品的制造地点,商品制造商,制造商或销售商的保证;

4) 出售商品的条件,其中包括价格。

第14.3条　禁止通过不适当比较进行不正当竞争

禁止通过对自己生产和销售的商品与其他经营主体生产和销售的商品作不适当的比较,进行不正当竞争,包括:

1) 通过使用"最好""第一""最""仅""唯一"等词语与另一经营主体——

竞争者和(或)其商品进行比较,且无法给出特定的、客观的证据来证实比较特征或参数,或者以虚假的、不准确的或扭曲的特征或参数进行比较,令人产生比另一经营主体和(或)其商品更优越的印象;

2) 与另一经营主体——竞争者和(或)其商品的比较,且未给出特定的比较特征或参数,或者比较结果无法客观验证;

3) 与另一经营主体——竞争者和(或)其商品的比较,完全基于无关紧要或不能比较的事实,并包含对竞争者和(或)其商品的负面评价。

第14.4条 禁止获取和使用法人的特殊权利或商品、工程或服务上的特殊权利

1. 禁止通过获取和使用法人的专有权利或商品、工程或服务上的专有权利(下称"专有权")进行不正当竞争。

2. 联邦反垄断机关认定的关于在获取和使用商标权方面违反本条第1款规定的决议,将由利害关系人送交联邦知识产权保护机构,以确定对商标提供的法律保护无效。

第14.5条 禁止通过使用智力成果进行不正当竞争

禁止经营主体销售、交换或以其他方式非法使用竞争者在流通商品上拥有专有权的智力成果进行不正当竞争。

第14.6条 禁止通过混淆的方式进行不正当竞争

禁止经营主体通过可能导致竞争者在俄罗斯联邦境内经营商品或服务的混淆的行为(或不作为)进行不公平竞争,其中包括:

1) 非法使用与竞争对手商品的商标,商品名称,营业名称,原产地名称相同的符号,或者使用足以造成混淆的近似符号,这些符号被用于在俄罗斯联邦境内进行民事流通的商品、标签、包装或其他载体上,以及在互联网信息和电信网络中使用,包括作为域名和其他搜索名称;

2) 竞争者复制或模仿商品的外观在俄罗斯联邦进行民事流通,包括商品包装,标签,名称,颜色范围,总体品牌风格(品牌服装,门市部,商店橱窗装扮的整体)或其他竞争者和(或)其商品的个性化元素。

第14.7条 禁止通过非法获取、使用、披露商业秘密或其他应依法保护的秘密进行不正当竞争

禁止通过非法获取、使用、披露商业秘密或其他应依法保护的秘密进行不正当竞争,包括:

1) 未经作为竞争者的经营主体的同意，获取和使用其拥有权利的信息；

2) 违反与作为竞争者的经营主体的合同约定，使用或披露其拥有权利的信息；

3) 使用或披露因职务或业务实施而获取的竞争对手拥有权利的信息，除非法定或合同约定的披露期已过。

第14.8条 禁止通过其他形式进行不正当竞争

禁止通过本联邦法第14.1至14.7条规定以外的其他形式进行不正当竞争。

第3章 禁止联邦权力执行机关、联邦主体国家权力机关、地方自治机关、履行上述机关职能的其他机关或组织，国家或地方服务机关以及国家预算外基金和俄罗斯联邦中央银行以法规、行为（不作为）、协议、协同方式限制竞争

第15条 禁止联邦权力执行机关、联邦主体国家权力机关、地方自治机关、参与提供国家或地方服务职能的其他机关和组织，以及国家预算外基金、俄罗斯联邦中央银行实施限制竞争的法令或行为（不作为）

1. 除联邦法律另有规定外，禁止联邦权力执行机关、联邦主体国家权力机关、地方自治机关、参与提供国家或地方服务职能的其他机关和组织，以及国家预算外基金、俄罗斯联邦中央银行发布导致或可能导致阻碍、限制、排除竞争的法令和（或）行为（不作为）。禁止的内容包括：

1) 对某行业经营主体设置准入限制，以及对特定经营活动或对某种类型商品的生产制定禁止或限制性规定；

2) 不合理地限制经营主体的经营活动，包括在俄罗斯联邦法律规定之外设置对商品或对经营主体的限制条件；

3) 禁止或限制商品在俄罗斯联邦自由流通，限制经营主体的销售权、采购权以及限制商品的采购和交易；

4) 要求经营主体向指定的采购者（消费者）优先供货，或优先与其签署合同；

5) 限定商品采购方选择供货方；

6) 向经营主体提供优先获得信息的机会；

7) 违反本联邦法第5章规定提供国家和地方特惠；

8) 设置歧视性条件；

9) 在提供国家或地方服务时设置和（或）征收不符合联邦法律规定的费

用,以及强制增加国家或地方服务;

10) 强制经营主体购买商品,联邦法律另有规定的除外。

2. 除联邦法律另有规定外,禁止联邦主体国家权力机构、地方自治机构拥有导致或可能导致禁止、限制和排除竞争的权力。

3. 除联邦法律、联邦总统令和联邦政府决议另有规定外,禁止联邦权力执行机构、联邦主体国家权力机关、其他权力机构和地方自治机构的职能与经营主体的职能重合,禁止把上述机构的职能和权力授予经营主体,其中包括国家监管机构的职能和权力。但2007年12月1日第317号联邦法律《俄罗斯国家原子能公司法》和2007年10月30日第238号联邦法律《国家奥林匹克项目建设和发展索契山地疗养区公司法》另有规定的除外。

第16条 禁止联邦权力执行机关、联邦国家权力机关、地方自治机关、其他履行上述职能的机关或组织,以及国家预算外基金、俄罗斯联邦中央银行从事限制竞争的协议或协同行为

禁止联邦权力执行机关、联邦国家权力机关、地方自治机关、其他履行上述职能的机关或组织,以及国家预算外基金、俄罗斯联邦中央银行之间,以及上述机关与经营主体之间的协议,或实施协同行为,如果这些协议或实施协同行为导致或可能导致阻碍、限制和排除竞争。其中包括导致或可能导致的后果是:

1) 抬高、降低或维持商品价格(价目表),联邦法律、联邦总统令和联邦政府法规另有规定除外;

2) 没有经济、技术或其他方面的合理理由,对同一商品制定不同价格(价目表);

3) 按地域、销售或购买规模、商品品种或供需主体划分商品市场;

4) 设置进入或退出商品市场的限制,或从商品市场排除经营主体的限制。

第4章 关于利用国家或地方财产与财政组织签订采购招投标商品的询价、报价和订立合同等特殊性程序的反垄断要求,反垄断机构的审查程序,对违反交易过程和签订合同程序、履行程序的投诉与建筑领域的程序清单

第17条 对招投标活动中商品报价请求、报价建议的反垄断要求

1. 在进行招投标、要求提供商品报价(下称"竞价")的过程中禁止导致或可能导致阻碍、限制或排除竞争的行为,包括:

1) 在询格、竞价时招投标组织者间或者采购人和参与人之间的协调,以

及招投标组织者和参与人之间的协调，如果导致或者可能导致限制竞争和（或）为任何一个招投标参与者创造优惠条件，但俄罗斯联邦法律另有规定的除外；

2）为招投标参与者创造优惠条件、向一个或多个参与者提出竞价要求，其中包括通过优先获取信息的方式，但联邦法律另有规定的除外；

3）违反投标者资格、报价规则或确定中标者的规则；

4）招投标组织者参与招投标询价、竞价过程，以及（或）招投标组织机构工作人员或委托人参与招投标出价、竞价过程。

2. 除本条第1款规定的关于招投标、竞价的禁止行为外，在联邦法律或其他规范性文件中未作规定时，即使招投标的组织人或委托人是联邦权力执行机关、联邦主体国家权力机关、地方自治机构、国家公共预算外基金，在为国家和地方政府采购需求的商品、工程以及服务时，也禁止其参与招投标询价、竞价。

3. 除本条第1、2款规定的关于禁止招投标中的限制竞争行为外，在为国家和地方需要而采购商品、工程和服务时，禁止把在技术和功能上与招投标、竞价的商品、工程、服务无关的产品（商品、工程、服务）打包加入招投标和竞价。

4. 违反本条规定的行为，可以由法院认定相关招投标活动、竞价行为以及根据相关招投标活动、竞价行为确定的交易无效，包括由反垄断机构提起的诉讼。根据本款规定的相关招投标活动、竞价行为，反垄断机构在符合俄罗斯联邦法律的前提下，有权就相关招投标活动、竞价行为形成的交易提起无效诉讼。

5. 2011年7月18日第223号联邦法律《关于特殊法人需求商品、工程、服务采购法》规定的所有商品、工程、服务的购买行为，适用本条第1款的规定。

第17.1条 关于国家和地方财政合同签署的程序事项

1. 租赁合同、无偿使用合同、信托管理合同以及其他不用于经济调控或者经营管理的中央和地方拥有所有权和（或）使用权的财产转移合同，只能通过公开招投标或拍卖的方式签订，但前述财产权利被允许的除外：

1）根据俄罗斯联邦签署的国际合约（包括政府间协议）、联邦法律规定的类似资产处置办法、俄罗斯联邦总统令和俄罗斯联邦政府制定的法规以及生效的司法裁判内容转移上述资产；

2）向国家机构、地方机构，以及国家预算外基金和俄罗斯联邦中央银行转移上述资产；

3) 向国家分支机构和市政分支机构转移上述资产;

4) 向非商业组织,如协会、联盟、宗教和社会组织(团体),其中包括政党、社会运动组织、公共基金、社会机构、社会自治机构、工会组织、工会联合组织(工会联合协会)、基层工会组织、企业家联合组织、业主协会转让上述资产;

5) 向法律事务所、公证机构和工商会转让上述资产;

6) 向各种所有制形式的教育机构,其中包括本款第 3 项规定的国家所有制和地方所有制的教育机构,以及私营医疗机构转让上述资产;

7) 为设立通信网络、邮政设施而转移上述资产;

8) 向有权占有和(或)使用工业技术保障管网的法人或自然人转让资产,所转让的资产应属于工业技术保障管网的一部分,且按有关城市建设的法律,该保障管网和网段在技术上是相互关联的;该法人或自然人根据 2010 年 7 月 27 日第 190 号联邦法律《供热法》,在供热区获得了统一供热的资格;

9) 按照本联邦法第 5 章的规定转移上述资产;

10) 根据 2013 年 4 月 5 日第 44 号联邦法律《关于为国家和地方市政需要而采购商品、工程、服务的合同制度细则》,根据招投标或拍卖程序而获得为履行国家或地方市政合同目的而签订合同的人,如果在为履行国家或地方市政采购合同的招标文件、拍卖文件中预先设定了权利的;或者根据 2011 年 7 月 18 日第 223 号联邦法律《关于特殊类型法人商品、工程、服务采购法》,如果在为履行国家或地方签订采购合同的文件中预先设定了权利的,被授予这些财产权利的期限不得超过国家或地方市政合同的履行期限;

11) 在连续六个月时间内资产权利转移不超过三十日(即未经投标或拍卖而向一个法人或自然人提供这类资产权利的,在连续六个月的时间内总计不得超过三十日);

12) 由于拆迁或建筑物维修或安装造成权利终止的不动产因置换而转移上述资产的,其中被终止权利的资产是全部或部分不动产的,或者因向国家或地方教育机构或医疗机构提供这部分不动产的权利的,按照俄罗斯联邦法律对资产评估的规定,转让这部分不动产的权利要与此前相同地段不动产和地块的价值转让相一致。与此前不动产相同的不动产转让的条件由联邦反垄断机关制定;

13) 向已经实行私有化的单一制企业的所有权继承人转让资产,如果这部分资产不属于应予以私有化的企业资产,但在技术上和功能上与已经私有化的资产相关联,且被联邦法律列入不允许上市流通的民事权利客体,或者只能属于国有或地方所有的资产的;

14）转让房屋、建筑物、构造物或工程的一个或多个部分,其总面积未超过 20 平方米且不超过所属房屋、建筑物、构造物或工程面积的 10%,则上述资产的权利属于转让资产的一方;

15）提交唯一投标或唯一拍卖,且招投标符合招标文件或拍卖文件中规定的要求、条款、条件的经营主体或自然人,以及在招标或拍卖中,或者招标文件或拍卖文件中规定的条款和价格下,但在不低于招标通知或拍卖通知中原始合同价格（底价）的前提下,被认为是唯一的投标人或者竞拍人。在上述情形下,竞争性招标的组织者必须与其签订本款所规定的合同;

16）基于竞标是无效竞标,或者以国家或地方签署的合同为基础,或者根据本款第 1 项的规定获得占有和（或）使用国家或地方资产权利的经营主体或自然人,向他人转租或无偿转让上述资产的。

2. 本条第 1 部分不适用于由俄罗斯联邦《土地法》《水法》《森林法》《矿产法》《特许经营法》和联邦公私合营、地方公私合营法律规范中的资产转让。

3. 属于国家预算或者市级预算的国家机构、地方政府经营管理的国家或者地方财产:

3.1 国家或市教育机构（即预算机构、自治机构、有预算和自治科研机构）租赁国家或地方财产的合同签订,按照俄罗斯联邦政府发布的文件,不进行竞争或拍卖,同时符合下列要求:

1）承租人是由本条第 1 款所列机构创建的商业社团;

2）租户的活动是应用（推介）智力活动为目的（电子计算机、数据库、发明、应用模型、工业设计、育种成就、集成芯片的开发、生产秘密/技术诀窍,以技术出资而取得使用权;

3）禁止将此租赁财产转租给商业公司、将此类租赁的权利和义务转让给他人、将该财产免费授予他人使用、将此类租赁物作抵押。

3.2 从事教育活动的国家或地方财产租赁、无偿合同的订立,在以下主体签订合同时不进行竞争或拍卖:

1）为保护教育机构的学生和员工健康的医疗组织;

2）为教育机构的学生和员工提供必要的餐饮服务的餐饮组织;

3）为学生从事体育教育和提供体育条件的体育组织。

4. 废止（2011 年）

5. 联邦反垄断机关应当制定本条第 1 款、第 3 款规定的有关合同签订的招投标活动或拍卖的组织办法,以及需经过竞标程序签署合同的合同标的类型清单。

5.1 根据本条第 6 款的规定,至少在提交投标截止日期前 30 日发出招标公告,至少在拍卖竞标截止日期前 20 日发出拍卖通知。

6. 从 2011 年 1 月 1 日起在俄罗斯联邦官方设置的专门用于俄罗斯联邦政府确定的公布招投标信息的网站(下称"官方竞标网站"),公布关于举行本条第 1 款、第 3 款规定的招标或拍卖活动的信息。

7. 自官方竞标网站公布竞标信息或拍卖结果之日起 10 日内,不得签署本条第 1 款、第 3 款规定的合同。

8. 在缔结和(或)执行本条第 1 款、第 3 款规定的合同时,合同价款可以在符合合同约定的程序下经双方达成协议后予以增加。

9. 在本条第 1 和第 3 款规定的租赁合同到期时,除非合同另有规定或合同期限受俄罗斯联邦法律的限制,否则无需组织招标、拍卖即可与承租人签订履行其义务的新期限的合同。同时满足以下条件:

1) 除非俄罗斯联邦其他法律另有规定,租赁款的数额根据市场价值评估鉴定的结果确定,根据俄罗斯联邦的评估鉴定的相关法律规范执行;

2) 重新签订租赁合同的最短期限不得少于三年。此期限只能在承租人声明的前提下予以缩短。

10. 根据本条第 9 款规定的内容和条件,出租人不得拒绝承租人按照程序重新签订新履行期租赁合同的要求,但以下情况除外:

1) 根据既定程序作出改变相关资产管理规则的决定;

2) 承租人对租赁此类资产产生的付款债务以及累计罚金(罚款,罚款利息)的金额超过了租赁合同中规定的一个付款期限的付款金额。

11. 如果出租人基于本条第 10 款未予规定的理由拒绝重新签订本条第 1 款、第 3 款规定的新租赁合同,且在租赁合同到期后一年内与他人签订租赁合同,则正当履行原租赁合同义务的承租人可以要求转让自己履行合同项下的权利和义务,并根据民法请求出租人赔偿因拒绝续订租赁合同产生的损失。

第 18 条　与金融机构签订合同的具体要求

1. 无论交易金额如何,联邦权力执行机构、联邦主体国家权力机构、地方自治机构、国家预算外基金与金融机构签订合同,提供以下金融服务的,应当根据联邦法律《国家和地方自治机构所需商品、工程和服务采购法》的规定以公开招投标或者公开拍卖方式进行:

1) 吸引货币资源存款;

2) 开立和管理银行账户以及相关银行账户的结算业务;

3) 提供贷款(已废除);

4) 证券信托管理;

5）非国家养老金条款。

2. 根据本条组织公开招标或公开拍卖，联邦权力执行机构、联邦主体权力执行机构、地方自治机构、国家预算外基金可建立旨在评估金融公司财务稳健性和偿付能力的相关要求，但以下情况除外：

1）一定规模的特许资本、公司自有资金、资产，以及满足金融组织和（或）其活动的核心指标的其他要求，除非遵守这些要求是依据俄罗斯联邦法律规定的；

2）评级机构指定的评级；

3）金融服务提供地点以外的分支机构、代表处和其他结构单位。

2.1 根据第18条组织公开招标或拍卖时，联邦权力执行机构，联邦主体权力执行机构，地方自治机构，国家预算外资金可以为评估偿付能力和支付能力设定更高级别的要求。俄罗斯联邦立法规定的金融组织可根据指标确定，并根据提交给俄罗斯联邦中央银行的金融组织的财务和经济及其他报告确定指标要求。只有当金融机构不符合上述评估偿付能力和支付能力所设置的更高级别要求时，联邦权力执行机构、联邦主体权力执行机构、地方自治机构、国家预算外资金可以按照联邦法律规定对评级机构指定的某个等级设定要求并按程序进行认证。

3. 根据本条规定，由联邦权力执行机构、联邦主体权力执行机构、地方自治机构、国家预算外资金订立的提供金融服务的合同只允许根据在2013年4月5日第44号联邦法律《国家和地方自治机构所需商品、工程和服务采购法》制定的程序得以改变和终止。

4. 除非其他联邦法律另有规定，否则根据本条第1款订立的提供金融服务合同的期限（非国家养老金计划合同除外）不得超过五年。

5. 违反本条规定会导致法院在反垄断当局的主张下，认定某些竞争性招标或根据这种竞标结果达成的交易无效。

第18.1条 反垄断机构对在建筑领域详尽的程序清单中违反招标程序、缔结条约程序、执行过程程序的申诉的审查规则

1. 根据当前条款的规则，反垄断机构审查下列申诉：

1）在组织并进行招标过程中，根据招标结果签订合同过程中，或在根据俄罗斯联邦法律必须进行却无效的招标中，以及在根据2011年7月11日生效的第223号法律《关于特殊法人需求商品、工程、服务采购法》组织或进行招标中，法人、招标组织者、电子平台的实际操作人、招标或者拍卖委员会的作为（不作为），俄罗斯联邦为了保证国家和城市需要在采购商品、工程、服务领域所做的与合同法有关的预先审核的申诉除外；

2) 联邦权力执行机构、联邦主体权力执行机构、地方自治机构或其他履行指定职能的机构或组织、参与提供国家和城市服务的组织、指定机构或组织(以及被授权机构)的公务人员在法人或个体经营者是城市建设主体的情况下,实现由俄罗斯联邦城市建设法典第六条第二部分批准的在建筑领域详尽的程序清单(以下简称在建筑领域详尽的程序清单)中程序的行为和(或)作为(不作为),其中包括:

a) 违反建筑领域详尽的程序清单中程序规定的实施期限;

b) 提出实现不在建筑领域详尽的程序清单中程序的需求;

3) 区域网络供电机构、供冷水和(或)排水机构(上下水管道设施部门机构)、供热水机构、配气机构、供热机构(以及网络运营机构)在法人或个体经营者是城市建设主体的情况下,实现建筑领域详尽的程序清单中程序的作为(不作为),体现为:

a) 非法拒绝接受合同或声明;

b) 在指定文件规定的程序包含在相关建筑领域详尽的程序清单中的情况下,向申诉人提出提供不在联邦法律、其他俄罗斯联邦规范性法律文件、俄罗斯联邦各主体的规范性法律文件中规定的文件和信息的需求;

c) 违反建筑领域详尽的程序清单中程序规定的实施期限;

d) 提出实现不在建筑领域详尽的程序清单中程序的需求。

2. 如果申诉与违反规范性法律文件规定的分配实施招标信息的程序、违反提供参加招标申请的程序有关,或者申诉人(申请人)的权利或者法律利益可能因为违反程序而被限制或侵害,那么申请参加招标的人可以向反垄断机构提出对法人、招标组织者、电子平台的实际操作人、招标或者拍卖委员会在实施招标过程中的作为(不作为)的申诉;认为自己的权利或者法律利益因为实现建筑领域详尽的程序清单中程序而受到侵害的法人或个体经营者,或者被要求实现非建筑领域详尽的程序清单中程序的法人或个体经营者(以下简称申请人),可以对被授权实现区域网络运营的机构和(或)组织的行为和(或)作为(不作为)提出申诉。

3. 招标组织者、网络平台经营者、招标委员会或拍卖委员会、授权机构和运营网络的组织向反垄断机构提出申诉并不妨碍向法院提起对这些行为(不作为)的上诉。

4. 招标组织者、网络平台经营者、招标委员会或拍卖委员会的作为(不作为),可根据本条规定的程序,至迟在结束竞标之日起十天内向反垄断机构提出申诉。对必须在互联网上公布竞争性招标的结果,时间从公布之日起起算,但本联邦法规定的情况除外。

5. 订立合同不以竞争性招标为条件,或者公开招标无效的,对招标组织者、电子网站经营者、招标或者拍卖委员会的作为(不作为),可以按照本联邦法规定的程序,在截止竞标之日起三个月内向反垄断机构提出申诉。对必须公布在互联网信息电信网络上的招标结果,时间从公布到网络上之日起算。

6. 对竞争性招标组织者、网络平台经营者、招标委员会或拍卖委员会的行为(不作为)的申诉,应以书面的形式向反垄断机构提出,其中应包括:

1) 被诉竞标组织者的姓名、地点、邮寄地址、联系电话以及被诉的电子网站的经营者;

2) 申请人的姓名、所在地信息(法律实体)、姓氏、名字、父名、申请人(自然人)居住地点的信息、邮寄地址、电子邮件地址、联系电话、传真号码;

3) 如果必须在网站上公布被申诉竞标的信息,则应注明被申诉的竞争性招标,并根据俄罗斯联邦的法律提供网站地址的信息;

4) 对公开招标组织者、网络平台经营者、招标委员会或拍卖委员会、相关过程的组织者的行为(不作为)提出申诉的具体说明;

5) 申诉所附的文件清单。

7. 申诉可以通过邮政服务、传真、电子邮件或其他方式发送给反垄断机构。

8. 申诉应由申诉人或申诉人的代理人签署。在申诉人提出的申诉中,应附上确认申诉人代理人职权范围的委托书或其他文件。

9. 在下列情况下,应驳回申诉:

1) 申诉不包含本条第 6 款规定的事项;

2) 申诉未被签署或未被上述主体签署,其参考范围未经过证明确认;

3) 已有针对竞争性招标的组织者、网络平台经营者、招标委员会或拍卖委员会的行为(不作为)的生效法院裁决;

4) 反垄断机构已经对竞争性招标组织者、网络平台经营者、招标委员会或拍卖委员会的申诉行为(不作为)作出决定的。

10. 驳回申诉的决定可在反垄断当局收到申诉之日起三个工作日内作出,且必须在作出决定当日书面通知申诉人,并具体说明驳回申诉的理由。

11. 如果申诉被受理,反垄断机构应在收到申诉之日起三个工作日内,将有关收到申诉及其内容的信息公布在公开招标的官方网站或反垄断机构的网站上,并通知申诉人、竞标组织者、网络平台经营者、招标或拍卖委员会有关收到申诉的情况,以及告知其暂停竞争性投标(在本条中称为通知),直到全面了解申诉的全部事实。该通知应包括申诉内容(调查对象)的简要说明,竞争性招标官方网站的地址,收到申诉的信息,反垄断机构的网站,审查申诉的地点和时间。通知应通过邮寄或传真或电子邮件的形式发送。在发出电子邮件通知时,通知将发送给招标组织者、网络平台经营者的电子邮件地址,招标或拍卖委员会投标通知中指定的电子邮件地址,申诉中指定的电子邮件地址,授权当局和(或)组织的官方网站上列出的电子邮件地址。

12. 自收到通知之日起一个工作日内,被诉投标组织者、网络平台经营者、招标委员会或者拍卖委员必须将申诉的事实、内容、质询的时间和地点告知投标人。

13. 竞标组织者、网络平台经营者、招标或拍卖委员会、申诉人以及投标人,可向反垄断机构提出对申诉的反驳或补充意见,并亲自或通过其代表参与申诉调查。对申诉的反驳应包括本条第6款规定的资料。对申诉的反诉,应当在审查申诉之日前两个工作日内送交反垄断机构。

14. 反垄断机构必须在收到申诉之日起的七个工作日内对申诉事实进行审查。

15. 被诉的竞争性招标的组织者、网络平台经营者、招标或拍卖委员会必须提交关于竞争性招标的案情文件的申诉审查,招标文件的变更,拍卖文件,投标书,拍卖标书,投标开标协议,拍卖开标协议,投标评标和比较协议,拍卖协议,音频和视频记录以及其他在组织和进行竞标的过程中产生的文件和信息。

16. 对申诉的全面审查由反垄断机构委员会进行。没有适当通知(由反垄断机构发出本条第11款规定的通知)审查的时间和地点并不影响审查进行。

17. 反垄断机构委员会审查申诉的案情,应当对竞标组织者、电子站点经营者、招标委员会、拍卖委员会的行为(不作为)进行调查。反垄断机关委员会调查申诉时,发现招标组织者、网络平台经营者、招标委员会或拍卖委员会有其他违法行为的,反垄断机关委员会应当对所有揭露的违规行为作出决定。

18. 自发出本条第11款所述通知之日起,应暂停竞争性招标。直至对竞标组织者、网络平台经营者、招标委员会或拍卖委员会的行为进行全面审查以后才能重启招标程序。

19. 如果申诉被立案调查,在反垄断当局就该申诉作出决定之前,其根据本条第11款向竞标组织者发出不得订立合同的通知。违反本条款规定所订立的合同无效。

20. 反垄断机构委员会在全面审查申诉后,需决定该申诉是否正当。如果该申诉是正当的,或者如果确定了一些违规行为不可诉(例如违反组织竞争性招标的程序,根据竞标结果订立合同,或者宣布竞争性招标无效),则需要根据本联邦法第23条第1款第3.1项作出相应决定。

21. 反垄断机构委员会在本条第3款和第4款第9项规定的情况下可终止申诉审查程序。

22. 自作出申诉决定之日起三个工作日内,反垄断机构应向被诉的竞争性招标组织者、网络平台经营者、招标委员会或拍卖委员会的行为(不作为)根据审查申诉的结果作出决定,并在竞争性招标的官方网站或反垄断机构的网站上提供有关此类决定的信息。

23. 在反垄断机构委员会作出决定之日起三个月内,可以将该决定诉至法院。

24. 在对已受理的申诉作出决定之前,申诉人有权撤回申诉。撤回申诉的申诉人不得根据本条规定的程序对竞争性招标组织者、网络平台经营者、招标委员会或拍卖委员会的同一行为(不作为)再次申诉。

25. 反垄断当局对以电子形式组织的国家或地方财产出卖人和国家或地方财产销售组织者的行为(不作为)的申诉进行处理时(本条及本法第23条第1款第3.1项中称:销售组织者),应根据2001年12月21日生效的第178号联邦法律《关于国家或市政财产私有化》之规定考虑到下列具体情况:

1) 允许国家或市政财产出卖人和(或)销售组织者在根据2001年12月21日第178号联邦法律《关于国家或市政财产私有化》的第15条所确定的互联网官方网站公布之日起五个工作日内向反垄断机构提出申诉。在本网站没有规定的情况下,从签署承认申诉人为投标人的议定书之日起(一项关于以公开发售或出售方式承认申诉人为国家或地方市政财产出售投标人的协议),或自在本网站上公布之日起五个工作日内提出。如未规定在本网站上公布,则关于私有化财产出售结果的议定书,应自签署之日起五个工作日内提出。

2) 对国家或地方市政财产出卖人和(或)销售组织者的行为(不作为)的申诉应由反垄断机构在收到申诉之日起五个工作日内予以审查。

3) 如果对国家或市政财产的出卖人和(或)销售组织者的行为(不作为)的申诉是在竞标投标的截止日期之前被处理的(通过公开招标参与销售国家或地方市政财产的申请或者未宣布价格的招标),反垄断机构的委员会不能就此作出决定。

4) 对国家或地方市政财产出卖人和(或)销售组织者的行为(不作为)的申诉,涉及承认申诉人为竞标投标人(以公开发售或销售方式出售国家或地方市政财产的参与者,而不公布价格),或拒绝承认的行为,不得在官方网站上公布之日起五个工作日内提出申诉。该网站是本款第 1 项规定的电信网络。如未在网站上设置申诉方式,则从签署一项关于承认申诉人为竞标投标人的议定书(一项关于通过公开发售或不公布价格承认申请人为国家或地方市财产销售参与者的协议)之日起计算。

第 5 章 提供国家或地方特惠

第 19 条 国家或地方特惠

1. 国家或地方特惠可以按照联邦权力执行机关、联邦主体国家权力机关、地方自治机关、其他履行上述职能的机构或组织的法规文件进行,且只能用于下述目的:

1) 保障极北地区及与其类似的地区居民的正常生活需要;

2) 发展教育和科学;

3) 进行科学研究;

4) 保护环境;

5) 保护、利用、宣传和保护俄罗斯联邦各族人民文化遗产设施(历史和文化遗迹);

6) 发展文化、艺术和保护文物;

7) 发展体育和运动;

8) 保障国防和国家安全;

9) 生产农产品;

10) 提供社会公益服务;

11) 劳动保护;

12) 保护居民健康;

13) 支持发展中小企业;

13.1) 按照 1996 年 1 月 12 日第 7 号联邦法律《非商业组织法》的规定,支持非商业的社会公益组织;

14) 联邦法律、俄罗斯联邦总统和俄罗斯联邦政府制定的法规规定的其他目的。

2. 禁止把国家或地方特惠用于与申报书所述不符的其他目的。

3. 提供用于本条第 1 款规定目的的国家或地方特惠,须事先以书面形式向反垄断机构申请批准,但在下述情形下可以例外:

1) 按照联邦预算法、俄罗斯联邦总统的预算法规、俄罗斯联邦主体预算法、地方预算法规的规定确定国家或地方特惠规模与受益人的国家或地方特惠;

2) 按照俄罗斯联邦预算法的要求,通过向储备基金提供资金以补充不可预见资金支出的形式提供的国家或地方特惠;

3) 对同一对象1年内提供的国家或地方特惠不超过1次,且价值不超过俄罗斯联邦中央银行规定的法人之间单笔现金结算限额;

4) 依据发展中小企业的国家计划、区域规划以及市政规划提供的国家或地方特惠。

4. 下述情形不属于国家或地方特惠:

1) 按照俄罗斯联邦法律及俄罗斯联邦《国家和地方所需商品、工程和服务采购法》规定程序进行的招投标所提供的资产和其他民事权利客体;

2) 为消除特殊灾害、战争行为和反恐行动造成的后果,向个人转交、划拨和分配的国家或地方资产;

3) 通过经营主体规范对国家或地方经济的控制权和管理权;

4) 根据联邦法律或根据有效法院裁决,提供资产和(或)其他民事权利客体;

5) 平等地向每个商品市场参与者提供资产和(或)其他民事权利客体。

第 20 条 提供国家或地方特惠的法定程序

1. 联邦权力执行机关、联邦主体国家权力机关、地方自治机关、其他履行上述职能的机构或组织,如计划提供国家或地方特惠,需按照联邦反垄断机关规定的程序,向反垄断机构提出相应申请,并附以下文件:

1) 提供国家或地方特惠的草案,如以资产形式提供特惠,应注明特惠目的和规模;

2) 提出申请起前两年内,预期获得特惠的经营主体的活动清单,活动期间不足两年的,提供该期间的活动清单;按照俄罗斯联邦法律规定,经营主体的经营活动需要得到特别批准的,则应附相应经营权许可文件的复印件;

3) 提出申请前两年内,预期获得特惠的经营主体的生产或销售的商品类型和数量;活动期间不足两年的,提供该期间的商品类型和数量,并注明商品代码;

4) 提出申请前,预期获得特惠的经营主体最近结算日的财务报表。如果经营主体未向税务机关提交财务报表,则根据关于税和费的联邦法律提供其他文件;

5) 与预期获得特惠的经营主体在同一组织的人员清单,并注明其加入组织的理由;

6) 经营主体章程的公证复印件。

2. 反垄断机构审议上述关于提供国家或地方特惠的申请文件,并在受理申请和相关文件的一个月内作出本条第 3 款规定的决议。如果提交的文件不符合本条第 1 款的规定,则反垄断机构应在受理申请文件后十日内,按照联邦反垄断机关规定的程序,对所提交的申请作出不符合规定的决议,并将申请书以挂号邮件的方式退返申请机构,并要求签署收件回执。申请人收到反垄断机构以挂号邮件退返的申请书的十四日内,反垄断机构负责保留申请文件。申请人在此期间有权对申请书文件进行修改。如果在审议过程中,反垄断机构认定申请批准的事项不属于国家或地方特惠范畴,则应在受理申请的十日内,按照联邦反垄断机关规定的程序制定决议,认定所申请事项不需获得反垄断机构批准,并于决议当日以挂号邮件通知申请人,并要求签署收件回执。

3. 根据特惠申请的审议结果,反垄断机构应按照联邦反垄断机关制定的程序,作出下列合理的决议之一,并于决议当日以挂号邮件的方式通知申请人决议内容,并附有依程序制作的经认证的决议副本:

1) 允许特惠的决议,如果该特惠符合本联邦法第 19 条第 1 款的目的,并且不会阻碍、限制或排除竞争;

2) 延长审议期限的决议,如果该特惠可能导致阻碍、限制或排除竞争,或者可能不符合本联邦法第 19 条第 1 款的目的,并且需要额外的信息以作出本条第 1、3、4 款规定的决议。延长的期限不得超过两个月;

3) 拒绝特惠的决议,如果该特惠不符合本联邦法第 19 条第 1 款的目的,或者会阻碍、限制或排除竞争;

4) 同意提供国家或地方特惠,可同时作出限制性规定的决议。决议中应说明作出限制性规定的原因,即为了使提供国家或地方特惠符合本联邦法第 19 条第 1 款规定的目的,且减少提供此类特惠对竞争的消极影响。

这些限制性规定可以是:

a) 国家或地方特惠的限定期限;

b) 国家或地方特惠的受惠者详细清单;

c) 国家或地方特惠的规模;

d) 国家或地方特惠的目的;

e) 可对竞争产生影响的其他限制性规定。

4. 如果依照本条第 3 款第 4 项的规定,反垄断机构作出同意提供该国家或地方特惠的决议,申请人须自开始提供特惠日的一个月内,向反垄断机构提交遵守反垄断机构限制性规定的保证函。

第 21 条　违反本联邦法关于提供或利用国家或地方特惠有关规定应承担的后果

依照联邦反垄断机关规定的程序,如果反垄断机构在对提供或利用国家或地方特惠进行监督的过程中发现存在提供特惠违反本联邦法第 20 条所规定的程序的情况或者对特惠的利用不符合申请人在申请书中所陈述的目的,反垄断机构将向接受特惠的经营主体、提供特惠的联邦权力执行机构、联邦主体国家权力机构、地方自治机构及其他履行上述机构职能的机构或组织发出指令。如果这些机构已经把国有或地方所有的资产以及其他作为民事权利的客体的作为特惠转让,则要求采取措施退回相应资产以及其他作为民事权利的客体;如果以其他方式提供了国家或地方特惠,则应采取措施终止已经得到国家或地方特惠的经营主体对特惠的利用。

第 6 章　反垄断机构的职能和权限

第 22 条　反垄断机构的职能

反垄断机构履行下述基本职能:

1) 保障对联邦权力执行机构、联邦主体国家权力机构、地方自治机构、其他履行上述机构职能的机构或组织,以及国家预算外基金、经营主体、自然人遵守反垄断法的情况实行国家监督,其中包括土地、矿产、水资源和其他自然资源的使用和开发领域的反垄断法遵守情况的国家监督;

2) 发现违反反垄断法的事实,采取措施制止违反反垄断法的行为,并追究违法行为的责任;

3) 防止联邦权力执行机构、联邦主体国家权力机构、地方自治机构、其他履行上述机构职能的机构或组织,以及国家预算外基金、经营主体和自然人从事垄断行为、不正当竞争行为和其他违反反垄断法的行为;

4) 对经济集中实行国家监督,其中包括利用土地、矿产、水资源和其他自然资源领域的经济集中的国家监督,以及对按照联邦法律规定举行的招投标活动的国家监督。

第 23 条　反垄断机构的职权范围

1. 反垄断机构履行以下职责:

1) 立案和审查违反反垄断法的案件;

2) 根据本联邦法的规定,向经营主体作出具有约束力的指令,包括:

a) 终止限制竞争的协同行为和(或)协议,并采取实际措施保护竞争;

b) 终止经营主体滥用支配地位的行为,并采取实际措施保护竞争;

c) 终止违反非歧视性商品流通规则的行为;

d) 终止不正当竞争;

e) 防止可能阻碍竞争产生的行为和(或)可能导致阻碍、限制、排除竞争和违反反垄断法的行为;

f) 消除违反反垄断法的行为所引起的后果;

g) 终止其他违反反垄断法的行为;

h) 恢复实施违反反垄断法的行为前的状态;

i) 在被侵权人或可能被侵权的人在反垄断机构审查违反或可能违反反垄断法案件的过程中提出相关申请的情况下,或在反垄断机构对经济集中实行国家监督的情况下,指令签订合同、变更合同条款或撤销合同;

j) 将因违反反垄断法所得的违法收入上缴联邦预算;

k) 在被侵权人或可能被侵权的人在反垄断机构审查违反或可能违反反垄断法的案件时提出相关申请的情况下,或在反垄断机构对经济集中实行国家监督的情况下,指令变更或限制使用商标;

l) 满足经济、技术、信息或其他方面消除歧视条件、防止歧视产生的要求;

m) 采取实际措施保护竞争,其中包括根据联邦法律或其他规范性法律文件规定的程序,保障生产设施或生产信息获取渠道;根据联邦法律或其他规范性法律文件规定的程序,授予工业产权保护设施的权利;指令转让产权或禁止转让产权;指令预先通知反垄断机构履行裁决中规定的行为的意向;指令通过商品交易出售特定数量的产品;根据俄罗斯联邦政府规定的程序,由反垄断机构预先批准商品交易中确定交易商品初始价格的办法;

3) 除本款第 4 项规定的情形,向联邦行政机关、联邦主体国家权力机关、地方自治机构、其他履行上述职能的机构或组织、国家预算外基金以及上述所有机构的工作人员作出具有约束力的指令,包括:

a) 撤销或修改违反反垄断法的法规;

b) 撤销或修改违反反垄断法的协议;

c) 终止其他违反反垄断法的行为,其中包括采取措施返还作为国家或地方特惠转让的财产及其他民事权利的客体;

d) 采取实际措施保护竞争;

3.1) 向竞争性招标的组织者、招标委员会或拍卖委员会、国家或地方的供应商、供应商组织者作出具有约束力的指令,采取措施消除违反竞争性招标组织程序的行为、违反为国家或地方供应商品程序(下称"竞争性招标")的行为、违反基于竞争性招标的结果签订合同的程序或认定招标失败的程序的行为,包括撤销竞争性招标过程中起草的协议的指令、变更竞争性招标文件的指令、取消竞争性招标的指令;

3.2) 在本联邦法规定的情形下,发布警告,制止有违反反垄断法迹象的行为(不作为);

4) 向联邦证券市场执行机构、俄罗斯联邦中央银行提出建议,要求其在颁布的法规或实施的行为违反反垄断法的情况下,通过符合反垄断法的法规和(或)中止实施该行为;

4.1) 在经营主体的执行机构或人员、联邦权力执行机构、联邦主体国家权力机构、地方自治机构、参与提供国家或地方的组织、国家预算外基金在商品市场上公开宣布拟采取可能导致违反反垄断法的行为的情况下,向其发出禁止违反反垄断法的警告。该警告需由反垄断机构负责人或副职负责人签署;

4.2) 审议关于违反俄罗斯联邦竞争性招投标、出售国家或地方财产法律规定的强制性程序的申诉;

5) 依据俄罗斯联邦法律规定的情形和程序,追究商业组织和非商业组织及其工作人员、联邦行政机关、联邦国家权力机关、地方自治机构、其他履行上述机构职能的机构或组织的工作人员,以及国家预算外基金的工作人员、自然人,包括个人经营者违反反垄断法的责任;

6) 向仲裁法院提出有关违反反垄断法的诉讼和申请,包括:

a) 认定联邦权力执行机构、联邦主体国家权力机构、地方自治机构、其他履行上述机构职能的机构或组织、国家预算外基金以及俄罗斯联邦中央银行的规范性法律文件或非规范性法律文件,其中包括对企业开展经营活动造成不合理障碍的规范性法律文件或非规范性法律文件,全部或部分无效,或违反反垄断法;

b) 认定不符合反垄断法的合同全部或部分无效;

c) 裁定强制签订合同;

d) 裁定变更或解除合同;

e) 裁定在反垄断法规定范围内完成注销法人清算资格;

f) 裁定将因违反反垄断法所得的违法收入上缴联邦预算;

g) 裁定追究允许违反反垄断法行为的主体违反反垄断法的责任;

h) 裁定招投标无效;

i) 裁定强制执行反垄断机构的决定或指令;

j) 其他反垄断法规定的情形;

7) 参与法院或仲裁法院与实施和(或)违反反垄断法相关的案件的审理;

8) 登记对违反反垄断法负有行政责任的人员。不得向大众媒体公布列入登记册的信息,也不得公布于互联网信息和电信网络。俄罗斯联邦政府制定汇编和保存登记册的程序;

9) 在反垄断机构网站上公布涉及非确定人员利益的决议和指令;

10) 在审查反垄断案件的过程中,以及对经济集中实行国家监督的过程中,认定经营主体的支配地位;

11) 对商业组织、非商业组织、联邦权力执行机构、联邦主体国家权力机构、地方自治机构、国家预算外基金和自然人对反垄断法的遵守情况进行检查,从上述机构和人员处调取必要的文件、资料和书面或口头说明资料,并按照俄罗斯联邦法律规定的程序,向侦查机构提出采取侦查手段的请求;

12) 根据俄罗斯联邦政府规定的程序,对经营主体维持特定产品市场的贸易组织的行为进行管控,包括在国家停止对电力产品价格(价目表)进行管制的条件下,组织电力(电能)市场的贸易,并对电力(电能)批发和(或)零售市场的价格调控进行监督;

12.1) 对提供和利用国家或地方特惠进行监督;

13) 行使本联邦法、其他联邦法律、俄罗斯联邦现行法令、俄罗斯联邦政府条例所规定的其他权力。

2. 除本条第 1 款规定的职责外,联邦反垄断机关还需履行下述职责:

1) 核准本联邦法第 32 条规定的完成交易和(或)行为期间向反垄断机构提供数据的形式;

2) 同俄罗斯联邦中央银行协商,核准认定信贷机构服务的不合理高价和不合理低价的方法,以及认定占支配地位的信贷机构所提供的其他金融机构未提供的服务的不合理价格的方法;

3) 核准对竞争状况进行分析评估的方法,以便认定经营主体支配地位,揭示阻碍、限制或排除竞争的情形(认定金融组织支配地位所进行的竞争状况分析评估方法,由联邦反垄断机关与俄罗斯联邦中央银行协商核准);

4) 根据本联邦法的规定,制定和发布法规;

5) 对反垄断法的适用情况作出解释;

6) 根据规定的程序,就专项市场保护措施、反倾销措施和补贴措施可能造成的后果,以及就调整海关进出口税率对俄罗斯商品市场竞争造成的后果提供结论性意见;

7) 向经营许可管理机构提出吊销或收回违反反垄断法的经营主体部分

经营活动的经营许可,或中止相关经营许可的建议;

8) 与国际组织和外国国家机构合作,参与俄罗斯联邦签订的国际条约的制定与实施和跨政府或跨部门委员会的工作,以协调俄罗斯对外合作,同时参与实施与保护竞争有关的国际规划和项目;

9) 总结并分析反垄断法的实施情况,提出完善反垄断法实施工作的建议;

10) 每年向俄罗斯联邦政府提交俄罗斯联邦竞争状况报告,并在反垄断机构的互联网官网上公布报告。

3. 联邦反垄断机关设立合议机构,以解决本条第 4 款规定的问题。该机构成员由联邦反垄断机关负责人批准。

4. 合议机构:

1) 审查反垄断机构研究和总结反垄断执法实践的资料,并对反垄断法的适用情况作出规范性解释;

2) 若联邦反垄断机关区域办事处(下称"区域反垄断机构")就反垄断案件作出的决议和(或)指令违反反垄断机构适用反垄断法规范的一致性,审查该决议和(或)指令。

5. 为审查区域反垄断机构针对支付系统经营者、根据联邦法律《国家支付系统法》提供支付基础设施服务的经营者以及俄罗斯联邦中央银行监管下的金融组织的反垄断案件作出的决议和(或)指令,合议机构应包含俄罗斯联邦中央银行的代表,且该人数须占合议机构所有成员的二分之一。

6. 反垄断案件的当事方可对区域反垄断机构作出的违反反垄断机构适用反垄断法规范的一致性的决议和(或)指令向联邦反垄断机关提出申诉。当事方应在区域反垄断机关作出决议或指令之日起一个月内提起申诉。

7. 反垄断案件的当事方、区域反垄断机关可在联邦反垄断机关的官网上了解针对区域反垄断机构的决议和(或)指令提出的申诉审查进展和结果。

8. 合议机构应在收到申诉之日起两个月内对该申诉作出决定。合议机构认为应进一步审查申诉所需文件(资料),可延长审查期限,但延长期限不得超过一个月。

9. 反垄断案件的当事方、区域反垄断机关可以参与合议机构审查区域反垄断机构作出的决议和(或)指令的会议。若区域反垄断机构具有视频会议技术,反垄断案件的当事方、区域反垄断机构可申请通过视频会议系统参与该审查会议。

10. 合议机构在审查针对区域反垄断机构作出的决议和(或)指令的申诉后,可以作出下列决定:

1）驳回申诉；

2）撤销区域反垄断机构作出的决议和（或）指令；

3）变更区域反垄断机构作出的决议和（或）指令。

11. 合议机构可因区域反垄断机构作出的决议违反反垄断机构适用反垄断法规范的一致性变更或撤销该决议。

12. 合议机构可在其过半数的成员出席的情况下作出决定。

13. 合议机构应证实其决定。

14. 合议机构在审查区域反垄断机构作出的决议和（或）指令后作出的决定应在该决定实质性条款公布后五个工作日内作出，并应在该决定作出后五个工作日内在互联网信息和电信网络中联邦反垄断机关的官网上公布该决定。

15. 合议机构在审查区域反垄断机构作出的决议和（或）指令后作出的决定自该决定在互联网信息和电信网络中联邦反垄断机关的官网上公布之日起生效。

16. 合议机构的议事规则由联邦反垄断机关决定。

第 24 条 反垄断机构工作人员在对反垄断法遵守情况实行监督时的权利

反垄断机构的工作人员在依职权对反垄断法的遵守情况实行监督时，在其出示工作证和反垄断机构负责人签署的关于对反垄断法的遵守情况进行检查（下称"检查"）的命令后，有权不受任何限制地进入联邦权力执行机构、联邦主体国家权力机构、地方自治机构、其他履行上述机构职能的机构或组织，以及国家预算外基金、商业组织和非商业组织，以获得反垄断机构认为必要的文件和信息。

第 25 条 关于向反垄断机构提供信息的义务

1. 商业组织和非商业组织（含领导人）、联邦权力执行机构（含领导人）、联邦主体国家权力机构（含领导人）、地方自治机构（含领导人）、其他履行上述机构职能的机构或组织（含领导人）、国家预算外基金（含领导人），以及自然人，其中包括个体经营者，必须在相关范围内，在规定的期限内按照反垄断机构的要求，向反垄断机构以书面和口头形式提供文件、说明和情况（其中包括属于商业、行政或其他依法应予以保护的秘密），以及记录了行为、合同、证书、商业信函和其他文件材料的电子公文。

2. 应联邦反垄断机关的书面要求，俄罗斯联邦中央银行有义务向联邦反垄断机关提供其规范文件，以及联邦反垄断机关分析信贷服务的市场竞争状况并监督该竞争状况所必要的信息(构成银行保密信息的除外)。

3. 构成受法律保护的商业、行政和其他秘密的信息,应按照联邦法律规定的方式向反垄断机构提供。

第 25.1 条 反垄断机构实施的检查

1. 为监督反垄断法的遵守情况,反垄断机构有权对联邦权力执行机构、联邦主体国家权力机构、地方自治机构、其他履行上述机构职能的机构或组织,以及国家预算外基金、商业和非商业组织、自然人及个体经营者(下称"被检查人")进行计划内和计划外检查。对非商业组织的检查,则在其从事经营活动或对其他经营主体的经济活动实行协调时,只对其对本联邦法第 10、11、14—17.1、19—21 条的执行情况进行检查。根据本联邦法,不能对非商业组织的活动是否符合其注册文件规定的目的进行检查。计划内和计划外检查应采取现场检查的形式。

2. 计划内检查应在下述日期 3 年内进行:

1) 法人或组织成立之日、个体经营者根据俄罗斯联邦法律规定的程序进行法定注册之日;

2) 反垄断机构上一次对被检查人进行计划检查的结束之日。

3. 计划内检查每 3 年不得超过 1 次。计划内检查的对象是被检查人在其商业活动中对反垄断法的遵守情况。

4. 计划外检查的依据是:

1) 执法机构、其他国家机构以及地方自治机构、社会团体提供的反映违反反垄断法现象的资料;

2) 自然人、法人提供的信息和举报及大众传媒对反映违反反垄断法的现象的报道;

3) 对违反反垄断法的案件进行调查后作出的决定执行期限届满,或者依据联邦法律第 7 章规定的经济集中的监督已完成;

4) 俄罗斯联邦的总统和政府发出的指令;

5) 反垄断执法机构发现的违反反垄断法的情况。

5. 计划外检查的对象是被检查人在其商业活动中对反垄断法的遵守情况,或者根据本条第 4 款第 3 项的规定进行计划外检查,检查内容是被检查者对已发出指令的执行情况。

5.1 根据本条第 4 款第 2 项和第 5 项的规定,对小企业的计划外现场检查,在地方公诉机构根据俄罗斯联邦检察长签署的同意令后实施,对自然垄断实体的计划外现场检查和本联邦法第 11 条第 1 款规定的遵守要求的计划外现场检查除外。

6. 检查工作要按照反垄断机构领导人签署的命令进行。

7. 反垄断机构领导人关于进行检查的命令应包括如下内容：

1) 反垄断机构名称；

2) 授权检查人员及被邀请参与检查的专家的姓名、职务；

3) 作为被检查对象的法人的名称，或个体经营者的姓名，被检查对象的现在居住地或者户籍所在地；

4) 检查的任务、目的和期限；

5) 检查工作的法律依据；

6) 实现检查目的和目标所需的控制措施清单及其期限；

7) 有关检查的行政法规清单；

8) 检查工作开始和结束的时间。

8. 联邦反垄断机关认可的检查命令的标准格式。

9. 检查工作自命令规定的开始日后不得超过一个月，直到向被检查人转达或邮寄出检查结论的日期。特殊情况下，反垄断机构负责人可以根据执法人员的合理建议，将检查期限延长两个月。

10. 延长检查时间的依据包括，有必要对相关情况进行鉴定、研究和测试，有必要对被检查人提供的外文文件翻译成俄语以及进行其他必要检查，否则将无法评估被检查人是否遵守了反垄断法。延长检查期限的有关程序应当由联邦反垄断机关制定。

11. 在检查工作中，反垄断机构有权检查被检查人下属机构的活动情况，其中包括分公司和代表处。

12. 被检查人应在不晚于开始检查日前三天收到计划内检查的通知。通知采取反垄断机构领导签署的检查命令文件复印件，并通过挂号邮寄及要求签署收件回执的形式或以其他可能的方式送达被检查人。被检查人应在不晚于计划外检查开始时间前二十四小时收到通过任何方式送达的通知。上述规定不适合对本联邦法第 11 条遵守情况的计划外检查。

13. 计划外检查应至少在开始检查前二十四小时以任何可用方式通知被检查人。

14. 如果涉及本联邦法第 11 条和第 16 条规定的情形，则不得事先通知被检查方关于计划外检查的开始。

15. 根据俄罗斯联邦政府通过的《建立和维护统一审计登记册的规则》，反垄断机构进行的计划内和计划外检查的结果，以及为抑制和(或)消除已查明违规行为而采取的措施的信息，应纳入统一审计登记册。

第 25.2 条　关于反垄断机构工作人员进入被检查区域或场所

1. 反垄断机构检查工作人员,进入被检查人的区域或场所时,应出示本人工作证和反垄断机构领导签署的对被检查人进行检查的命令。反垄断机构检查活动负责人不得进入被检查人员生活居住地。

2. 反垄断机构检查工作人员,进入被检查人区域或场所受阻时,反垄断机构检查活动负责人必须按照联邦反垄断机关规定的程序编写报告。被检查人拒绝签署报告的,应当在报告中记录。

3. 报告格式应当经联邦反垄断机关批准。

第 25.3 条　查验

1. 为了解对全面检查有意义的情况,反垄断机构检查工作人员有权查验被检查人的区域、场所(被检查人生活居住区除外)、文件和物品。

2. 被检查人及其代表,以及反垄断机构调入的参与检查的其他人员有权参与查验。查验应在不少于 2 个以上见证人员在场的情况下进行。见证人员可以是任何与检查结果无关的自然人。反垄断机构的工作人员不得作为见证人员。如果查验工作需要专业知识,则可根据反垄断机构的提议邀请专业人士和(或)专家参与查验。

3. 在实施查验的过程中,必要时可进行拍照和摄像,保存复印文件或者其电子形式。

4. 根据查验结果制定笔录。笔录格式应经联邦反垄断机关批准。

第 25.4 条　检查过程中对文件和信息的索取

1. 反垄断机构检查活动负责人有权要求被检查人提供检查工作必需的文件和信息,采取的方式是向被检查人或者其代表提交签署后的要求对方提供文件和信息的调阅函。要求提供信息和文件的调阅函的格式应经联邦反垄断机关批准。

2. 提交的文件副本应当按照俄罗斯联邦法律规定方式认证。必要时反垄断机构检查活动负责人有权查看文件正本。

3. 被检查人应在收到相应文件调阅函后三个工作日内提供相应文件和信息。如三个工作日内被检查人无法提供相应文件和信息,应在收到要求提供文件和信息的调阅函后次日内,书面通知反垄断机构检查活动负责人,说明无法在规定时间内提供相应文件和信息,注明原因并注明提交相应文件和信息所需要的时间。自收到被检查人的说明函两个工作日内,反垄断机构领导人应依据说明函,按照联邦反垄断机关规定的方式,重新决定提交文件和信息的时间,或决定不同意延长时间并注明原因。反垄断机构检查活动负责人的决定复印件按照规定程序进行认证后,以任何可能的方式交被检查人。

4. 如果被检查人不在规定时间内提供或者拒绝提供检查工作的文件和信息,按照俄罗斯联邦法律的规定,将被追究责任。

第 25.5 条　反垄断监督行动中笔录制作的一般要求

1. 在本联邦法规定的情形下,反垄断机构在反垄断监督行动中(下称行动)必须制作笔录。笔录应使用俄文。

2. 笔录中应注明:

1) 行动的内容;

2) 行动的地点和日期;

3) 行动起始和结束时间;

4) 笔录制作人的职务、姓名;

5) 每个参与行动或在行动中在场人员的姓名,并在必要情况下注明通信地址、国籍及是否掌握俄语;

6) 行动内容和结果;

7) 行动中发现的重要事实和情况。

3. 笔录应经所有参与行动的人员和行动中在场人员签署。每人都有权对笔录提出修改意见。

4. 笔录应由制作人即反垄断机构检查活动负责人及所有参与行动和行动中在场人员签署。笔录复印件必须直接交予或以挂号信形式邮寄,并由被检查人签收回执。

5. 笔录应当附有照片、底片、胶片、录像带和其他在检查行动中制作的资料。

第 25.6 条　制作检查结果

1. 检查文件根据检查结果制作,应当一式两份,其中一份应当直接交予或以挂号信寄达被检查人或被检查人的代表,并要求签署收件回执。

2. 报告格式应当经联邦反垄断机关批准。

3. 对涉及国家、商业、行政秘密和其他应受法律保护的秘密的检查结果文件,应按照俄罗斯联邦法律规定的要求制作。

第 25.7 条　违反反垄断法的警告

1. 为避免违反反垄断法的行为,反垄断机构可以对经营主体的职务人员、联邦权力执行机关、联邦主体国家权力机关、地方自治机关、参与国家或市政服务的组织、国家预算外基金的职务人员以书面形式发出禁止从事可能涉及违反反垄断法的警告令(下称"警告")。

2. 对经营主体的职务人员发出警告的依据是该职务人员对可能导致违反反垄断法行为所作的公开声明,且缺少按照违反反垄断法进行立案、审查的依据。向商业实体官员发出警告的依据是此类人员关于商品市场计划行为的公开声明,如果这种行为可能导致违反反垄断法,并且没有理由发起和审议违反反垄断法的案件。

2.1 对联邦权力执行机关、联邦主体国家权力机关、地方自治机关、参与国家或市政服务的组织、国家预算外基金的职务人员发出警告的依据是其职务人员计划中的行为(不作为)可能违反反垄断法,且缺少按照违反反垄断法进行立案、审查的依据。

3. 反垄断机构负责人应在发现反垄断机构知道存在本条第2款和第2.1款所述理由之日起十日内作出警告的决定。

4. 警告应包括的内容:

1) 发出警告所依据的结论;

2) 经营主体、联邦权力执行机关、联邦主体国家权力机关、地方自治机关、参与国家或市政服务的组织、国家预算外基金所违反的反垄断法的具体条文。

5. 发出警告的程序和形式应当经反垄断机构批准。

第26条 反垄断机构应当保守商业秘密、公务秘密和其他应受法律保护的秘密

1. 反垄断机构在履行职权过程中获取的属于商业秘密、公务秘密以及其他应受法律保护的秘密的信息,除联邦法律另有规定外,不得公开。

2. 反垄断机构职务人员公开属于商业秘密、公务秘密以及其他应受法律保护的秘密的信息的行为,应承担民事、行政和刑事责任。

3. 反垄断机构或其行政官员公开属于商业秘密、公务秘密以及其他应受法律保护的秘密的信息并给自然人或者法人造成损害的,应由俄罗斯联邦国库资金予以赔偿。

第7章 对经济集中的国家监督

第26.1条 交易行为及其他需要接受国家监督的行为

1. 在本章中,需要接受国家监督的行为是指涉及俄罗斯金融机构的资产、位于俄罗斯联邦境内的固定资产和(或)无形资产,或者俄罗斯商业或者非商业机构的股权的交易行为和其他行为,以及外国的人和(或)机构在交易日届满前一年内向俄罗斯联邦销售商品超过10亿卢布的行为。

2. 本章不适用于由俄罗斯联邦中央银行根据 2002 年 7 月 10 日第 86 号联邦法律《俄罗斯联邦中央银行法》履行的回购协议。

3. 废止（2015 年）。

第 27 条　须经反垄断机构事先批准的商业组织的设立和重组，经营主体——竞争者间的合资协议

1. 下述行为须事先获得反垄断机构批准：

1）商业组织的合并（金融机构除外），根据提交并购申请日前最近一次财务报告日的资产负债表（下称"最近资产负债表"，如果是向反垄断机构提交报备，那么应当是商业组织合并前的最近一次财务报告日的资产负债表），合并方的资产（其集团资产）总值合计超过 70 亿卢布，或合并前该合并方（含其集团）的上一个会计年度销售收入合计超过 100 亿卢布；

2）其他商业组织（金融机构除外）对一个或数个商业组织（金融机构除外）的重组，如果其最后资产负债表中资产总值（含集团资产）合计超过 70 亿卢布，或联合前上一会计年度销售收入合计（含集团）超过 100 亿卢布；

3）金融机构的合并，或其他金融机构对一个或数个金融机构与另一金融机构的重组，如果最后的资产负债表中资产总值超过俄罗斯联邦政府规定的限额（信贷机构合并或联合时，最后资产负债表中资产总值的限额由俄罗斯联邦政府与俄罗斯联邦中央银行协商制定）的；

4）设立商业组织，其注册资本由其他商业组织（金融机构除外）的主要资产或无形资产以股份（份额）和（或）资产为出资形式，其中包括新设立的商业组织根据转让文件或资产负债分割文件，获得另一商业组织（金融机构除外）的股份（份额）和（或资产），并依据这些股份（份额）和（或）资产（货币资产除外）获得本联邦法第 28 条规定的权利的，并且新设立商业组织的注册人（含集团）和提供股份（份额）和（或）资产（货币资产除外）用于新设立商业组织注册资本的出资人（含集团）的最近资产负债表中资产总值合计超过 70 亿卢布，或新设立商业组织的注册人（含集团）和提供股份（份额）和（或）资产用于新设立商业组织注册资本的出资人（含集团）的上一会计年度销售收入合计超过 100 亿卢布的；

5）设立商业组织，注册资本由金融机构（货币基金除外）以股份（份额）或资产的形式支付，并且（或）该新设的商业组织获得的该金融机构股份（份额）或资产，并取得本联邦法第 29 条规定情形的权利，以及根据最后资产负债表该金融机构的资产总值超过俄罗斯联邦政府规定限额的（信贷机构以股份（份额）和（或）资产作为新设立商业组织注册资本的，由俄罗斯联邦政府与俄罗斯联邦中央银行协商制定出资限额）；

6) 一个金融机构并购另一商业组织(金融机构除外)的,且根据最近资产负债表,金融机构的资产总值超过俄罗斯联邦政府规定的限额;

7) 一个商业组织(金融机构除外)并购另一金融机构的,且该金融机构的最近资产负债表中资产总值超过俄罗斯联邦政府规定的限额(被并购方为信贷机构的,该限额由俄罗斯联邦政府与俄罗斯联邦中央银行协商规定);

8) 俄罗斯境内作为竞争方的经营主体履行的合资协议,根据最近资产负债表,其资产总值(含集团资产)合计超过70亿卢布,或者该经营主体(含集团)在达成协议之前的上一会计年度的销售总收入超过100亿卢布的。

2. 若按照本联邦法第9条第1款第1项规定,本条第1款涉及行为的各主体属于同一集团,或者本条第1款中涉及的交易是按照本联邦法第31条规定的条件实施的,或者是按照俄罗斯联邦总统或俄罗斯联邦政府通过的法规实施的,则不适用本条第1款对行为须获反垄断机构事先批准的规定。

第28条　须事先获得反垄断机构批准的股份(份额)、资产以及与商业组织有关权利的交易

1. 如果取得股份(份额)、权利和(或)资产的一方及集团,和作为经济集中对象的一方及集团的最近资产负债表日的资产总值超过70亿卢布;或者其上一会计年度的销售总收入超过100亿卢布,并且根据最近一次资产负债表其资产总值超过4亿卢布,那么以下的股份(份额)、权利和(或)资产的交易应获得反垄断机构的事先批准:

1) 法人或自然人(包括集团)收购在俄罗斯联邦注册的股份公司有表决权股份的交易,如果交易后该法人或自然人持有超过25%的有表决权股份,且此前不持有该公司有表决权股份,或持有但不超过25%。本规定不适用于公司成立时的创始人。

2) 法人或自然人(包括集团)收购在俄罗斯联邦注册的有限责任公司注册资本份额的交易,如果交易后该法人或自然人拥有超过1/3的注册资本份额,且此前不持有该有限责任公司的注册资本份额,或持有但不超过1/3。本条规定不适用于公司成立时的创始人。

3) 法人或自然人(包括集团)收购在俄罗斯联邦注册的有限责任公司注册资本份额不少于1/3,但不超过注册资本的50%的交易,如果交易后该法人或自然人持有超过50%的份额。

4) 已持有不少于25%,但不超过50%在俄罗斯联邦注册的股份公司有表决权股票的法人或自然人(包括集团)收购该公司有表决权股票的交易,如果交易后持有的该股票超过50%。

5)持有不少于50%,但不超过2/3在俄罗斯联邦注册的有限责任公司注册资本份额的法人或自然人(包括集团)收购该公司注册资本份额的交易,如果交易后持有的该份额超过2/3的。

6)已持有不少于50%,但不超过75%在俄罗斯联邦注册的股份公司有表决权股票的法人或自然人(包括集团)收购该公司有表决权股票的交易,如果交易后持有的该股票超过75%。

7)经营主体(包括集团)获得另一在俄罗斯联邦注册的经营主体(金融机构除外)的生产资料(土地、非工业用建筑、设备、设施或部分设施、未竣工建筑除外)和(或)非物质成果的所有权、使用权或占有权,如果作为单独交易或关联交易标的物的账面价值超过出让方的固定生产资料和非物质财产账面价值的20%的。

8)经过一次或数次交易(包括通过资产委托管理协议、共同经营协议或授权协议),法人或自然人(包括集团)获得的权利能够影响经营主体(金融机构除外)的经营条件或影响经营主体管理机构履行管理职能的。

9)一方及其集团获得在俄罗斯境外设立的法人的50%以上的普通股或者其他能够影响法人的经营条件或影响其管理机构履行管理职能的。

2.本条第1款对部分交易须事先获得反垄断机构批准的规定,不适用于下述情形:本条第1款涉及的交易符合本联邦法第31条规定的,或者俄罗斯联邦总统和俄罗斯联邦政府的法规对所涉及的交易另有规定的,或交易的标的物为金融机构股份(份额)的。

3.确认本条第1款下的经营者合并双方及其集团的资产总额,不应考虑出售(剥离)经营者合并另一方及其集团的股份(份额)或权利的一方的资产,如果交易的结果是出售方及其集团失去了能够影响另一方经营主体的经营条件的权利。

第29条 须事先获得反垄断机构批准的金融机构股份(份额)和权利的交易

1.作为交易方的金融机构最后的资产负债表资产价值,如超过俄罗斯联邦政府规定的限额(信贷机构股份(份额)交易、信贷机构资产和权利交易,由俄罗斯联邦政府与俄罗斯联邦中央银行协商制定交易金额限制),下述关于金融机构股份(份额)和权利的交易须事先获得反垄断机构批准:

1)法人或自然人(包括集团)收购股份公司有表决权股份的交易,如果交易后该法人或自然人持有超过25%的有表决权股份,且此前不持有该公

司有表决权股份,或持有但不超过25%。本规定不适用于金融机构成立时的创始人;

2) 法人或自然人(包括集团)收购有限责任公司注册资本份额的交易,如果交易后该法人或自然人拥有超过1/3的注册资本份额,且此前不持有该有限责任公司的注册资本份额,或持有但不超过1/3。本条规定不适用于金融机构成立时的创始人;

3) 法人或自然人(包括集团)获得有限责任公司注册资本份额,此前已经持有超过1/3但不超过50%该公司注册资本份额,且交易后持有的份额超过50%的;

4) 已持有不少于25%,但不超过50%股份公司有表决权股票的法人或自然人(包括集团)收购该公司有表决权股票的交易,如果交易后持有的该股票超过50%的;

5) 持有不少于50%,但不超过2/3有限责任公司注册资本份额的法人或自然人(包括集团)收购该公司注册资本份额的交易,如果交易后持有的该份额超过2/3的;

6) 已持有不少于50%,但不超过75%股份公司有表决权股票的法人或自然人(包括集团)收购该公司有表决权股票的交易,如果交易后持有的该股票超过75%的;

7) 法人或自然人(包含集团)通过一次或数次交易获得金融机构资产(不包括货币资金),且价值超过俄罗斯联邦政府规定限额的;

8) 经过一次或数次交易(包括通过资产委托管理协议、共同经营协议或授权协议),法人或自然人(包括集团)获得的权利能够影响金融机构的经营条件或影响金融机构管理机构履行管理职能的。

2. 本条第1款规定的关于部分交易须获得反垄断机构事先批准的规定,不适用于以下情形:本条第1款所涉及的交易是由本联邦法第9条第1款第1项确定的集团之间的交易,或者是本条第1款涉及的交易符合本联邦法第31条规定的,或者相关交易是按照俄罗斯联邦总统或俄罗斯联邦政府政府制定的法规进行的。

第30条 应向反垄断机构报备的交易事项(2013年废止)

第31条 对集团经济集中实施国家监管的特别规定

1. 本联邦法第27至29条规定的交易或其他行为,可不事先经过反垄断机构批准,但同时符合以下情形时,应在其行为结束后根据本联邦法第32条规定的程序向反垄断机构报备:

1) 本联邦法第27至29条规定的交易或其他行为是在集团之间进

行的;

2) 集团中任意一方在交易或其他行为进行前一个月,根据法定形式向联邦反垄断机关提交了注明关联基础的集团清单;

3) 在实施交易或其他行为时,此前向联邦反垄断机关提交的清单上人员未发生变化。

2. 联邦反垄断机关应在收到注明关联基础的集团清单之日起十四日内,根据下列情形通知申请人:

1) 如果提交的关联清单符合反垄断机构的相关规定,则告知收悉并在联邦反垄断机关官网上发布公告;

2) 否则告知其所提交的清单不符合相关格式与本条第1款所规定的条件。

3. 符合本条文规定的情形,根据本联邦法第28条和29条实施交易或其他行为的利害关系人,或根据本联邦法第27条进行交易或其他行为后建立的法人,应在交易或其他行为结束后四十五日内向联邦反垄断机关报备。

4. 联邦反垄断机关规定包括关联基础的集团清单格式。

5. 如查明提交的集团信息不实,联邦反垄断机关应从本机构官方网站撤销登载的相关信息。

第32条　向反垄断机构提出有关实施交易和其他国家监管行为的申请人与联络人,以及提供的文件和材料

1. 符合本联邦法第27—29条事先报批或者本联邦法第30条和第31条事后报备的情形,下列人可以向反垄断机构提出申请:

1) 实施本联邦法第27条第1款第1至3项,第6至8项规定的行为的人;

2) 根据本联邦法第27条第1款第4和5项的规定,设立商业组织的决策人或决策人之一;

3) 实施本联邦法第28条和第29条规定的交易,获得经营主体股份(份额)、资产和权利的人;

4) 根据本联邦法,有义务向反垄断机构报备从事交易或其他行为的人。

2. 本条第1款第1—3项规定的相关人员,在从事交易或其他行动前应向反垄断机构申请批准。

3. 本联邦法第30和31条规定的有义务向反垄断机构报备从事交易和其他行为的人,应向反垄断机构提交该交易或行为的合并前申报。

3.1 报批或报备可以按照联邦反垄断机关规定的程序以电子表格的方

式提交给反垄断机构。

4. 可以由申请人的代表向反垄断机构提交从事交易、其他行为合并前或合并后的报批报备。

5. 向反垄断机构报批报备应受国家监管的交易和其他行为,应同时提交以下文件和资料:

1) 法人申请人成立文件的公证副本,或自然人申请人的姓名,以及能证明个人身份并在报批报备时有效的文件(证明文件的编号和(或)号码)、文件发放日期和地点、发放机构);

2) 作为经营集中对象的法人在提交申请时有效的成立文件公证副本,或说明申请人没有此类文件的书面声明;

3) 说明受反垄断机关监管的交易或其他行为的对象与内容的文件和(或)资料;

4) 报批或报备前两年申请人从事的经营活动类型,申请人从事经营活动不足两年的,则应提交实际经营期间内所有相关信息,且如果根据俄罗斯联邦法律,其从事的经营活动需要特别许可,还应附能证明其有权从事该经营活动的证明文件副本;

5) 申请人在报批或报备前两年内生产和销售的产品品名,并提供产品代码,申请人从事生产销售不足两年的,则提交实际生产销售期间内所有生产销售信息;

6) 申请人所掌握的本联邦法第 27—30 条涉及的相关方的主要经营活动情况,其在报批或报备前两年内产品名称、生产和销售总量及产品代码。如果相关方从事前述行为不足两年,则提交实际经营期间内相关信息,按照俄罗斯联邦法律规定,经营主体的经营活动需要得到特别批准的,则应附相应经营权许可文件副本,或者申请人以书面声明不掌握上述相关文件和情况;

7) 申请人在报批前最后结算日期的资产负债表,若申请报备,则资产负债表最后结算日期追溯到最终交易的缔结之日;

8) 报批人或报批人团体在报批前最后结算日期的资产总体账面价值,报备则为最终交易或其他行为的缔结之日;

9) 经营集中者和其团体在报批前最后结算日期的资产总体账面价值,报备则为最终交易或其他行为的最后结算日期,或者申请人不掌握上述相关情况的书面声明;

10) 如果申请人为金融机构,报批时应向俄罗斯联邦中央银行和联邦政府金融市场管理机构提交最后结算日期的财务报告和其他报告,报备则为最终交易或其他行为的缔结之日；

11）如果金融机构为股份（份额）、财产和（或）资产的出让方，报批时应向俄罗斯联邦中央银行和联邦政府金融市场管理机构提交最后结算日期的财务报告和其他报告，报备则为最终交易或其他行为的缔结之日，或者说明申请人没有上述文件的书面声明；

12）报批报备前申请人以任何方式持有股份（份额）超过5%的商业组织清单，或以书面声明申请人并未管理商业组织的股份（份额）；

13）报批报备前经营集中者以任何方式持有股份（份额）超过5%的商业组织清单，或没有管理商业组织股份（份额）的书面声明，或申请人不掌握上述相关情况的书面声明；

14）报批报备前以任何方式持有申请人股份（份额）超过5%的人员清单；

15）报批报备前以任何方式持有经营集中者股份（份额）超过5%的人员清单，或者申请人不掌握上述相关情况的书面声明；

16）报批时联邦反垄断机关批准的申请人所在的团体人员名单，并详细阐述其在团体中的角色，报备则为最终交易或其他行为的缔结之日。人员名单包括申请人所管理的人员，管理申请人的人员，和申请人在同一团体的人员，与申请人在同一商品市场活动的人员，参加合并、收购的人员，和（或）经营集中者，以及被上述人员管理的人员。申请人所在的团体人员名单不包括自然人，个体企业和（或）符合本联邦法第9条第1款第1—3、5、6、9项与经营主体在同一团体的除外；

17）根据联邦反垄断机关核准的形式，与本联邦法第27—30条所涉人员在同一团体的人员名单，并详述报批时相关人员的角色，报备则为最终交易或其他行为的缔结之日，或者申请人不掌握上述相关情况的书面声明。本联邦法第27—30条所涉人员在同一团体的人员名单应包括参加合并、收购的人员，和（或）经营集中者；控制管理前述参与合并、经营集中的人；和经营集中者在同一团体的人员，和申请人或经营集中者在同一商品市场从事经营活动的人，以及为上述人员管理的人员。申请人所在的团体人员名单不包括自然人，个体企业和（或）符合本联邦法第9条第1款第1—3、5、6、9项与经营主体在同一团体的除外；

18）关于以名义持有人形式持有申请人股份（份额）超过5%的实际持有人的情况，包括在有税收优惠政策的国家和（或）法律规定可以不公开和不提供法人信息的国家（离岸国家和地区）注册的主体；

19）根据2018年4月29日颁布的第27号联邦法律《关于外国投资俄

罗斯对国防和国家安全有战略意义的商业实体的管理办法》第 6 条规定，从事经营活动的经济集中者的许可证，或者说明申请人无此信息的书面声明；

20) 证明对应受国家监管的交易和行为已经缴纳相应费用的文件。

5.1 如果没有按照本条第 5 款规定的要求提交全部必要文件和资料，将被视为未提交申请，对此反垄断机构应在十日内通知申请人。反垄断机构自申请人收到通知起十四日内应妥善保存所提交的文件；在此期间申请人有权收回文件和资料。

5.2 如果申请者未能提供本条第 5 款第 4 项规定的有权从事某项活动的证明文件副本（如果根据联邦法律从事这些活动需要得到特殊许可），经反垄断机构跨部门请求，授权机构应当立即提交相关许可的信息。

5.3 废止（2011 年）。

5.4 如果申请人未能按照本条第 5 款第 10、11 项的规定提交文件，经反垄断机构、俄罗斯联邦中央银行和联邦政府金融市场管理机构跨部门请求，管理市场金融服务的联邦权力执行机关应当出示申请人或者相关股份（份额）、财产、资产和权利受让人的金融经济和其他会计报告（或包括前述文件在内的相关信息）。

6. 对于商业组织之间的合并、一个或数个商业组织合并成一个商业组织、非商业组织之间的合并、一个或数个非商业组织合并成一个非商业组织、成立新的商业组织的报批申请，或者关于申请人提供的关于并购、合并或建立新商业组织的备案文件和资料，应由申请人和其他参与合并、并购或建立的人员签署，合并、并购的报备文件仅须由申请人签署。报批报备时申请人应同时按照反垄断机构的要求提交本条第 5 款规定的与并购、合并或建立新商业组织有关的其他法人和自然人的文件和资料。

7. 联邦反垄断机关规定本条第 5 款中应提交资料的格式。

8. 根据本联邦法第 27—31 条的规定，交易或其他行为需要获得反垄断机构多次事先审批或者多次事后备案的，每一交易或行为都需要单独审批或单独备案。

9. 为取得交易或其他行为的许可向反垄断机构提交的申请信息，应在联邦反垄断机关互联网信息和电信网的官方网站上公布。利害关系人可以向反垄断机构提交此类交易或其他行为影响竞争的相关信息。

9.1 俄罗斯联邦政府有权制定关于反垄断机关不在联邦反垄断机关互联网信息和电信网的官方网站上公布对提交的申请信息的同意情况的规定。

10. 第 32 条第 1 款中所规定的主体有权在提交合并前报批或合并后报

备之前,告知反垄断机关即将发生的交易或其他行动。有权向反垄断机构提交资料和文件,并提出条件,其实施目的是确保竞争。在行使其对经济集中的国家控制权时,反垄断机构可以考虑其所提交的信息和文件。

第33条 反垄断机构对申请的决定及向向申请人发出的通知

1. 反垄断机构有义务审查本联邦法第32条规定的申请,并在收到申请之日起三十日内以书面形式通知申请人所作出的决定,并说明理由。

2. 根据受到国家控制的交易的报批申请的审查结果,反垄断机构作出以下决议之一:

1) 如果申请的行为不会导致限制竞争,则批准申请;

2) 如果申请的行为可能导致限制竞争,包括出现或者加强了申请人(为关联方的一组申请人)的支配地位而导致的限制竞争,如果有必要进行额外审查,以及获取本款第1、3、4和5条就申请审查结果作出决定的补充资料,则决定延长申请审查期;

3) 如果在本联邦法第27条规定的情况下建立商业组织,或在本联邦法第28条和第29条规定的交易中,因反垄断主管部门需要考查申请人满足相关条件才能决定是否批准,以及最长不得超过九个月的期限的限制,反垄断机构可决定延长审查批准商业组织与(或)非商业组织之间收购、合并的请求的期限。延长审查的具体期限以相关条件为基础;

3.1) 如果根据2008年4月29日的第57号联邦法律《关于外国投资俄罗斯对国防和国家安全有战略意义的商业实体的管理办法》的规定,申请书中规定的交易、其他行动需要经过初步批准的,则可根据联邦法将审查申请的期限延长至该交易作出决定之日为止;

4) 对于批准本联邦法第27—29条规定的申请,以及其他行为的申请,依照本联邦法第23条第1款第2项的规定,同时附加向申请人和(或)被列入申请人名单的人以及(或)其股份(份额)、财产、资产和所获得权利的经营主体,和(或)既定人员发出规定的指令,则上述人员对其申请的交易或其他行为必须采取保护竞争的必要措施;

5) 如果在申请的交易或其他行动导致或可能导致限制竞争(特别是申请的交易或其他行为将导致该申请人的支配地位的出现或加强),则拒绝批准申请书的交易;或者如果在审查提交文件的过程中,反垄断机构发现文件中对决策具有重要影响的信息不真实,或者申请人未能提交反垄断机构要求提供的资料,而没有这些资料反垄断机构无法就申请的事项是否限制竞争作出决定;

6) 如果申请的交易或其他行为,已经根据联邦法《关于外国投资俄罗斯对国防和国家安全有战略意义的商业实体的管理办法》在事前的申请中予以拒绝,则可以决定不批准该申请。

3. 本条第 1 款所述的期限,可以通过本条第 2 款第 2 项的规定,决定延长不超过两个月的期限。如果作出此类决定,反垄断机构在其官方网站上发布有关报批申请的交易和其他行为的相关资料。利害关系人有权向反垄断机构提交有关该交易或其他行为对竞争产生影响的信息。

4. 关于本条第 2 款第 3 项规定的延长申请审查期限的决定,如果商业组织并购、合并或者建立新的商业组织将导致或可能导致限制竞争,包括实施此类行动的结果导致商业组织支配地位的出现或加强,反垄断机构可以决定延长审议时间。

5. 为了确保竞争,本条第 2 款第 3 项规定的条件可包含以下内容:

1) 使用申请者以及参与商业组织之间的收购、合并或新建商业组织的其他人所管理的基础设施、其他生产设施或信息的方法;

2) 使用申请者和其他参与商业组织之间的收购、合并或新建商业组织的人员管理的工业知识产权信息;

3) 报批申请人和(或)其他参与商业组织并购、合并或成立新商业组织的各方向其他非关联方转让有形资产、让与无形资产的要求和(或)对其他非关联方所负义务;

4) 对申请人及其他参与商业组织并购、合并或新建商业组织的各方的集团的组成的要求。

6. 在符合本条第 2 款第 3 项规定的条件后,申请人向反垄断机构提交符合要求的文件。反垄断机构自收到文件之日起三十日内作出决定,对商业组织之间的收购、合并或新建商业组织的各方或者合作企业的申请予以批准。如果没有收到相关文件,则终止本联邦法第 28 和 29 条规定的交易,作出拒绝批准申请的决定。

7. 如果申请的交易或其他行为导致或可能导致限制竞争,反垄断机构根据本条第 2 款第 4 项的规定,作出批准申请的决定,同时附加相关约束性的指令。

8. 若反垄断机构批准的交易或其他行为自该决定批准之日起一年内不执行,则该批准决议失效。

9. 本联邦法第 31 条规定的事后受国家控制的交易或其他行为,在交易或行为实施后进行申报的自然人或法人组织,在实施交易之前有权向反垄断机构报批,反垄断机构有义务按照本条规定的程序审查申请。

9.1 如果经营主体资产的合并价值不超过本联邦法第 27 条第 1 款第

8项规定的价值,则就联合经营达成协议的经营主体在缔结此类协议之前,有权在之前向反垄断机构提请审批,反垄断机构有义务按照第33条规定的程序审议申请。

10. 如果交易以及本联邦法第31条的规定的其他行为导致或可能导致限制竞争,包括由于经营主体的市场支配地位出现和加强导致的,那么,根据反垄断机构依据本联邦法23条第1款第2项作出的决定,向反垄断执法机构提交申报的申请人(或关联集团)有义务采取行动以保护竞争。

11. 关于根据本条款所作出的决定,反垄断机构可以根据自然人或法人组织的申请或者其自行决定,在先前所作决定作出后,若实际情况发生变更并且不存在可以继续全部或部分地执行先前所作决定的可能性或适宜性时,可重新考虑其执行的内容和程序。前述实际情况包括产品的变更或者商品市场范围的变化、买卖主体的构成、经济主体主导地位的下降等。前述申请自反垄断机构收到申请书之日起一个月内作出决定。决定的程序规定由反垄断机构制定。对先前决定的变更不能导致对申请人更为不利的影响。

第34条 违反从事交易或其他受规制行为应取得反垄断机构的预先同意和事后报备程序的法律后果

1. 未经反垄断机构预先同意设立商业组织,包括本联邦法第27条规定的通过商事组织之间的并购、合并形成的商业组织,如果其成立导致了或有可能会导致对竞争的限制,如形成或强化了其垄断地位,应根据反垄断机构的要求通过分设或者分离的方式进行清算、重组。

2. 未经反垄断机构预先同意实施本联邦法第28条、29条规定的交易或其他行为,如果这些交易或者其他行为导致了或有可能会导致对竞争的限制,如形成或强化了其垄断地位,应根据反垄断机构的要求依法认定无效。

3. 废止(2013年)

4. 违反了关于本联邦法第30条第1款第5项和第31条规定的交易及其他行为应向反垄断机构进行告知的规定的,如果这些交易或者其他行为导致了或有可能会导致对竞争的限制,如形成或强化了垄断地位,应根据反垄断机构的要求依法认定无效。

5. 不符合反垄断机构根据本联邦法第33条第2款第4项法定程序作出的决定的,应根据反垄断机构的要求,依法认定无效。

6. 不符合反垄断机构根据本联邦法第33条法定程序作出的决定,或任何违反本联邦法第27至32条规定的行为,除应承担本条所规定法律后果外,根据俄罗斯联邦法律构成行政违法行为的,还应承担行政责任。

第 35 条　对经营主体限制竞争协议的国家监管

1. 拟签署符合本联邦法规定的协议的经营主体,有权按照反垄断机构的规定,以书面形式向反垄断机构请求审查协议草案是否符合法律规定。

2. 拟签署协议的经营主体向反垄断机构提出检查申请时,应当同时按照联邦反垄断机关规定的清单提供相关文件和资料。

3. 自收到用于审查的全部必要文件和资料起三十日内,反垄断机构应当以书面形式对协议草案是否符合反垄断法的要求作出审查决议。

3.1. 如果提交的文件、资料不完备,则视为未申报,反垄断机构应当自收到审查请求之日起十日内通知申请人。反垄断机构自申请人收到通知之日起十四日内应妥善保管所提交的材料,在此期间内申请人可以要求取回。

4. 书面协议草案符合下列情形之一的,可以认定违反反垄断法的要求:

1) 存在本联邦法第 11 条第 1 款至第 4 款规定的情形,且书面协议不符合本联邦法第 12 条与第 13 条规定;

2) 经营主体提供的文件和其他资料与事实不符,且影响反垄断机构作出决议;

3) 废止(2011 年)

5. 必要时,反垄断机构可根据本条第 1 款规定延长审查期限,但最长不得超过二十日。反垄断机构应当以书面形式通知申请人延长审查时间的决议,并告知延长原因。

6. 反垄断机构对书面协议草案作出符合或者违反反垄断法要求的决议起一年内没有签署相关协议的,该反垄断机构的决议失效。

7. 反垄断机构在对书面协议草案作出符合反垄断法要求的决议的同时,有权向协议各方发出采取保护竞争措施的指令。

8. 在下列情形下,反垄断机构有权取消书面协议草案符合反垄断法要求的决议:

1) 作出决议后查明,经营主体提交的用以审查拟签署协议的信息是不真实的;

2) 拟签署协议的经营主体没有执行反垄断机构按照本条第 7 款规定发出的指令;

3) 根据本联邦法第 12 条与第 13 条的规定认定协议草案合法的基础条件已经发生改变。

9. 根据反垄断机构作出的符合反垄断法要求的决议签署书面协议的经营主体,必须在任何一方接收到由反垄断机构按照本条第 8 款第 3 项作出的撤销书面协议符合反垄断法要求的合理决定起一个月内,终止该协议。如果签署协议的参与者的市场份额已经发生改变以及该协议无法满足相应条款或者条件时，反垄断机构可以作出取消符合反垄断法要求的书面协议草案的决定。

10—12. 废止(2011年)

第8章 违反反垄断法应当承担的责任

第36条 执行反垄断机构的决议和指令的义务

商业组织和非商业组织(含领导人)、联邦权力执行机构(含领导人)、联邦主体国家权力机构(含领导人)、地方自治机构(含领导人)、参与提供国家或地方服务职能的其他机构和组织，以及国家预算外基金(含领导人)、自然人，包括个体经营者，必须在反垄断机构决议和决定规定的时间内执行反垄断机构决议和决定。

第37条 违反反垄断法应承担的责任

1. 联邦权力执行机关、联邦主体国家权力机关、地方自治机关的领导人，以及其他履行上述机关职能的公职人员和组织的负责人、商业和非商业组织及其领导人、自然人(包括个体经营者)，违反反垄断法，将按照俄罗斯联邦法律规定承担责任。

2. 本条第1款中涉及的人员和组织被追究责任，但不免除其执行反垄断机关决议和指令的义务，不免除向反垄断机关报批或报备的义务，也不免除按照反垄断法规定应采取实际措施的义务。

3. 由于违反反垄断法行为而遭受权益损害的主体，可以按照既定程序提起诉讼，以修复受损权益，其中包括因侵害财产造成的利润损失和赔偿金。

第38条 对商业组织和从事经营活动并获得收入的非商业组织的强制分拆或剥离

1. 如果占支配地位的商业组织存在系统性的垄断行为，以及非商业组织的活动为其带来收入，法院有权根据反垄断机构的提诉(反垄断机构提诉信贷机构要与俄罗斯联邦中央银行协商)裁决对上述组织和机构采取拆分措施，或裁决从中剥离出一个或数个组织。被强制分拆出来的组织不得再组成集团。

2. 为了发展竞争，如果同时符合下述情形，法院可裁决对商业组织强制分拆或裁决从商业组织中剥离出一个或数个商业组织：

1) 商业组织的下属机构有可能分开独立经营；

2) 商业组织的各下属机构不存在技术上的相互联系(如商业组织下属

机构30%或不超过30%的产品总量、设计量和服务量为商业组织下属其他机构使用）；

3）在相应商品市场上存在被重组后成立的新法人自主经营的可能性。

3. 法院作出对商业组织强制分拆或从商业组织中强制剥离出一个或数个商业组织的裁决，以及对从事营利活动的非商业组织进行强制分拆或剥离的裁决后，商业组织和非商业组织的所有权人及其授权机构必须在裁决规定的时间内执行裁决规定。法院裁决的执行时间不少于六个月。

第9章 对反垄断案件的审理

第39条 违反反垄断法的案件的立案理由，案件的审理地点，以及在审理反垄断案件时发现行政违法行为情形的后果

1. 反垄断机构在其权限范围内对反垄断案件进行立案、审理，作出决议，并作出指令。

2. 反垄断机构提起和审理违反反垄断法的案件的依据是：

1）联邦机构、地方机构收到的表明存在违反反垄断法情形的材料（下称"材料"）；

2）法人或自然人的声明，表明有违反反垄断法的情形（下称"声明"）；

3）反垄断机构发现违反反垄断法的情形；

4）媒体消息，表明存在违反反垄断法的情形；

5）审查结果发现商业组织、非营利组织、联邦权力执行机关、联邦主体国家权力机关、地方自治机构、履行上述职能的其他机构或组织、国家预算外基金有违反反垄断法的情形。

3. 违反反垄断法的案件由事实发生地或提交申请或材料的人的住所地反垄断机构审理。联邦反垄断机关有权审理案件，不受上述地点约束。

4. 反垄断机构将申请、材料、违反反垄断法的案件移交给另一个反垄断机构的规则由联邦反垄断机关制定。

5. 如果在审查违反反垄断立法的案件的过程中，反垄断机构发现表明存在行政违法的情况，则反垄断机构根据俄罗斯联邦关于行政违法的立法所确定的方式立案。

第39.1条 涉嫌违反反垄断法行为（不作为）的警告

1. 为了消除行为（不作为）带来或可能带来阻碍、限制和消除竞争和（或）侵害其他主体（经营主体）的商业利益或者侵害不特定消费者利益的因素，反垄断机构可给予经营主体、联邦权力执行机构、联邦主体权力执行机构、地方自治机构、参与提供国家或地方服务职能的其他机构和组织、参与国

家采购或者市政服务的组织、国家预算外基金以书面形式发布要求停止行为（不作为）、废除或改变涉嫌违反反垄断法的指令，或者解除引发违法的基础和条件，或采取措施消除违法后果的警告（以下称警告）。

2. 本条第1款对第39条第1款列举的相关主体给予的警告适用于违反本联邦法第10条第1款第3、5、6、8项，第14.1、14.2、14.3、14.7、14.8条，第15条规定的情形。反垄断机构对违反本联邦法第10条第1款第3、5、6、8项，第14.1、14.2、14.3、14.7、14.8条，第15条规定的主体在没有给予警告和在警告履行期限结束之前，不可作出立案的决定。

3. 在审理反垄断案件期间，案件审理委员会在下列情况下可发布警告令：如果审查的案件涉嫌违反本联邦法第10条第1款第3、5、6、8项，第14.1、14.2、14.3、14.7、14.8条，第15条的规定，但在立案期间未被发现。

4. 警告令应当包括：

1）发出警告的依据；

2）给予警告的当事人的行为（不作为）所违反的反垄断法规范；

3）停止违反反垄断法的行为、解除引发违法的基础和条件，或采取措施消除违法后果，并在合理的期间内完成。

5. 警告令在发出后和警告期内对于当事人具有强制性。给予完成警告内容的时间不少于10日。若当事人对于警告提出合理的理由说明在设定的时间内无法完成任务的，反垄断机关可以给予延长。

6. 反垄断机关应当在警告期结束之日起三日内公告完成警告的情况。

7. 在完成警告事项的情况下，违反反垄断法的案件不予立案；因违反反垄断法但完成警告事项的当事人消除了其行为危险的，不承担行政责任。

8. 对于在规定的期限内未能完成警告事项，且存在违反反垄断法的依据的，反垄断机关应当在警告期届满不超过十个工作日内作出立案的决定。

9. 发布警告的程序和形式由反垄断机关确定。

第40条 违反反垄断法案件审查委员会

1. 审查每一宗违反反垄断法案件，反垄断机构都要按照本联邦法规定程序组建违反反垄断法案审查委员会（下称委员会）。委员会代表反垄断机构。委员会人员构成及委员会主席由反垄断机构批准。

2. 委员会成员由反垄断机构工作人员组成。委员会主席可以由反垄断机构领导（译注：局长）或其副职（译注：副局长）或联邦反垄断机关部门领导担任。委员会成员不得少于3人。委员会成员可依据反垄断机构的决议而被替换。

3. 涉及金融服务市场上的信用机构的审查，其委员会的组成应包括俄罗斯联邦中央银行的代表,且代表总数应占委员会成员半数以上。

4. 废止(2013年)

5. 按照本条第 3 和 4 款规定的违反反垄断法案审查委员会成员(含委员会主席)的组成,数量应为偶数。

6. 如果出席委员会会议的人数不少于委员会成员总人数 50%,同时也不少于 3 名委员会成员,委员会有权对违反反垄断法案进行审查。

6.1 在审查反垄断案件时参加会议的委员会成员不足法定人数时,应当作出推迟审查的决定并确定新的审查时间,并立即办理确认手续。

7. 在委员会对违反反垄断法案进行审查的过程中针对的问题,由委员会采取多数表决票制决定。如果表决票数相同,委员会主席的表决票为最后决议意见。委员会成员无权投弃权票。委员会主席最后投票。

第 41 条　委员会对案件的决定

1. 委员会可以根据案件的情况作出决定,发布警告令、命令、决议、指令。

2. 违反反垄断法案件审查结束,委员会作出决议。委员会的决议以文件形式形成,由委员会主席和所有出席委员会会议的成员签署。不同意委员会决议的委员会成员,必须签署委员会通过的决议文件,并以书面形式说明对文件的不同意见。该意见装入打印的信封中归入案件卷宗并不宣读。复制委员会决议文件一份归入案件卷宗。

3. 关于违反反垄断法案的决议应包括引言、事实、证据和结论四个部分。

3.1 反垄断案件决议的引言包括反垄断机关的名称、委员会组成人员、审查的案件、案例号、宣布的日期。结论部分包括决定制作的完整日期、作出决议的地点、审查案件的客体、案件的当事人名称、参加委员会会议的人员姓名及其职权。

3.2 反垄断案件决议的事实部分包括:检举情况的简要说明(如果案件根据对检举的审查结论已经立案)、反对意见、理由、当事人的说明和代理意见。

3.3 反垄断案件决议的证据部分包括:

1) 被委员会确认的案件的事实和其他情况,包括反垄断机关对竞争状况的分析、监督检查执行反垄断法规范的情况;

2) 反垄断委员会据以得出结论的证据和为作出决议的依据,委员会规范某些证据的理由,参与案件审查的当事人提出请求的依据或反对的依据;

3) 委员会在作出决议时援引的法律和其他规范性法律文件。

3.4 反垄断案件决议的结论部分包括：

1) 存在或缺少中止案件审查的依据的结论；

2) 被审查人存在或缺少违反反垄断法行为(不作为)结论；

3) 存在或缺少发出指令以及包含发出指令和完成指令的诸多行为的依据；

4) 存在或缺少反垄断机构采取其他措施以制止和(或)消除违反反垄断法后果，保障竞争措施(包括向法院起诉的依据，向法律保障机构转交材料，向国家机关或地方自治机构提出采取保护竞争措施的建议)。

4. 委员会根据决议发布指令。指令以一人一份的形式给当事人，并由其在指令确定的时间内完成指令的任务。指令应由委员会主席和所有参加会议的委员会成员签署。

5. 在本章规定的条件下，委员会主席或委员会可发出命令。命令应以单独文件形式制作，由委员会主席和委员会成员签署，并送交所有参与案件审查的当事人，以及本章规定的其他人。

6. 委员会发布的文件的格式由联邦反垄断机关制定。

7. 本条规定的文件可以由委员会主席和委员会成员进行加密电子签名。

第41.1条 反垄断案件审查的追诉期限

违反反垄断法的行为已经超过3年的，不予立案；对已经立案的，应终止。对于持续性的违反反垄断法的行为，则自违法行为终止日或违法行为发现日起算。

第42条 参与反垄断案件审查的当事人

1. 参与反垄断案件审查的当事人包括：

1) 申请人，指提出申请的人、提供材料的国家机关和地方自治机关；

2) 被申请人，指申请材料所针对的对象，或反垄断机构在其行为(不作为)中发现有违反反垄断法的迹象的人。自立案之日起，上述主体即被认定为反垄断案件的被申请人；

3) 利害关系人，是指其合法权益在反垄断案件审查过程中受到影响的人。

2. 在对反垄断案件的审查过程中，当事人有权自行或委托代理人行使自己的权利和履行义务。

3. 在对反垄断案件的审查过程中，如果委员会认定除被申请人以外的人的行为(不作为)也存在违反反垄断法的事实，委员会可把该主体作为该案件的被申请人或者第二被申请人。如果委员会在对任一被申请人的审查中未发现有违反反垄断法的事实,委员会应当作出终止对该被申请人的审查决议。决议复印件应立即送交参与案件审查的其他当事人。

4. 废止(2015年)

第42.1条 其他参与反垄断案件审查的人员

1. 在审查反垄断案件时,委员会有权根据当事人的申请或者自行聘请专家、翻译人员以及掌握委员会调查情况的人员。专家、翻译人员以及掌握委员会调查情况的人员不是案件的当事人。

2. 在审查反垄断案件时被委员会聘请的专家,是对本案有关问题具有专业知识的人。

3. 专家的人选和所需专家意见的问题范围由委员会决定。指定专家时,该案当事人有权向委员会推荐专家候选人和专家组织,以及需要专家意见的一系列问题。

4. 在专家费和翻译费用需要由联邦预算支付的情况下,人员选择按照2013年4月5日第44号联邦法律《国家或地方所需商品、劳务、服务采购法》执行。

5. 专家经委员会许可,有权了解案件材料,参与委员会会议,并提出补充材料的请求。

6. 专家有权拒绝对超出其专门知识范围的事项提供专家意见,也有权在材料不足的情况下拒绝提供意见。

7. 对于故意作出错误结论的专家,应根据俄罗斯联邦的法律予以处罚。

8. 委员会决定聘请专家、翻译人员以及掌握委员会审议情况的人员参与案件审查时,应自通过决定之日起三天内将决定书的副本送交委员会。

9. 在反垄断案件的案件审查过程中,当事人如果对专家的公正性有怀疑的,可以要求撤销其资格。该专家的资格是否取消由委员会决议后作出指令。以同样的理由重复要求撤销同一个专家的资格,且委员会已就此前的申请作出决议的,应予以驳回。

第42.2条 取消审理反垄断法案件委员会成员资格的情形

1. 如果委员会成员在履行公务时与案件存在利害关系,可能导致利益冲突,则不能参与反垄断案件的审理。

2. 当事人请求回避的情形。

3. 回避决议由审理该案的委员会作出,并根据决议作出指令。以同样的理由重复要求同一个委员会成员回避的重复申请,且委员会已就此前的申请作出决议的,应予以驳回。

第 43 条　反垄断案件中当事人的权利和义务

1. 违反反垄断法的案件自立案起,案件当事人有权了解案件材料,摘录案件内容,提供证据并了解证据,向案件其他当事人提出问题,向委员会提出请求、提交书面和口头解释,就案件审查过程中出现的所有问题提出自己的论据,了解其他案件当事人提出的请求,反对其他案件当事人请求和论据。

2. 在案件审查过程中,参与案件的人员有权以书面或录音形式记录案件审查过程。如果在案件审查过程中存在受法律保护的秘密信息,委员会主席可以决定禁止参与案件的人员对案件审查进行录音记录。

3. 经委员会主席许可,案件审查过程中的照片、视频录像允许通过收音机和电视广播。

4. 参与案件的人员必须在案件审查过程中善意使用自己的权利。

第 44 条　申请书、材料及反垄断案件的立案程序

1. 申请书必须以书面形式提交给反垄断机构,并且必须包含以下信息:
1) 申请人的信息(姓名和申请人住所;法人的名称和住所);
2) 申请人所掌握的被申请人信息;
3) 对被申请人违反反垄断法情形的说明;
4) 申请人提出请求的依据;
5) 所附文件的清单。

2. 申请书应附有能够证明被申请人有违反反垄断法情形的证明文件(下称"文件")。如果无法提交文件,申请人应说明原因,并说明可能从哪些人或机构处获得该文件。

3. 申请书或材料不包含本条第 1、2 款规定内容的,反垄断机构将不予审查,并在收到申请之日起十个工作日内以书面形式通知申请人。

4. 反垄断机构应在收到申请之日起一个月内审查申请书或材料。若因证据不足或没有证据,不足以得出被申请人是否存在违反反垄断法情形的结论,反垄断机构有权延长审查期限,以收集和分析其他证据,但延长的期限不得超过两个月。延长审查时间的,反垄断机构应书面通知申请人。

5. 审查申请书或材料时,反垄断机构应当:
1) 确认申请书或材料是否属于其审查范围;
2) 确认被申请人是否具备违反反垄断法的情形,并确定应适用哪条法律规范。

6. 在审查申请书或材料的过程中,依据俄罗斯联邦相关法律针对国家机密、银行机密、商业机密、其他受法律保护的秘密的,反垄断机构有权要求商业组织和非商业组织及其管理人员、联邦权力执行机关及其工作人员、联邦主体国家权力机关及其工作人员、地方自治机构及其工作人员、其他行使上述机构职能的其他机构和组织及其工作人员、国家预算外基金及其官员、自然人,特别是个体企业家,以书面或口头形式提交与申请书或材料中描述的情况有关的文件、信息及解释说明。

7. 审查申请书和材料时,涉及违反本联邦法第 10 条规定的,除非具备本条第 9 款不予立案的情形,反垄断机构应根据提交的申请书及材料确认经营主体是否具有市场支配地位。

8. 依据申请书及材料的审查结果,反垄断机构可作出以下决议之一:

1) 按违反反垄断法立案;

2) 拒绝按违反反垄断法立案;

3) 按照本联邦法第 39.1 条的规定作出警告。

9. 下列情况下,反垄断机构可以作出不予立案的决定:

1) 申请书或材料中所列举的问题不属于反垄断机构管辖的范围;

2) 不存在违反反垄断法的情形;

3) 申请书所陈述的事实在之前已经立案;

4) 反垄断机构依据申请书及材料中所陈述的事实作出的决议有效,除非反垄断机构依据本款第 2 项的规定拒绝立案,或依据本联邦法第 48 条第 2 款第 1 项的规定终止审查,且申请人提出的违反反垄断法的证据在作出决定之日未被反垄断机构掌握;

5) 依据本联邦法第 41.1 条的规定,提交的申请书或材料中所陈述的事实的追诉期已届满;

6) 法院判决或生效的仲裁裁决已经确认不存在申请书或材料中提到的被申请人违反反垄断法的情形;

7) 依据本联邦法第 39.1 条规定的程序作出警告,从而消除了违反反垄断法的情形。

10. 反垄断机构决定不按违反反垄断法立案的,应在本条第 3 款规定的期限内通知申请人,并说明理由。

11. 反垄断机构、法院、仲裁法院、执法机构正在审查的其他案件结论对申请书或材料的审查有影响时,可以延迟作出审查决议,直到相关案件作出决议并生效。反垄断机构应以书面形式通知申请人。

12. 如果反垄断机构审查后作出违反反垄断法立案的决议,应发布立案确认书并组建委员会。立案确认书的复印件应在发布日起三日内送达申请人和案件被申请人。

13. 自发布立案确认书之日起十五日内,委员会主席应发布确定审查案件书,并将确定书的复印件送达案件当事人。

14. 立案确认书应当指明案件审查所包含的:

1) 案件当事人的信息;

2) 立案依据和理由;

3) 违反反垄断法的迹象、证据和能够证明构成违法的其他情形;

4) 委员会会议召开的时间和地点。

15. 立案确认书还可以要求案件当事人在指定期限内提交审查案件所需的说明、文件和信息。

第45条 对反垄断案件的审查

1. 自反垄断机构作出开始立案审查的裁决之日起的三个月内,由委员会对反垄断案件进行审查。如果反垄断机构认为有必要获得补充信息,或在本章规定情形下,委员会可以延长规定的审查时间,但延长不得超过六个月。对此,委员会需作出延长审查时间的裁决,并将裁决的复印件送交案件当事人。

2. 反垄断案件的审查在委员会会议上进行。应将审查会议的时间和地点告知案件当事人。在案件当事人收到通知但未出席委员会会议的情况下,委员会有权进行缺席审查。审查案件的笔录由委员会主席签字,并加以保存。委员会有权对会议做会议笔录或制作录音资料,同时应在会议笔录中予以注明。

2.1 按照案件当事人的申请,委员会可以在技术能力能够实现的条件下,以视频会议的形式对反垄断案件进行审查。该种审查形式的程序由联邦反垄断机关制定。

3. 委员会主席的职责:

1) 召开委员会会议;

2) 介绍委员会人员组成;

3) 介绍应审查的案件,检查参与案件当事人的出席情况,确认当事人的授权书,确定应出席会议的人员是否接到通知,是否存在无法出席会议的客观原因;

4) 说明与案件审查过程中的有关规定事项;

5) 告知案件当事人拥有的权利和应履行的义务,确定案件审理顺序;

6) 主持委员会会议,确保案件的证据和事实得到全面、完整的分析,保障案件当事人提出请求和意见;

7) 采取措施保障委员会会议秩序;

8) 宣布审查案件的结论。

3.1 反垄断案件的审查应公开进行。如果相关案件公开审查将导致泄露国家秘密,或者基于保护商业秘密、官方机密或其他秘密保护法的需要,尤其在案件当事人认为具有保密的必要性而提出申请时,案件可以不公开审查。反垄断案件审查中有关资料涉及国家秘密的,其涉密情况由联邦反垄断机关与负责安全执行的联邦执行机构协商确定。不公开审查的决议,委员会须以指令方式作出。

3.2 当反垄断案件不公开进行审查时,参与审查的人员包括当事人及其代理人。必要情况下,由委员会决定专家、翻译人员以及了解审查的案件相关信息的人参与审查。

3.3 反垄断案件的材料中涉及国家秘密、商业秘密、官方机密或其他秘密保护法的信息,按照相关联邦法律的规定需单独装订和保存。

3.4 案件当事人及其代理人、专家、翻译人员泄露涉及国家秘密、商业秘密、官方机密或其他受保护的秘密信息的,应当按照相关联邦法律的规定承担法律责任。

4. 委员会会议程序:

1) 听取案件当事人的陈述;

2) 听取和讨论当事人的请求,就请求内容作出决议,并写入会议笔录;

3) 审查证据;

4) 听取案件当事人对自己提供的证据的意见和说明;

5) 听取和讨论被邀请参加会议的专家的意见;

6) 听取掌握与案件有关情况的人员的发言;

7) 根据案件当事人的请求,或按照委员会的提议,讨论是否需要宣布休会、延期会议或中止对案件的审查的问题。

5. 在对反垄断案件的审查过程中,委员会有权要求案件当事人提供与案件审查过程有关问题的文件、资料和书面或口头的说明,以及有权要求其他人员参与审查。

5.1 反垄断案件审查中,为确定当事人存在违法行为,反垄断机构需在必要的范围内分析竞争情况。

6. 委员会主席在分析反垄断案件的证据、案件当事人的陈述、专家的结论以及对掌握委员会审查案件相关信息的人员的问询后,宣布结束对案件的审查,并要求案件当事人及其他人员离场,以便于委员会作出决议。

第 45.1 条 违反反垄断法的证据

1. 在反垄断案件中,证据是指按照本联邦法程序,所取得的有关事实的信息载体和在此基础上委员会认定存在或者不存在违反反垄断法的依据、案件当事人提出的与争议问题相关的陈述以及有利于充分、全面审查案件的其他事实。

2. 当事人应当对自己主张的事实进行举证,且必须在委员会规定的期限内完成举证。

3. 反垄断案件的证据可以是书证、物证、当事人陈述、掌握委员会审查案件相关信息的人的陈述、专家意见、视听资料以及其他文件和材料。

4. 反垄断案件的书面证据,是与案件有关情况的信息,具体包括规范性文件、合同、证明文件、信件、以数字或图表形式制作的其他文件和材料,包括通过传真、电子邮件或其他通信方式获取的资料、网络信息平台制作的副本或者其他以一定方法确定其可靠性来源的文件。以联邦反垄断局规定的方式对竞争状况进行分析的结果也属于书面证据。

5. 反垄断案件物证,是由于其外观、特性、位置或者其他特征,能够对案件审查起到帮助的物品。

第 45.2 条　反垄断案件当事人提交涉及国家秘密案件材料的程序

1. 参与反垄断案件的当事人,有权熟悉当事人关于案件的陈述、异议、解释说明及其主动递交的其他材料,从而确认是否存在违反反垄断法规定的情形。前述材料中有关按照联邦《行政违法法典》第一部分和第三部分第 14.32 条的规定提出的免除行政违法应承担的行政责任的申请和(或)按照联邦《刑法典》第 178 条的规定免除刑事责任的申请除外。

2. 当事人反垄断案件审理过程中出现的问题,以书面或口头形式提出的陈述、异议、解释说明和当事人主动提交的其他材料,应当予以披露。

3. 根据反垄断机构的询问或其他要求提供的不得公开披露但应被用于反垄断案件审查的材料,在经信息、文件的所有人同意并签收同意函的情况下,可以供案件当事人查阅。

4. 在调查反垄断案件的过程中,经商业秘密持有人向委员会提交书面同意,案件当事人可以查阅该信息。该书面同意应放入案卷予以保存。

5. 案件当事人因案件审理的需要,在熟悉上述商业秘密之前,应向委员会提交保密承诺书。该书面材料应放入案卷予以保存。

第 46 条　委员会会议休会

1. 委员会有权主动或根据参与反垄断案件的人员的申请宣布休会,休会期不得超过 7 日。

2. 休会期结束后,委员会继续对反垄断案进行审查。委员会对在休会前已经审议过的证据不再进行复审。

第 47 条　延期和中止对反垄断案件的审查

1. 委员会可以延期审查案件的情形：

1）案件一方当事人或其代理人有正当理由无法出席委员会会议而申请延期,并有相关证明文件；

2）需要补充证据；

3）需要吸收协助审查的人员以及委员会认为有必要参与该案的其他人员；

4）废止；

5）本章规定的其他情形。

1.1　委员会应当延期审查案件的情形：

1）审查过程中,发现被审查人的行为（不作为）有其他违反反垄断法的情形；

2）如果本案被申请人是之前有关案件的涉案人（掌握案件的有关信息的人、申请人）。

1.2　依据本条 1.1 款而延迟审查反垄断案件的情况下,指令应当包括违反反垄断法的要素、证据、事实和其他证明构成违反反垄断法的情况。

2. 在延期审查反垄断案件时,不中断对该案审查的期限计算。委员会下一次审查案件的期限从开始延期之日起算。

3. 在下述情形下,委员会对反垄断案件审查的期间中断：

1）反垄断机构、法院和调查机构对另一案件的审查对于本反垄断案件的审查有重大影响；

2）需要进行鉴定。

4. 在中断对案件的审查时,中断计算对反垄断案件审查的时间；在重新开始审查时自中断时起重新计算审查时间。

5. 关于延期、中断和恢复对反垄断案件的审查,以及需要委托专家时,须委员会要作出指令,指令复印件应在公布后的三日内交给案件当事人。关于进行鉴定的指令书副本也应在公布裁决后的三日内交给专家。

第 47.1 条　反垄断案件的分拆或合并

1. 为了对案件进行充分、全面和客观的审查,反垄断机构有权根据案件当事人的请求,或依据职权,按照反垄断机构规定的程序,对两个及以上的反垄断案件进行合并审查,或将一个或多个案件进行拆分审查。

2. 反垄断机构应就案件的合并或分拆作出正式指令文件。

3. 合并或分拆后的案件审查委员会的成员组成由反垄断机构确定。

第 48 条　反垄断案件的审查终止

1. 在下述情形下,委员会可以终止对反垄断案件的审查:

1) 在委员会审查的行为(不作为)中,没有违反反垄断法的事实;

2) 作为案件唯一被审查人的法人被清算;

3) 作为案件唯一被审查人的自然人已经死亡;

4) 针对委员会审查的行为(不作为),反垄断机构基于违反反垄断法的事实所作出的决定已经生效。

5) 本联邦法第 41.1 条所规定的期限届满。

2. 委员会按照本联邦法第 41 条规定,作出终止对违反反垄断法案件审查的决议。如果按照本条第 1 款第 4 项规定终止对案件的审查,决议的实体部分应包括确认存在被审查人有违反反垄断法的事实。

第 48.1 条　案情审查结果

1. 在反垄断案件审查结束前,被审查人的行为(不作为)违反反垄断法的,委员会公布案情审查结果。

2. 案情审查结果以单独文件形式作出,由委员会主席和成员签字,并应当包括:

1) 被委员会认定的案件事实和其他情况,包括反垄断机构认定竞争状况分析及遵守反垄断法情况分析;

2) 委员会作出案情审查结果所依据的证据,委员会不采纳特定证据、接受或驳回案件当事人提出的用以证明主张或异议的理由。

3. 公布案情审查结果的,应当中止对反垄断案件的审查。

4. 案情审查结果的副本在公布案情审查结果并中止对反垄断案件审查之日起 5 个工作日内送交案件当事人。本案另行审查程序的时间不得早于自案情审查结果副本送达案件当事人之日起 5 个工作日。

5. 案件当事人有权在违反反垄断法案件的审查结束、委员会会议宣告对该案的实质性决定前,就案情审查结果中关于案件的表述向委员会作出说明、提供证据及书面论据。

6. 如果案件当事人作出的说明、提交的证据及论据表明被审查人的行为(不作为)要件不同于案情审查结果中公布的违反反垄断法的行为,委员会按照本联邦法第 47 条第 1.1 款第 1 项对反垄断案件作出延期审查决议。此时,进一步的案件审查按照本章的规定执行。

7. 如果案件当事人就案情审查结果中关于案件的表述所作出的说明、提交的证据及论据表明委员会调查的行为(不作为)并不违反反垄断法,委员会按照本联邦法第 48 条第 1 款第 1 项终止案件的审查程序。

第 49 条　委员会对违反反垄断法案件作出决议

1. 作出决议的过程中,委员会:

1) 对案件当事人提交的证据和理由进行分析评价;

2) 分析评价专家的结论和说明以及委员会中审查案件事实证据的人员的结论和说明;

3) 确定委员会审查的行为(不作为)是否违反了反垄断法以及其他联邦法律的具体规定;

4) 明确案件当事人的权利和义务;

5) 决定关于发布指令及其内容的问题及为消除和(或)防止违反反垄断法而采取其他行动的必要性,包括向执法机构发送材料的问题,向法院提起诉讼以及向国家机构和当地政府机构发送提议或建议。

2. 在案件审查结束后公开宣布对违反反垄断法案件的决定;参与案件审查的所有委员会成员应当签字,并被附于案件之后。应当在自宣布决定之日起的十个工作日内作出决议全文。决议的副本应当立即送达或交付案件当事人。作出决议全文的日期视为决议作出的日期。

第 50 条　违反反垄断法时的指令

1. 根据对反垄断案件的审查结果,在委员会决议的基础上,委员会向案件的被审查人发出指令。

2. 反垄断案件的指令应与决议同时作出。指令的副本立即寄送或交付给履行具体行为的相关方。

第 51 条　违反反垄断法案件指令的执行。不履行向联邦预算上缴因垄断或不正当竞争行为取得的收入的后果

1. 须在规定的期限内执行对违反反垄断法案的指令。反垄断机构对其指令的执行情况进行监督。

2. 未按照规定及时履行违反反垄断法案件的指令将被追究行政责任。

3. 按照本联邦法规定程序被认定为垄断或不正当竞争行为(不作为),同时按照反垄断法也属于被禁止的行为的实际行为人,必须按照反垄断机构的指令向联邦预算上缴由于上述行为(不作为)产生的收入。如果不执行指令,垄断或不正当竞争收入将由反垄断机构提起诉讼追缴并上缴联邦预算。如果该指令被执行,按照指令要求向联邦预算上缴垄断或不正当竞争行为收入的实际行为人对违反该指令有关的反垄断法案不承担行政责任。

4. 未按照规定及时履行违反反垄断法案件的指令,是指在指令规定时间内部分履行或逃避履行或迟延履行。

5. 委员会可以根据被审查人的合理请求延长对违反反垄断案件的指令的履行时间，但不得超过六个月。关于延长指令履行时间的申请书应当在指令规定的履行到期前二十个工作日内交反垄断机构。

6. 委员会主席和委员会成员签署关于延长或拒绝延长指令执行时间的裁决，并在收到延期申请日后的10个工作日内以挂号信并要求签署收件回执的方式寄送被审查人或直接交给其代理人签收。

7. 如果对未在规定时间之内履行指令的人追究行政责任，委员会在作出进行行政处罚决议以后的五个工作日内作出裁决，并对此前指令的执行期限作出新的规定。该裁决由委员会主席和委员会成员签署，以挂号信并要求签署收件回执的方式寄送被审查人或其代理人，或直接交给被审查人或其代理人签收。

第51.1条 解释反垄断案件的决议和（或）指令。纠正文书错误，印刷错误和计算错误

1. 委员会可以依据案件当事人的请求或依职权对违反反垄断法案件作出的决议和（或）指令作出解释而不改变其内容，并纠正决议和（或）指令中的文书错误、印刷错误和计算错误。

2. 委员会应当就解释决议和（或）指令，纠正文书错误、印刷错误和计算错误，作出中间裁定。

3. 中间裁定应自其作出之日起三个工作日，同时不超过委员会收到案件当事人请求之日起十五个工作日内寄送案件当事人。

第51.2条 基于新的和（或）新发现的事实和证据，提出对反垄断案件的决议和（或）指令的复议

1. 当事人基于新的事实和证据提出对反垄断案件的决议和（或）指令进行复议的申请及委员会证实存在本联邦法规定的复议理由时，由作出上述裁决的委员会对违反反垄断法案的决议和（或）指令复议。

2. 复议反垄断案件的决议和（或）指令的理由包括：

1）存在违反反垄断法案决议公开之日未发现或未能发现，但对于正确处理案件具有重要意义的新情况。

2）在案件的审查中存在篡改证据、故意对案件信息做虚假陈述、故意误导的专家结论、故意不正确地翻译导致委员会作出非法或不合理的决议、指令等情况。

3. 基于新的和（或）新发现的事实和证据对反垄断机构作出的违反反垄断法案的决议和（或）指令的复议申请，当事人应自知道或者应当知道该事实

之日起三个月内提交到作出该决议和(或)指令的反垄断机构。

4. 根据申请人的请求,反垄断机构可将提交复议申请的期限延长,但该请求须在确定复议理由之日起六个月内提出,并具备反垄断机构认可的理由。

5. 复议申请的形式和内容由联邦反垄断机关确定。

6. 以下情况,反垄断机构将退回复议申请,该退回的决定须在收到申请之日起的十日内作出。

1) 复议申请没有按照反垄断机构确定的形式和内容作出。

2) 在本联邦法规定的期限内没有提出复议申请且没有向反垄断机构提出延长复议申请期限的请求或者延长复议申请期限的请求被驳回。

7. 基于新的和(或)新发现的事实和证据对反垄断机构作出的决议和(或)指令的复议申请应当由上述作出裁决的委员会在收到复议申请之日起的一个月内审查。

8. 委员会根据审查的结果,作出以下决定之一:

1) 批准复议申请并考虑作出新的决议和(或)指令;

2) 驳回复议申请。

9. 委员会驳回复议申请的决定应当自作出决定之日起的三日内发送申请人。

10. 委员会如果作出违反反垄断法案复议的决定,须签发重新作出决议和(或)指令的中间裁定。裁定书的副本应自裁定作出之日起三日内送达案件当事人。

11. 违反反垄断法案的决议和(或)指令应当由委员会按照本章规定的程序重新作出或签发。

第52条 对反垄断机构的决议和指令提出申诉的程序

1. 自反垄断机构作出决议和(或)指令之日起三个月内,可以申诉至仲裁法院。此类案件由仲裁法院管辖。决议和(或)指令由地方反垄断机构作出的,可以申诉至联邦反垄断机关的合议机构。

1.1 反垄断机构作出的违反反垄断法的决议和(或)指令申诉至联邦反垄断机关的合议机构的,可以自合议机构作出的决议生效之日起一个月内,申诉至仲裁法院。

2. 仲裁法院对指令启动申诉程序的,中止执行反垄断机构的指令,直至仲裁法院的裁决生效。

第 10 章　最后条款及本联邦法生效

第 53 条　最后条款

1. 自本联邦法生效日起,下述条款失效(略)。

2. 自本联邦法生效日起,至把其他与保护俄罗斯市场竞争、防止和制止垄断和不正当竞争行为相关的联邦法律和联邦法规按照本联邦法进行修改前,这些法律和法规只适用于与本联邦法不存在冲突的内容。

3. 在本联邦法第 17.1 条第 5 款作出对签署本联邦法第 17.1 条第 1、3 款的合同签署权的招投标或拍卖的规定前,对此类合同签署权的招投标活动按照 2005 年 7 月 21 日第 115 号联邦法律《租让协议法》规定的办法进行,而对此类合同签署权的拍卖活动按照 2001 年 12 月 21 日第 178 号联邦法律《国家所有制资产和地方自治体所有制资产私有化》规定的办法进行。

4. 废止(2014 年)

5. 2011 年 1 月 1 日前关于举行本联邦法第 17.1 条第 1、3 款规定的合同签署权的招投标或拍卖活动的信息,刊登在由俄罗斯联邦政府授权的、由联邦权力执行机构规定的用于刊登招投标信息的俄罗斯联邦政府官方网站、俄罗斯联邦主体国家权力最高执行机构官方网站和地方自治体官方网站。同时,关于举行招投标或拍卖活动的信息、招投标或拍卖活动的变更信息、停止举行招投标和拍卖活动的信息也要在正式出版物上刊登。正式出版物由俄罗斯联邦政府授权的联邦权力执行机构、联邦主体国家权力最高执行机构和地方自治机构经竞争程序选定。

6. 根据本联邦法第 18 条的规定,提供金融服务的合同在未公开招投标时,不得延展合同以及进行新的协商。

7. 废止(2018 年)

第 54 条　本联邦法生效

本联邦法自正式公布之日起 90 天后生效。

后　　记

　　完成一部俄罗斯反垄断法的著作一直是我从事竞争法研究后努力的目标。这个愿望曾一度中断,因为俄罗斯法变动太快,让人几乎跟不上它的步伐;但很快我又重新拾起,因为俄罗斯反垄断法有自身鲜明的特色。总的来说,这个过程经历了近十年的断断续续。

　　能够坚持下来,很大程度上,也源于我对俄语的喜爱。

　　"我的家在东北松花江上,那里有森林煤矿,还有那满山遍野的大豆高粱",唱的是一段民族的痛苦记忆,也是对我的家乡的最准确的公共表达。我来自黑龙江省一个邻近俄罗斯的边疆小城,上初中开始学外语时,或许是地域关系,或许是人才难觅,学校开设的外语只有俄语,别无他选。

　　同汉语一样,俄语是世界上最丰富的语言之一。在那个信息并不发达的时代,有限的课外阅读和社会经历,使我对于所谓外国的了解似乎只有苏联。不断摄入的有关苏联文化的符号——托尔斯泰、高尔基、莱蒙托夫,《喀秋莎》《莫斯科郊外的晚上》……给了初学外语的我以极大吸引力,以至于学习外语有种去苏联原始丛林进行文化探秘的感觉。兴趣是最好的老师。初中到高中,我的外语成绩从未低于 90 分。

　　高考俄语 97 分的成绩令我惋惜不止,因为一出考场便在核对答案时发现了两个错误,另一个答案不确定。我本科毕业,中俄关系刚刚开始。读硕士期间,接触专业外语,虽然感觉不如读俄文小说那么畅快,但黄道秀老师的严格要求和一些专业词汇的学习为我后来进行专业研究奠定了基础。原打算硕士毕业时,靠俄语这个小众的工具找一份靠语言吃饭的正式工作,但事实并不像想象的那么容易。对于开放中力求扩大规模的中俄贸易,俄罗斯总是不急不躁。除了读书,俄语仍几乎没有什么用。也许正应了列夫·托尔斯泰在《战争与和平》中的一句话:"这就是土伦!"遗憾和失落感伴我多年。在北京大学读博士期间,俄语课程结课时,我是全班唯一一个成绩超过 90 分的学生。尽管这个分数代表不了什么,但它给了我莫名的坚守俄语的精神力量。

　　巧合的是,我对于俄罗斯反垄断法的整个研究贯穿了中国反垄断法的制定过程和实施后的头十年,这提供了在具体问题上对中俄制度进行直观比较的现实基础。2006年我托北大同学许桂敏从俄罗斯购买了第一本竞争法的专业书,断断续续地阅读了一大半,发现俄罗斯反垄断法有自己鲜明的特色,尤其是有关滥用权力限制竞争部分。花了一段时间进行专项研究后,我相继在《环球法律评论》上发表了《俄罗斯反垄断法规制行政垄断之借鉴》、在《法商研究》上发表了《俄罗斯反垄断法"协同行为"认定标准的创新及借鉴》,后来,又陆续发表了三篇关于俄罗斯反垄断法的文章。在一些学术会议上,我也从不同角度分享了俄罗斯法的制度特色和制度内容。很多学人对此很感兴趣,并给我以鼓励。本着"他山之石,可以攻玉"的观念,我在"中断—持续"的不断反复中完成了大约20多万字的初稿。七八年时间的积累给了我进一步坚持下去的动力,初稿的形成也使我有了完成一本俄罗斯反垄断法著述的坚定信心。

可是,书稿之命运多舛。2016年,某一天我打开电脑时,不知什么原因,已经累计26万字的书稿——word文档突然显示为0字节。自己胡乱操作了半天,没有一丝回应。找了一个学理科的同学,她推荐了中关村一个专门进行数据恢复的服务部。店主小李,耐心细致,花了大半天,尝试多种手段,最终恢复出来14万字。打开细看时,还有很多乱码。面对这个结果,我不知道是喜是忧,一脸麻木。悻悻地回到家里,有一种将所有的俄文书都扔到垃圾桶的冲动,以及此后再也不碰俄罗斯反垄断法的决绝。第二天,善良的小李打来电话,说有一个比他更厉害的能人。抱着最后试一次的心态,再去中关村。"老"师傅用了二十分钟,把所有的书稿全部恢复过来。在那些熟悉的文字呈现于眼前的一刹那,"雨过天晴,温暖的阳光照耀大地"。

2018年我试着将并不完整的书稿提请国家社科基金资助,幸运的是,同时获得了五位评审专家的认可,他们也中肯地提出了内容上的不足。感谢专家们的支持。这正应了常言说的"努力就有回报,坚持就有结果"。这本书的出版,了结了我十几年的一个夙愿,也是对我几十年的俄语情结的一个抚慰:"在这里,我曾经战斗过"。

除了感谢五位评审专家外,本项目的申请和出版得到了北京大学出版社的支持和帮助,尤其感谢北大出版社邓丽华老师,付出了大量的辛苦劳动,对本书进行了精细的审读,提出了很多文字和规范的修订建议,感谢您。

此外,还要感谢黄道秀老师。黄老师利用在俄罗斯开会之机为我"千里捎书"。北京师范大学的张江莉老师为我复印一本俄文专著。感谢华北电力大学的刘冰老师,她在博士期间及博士毕业后,为我从俄罗斯带回了几本新书,并利用娴熟的互联网搜索技能,从网上帮我搜寻到诸多电子版著作和期刊文章。她们的帮助使相关内容的展开更加顺利。

交稿前,我的博士生黄军、张雅、张博,硕士生缪慧、李念纯、叶颖怡等协助完成了本书的校对工作。感谢他们。

还有很多同行一直持续关注本书,谢谢你们的鼓励。

特别感谢我的家人。爱人时时给予我鼓励;儿子很喜欢学语言,经常到我的电脑前注视那些密密麻麻的符号,之后来一句:好好干,达斯维达尼亚!

祝愿所有提供帮助和关心此书的人,Всего хорошего!

刘继峰

2020 年 3 月 5 日